Eberhard Birk, Heiner Möllers (Hrsg.)

Luftwaffe und Luftkrieg

Schriften zur Geschichte der Deutschen Luftwaffe, Band 3

Luftwaffe und Luftkrieg

Schriften zur Geschichte der Deutschen Luftwaffe, Band 3

Eberhard Birk, Heiner Möllers (Hrsg.)

2015

Carola Hartmann Miles-Verlag

CIP-Kurztitelaufnahme der Deutschen Bibliothek

Eberhard Birk, Heiner Möllers (Hrsg.):
Luftwaffe und Luftkrieg.
Schriften zur Geschichte der Deutschen Luftwaffe, Band 3

Carola Hartmann Miles-Verlag, 2015
ISBN 978-3-937885-93-3

Titelbild: Bundeswehr
Herstellung: Books on Demand, Norderstedt

© Carola Hartmann Miles-Verlag,
George-Caylay-Str. 38, 14089 Berlin
(email: miles-verlag@t-online.de; www.miles-verlag.jimdo.com)

ISBN 978- 3-937885-93-3

Inhaltsverzeichnis

Vorwort des Vizepräsidenten der IDLw e.V.
Florian Hahn, MdB   7

Heiner Möllers
Luftwaffe und Luftkrieg. Eine Einführung   10

Harald Potempa
Luftstreitkräfte in Deutschland bis 1918 – unter besonderer
Berücksichtigung des Königreiches Bayern   21

Sebastian Rosenboom
Am Himmel zwischen Ostsee und Schwarzem Meer. Ein Über-
blick über die Einbindung deutscher Luftstreitkräfte an der
Ostfront von 1914 bis 1918   40

Daniel Schilling
Flugapparate über Ostpreußen. Luftkrieg in der Schlacht von
Tannenberg   55

Eberhard Birk
Giulio Douhet und seine Architektur von „Luftherrschaft"   86

Christian Taube
Frauen im fliegerischen Dienst im Zeitalter der Weltkriege   115

Michael Poppe
Der Stoff ohne den nichts fliegt – Die Flugbenzinversorgung
der fliegenden Verbände   134

Christian Hauck

Der Radarführungsdienst der Luftwaffe und die deutsche
Wiedervereinigung   153

Oliver Bange

Die MiG-29 in der Bundesluftwaffe und die Problematik einer
'Sicherheitspartnerschaft' mit Russland 1989-1998   190

Sönke Marahrens

Als Leiter einer Tactical Air Control Party und Forward Air
Controller in Bosnien (August bis November 1998)   207

Thomas Huhndorf

Operation „Allied Force"   225

Peter Schelzig

Der künftige Beitrag von Luftkriegsmitteln zu
streitkräftegemeinsamen multinationalen Operationen   254

Autorenverzeichnis   264

Vorwort

Die Luftwaffe der Bundeswehr trägt seit dem Ende des 2. Weltkrieges wesentlich zur Sicherung des Friedens in Europa und auf der Welt bei. Wie keine andere Teilstreitkraft war sie bereits während des Kalten Krieges in hohem Maße in die Struktur des NATO-Bündnisses integriert. Gemeinsam mit den westlichen Partnernationen setzte sich Deutschland so bereits kurz nach den Gräueltaten der nationalsozialistischen Diktatur für die transatlantische Idee von Freiheit und Demokratie ein. Bis heute ist die Bedeutung der dritten Dimension unserer Streitkräfte kontinuierlich gewachsen.

Moderne Krisen- und Konfliktbewältigung ist ohne die Aufklärungsleistung von Luftstreitkräften undenkbar geworden. Nur durch die Beherrschung des Luftraums ist eine zunehmend sichere Operationsfähigkeit zu Lande und auf See möglich. Außerdem trägt die Androhung und im schlimmsten Fall die Wirkung von Luftangriffen oft wesentlich zu einer schnelleren diplomatischen Konfliktlösung bei. Im ehemaligen Jugoslawien, in Afghanistan und in Libyen gaben stets die Luftstreitkräfte den Ausschlag, um die Kriegsparteien zurück an den Verhandlungstisch zu bringen.

Angefangen von Aufklärungsdrohnen bis hin zu Kampfflugzeugen – die Gefährdung eigener Truppen kann durch die Luftwaffe signifikant reduziert werden. Aufgrund dieser sicherheitspolitischen Betrachtung demokratischer Staaten stellt die Luftwaffe durch ihre präzise Wirkfähigkeit aus oft weiten und somit relativ sicheren Distanzen für die Piloten ein modernes Mittel der Abschreckung und Konfliktbewältigung dar. Die Konflikte in Libyen und vor allem der Einsatz zahlreicher Staaten gegen die Terrorgruppe Islamischer Staat sind aktuelle Beispiele dafür, dass dank der Luftkriegsmittel der gefährliche Einsatz von Bodentruppen abgewendet oder zumindest minimiert werden kann.

Außerdem tragen die Fähigkeiten der Luftwaffe dem Umstand Rechnung, dass bei vielen, vor allem asymmetrischen Konflikten die Grenzen zwischen den einzelnen Parteien unklar sind. Schwierige geographische Gegebenheiten lassen umfassende militärische Operationen zu Lande ebenfalls oft wenig sinnvoll erscheinen. Darüber hinaus sind die schnelle Verlegbarkeit der Luftwaffe und die Fähigkeiten des medizinischen Lufttransports für humanitäre Hilfseinsätze von großer Bedeutung für eine moderne Katastrophen- und Konfliktbewältigung.

Über die Beschaffung aktueller Aufklärungsdaten, die eine fundierte politische Entscheidungsfindung erst ermöglichen, bis hin zur Anwendung militärischer Gewalt als „ultima ratio" sind die Luftstreitkräfte ein effektiv einsetzbares Instrument der Außen- und Sicherheitspolitik, das ein breites Spektrum an eskalierenden sowie deeskalierenden Maßnahmen zur Verfügung stellt. Mit ihrer skalierbaren Wirkung können sie so in jeder Phase eines Konflikts einen wertvollen Beitrag leisten.

Die deutsche Luftwaffe stellt der EU, der NATO und der UN im Rahmen einer verantwortungsvollen Außen- und Sicherheitspolitik unverzichtbare Fähigkeiten zur Verfügung. Neben der bodengebundenen Luftverteidigung bei der Mission „Active Fence" in der Türkei sind Eurofighter im Rahmen des NATO-geführten Air Policing zur Unterstützung unserer NATO-Partner im Baltikum im Einsatz. Dazu kommen Lufttransportkapazitäten vor allem im Verbund des European Air Transport Command (EATC) sowie umfassende logistische Kapazitäten im Bereich MedEvac und nicht zuletzt bemannte und unbemannte Aufklärungsmittel. Mit diesem Mix an Fähigkeiten leistet Deutschland einen substantiellen Beitrag in seinen Bündnissen und für die freie Welt.

Mit Blick auf die Zukunftsfähigkeit und Leistungskraft der deutschen Luftwaffe wird aus meiner Sicht vor allem die bodengebundene Luftverteidigung durch ein eigenes unabhängiges europäisches System eine maßgebliche Rolle spielen. Auch unbemanntes Fliegen – sei es bewaffnet oder unbewaffnet – wird im Fokus der politischen Entscheidungsfindung der nächsten Monate stehen und die Zukunft der Luftstreitkräfte prägen.

Der vorliegende Band ermöglicht durch die Betrachtung verschiedener Bereiche und Epochen die Gewinnung eines umfassenden Verständnisses von der deutschen Luftwaffe. Der Blick in die Vergangenheit zeigt dabei jedoch, dass der Luftkrieg, seitdem er in die Militärgeschichte eingezogen ist, zunächst eine Entgrenzung des Krieges bedeutete. Dieser Band zeigt dementsprechend auch Facetten des Luftkrieges, die heute kaum noch wahrgenommen werden. So werden beispielsweise die Anfänge des Luftkrieges im nun mehr 100 Jahre zurückliegenden Ersten Weltkrieg beleuchtet. Andere Beiträge zu der Bedeutung von Luftkriegsmitteln für streitkräftegemeinsame und multinationale Operationen zeigen, dass die Entwicklung der Luftstreitkräfte große Auswirkungen auf die Konflikte ihrer jeweiligen Zeit hatten.

Ich danke den Herausgebern und Autoren dieses Bandes für ihr Engagement bei der Erforschung der Geschichte der Luftwaffe der Bundesrepublik Deutschland. Den Lesern wünsche ich viel Vergnügen und Erkenntnisgewinn bei der Lektüre.

Florian Hahn MdB

Vizepräsident der Interessengemeinschaft deutsche Luftwaffe e.V.

Heiner Möllers

Luftwaffe und Luftkrieg. Eine Einführung

Seit rund 60 Jahren ist die Luftwaffe im Einsatz. Weite Teile der fliegenden Teilstreitkraft waren und sind, soweit sie zur integrierten NATO-Luftverteidigung gehörten, stets im Dienst. Die Transportflieger der Luftwaffe flogen in diesen Jahren seit Aufstellung der Bundeswehr vielfach gerade in der damals so bezeichneten „Dritten Welt" zahlreiche Einsätze – sei es zum Transport von Lebensmitteln, Material und Soldaten der Bundeswehr nach Naturkatastrophen. Aber erst in den Jahren nach 1991 hat die deutsche Öffentlichkeit wahrgenommen, dass die Luftwaffe der Bundeswehr für den Luftkrieg existiert. Die jahrelangen Einsätze mit Kampf- und Transportflugzeugen über dem Balkan sowie die Unterstützung des Einsatzes der Internationalen Schutztruppe in Afghanistan haben gezeigt, dass die Luftwaffe ihren Anteil an bündnisgemeinsamen Operationen im Rahmen der UN-Mandate wahrnimmt. Der deutsche Anteil ist dabei zahlenmäßig nicht mit dem der US Air Force zu messen, aber er bleibt ein signifikanter und für die Einsätze wesentlicher Beitrag.

Die Einsätze der Bundeswehr und ihrer Luftwaffe im Ausland sind heute Normalität und werden von der deutschen Öffentlichkeit nicht mehr besonders wahrgenommen. Das von Bundespräsident Horst Köhler einst attestierte „freundliche Desinteresse" scheint sich auch in einer gewissen Teilnahmslosigkeit der Deutschen auszudrücken.

Dieses Desinteresse ändert sich jedoch schlagartig für kurze Zeit, wenn beispielsweise ein Bombenangriff am Kunduz-Fluss zivile Opfer verursacht und Fragen nach der militärischen und politischen Verantwortung gestellt werden. Ein Untersuchungsausschuss des Deutschen Bundestages hat diesen Vorfall umfassend untersucht und alle politisch notwendigen Fragen dazu gestellt und beantwortet[1]. Ob er damit das Wesen und die Folgen des Luftkrieges sowie seine Wirkungen für die im Einsatz befindlichen Soldaten und die davon betroffenen Zivilisten erfasst hat, steht auf einem anderen Blatt.

Dieser Vorfall steht dabei – auch aus historischer Sicht – für die in der Geschichte oftmals zu beobachtende enge, oftmals nicht zu verhindernde Ver-

---

[1] Vgl. dazu den umfassenden Bericht des Verteidigungssauschuss des deutschen Bundestages als Untersuchungsausschuss vom 25.10.2011:
http://dip21.bundestag.de/dip21/btd/17/074/1707400.pdf (Zugriff am 08.10.2014).

zahnung von Militär und Zivilbevölkerung im Luftkrieg. Mit Blick auf die Geschichte des Luftkrieges fällt auf, dass z.B. Jahrestage der Bombardierung Dresdens im Februar 1945 im kollektiven Gedächtnis der Deutschen präsent sind. Die politische Instrumentalisierung dieses Gedenktages durch politische Parteien führte zur Einsetzung einer unabhängigen Historikerkommission, die die verheerenden Angriffe auf das mit Flüchtlingen überfüllte Dresden durch britische und US-amerikanische Bomberflotten untersuchte und dabei die eine oder andere Legende widerlegte[2]. Ähnliches hat kürzlich die Stadt Frankfurt am Main unternommen, die die Zerstörung der Stadt und das Leiden der Menschen multiperspektivisch untersuchen ließ[3]. Hier geht die Forschungs- und Erinnerungsarbeit voran.

Auch die militärische Luftfahrt des Ersten Weltkrieges rückt nicht allein aus Anlass des 100. Geburtstages dieser „Urkatastrophe" (Georg F. Kennan) des 20. Jahrhunderts vermehrt in den Fokus der historischen Forschung. Der bislang kaum beachtete oder ansonsten vor allem durch „Helden" wie Manfred von Richthofen überlagerte Luftkrieg im Ersten Weltkrieg verdient eine ausführlichere Beachtung. Das Militärhistorische Museum – Flugplatz Gatow präsentiert dazu mit anderen Museen die Geschichte von drei Piloten aus drei Ländern im Ersten Weltkrieg[4]. Das Gemeinschaftsprojekt „Drei Piloten – Ein Krieg" gibt einen Einblick in die Lebenswelt von drei Soldaten, die im Ersten Weltkrieg kämpften. Im Zentrum stehen Feldpostbriefe, die 100 Jahre, nachdem sie geschrieben wurden, veröffentlicht werden. Sie werden durch Exponate und andere persönliche Unterlagen ergänzt.

Harald Potempa schildert in seinem Beitrag die Entstehung und das Wirken deutscher Luftstreitkräfte im Ersten Weltkrieg. Er ordnet dabei die „Erfolge" der Flieger in die organisationsgeschichtlichen Zusammenhänge dieser neuen Truppe ein. Vor dem Hintergrund der Technik und der notwendigen Unterstützung für die „Piloten" wird erkennbar, dass die Fliegertruppe ein sehr spezielles Verhältnis von „Kämpfern" zu „Unterstützern" hatte – woran sich heute wenig geändert hat. Gleichzeitig wird der rasante Aufwuchs dieser Truppengattung deutlich. Dass die Flieger aus der Kavallerie entstanden sein sollen,

---

[2] Rolf-Dieter Müller, Nicole Schönherr, Thomas Widera (Hrsg.), Die Zerstörung Dresdens am 13./15. Februar 1945: Gutachten und Ergebnisse der Dresdner Historikerkommission zur Ermittlung der Opferzahlen, Göttingen 2010.

[3] Michael Fleiter (Hrsg.), Heimat/Front. Frankfurt am Main im Luftkrieg, Frankfurt 2013.

[4] http://www.3p1w.eu

wie oftmals vermutet wird, erscheint damit mehr als zweifelhaft. Vielmehr stellen sie ein Sammelbecken aller Truppengattungen dar, wobei vorzugsweise Soldaten mit technischem Verständnis oder Vorkenntnissen in dieser neuen Truppe eine Zukunft fanden.

Sebastian Rosenboom untersuchte im Rahmen einer Masterarbeit den Luftkrieg an der Ostfront – bislang ein völliges Terra Inkognita – und arbeitete die dabei entstandenen, ersten Grundsätze zum Einsatz von Luftkriegsmitteln heraus. Er zeigt, dass sich der Luftkrieg an der Ostfront allein schon durch die Dimensionen des Raumes und der dortigen beweglichen Kriegführung sowie beeinflusst durch das Klima vollkommen vom Stellungskrieg an der Westfront unterschied. Es ist gleichwohl evident, dass der entstehende „Luftkrieg" und damit auch der Einsatz der Luftstreitkräfte zunächst einem „learning by doing" glich. Von der Herausbildung einer Einsatzdoktrin waren diese jungen Luftstreitkräfte noch weit entfernt. Zudem waren sie auch noch keine eigene Teilstreitkraft mit eigener Operationsplanung, sondern eine dem Heer zugeordnete Fliegertruppe und – nicht zuletzt – erst recht nicht bei allen Truppenführern als militärisches Instrument anerkannt.

Am Beispiel der militärischen Operationen der preußischen Armee an den Masurischen Seen im August 1914 – oftmals mit dem Begriff „Tannenberg" verkürzt – schildert *Daniel Schilling*, wie in der Nachkriegszeit Erinnerungsschriften das Heldentum verklärten. Die zahlreichen Regimentsgeschichten der Landstreitkräfte – oftmals die einzigen „Quellen", die von den Kampfhandlungen des Ersten Weltkrieg noch vorliegen – geben einen anschaulichen Überblick über die Wahrnehmung der Flieger in dieser Schlacht, wie sie gerade nach dem Ersten Weltkrieg in die Annalen der deutschen Militärgeschichte geschrieben wurden. Ob die dabei besonders betonte Rolle der Luftstreitkräfte – frei nach Hindenburg: „Ohne Flieger kein Tannenberg" – der damaligen Realität entsprach, wird noch zu prüfen sein.

Erst nach dem Ersten Weltkrieg setzte eine Dogmatisierung ein. Verschiedene Luftkriegstheoretiker versuchten Regeln für den Luftkrieg aufzustellen und daraus Handlungsmaximen und Einsatzgrundsätze abzuleiten[5]. Einer der ersten und möglicherweise auch der maßgeblichen Militärschriftsteller war

---

[5] Olaf Groehler: Geschichte des Luftkriegs. 1910 bis 1980, Berlin 1975 (8. Auflage 1990); vgl. zudem Friedrich Korkisch, Der Paradigmenwechsel im Luftkrieg. In: Österreichische Militärzeitschrift Heft 5/2002, online verfügbar unter: http://www.bmlv.gv.at/omz/ausga ben/artikel.php?id=25.

Giulio Douhet. Er postulierte in seiner Schrift „Il Dominio dell'Aria", die 1935 unter dem Titel „Luftherrschaft" auch in Deutschland erschien, den beinahe elementaren Grundsatz, dass *Luftherrschaft* über den Erfolg im Kriege entscheide und dazu vor allem strategische Mittel notwendig seien. *Eberhard Birk* beschreibt dazu in diesem Band auch die Rezeptionsgeschichte Douhets, dem in Deutschland vor dem Zweiten Weltkrieg – zumindest offiziell – kaum Beachtung geschenkt wurde. Bemerkenswert ist ebenfalls, dass dessen Grundsätze, sieht man von den technologischen Fortschritten ab, bis heute wenig von ihrer zeitlosen Gültigkeit verloren zu haben scheinen. Gleichwohl könnte der Eindruck aufkommen, dass insbesondere der technische Fortschritt zu einer Verselbständigung des Luftkrieges geführt hat. Neue Fähigkeiten wie abstandsfähige Präzisionsbewaffnung und die zunehmende Computerisierung führten dazu, dass Luftstreitkräfte heute ein Vielfaches mehr können, als noch vor wenigen Jahren. Und gleichzeitig entsteht bei der Betrachtung historischer Beispiele auch der Eindruck, dass der Luftkrieg teilweise von den übrigen, ursprünglich mit ihm verknüpften ‚Air Operations' gelöst habe. Für dieses Indiz steht auch die in der NATO über lange Zeit übliche Trennung von Luftangriff und Luftverteidigung, die durch unterschiedliche Operationszentren dirigiert wurden, obwohl sie von der gleichen Luftflotte geplant und geführt wurden.

Darüber hinaus hat die Luftwaffe in der zurückliegenden 4. Militärhistorischen Tagung den Versuch unternommen, die Luftwaffe der Bundeswehr anhand ihrer originären Aufgabe zu betrachten: ihrer Rolle und Beteiligung am Luftkrieg. Es war durchaus zu erwarten, dass es dazu bislang noch kaum Forschungsergebnisse gibt, die einen profunden Überblick zu diesem Thema vermitteln – ebenso wenig übrigens, wie bislang keine wissenschaftliche Studie zum Taktischen Luftkrieg und seiner Geschichte existiert. Dennoch haben sich einige Referenten gefunden, die unterschiedlichste Facetten zum Luftkrieg darstellen. Sie beleuchten damit Beispiele, die die Verschränkungen der modernen Militärgeschichte zu eher zivilen historischen Themen anbieten und die Vielfältigkeit militärhistorischer Themen veranschaulichen[6].

Neben den bereits erwähnten Beiträgen zum Luftkrieg im Ersten Weltkrieg stellt sich beispielsweise immer wieder die Frage, wer am Luftkrieg

---

6 Zur Vielfältigkeit der modernen Militärgeschichte siehe: Thomas Kühne/Benjamin Ziemann (Hrsg.), Was ist Militärgeschichte? Paderborn 2000 (= Krieg in der Geschichte, Bd. 6). Militärgeschichte: Probleme, Thesen, Wege. Herausgegeben im Auftrag des Militärgeschichtlichen Forschungsamtes von Manfred Messerschmidt, Klaus A. Maier, Werner Rahn und Bruno Thoß, Stuttgart 1982 (= Beiträge zur Militär- und Kriegsgeschichte, 25).

teilnimmt, welche Motivationen er besitzt und unter welchen Umständen Personal für Luftstreitkräfte gewonnen wird. Bei einer dazu angenommenen Affinität junger Männer für die technische Herausforderung des Fliegens[7] ist heutzutage der Einsatz von Frauen in Luftstreitkräften normal. Auch in der Luftwaffe der Bundeswehr – wie auch bei Heeres- und Marinefliegern – haben Frauen das Cockpit erobert. Diese „Männerdomäne" existiert ebenso wenig, wie auch bei Lufthansa und Polizei schon längst Frauen die Aufgaben im Cockpit keinen Deut anders ausfüllen, als Männer dies bislang taten. Interessant ist darüber hinaus, dass es auch in der Militärgeschichte weit frühere Beispiele für fliegende Frauen gibt. Auffällig ist lediglich, dass sie nur selten im Kampf eingesetzt wurden. *Christian Taube* bietet mit seinem Beitrag einen vergleichenden Einblick in die von namhaften Frauen geprägte internationale Militärfliegerei der Zwischenkriegszeit. Es bleibt zu hoffen, dass aus diesem Bericht eine größere Studie erwächst, die international vergleichend die Rolle der Militärpilotinnen untersucht.

Die technologische Entwicklung der militärischen Luftfahrt ist durch die Nutzung von propeller- und jetgetriebenen Kampfflugzeugen nachhaltig geprägt. Derzeit wird in der Luftwaffe mit dem Eurofighter, der einst als „Taktisches Kampfflugzeug für die 90er Jahre" und als „Jäger 90" seine Entstehung erlebte, ein Jet der 4. Generation genutzt. Multifunktionale Displays anstelle früherer, von analogen Anzeigen geprägten „Uhrenladen" zeichnen ihn aus und erleichtern seine Nutzung im komplexen Luftkrieg. Als Single-Seater, also Kampfflugzeug mit nur noch einem Bediener an Bord, löst er bislang zweisitzige Kampfflugzeuge ab, deren zweites Besatzungsmitglied als Waffensystemoffizier überhaupt erst den Einsatz solcher Waffensysteme ermöglichte. Dass der früher als „Kampfbeobachter" (KBO) eingeführte zweite Mann anfänglich auch als „Kleiner Ballast Offizier" belächelt wurde, ändert nichts an der Tatsache, dass solche Flugzeuge nur zu zweit zu bedienen waren. Erstaunlich ist dagegen, dass bei den Luftstreitkräften des Warschauer Paktes viele Kampfflugzeuge Einsitzer waren. Eines der modernsten Modelle, die MiG 29 „Fulcrum", gelangte im Zuge der Vereinigung beider deutscher Staaten 1990 in den

---

7   Christian Kehrt, Vom Luftakrobaten zum Cyborg? Technikerfahrungen deutscher Militärpiloten im 20. Jahrhundert, in: Eberhard Birk, Heiner Möllers, Wolfgang Schmidt (Hg.): Die Luftwaffe zwischen Politik und Technik (=Studien zur Geschichte der deutschen Luftwaffe, Bd.2), Berlin 2012, S. 15-37. Ders., Moderne Krieger. Die Technikerfahrungen deutscher Militärpiloten von 1910 bis 1945 (= Krieg in der Geschichte, Bd. 58), Paderborn 2010.

Besitz der Luftwaffe[8] und es warf gleich die Frage auf, ob mit seiner Nutzung die noch laufende Entwicklung und spätere Beschaffung des Eurofighters unnötig wäre. *Oliver Bange* stellt in seinem Beitrag diese militär- und industriepolitische Episode dar, die von nachhaltigen Zweifeln an der industriepolitischen Zuverlässigkeit des Herstellers, immerhin ein Betrieb in Russland, geprägt war. Gleichzeitig lassen sich an diesem Beispiel auch die unterschiedlichen und teilweise divergierenden Interessen der Akteure – die Luftwaffenführung, die politische Leitung der Bundeswehr und die westdeutsche Industrie – nachvollziehen. Gleichzeitig kam dem Flugzeug in einer Zeit, da man die Bundesrepublik Deutschland nur ,von Freunden umzingelt' sah, eine erhebliche sicherheitspolitische Bedeutung zu: es hätte auf dem Weg zu einer Sicherheitspartnerschaft mit Russland den Beginn einer vertrauensvollen Zusammenarbeit markieren können. Dass es dazu nicht kam, belegt nicht nur die nahezu kostenlose Weitergabe dieses Flugzeuges an die polnische Luftwaffe im Jahr 2004.

Ebenfalls der Zeit der Wiedervereinigung widmet sich *Christian Hauck*, der die Übernahme der Luftraumüberwachung für das vereinte Deutschland durch die Luftwaffe beschreibt. Während die Geschichte der Flugabwehrraketentruppe schon nachzulesen ist[9], ist jene der Luftraumüberwachung, die letztlich auch den Einsatz von Raketen gegen Flugzeuge geführt und somit befohlen hätte, bislang weitgehend nur Insidern bekannt. Dabei gibt es bereits Veröffentlichungen, die die Hintergründe der integrierten Luftverteidigung der NATO darstellen[10]. Auch die Organisations- und politische Geschichte der Luftwaffe ist für die Jahre bis 1970 umfassend beschrieben[11]. Dennoch ergeben sich – auch aufgrund der üblichen Sperrfristen für die Nutzung staatlichen Archivgutes und der Verschlusssachen – immer noch Leerstellen.

---

[8]   Andreas Klein, Luftwaffe Fulcrums. The MiG 29 – From the East German People's Army to the Luftwaffe. In: AirDOC – Aircraft Documentations. Nr. 2, Erlangen 2002.

[9]   Wilhelm von Spreckelsen/Joachim Vesper, Blazing Skies: Die Geschichte der Flugabwehrraketentruppe der Luftwaffe, Oldenburg 2004.

[10]   Dieter Krüger, Nationaler Egoismus und gemeinsamer Bündniszweck. Das „NATO Air Defense Ground Environment Programme" (NAGDE) 1959 bis 1968. In: Militärgeschichtliche Zeitschrift 64 (2005), S. 333-358.

[11]   Dieter Krüger/Bernd Lemke/Heinz Rebhan/Wolfgang Schmidt, Die Luftwaffe 1950 bis 1970, Konzeption, Aufbau, Integration, München 2006 (= Sicherheitspolitik und Streitkräfte der Bundesrepublik Deutschland, Bd. 2)

Die im Internet verfügbare Chronik des Radarführungsdienstes[12] kann diese Lücke noch nicht schließen. Aus diesem Grunde kommt dem Beitrag von Hauck einige Bedeutung zu: bislang konnte man noch nicht nachvollziehen, wie sich die Übernahme der Luftraumüberwachung abspielte und welche konkreten, auch technischen Probleme genau dabei zu lösen waren. Dass es dabei handwerklich zuging, entsprach nun gar nicht den Vorstellung der Bundeswehroffiziere in Erndtebrück und anderenorts.

Eine erweiterte Geschichte der Luftwaffe und des Luftkrieges hätte in der Zukunft nicht nur die Aufgaben der Luftverteidigung in ihren Strukturen und das Zusammenwirken von Flugabwehr und Radarführungsdienst zu beschreiben. Sie müsste auch die technologischen Entwicklungen ebenso im Kontext von Modernisierungsprozessen darstellen, wie es aus sozial- und kulturwissenschaftlicher Warte wünschenswert wäre, die Wahrnehmung ihres Dienstes durch die eingesetzten Soldaten in diesen Aufgabenbereichen zu untersuchen. Denn diese beiden Dienstteilbereiche – wie die Luftwaffe ihre Truppengattungen nennt – unterscheiden sich damit ganz erheblich vom Rest der Bundeswehr. Während sich dieser am Freitag zur NATO-Rallye begab und gerade die zahllosen Wehrpflichtigen die Kasernen hinter sich ließen, um das Wochenende in der Heimat zu verbringen, waren diese beiden Dienstteilbereiche vom umfassenden Schichtdienst geprägt. „24/7" war für sie Normalität, wie Zeitzeugenberichte für die Flugabwehrraketentruppe beschreiben[13]. Dabei schwebte über der Bundesrepublik Deutschland und seiner europäischen Nachbarstaaten in der öffentlichen Wahrnehmung ständig das von Militärs und Politikern beider Blöcke beschriebene „Damoklesschwert" eines kommenden Krieges, wenn der Kalte Krieg heiß werden sollte oder die Blockkonfrontation eskalieren würde. Was das für die Bundesrepublik an der Nahtstelle beider Bündnisse bedeutet hätte, ist heute eine sehr virtuelle Vorstellung und nicht zu

---

[12] Die Geschichte der Fernmelderegimenter 31 - 34 und der V. Lehrgruppe der Technischen Schule der Luftwaffe 2. Zusammengestellt von Oberst Wilhelm Wessling u.a., ungedr. Manuskript, 1989.
http://www.luftwaffe.de/resource/resource/MzEzNTM4MmUzMzMyMmUzMTM1MzMyZ TM2MzEzMDMwMzAzMDMwMzAzMDY3NmY2NDZkNjI3NDc5NzcyMDIwMjAyMDI w/Chronik (Zugriff am 10.10.2014).
[13] Vgl. Spreckelsen/Vesper, Blazing Skies.

erahnen. Gleichwohl lohnt sich ein Blick in die Quellen, um eine Vorstellung zu gewinnen, wie ein solcher Krieg hätte aussehen können[14].

Zur historischen Wahrheit gehört jedoch auch, dass ungeachtet der im Westen angenommen Bedrohung durch den Warschauer Pakt und seine Militärmacht auch dort die Furcht vor einem Krieg so groß war, dass offensichtlich die erhebliche Rüstung in Osteuropa auch als Versicherung vor einem ständig als möglich empfundenen Angriff seitens der NATO verstanden wurde. Inwieweit die Kriegsplanungen des Ostens eine tatsächliche Bedrohung für den Frieden in Europa darstellten, wird jüngst durch eine Studie eines mit der Planung betrauten Offiziers der ehemaligen Nationalen Volksarmee ersichtlich[15].

Nichtsdestotrotz unternahmen beide Seiten erhebliche Vorbereitungen, um für den Tag X vorbereitet zu sein. Für die NATO gehörte dazu auch, die Flugplätze mit ausreichend Flugbenzin versorgen zu können. Dies wäre mit Straßenlastkraftwagen nur schwerlich möglich gewesen. *Michael Poppe* stellt in seinem Beitrag einen Auszug aus seiner künftigen Dissertation dar, die sich dem NATO-Pipelinesystem widmet[16]. Vermutlich von der Öffentlichkeit kaum wahrgenommen, band die NATO zahlreiche Flugplätze an dieses System an, um eine von Gefährdungen und Limitierungen befreite Lieferung von Treibstoff zu gewährleisten. Darüber hinaus veranschaulicht der Beitrag aber ebenso, wie eng die NATO mit nicht-militärischen Organisationen verzahnt war und wie eng die verschiedenen Staaten und Unternehmen in der Zeit der Blockkonfrontation kooperierten.

An der Zeitenwende 1989/90 stellte sich auch die Frage, welche Aufgaben die Bundeswehr nach der Erlangung der deutschen Einheit und als Armee

---

[14] Dieter Krüger, Schlachtfeld Bundesrepublik. Europa, die deutsche Luftwaffe und der Strategiewechsel der NATO 1958 bis 1968. In: Vierteljahreshefte für Zeitschichte 56 (2008), S. 171-225.
(http://www.ifz-muenchen.de/heftarchiv/2008_2_1_krueger.pdf, Zugriff am 10.10.2014). Nach wie vor lesenswert ist auch die fiktive Darstellung eines dritten Weltkrieges von John Hackett, Der Dritte Weltkrieg: Hauptschauplatz Deutschland (Originaltitel: The Third World War: August 1985), München 1978.

[15] Siegfried Lautsch, Kriegsschauplatz Deutschland. Erfahrungen und Erkenntnisse eines NVA-Offiziers, Potsdam 2013. – Da die Rote Armee nahezu sämtliche Planungsunterlagen des Warschauer Paktes Anfang der 1990er Jahre kassierte, liegen keine Quellen zur Kriegsplanung des osteuropäischen Militärbündnisses mehr vor, die einen Überblick über die tatsächlich vorhandenen Vorstellung und Annahmen für einen Krieg in Europa geben könnten.

[16] Zum Einstieg: http://relikte.com/nds_pipeline/index.htm sowie http://www.nato.int/cps/en/natohq/topics_49151.htm (30.10.2014).

eines vollkommen souveränen Deutschlands haben würde. Die damals geführten Debatten, Deutschland möge sich seiner historischen Erfahrungen wegen allenfalls an humanitären Aktionen beteiligen, vernachlässigten auch die Vorstellungen der europäischen Nachbarn, wie Deutschland seine Rolle als faktische europäische „Zentralmacht" wahrnehmen würde. Über den Betrieb eines Krankenhauses im Rahmen eines UN-Mandats in Kambodscha und einen Unterstützungseinsatz in Somalia zeitigte der Bürgerkrieg im ehemaligen Jugoslawien ein Umdenken. Getrieben durch die USA, deren Präsident Bill Clinton die Europäer zu verstärktem Engagement in den daraus neu entstandenen Staaten Kroatien und Bosnien-Herzegowina drängte, kam auch für die Bundeswehr ein neues Aufgabenspektrum hinzu. Bundesverteidigungsminister Volker Rühe sah die Bundeswehr auch als ein Instrument einer politisch abgestützten Friedenspolitik, die sich dem Einsatz militärischer Mittel nicht versagen dürfe. Gerade die Situation auf dem Balkan führte über einen UN-Einsatz – nahezu unbewaffnet und den Scharmützeln der regionalen Kriegsgruppen hilflos ausgesetzt – zur Teilnahme an einer Luftbrücke zur Versorgung der Bevölkerung Sarajevos und seiner Umgebung[17] sowie zum Einsatz einer Friedenstruppe, die, als IFOR und später SFOR bezeichnet, den Friedensprozess in Bosnien-Herzegowina absichern sollte[18].

Im öffentlichen Gedächtnis heute unbekannt ist dabei, dass aus der Bundeswehr eben nicht nur ein Schneller Eingreifverband zur Absicherung des IFOR-Mandats eingesetzt wurde. Unbekannt ist vielmehr, dass beispielsweise deutsche Soldaten als Forward Air Controller (FAC = Fliegerleitoffiziere) auch im Einsatz der Luftstreitkräfte zur Durchsetzung des Flugverbotes tätig waren. *Sönke Marahrens* nahm am SFOR-Einsatz in einer solchen Tätigkeit teil und schildert anschaulich die Aufgaben eines FAC in diesem Konflikt.

Einen späteren Höhepunkt erlebte der Balkaneinsatz der Bundeswehr angesichts der fortschreitenden Zuspitzung des Konfliktes im ehemaligen Jugoslawien und der darin stattfindenden Konflikte zwischen den verschiedenen Ethnien, die sich nicht länger der serbischen Vorherrschaft unterwerfen wollten. Die Unterdrückung der kosovarischen Bevölkerungsmehrheit in der da-

---

[17] Hans-Werner Ahrens, Die Luftbrücke nach Sarajevo 1992-1996. Transportflieger der Luftwaffe und der Jugoslawienkrieg. Freiburg/Wien 2012 (= Neueste Militärgeschichte. Einsatz konkret, Band 1).

[18] Eine von Zeitzeugen geschriebene Einsatzgeschichte der Bundeswehr bietet: Peter Goebel (Hrsg.), Von Kambodscha bis Kosovo. Auslandseinsätze der Bundeswehr seit Ende des Kalten Krieges, Bonn 2000.

mals südjugoslawischen Provinz führte zu einer erheblichen Eskalation der Situation. Die Vereinten Nationen konnten sich im Gegensatz zu bisherigen Einsätzen nicht schnell genug auf ein entsprechendes Mandat verständigen, so dass die NATO – unter weitgefasster Auslegung und völkerrechtlich nicht vollkommen eindeutiger Anwendung der bisherigen Mandate – den Luftkrieg gegen „Rest-Jugoslawien" führte, um dieses zum Einlenken im Kosovo-Konflikt zu zwingen. Später verfasste der UN-Sicherheitsrat ein entsprechendes Mandat.

Die Luftwaffe war aufgrund ihrer Fähigkeiten bereits seit einigen Jahren mit einigen Aufklärungsflugzeugen (Recce-Tornados) und Kampfflugzeugen zur Unterdrückung der Flugabwehr (ECR-Tornados) an der Durchsetzung der Flugverbotszonen beteiligt. Vom 24. März bis Juni 1999 nahmen nun einige ECR-Tornados des Jagdbombergeschwaders 32 aus Lechfeld an der Operation „Allied Force" teil, mit der das von Slobodan Milosevic geführte Rest-Jugoslawien niedergerungen wurde. Wenngleich die wesentlichen Abläufe mittlerweile bekannt sind und auch zahlreiche Veröffentlichungen dazu vorliegen[19], sind bislang nur wenige Zeitzeugenbeiträge bekannt. *Thomas Huhndorf* war damals als Waffensystemoffizier beim Einsatzgeschwader 1 eingesetzt und hat einige Missionen mitgeflogen. Sein Bericht schließt explizit die persönliche Wahrnehmung mit ein und beschreibt den Mentalitätswandel, dem die Angehörigen der Luftwaffe unterworfen waren. Huhndorf ordnet die Ereignisse in den Kontext der Operation ein und legt damit – vermutlich erstmals – einen umfassenden Bericht aus der Sicht eines an der „Basis" eingesetzten Soldaten vor.

All diese Einzelberichte können aber nicht verdecken, dass die Geschichte der Luftwaffe der Bundeswehr noch zahlreiche Desiderate enthält, die eine lohnende Beschäftigung anbieten. Neben rüstungspolitischen Themen sind es vor allem die bislang noch nicht umfassend aufbereitet Organisations- und vor allem die Kulturgeschichte der Luftwaffe. Während sich die Entwicklung der Organisation Luftwaffe anhand zahlreicher, mehr oder weniger brauchbarer Chroniken im Großen und Ganzen nachvollziehen lässt, die letztlich zu einem

---

[19] Walter Jertz, Im Dienste des Friedens – Tornados über dem Balkan, 2. Auflage, Hamburg 2000. Walter Jertz/Carsten Bockstette: Militärpolitische Perzeptionen und die Zukunftsperspektiven des strategischen Informationsmanagements. Die Entwicklung der Krisenkommunikation von der Kosovo Operation „Allied Force 1999" zur Operation „Iraqi Freedom". In: Christian Büttner, Joachim von Gottberg und Verena Metze-Mangold (Hrsg.): Der Krieg in den Medien. 2004.

Gesamtbild gebündelt werden müssen, liegt die Kulturgeschichte nach wie vor im Dunkeln. Der oftmals angenommenen „Amerikanisierung der Luftwaffe[20]", die sich für die fliegende Luftwaffe und den Bereich der Luftverteidigung in weiten Teilen annehmen und nachlesen lässt, steht eine sicher nachvollziehbare Beeinflussung der Soldaten der Luftwaffe durch gesellschaftliche Entwicklungen in der Bundesrepublik Deutschland und ihrer freizeit- und konsumorientierten Bevölkerung gegenüber. Beides sind zwei Seiten einer Medaille, die noch zu analysieren sind. Ebenso wäre es gerade angesichts aktueller Diskussionen um die Bundeswehr von besonderem Interesse, die öffentliche Wahrnehmung der Luftwaffe und ihre Selbstdarstellung einer kritischen Analyse zu unterziehen. Das würde auch helfen, all' das, was von der Luftwaffe nicht oder kaum wahrgenommen wird, aus der Dunkelheit hervor zu holen.

Der Band wird abgeschlossen mit einem Beitrag des Stellvertreters des Generalinspekteurs der Bundeswehr, Generalleutnant *Peter Schelzig*, der die aktuellen und künftigen Anforderungen an Luftstreitkräfte für streitkräftegemeinsame und multinationale Operationen skizziert. Der Stil dieses ursprünglich in die Tagung einführenden Vortrages wurde nur geringfügig geändert. Der Beitrag dokumentiert damit auch die derzeit stattfindende Debatte über Aufgaben und Ausrüstung der Luftwaffe als Partner in multinationalen Einsätzen sowie die technischen Herausforderungen in einer schnelllebigen Zeit.

---

[20] Wolfgang Schmidt, Briefing statt Befehlsausgabe. Die Amerikanisierung der Luftwaffe 1955 bis 1975. In: Die Luftwaffe 1950 bis 1970. Konzeption, Aufbau, Integration, von Dieter Krüger, Bernd Lemke, Heinz Rebhan und Wolfgang Schmidt, München 2006 (= Sicherheitspolitik und Streitkräfte der Bundesrepublik Deutschland, 2), S. 649-691.

Harald Potempa

Luftstreitkräfte in Deutschland bis 1918 – unter besonderer Berücksichtigung des Königreiches Bayern[1]

1. Einleitung

Sowohl innerhalb der Forschung zum Ersten Weltkrieg als auch im historischen Bewusstsein der deutschen Öffentlichkeit, falls sich diese überhaupt für den Krieg von 1914-1918 interessierte, stand lange Zeit die Westfront und hier besonders die sogenannten „Materialschlachten" des Jahres 1916 bei Verdun oder an der Somme im Vordergrund. In jüngster Zeit jedoch scheint sich eine Trendwende anzubahnen, die Ostfront[2] sowie die Kriegsschauplätze Rumänien[3] und Balkan[4] finden immer größeres Interesse.

---

[1] Der vorliegende Beitrag stellt die leicht überarbeitete Version eines Aufsatzes dar, der mit freundlicher Genehmigung der DGLR abgedruckt werden darf: Harald Potempa, Die Königlich-Bayerische Fliegertruppe als Teil der Deutschen Luftstreitkräfte bis 1918. In: Die Königlich-Bayerische Fliegertruppe 1912-1920. Textbeiträge einer Vortragsveranstaltung der Deutschen Gesellschaft für Luft- und Raumfahrt – Lilienthal-Oberth e.V. „100 Jahre Flugplatz Schleißheim" 16. Juni 2012. Hrsg. von Hedwig Sensen, Bonn 2013 (= Blätter zur Geschichte der Deutschen Luft- und Raumfahrt XIX), S. 11-22.

[2] Die vergessene Front – der Osten 1914/15. Ereignis, Wirkung, Nachwirkung. Im Auftrag des MGFA hrsg. von Gerhard P. Groß, Paderborn u.a. 2006 (= Zeitalter der Weltkriege, Bd. 1); Manfried Rauchensteiner, Der Erste Weltkrieg und das Ende der Habsburger-Monarchie, Wien, Köln, Weimar 2013.

[3] Jürgen Angelow, Die Mittelmächte im Rumänienfeldzug von 1916/17. Kulturelle Transfers und Erinnerungskultur. Nachrichten aus der Forschung. In: MGZ 66 (2007) H. 1, S. 132-144.

[4] Am Rande Europas? Der Balkan – Raum und Bevölkerung als Wirkungsfelder militärischer Gewalt. Im Auftrag des MGFA hrsg. von Bernhard Chiari und Gerhard P. Groß unter Mitarbeit von Magnus Pahl, München 2009 (= Beiträge zur Militärgeschichte, 68); Der Erste Weltkrieg auf dem Balkan – Perspektiven der Forschung. Hrsg. von Jürgen Angelow, Berlin 2011. Militäroperationen und Partisanenkampf in Südosteuropa. Vom Berliner Kongress zum Ende Jugoslawiens. Hrsg. von der Arbeitsgemeinschaft TRUPPENDIENST, Bundesministerium für Landesverteidigung und Sport, Wien 2009 (= TRUPPENDIENST-Handbuch); Harald Potempa, German Armed Forces and the Balkans – Lessons from Southeast Europe. In: The Balkan Wars 1912/1913: New Views and Interpretations, edited by Srdjan Rudić und Miljan Milkić, Belgrade 2013, S. 237-250.

Eine ähnliche Entwicklung lässt sich beim Luftkrieg 1914-1918 beobachten, der nicht nur als Vorspiel[5] für den Bomberkrieg 1939-1945 oder gar ausschließlich als deutsch-englisches Luftduell[6] über der Westfront aufgefasst werden sollte.

Luftstreitkräfte[7] im Sinne aller Kriegsmittel zur Führung eines Luftkrieges inklusive des dazu notwendigen Personals, der Kommunikations- und Führungseinrichtungen waren in Anfängen bereits vor dem Krieg vorhanden. Sie wurden im Weltkrieg eingesetzt, tödlich perfektioniert, ihre Wirkung in der Zwischenkriegszeit ausgewertet und theoretisch untermauert[8]. Luftstreitkräfte

---

[5]   John Howard Morrow jr., German Air Power in World War I, Lincoln (Nebraska)/London 1982; John Howard Morrow jr., The Great War in the Air: Military Aviation from 1909 to 1921, Washington D.C./London 1993 (= Smithsonian History of Aviation Series); Olaf Groehler, Geschichte des Luftkriegs 1910 bis 1980, Berlin (Ost) 1981, S. 9-99; Harald Potempa, Der Erste Weltkrieg – Luftkriegführung. In: Grundkurs deutsche Militärgeschichte, Bd. 2, Das Zeitalter der Weltkriege 1914 bis 1945. Völker in Waffen. Im Auftrag des MGFA hrsg. von Karl-Volker Neugebauer, München 2007, S. 76-82; Harald Potempa, Krieg in der Luft. In: Der Erste Weltkrieg 1914-1918. Der deutsche Aufmarsch in ein kriegerisches Jahrhundert, München 2013, hrsg. von Markus Pöhlmann, Harald Potempa und Thomas Vogel, S. 89-109; Harald Potempa, … in der Luft, zu Lande und zu Wasser… Deutsche Luftstreitkräfte vor und zu Beginn des Ersten Weltkrieges. In: 14 – Menschen – Krieg. Essays zur Ausstellung zum Ersten Weltkrieg, hrsg. von Gerhard Bauer, Gorch Pieken und Matthias Rogg, Dresden 2014 (= Forum MHM 9), S. 136-145; Sebastian Rosenboom, Im Einsatz über der »vergessenen Front«. Der Luftkrieg an der Ostfront im Ersten Weltkrieg, Potsdam 2013 (= Potsdamer Schriften zur Militärgeschichte, 23).

[6]   Joachim Castan, Der Rote Baron. Die ganze Geschichte des Manfred von Richthofen, Stuttgart 2007; Christian Kehrt, „Moderne Krieger". Die Technisierung der Kriegserfahrung deutscher Militärpiloten 1910 bis 1945, Paderborn 2010 (= Krieg in der Geschichte, 58); René Schilling, „Kriegshelden". Deutungsmuster heroischer Männlichkeit in Deutschland 1813-1945, Paderborn/München/Wien/Zürich 2002 (= Krieg in der Geschichte, Bd. 15), S. 37-40 u. S. 295-314.

[7]   Horst Boog, Das Problem der Selbstständigkeit der Luftstreitkräfte in Deutschland 1908-1945. In: Militärgeschichtliche Mitteilungen 43 (1988), S. 31-60; Wolfgang Schmidt, Luftkrieg. In: Enzyklopädie Erster Weltkrieg. Hrsg. von Gerhard Hirschfeld, Gerd Krumeich und Irina Renz, Akt. u. erw. Studienausgabe, Paderborn u.a. 2009, S. 687-689; Wörterbuch zur deutschen Militärgeschichte. Hrsg. vom Militärgeschichtlichen Institut der Nationalen Volksarmee, 2 Bde, Berlin (Ost) 1985 (2. verb. Aufl.), „Flakartillerie", S. 203-206; „Luftstreitkräfte", S. 491-502; „Nachrichtenwesen", S. 665-670.

[8]   James S. Corum, The Luftwaffe. Creating the Operational Air War, 1918-1940, Lawrence (Kansas) 1997, S. 49-123; Harald Potempa, Die Wiedererlangung der Wehrhoheit und der Aufbau der Luftwaffe als eigenständigem dritten Wehrmachtsteil. „Soll ein Volk von Fliegern werden" – Anmerkungen zu Militärluftfahrt und populärer Wahrnehmung. In: Hans Felix

im Zeitraum von 1884 bis 1918 waren aber weit mehr als lediglich die Vorge-schichte der Luftwaffe in den Jahren 1935 bis 1945. Sie waren in die kompli-zierten Verhältnisse der deutschen Militärverfassung des Kaiserreiches[9] ebenso eingebunden wie in den modernen industriellen Massenkrieg mit gravierenden Auswirkungen auf die Zivilbevölkerung und die Wirtschaft[10].

Der vorliegende Beitrag will zunächst der Frage nachgehen, ob sich von den Luftstreitkräften bis 1918 wirklich eine durchgehende Kontinuitätsli-nie zur Luftwaffe der Wehrmacht 1935-1945 und zur Luftwaffe der Bundes-wehr ziehen lässt, wie dies gelegentlich behauptet wird. Dann soll es um die chronologische Dimension der militärischen Luftfahrt gehen, schließlich um die Probleme und Struktur der Luftstreitkräfte am Beispiel der Fliegertruppe.

2.   Wurzeln und Äste

Wenn die Luftwaffe der Bundeswehr heute ihre organisationsgeschichtlichen – nicht die politischen – Wurzeln sucht, so könnte sie geneigt sein, einer simplen Versuchung nachzugeben, indem sie von den ersten Luftschiffertruppen, über den Beginn der Fliegertruppe sowie die Luftstreitkräfte des Ersten Weltkrieges und die Luftwaffe 1935-1945 eine große gerade Linie bis in die Gegenwart zieht. Somit erscheint – organisationsgeschichtlich – die Luftwaffe der Bun-

---

Husadel. Werk – Wirken – Wirkung, Dokumentationsband zum gleichnamigen Symposium vom 20. bis 22. Oktober 2004 in Bonn. Hrsg. von Michael Schramm, Bonn 2006 (= Militär-musik im Diskurs, Bd. 1), S. 42-59; Harald Potempa, Der britische Bombenkrieg 1939-1945 aus deutscher Sicht. In: Heimatfront. Frankfurt im Luftkrieg, Hrsg, von Michael Fleiter, Frank-furt a.M. 2013, S. 274-287.

[9]   Harald Potempa, Die Königlich-Bayerische Fliegertruppe 1914-1918, Frankfurt a.M./Berlin/Bern/New York/Paris/Wien 1997 (= Europäische Hochschulschriften, Reihe III, Bd. 727); Harald Potempa, The Royal Bavarian Flying Corps. Aspects of Aerial War 1914-1918 (translated by Dieter H.M. Gröschel M. D.). In: Over The Front. Journal of the League of World War I Aviation Historians, Vol. 15 (2000) Nr. 2, S. 99-119; Hans Schmidt, Föderal-ismus und Zentralismus im deutschen Heerwesen des Kaiserreiches. Die Königlich-Bayerische Fliegertruppe 1912-1919. Zu einem wenig beachteten Kapitel der Geschichte des Ersten Welt-krieges. In: Zeitschrift für bayerische Landesgeschichte 52 (1989) H. 1, S. 107-130.

[10]   Bruno Thoß, Die Zeit der Weltkriege – Epochen als Erfahrungseinheit? In: Erster Welt-krieg – Zweiter Weltkrieg. Ein Vergleich. Krieg, Kriegserlebnis, Kriegserfahrung in Deutsch-land, hrsg. im Auftrag des MGFA von Bruno Thoß und Hans Erich Volkmann, Paderborn u.a. 2002, S. 7-30. Hew Strachan, Towards a comparative history of World War I. In: MGZ 67 (2008) 2, S. 339-344.

deswehr[11] quasi nahtlos aus der Luftwaffe des „Dritten Reiches" hervorgegangen zu sein und die Entwicklung vor 1935 wäre lediglich eine Vorgeschichte.

So reizvoll dieses Verfahren wäre, so sehr sollte davor gewarnt werden – und dies nicht nur, weil die Geschichte der Luftstreitkräfte/Luftverteidigung der Nationalen Volksarmee (NVA) damit völlig vernachlässigt wird. Trotz der Namensgleichheit unterscheiden sich die beiden Luftwaffen organisationsgeschichtlich in wichtigen Punkten, ganz abgesehen davon, dass die Luftwaffe der Bundeswehr nur im Rahmen der NATO denkbar war und ist. Dies gilt für die Luftwaffe des „Dritten Reiches" definitiv nicht; sie war eine rein nationale Streitmacht, die allerdings im Rahmen der Koalition der „Achsenmächte" eingesetzt wurde.

Da die Auswertung der Ergebnisse des Ersten Weltkrieges den Finger u.a. in die offene Wunde der komplizierten Verhältnisse bei den Deutschen Luftstreitkräften vor 1918 legte, wurde die Luftwaffe des „Dritten Reiches" so konzeptioniert, dass alle Luftkriegsmittel organisatorisch in der neuen Teilstreitkraft Luftwaffe zusammengefasst wurden. Dies betraf die Flak, die Fliegertruppe – inklusive der Rolle der Unterstützung für die Marine und das Heer – sowie die Fallschirmjäger. Von dieser Konzeption wurde bei der Aufstellung der Bundeswehr abgewichen; nicht umsonst gab und gibt es bei der Bundeswehr bei Heer und Marine fliegende Komponenten sowie Truppenluftabwehr. Die Fallschirmjäger bzw. die Luftlandeeinheiten sind organisatorisch bei der Teilstreitkraft Heer angebunden.

Weiterhin gilt es zu berücksichtigen, dass sich die Luftwaffe seit 1991 in einem Prozess des beständigen Wandels befindet. Dies schließt die Auslandseinsätze ein, die innerhalb von multinationalen und teilstreitkraftübergreifenden Strukturen sowie hochkomplexen sicherheitspolitischen Entscheidungsprozessen unter „Rules of Engagement" stattfinden, die über die „klassische" Rolle des Soldaten als Teil einer „Kampfgemeinschaft" weit hinausgehen. Unter diesen Aspekten wäre in der historisch-politischen Bildung zu fragen, ob den Angehörigen der Bundeswehr heute die komplexen Strukturen des Kaiserreiches nicht viel näher sind als die „Reichseinheitsluftwaffe" von 1935.

Luftstreitkräfte im vorher definierten Sinne existierten bis 1918 nicht als Einheit. Zunächst wurde zwischen Feld und Heimat, zwischen Feldheer

---

[11] Bernd Lemke, Dieter Krüger, Heinz Rebhan und Wolfgang Schmidt, Die Luftwaffe 1950 bis 1970. Konzeption, Ausbau, Integration, München 2006 (= Sicherheitspolitik und Streitkräfte der Bundesrepublik Deutschland, 2).

und Heimat- bzw. Ersatzheer unterschieden. Es existierte *im Feld* die Nachrichtentruppe des Heeres (1918 insgesamt 190.000 Mann sowie 150.000 Mann in Truppennachrichtenabteilungen, inklusive 250 Funkentelegraphenstationen auf den Flugplätzen), die Flak-Truppe als Teil der Artillerie des Heeres (1918 beim Feldheer alleine 2.576 Flak-Geschütze), die Luftschiffertruppe als Teil des Heeres und der Marine (123 Luftschiffe bis Kriegsende in Dienst gestellt, 53 Feldluftschifferabteilungen à 2-3 Ballone) und die Fliegertruppe des Heeres, konkret der Verkehrstruppen (Technische Truppen) bzw. dem Ingenieur-Corps, sowie der Marine (61.000 Mann und 4.800 Flugzeuge).

Dies betraf *in der Heimat* etwa die Flieger- und Luftschiffer-Ersatzabteilungen des Heeres und der Marine sowie die Schulen. Hinzu kamen bereits während des Ersten Weltkrieges umfangreiche Luftschutzanstrengungen in der Heimat, so etwa Ende September 1918 896 Flak-Geschütze, 204 Fla-MG, 454 Scheinwerfer, 170 Flugzeuge, 327 Sperrballone und 209 Sperrdrachen, insgesamt waren dafür 24.110 Mann im Einsatz[12].

Weiterhin wurde zwischen der Marine und dem Deutschen Heer als Kontingentheer unterschieden. Bis 1919 galt die Verfassung des Deutschen Reiches (Kaiserreich) von 1871, die im Oktober 1918 demokratisiert worden war. Das Kaiserreich war ein Bundesstaat mit einzelnen Elementen eines Staatenbundes[13] mit 22 deutschen Fürsten, davon vier Könige, und drei freie Städte. Es war in erster Linie preußisch geprägt, schließlich bayerisch, württembergisch, sächsisch, badisch etc.

Die königlich-bayerische Armee hatte zuvor 1866 noch gegen Preußen im Feld gestanden, der Krieg 1870/71 sah sie mit dem neuen preußischen „Waffenbruder" gemeinsam gegen Frankreich im Einsatz. Bereits die Verfassung des Norddeutschen Bundes von 1867 – unter Ausschluss der süddeutschen Staaten – hatte ein Kontingentheer unter preußischer Führung vorgesehen. Ganze Passagen dieser Konstitution wurden 1871 in die neue Reichsverfassung übernommen, die jedoch für die süddeutschen Staaten – Bayern allen voran – sogenannte „Reservatrechte" vorsah: die Post, die Eisenbahn und die Armee betreffend. Ein „Kriegsministerium" auf Reichsebene existierte ebenso wenig wie ein „Außenministerium"; der Begriff „Auswärtiges Amt" hat sich bis heute gehalten. Es existierten Kriegsministerien der einzelnen Bundesstaaten (Preußen, Bayern, Sachsen, Württemberg) mit eigener Militärverwaltung – in

---

12 Potempa, Der Erste Weltkrieg – Luftkriegführung (wie Anm. 5), S. 77.
13 Potempa, Die Königlich-Bayerische Fliegertruppe (wie Anm. 9), S. 25-29.

Bayern gab es gar einen eigenen Generalstab. Das „Präsidium" oblag dem König von Preußen, der sich „Deutscher Kaiser" nennen durfte. Im Kriegsfall war er der Oberbefehlshaber der Kontingenttruppen. Im Frieden jedoch lag die Militärhoheit, Befehlsgewalt und das Verordnungsrecht über die bayerische Armee beim bayerischen König und seinem Kriegsministerium. Die unterschiedlichen Interpretationen von Militärhoheit und Kommandogewalt sorgten in den kommenden Jahrzehnten immer wieder für Spannungen zwischen München und Berlin. Das betraf etwa die Militärstrafgesetzgebung sowie die Beschaffung von Flugzeugen und Flugzeugmotoren.

Zwei Geheimabkommen von 1874 und 1899 sicherten den Truppen aber ein eigenes bayerisches Armeeoberkommando auch im Kriegsfalle zu. Sie sahen vor, dass die bayerische Armee inklusive ihrer Fliegertruppe geschlossen ins Feld rücken durfte, wie es zu Beginn des Weltkrieges schließlich auch geschah[14]. Der August 1914 sah allerdings auch den letzten geschlossenen Einsatz der Bayerischen Armee und ihrer Fliegertruppe. Ab der Jahreswende 1914/15 waren bayerische Verbände grundsätzlich mit preußischen Truppen vermischt im Einsatz. Es gab keine Front des Weltkrieges, die fest in weißblauer Hand war, und keinen Himmel, der der Königlich-Bayerischen Fliegertruppe alleine gehörte. Sie zählte 1918 ca. 16.500 Mann mit 1.616 Flugzeugen.

3. Militärische Luftfahrt bis 1918 – Chronologischer Überblick

Die Entwicklungen der zivilen und der militärischen Luftfahrt gingen in der Frühzeit Hand in Hand und wiesen entsprechende Wechselwirkungen auf. Die Erfindung und Nutzung des Heiß- und Gasballons während des 18. und frühen 19. Jahrhunderts wurde in Deutschland erst relativ spät militärisch genutzt. Im Jahre 1884 stellte die preußische und im Jahre 1887 die bayerische Armee die ersten Luftschiffer-Versuchseinheiten auf, aus denen die späteren Luftschiffer-Bataillone bzw. Luftschiffer-Abteilungen erwuchsen. Verwendet wurde zunächst der mit Wasserstoffgas gefüllte Kugelballon, während des Krieges der Drachenballon System Parseval-Siegsfeld[15].

---

[14] Dieter J. Weiß, Kronprinz Rupprecht von Bayern. Eine politische Biographie, Regensburg 2007, S. 96-156.

[15] Klaus Held, Die Bayerische Ballon- und Luftschifferabteilung bis 1918. In: Die Königlich-Bayerische Fliegertruppe 1912–1920 (wie Anm. 1), S. 23-31; Potempa, Die Königlich-Bayerische Fliegertruppe (wie Anm. 9), S. 30-40; Jürgen Willisch, Der Krieg auf dem Weg in

Die erfolgreichen Fahrten der Luftschiffe des Grafen Zeppelin, der Typen Schütte-Lanz und v. Parseval führten in Deutschland zu einer Luftschiffeuphorie[16], die öffentlichkeitswirksam entfacht und geschürt wurde. Da Luftschiffe anfänglich Flugzeugen gegenüber bezüglich Reichweite, Fahrtdauer, Zuladung und Geschwindigkeit überlegen waren, nutzten das Heer, vor allen Dingen aber die Marine Luftschiffe zur Aufklärung und zum Bombenabwurf. Während des Krieges wurde Großbritannien durch Luftschiffe, später auch durch mehrmotorige Flugzeuge bombardiert.

Die systematischen Beobachtung und Auswertung des Vogelfluges führte bei dem Ingenieur Otto Lilienthal zu grundlegenden und bahnbrechenden Erkenntnissen über die Aerodynamik, die er in seinen selbstkonstruierten Gleitern ab 1891 erprobte. Die Brüder Wright in den USA lasen seine Schriften und konstruierten flugfähige Gleiter, die im Gegensatz zur Steuerung durch Gewichtsverlagerung wie bei Lilienthal, durch Steuervorrichtungen um drei Achsen gesteuert werden konnten. Diese Gleiter wurden durch die Brüder Wright motorisiert, womit ihnen am 17. Dezember 1903 in Kitty Hawk/North Carolina der erste Motorflug der Welt gelang. Der Durchbruch erfolgte allerdings erst einige Jahre später und nicht in den USA sondern im renn- und geschwindigkeitsverliebten Frankreich. Bei einem Flugwettbewerb in Reims 1908 deklassierten sie die gesamte europäische Konkurrenz, gründeten Flugzeugfabriken sowie Fliegerschulen in Frankreich und Deutschland und produzierten bzw. verkauften in Europa mehr Flugzeuge als jemals in den USA.

Diese Erfolge des Auslandes rief die deutsche Öffentlichkeit auf den Plan. Vereine aber auch Privatleute wie der Mannheimer Industrielle Karl Lanz stifteten Preisgelder und lobten Wettbewerbe für deutsche Motorflieger aus. Der Ingenieur Hans Grade[17], dem am 28. Oktober 1908 der erste deutsche Motorflug in Magdeburg gelungen war, gewann im Oktober 1909 den mit 40.000 Mark dotierten Lanz-Preis der Lüfte. Hans Grade und August Euler

die dritte Dimension. In: Wie die Siegessäule nach Berlin kam. Eine kleine Geschichte der Reichseinigungskriege. Hrsg. von Thorsten Loch und Lars Zacharias, Freiburg im Breisgau 2011, S. 78-82.

[16] Carl Klausberg, Zeppelin. Die Geschichte eines unwahrscheinlichen Erfolges, Augsburg 1990; Guillaume de Syon, Zeppelin! Germany and the Airship 1900-1939, Baltimore/London 2002.

[17] Karl-Dieter Seifert, Hans Grade. Ingenieur – Flugpionier – Automobilbauer. Ein Leben in stürmischen Zeiten, Magdeburg 2008.

waren die ersten Flugpioniere in Deutschland. Darmstadt-Griesheim[18] und der nahe Berlin gelegene Flugplatz Johannisthal bildeten die ersten Zentren der Fliegerei in Deutschland, die zunehmend professionell und wissenschaftlich erforscht wurde[19]. Ab 1910 wurden die ersten Militärpiloten ausgebildet. Die militärischen Flugplätze Döberitz für die preußische[20], Schleißheim für die bayerische[21] und Wiener-Neustadt für die K.u.k.[22] Fliegertruppe des Heeres entstanden – und mit ihnen die Fliegertruppe[23].

Der Erste Weltkrieg begann für die Fliegertruppe des Heeres[24] mit der Mobilmachung von 33 Feld-Fliegerabteilungen à sechs Flugzeugen, davon drei bayerische Abteilungen. In ganz Deutschland gab es zu diesem Zeitpunkt ca. 500 Mann fliegendes Personal. Vier Jahre später hatte sich diese Zahl verzehnfacht. In der Heimat waren 1918 ca. 80.000 Mann für den Ersatz und die Schulung im Einsatz, 5.000 befanden sich 5.000 in Ausbildung.

Am Beispiel der bayerischen Fliegertruppe sei dies veranschaulicht[25]. Die Flieger-Ersatz-Abteilung (FEA) Schleißheim, Standort der Fliegerschule,

---

[18] Ein Jahrhundert Luftfahrtgeschichte zwischen Tradition, Forschung und Landschaftspflege. Der August-Euler-Flugplatz in Darmstadt/Griesheim. Hrsg. von Andreas Göller und Annegret Holtmann, Darmstadt 2008.

[19] Ein Jahrhundert im Flug. Luft- und Raumfahrtforschung in Deutschland 1907-2007. Hrsg. von Helmuth Trischler und Kai-Uwe Schrogl, Frankfurt a.M. 2007; Wolfgang König, Wilhelm II. und die Moderne. Der Kaiser und die technisch-industrielle Welt, Paderborn u.a. 2007; Helmut Maier, Forschung als Waffe. Rüstungsforschung in der Kaiser-Wilhelm-Gesellschaft und des Kaiser-Wilhem-Institut für Metallforschung 1900-1945/48, Göttingen 2007 (= Geschichte der Kaiser-Wilhelm-Gesellschaft im Nationalsozialismus, Bd. 16).

[20] Kai Biermann, Erhard Cielewicz, Flugplatz Döberitz. Geburtsort der militärischen Luftfahrt in Deutschland, Berlin 2005; Jörg Mückler, Die Königlich Preußischen Luftstreitkräfte 1884 bis 1918, Zweibrücken 2002 (= Jet & Prop Chronik Spezial, Bd. 4).

[21] Flugfeld Puchheim. Bayerns erster Flugplatz. Hrsg. von Erich Hage, München 2010; Helmut Schubert, Standorte und Flugfelder der Königlich-Bayerischen Fliegertruppe im Königreich Bayern. In: Die Königlich-Bayerische Fliegertruppe 1912–1920 (wie Anm. 1), S. 33-61; Peter Pletschacher, Die Königlich Bayerischen Fliegertruppen 1912-1919, Planegg 1992 (2. erw. Aufl.).

[22] Reinhard Keimel, Österreichs Luftfahrzeuge. Geschichte der Luftfahrt von den Anfängen bis Ende 1918, Graz 1981.

[23] Die Militärluftfahrt bis zum Kriegsbeginn 1914. Textband. Technikband. Anlageband. Hrsg. vom Militärgeschichtlichen Forschungsamt, Frankfurt a.M. 1965-1966 (2. Aufl.).

[24] Die deutschen Luftstreitkräfte im Weltkriege. Hrsg. von Georg Paul Neumann, Berlin 1920.

[25] Potempa, Die Königlich-Bayerische Fliegertruppe (wie Anm. 9), S. 40-42 u. S. 57-61.

umfasste nach der Mobilmachung 313 Mann und 103 Kriegsfreiwillige. Im Oktober 1918 wiesen die beiden FEA in Schleißheim und Fürth insgesamt einen Personalbestand von 10.724 Mann auf. Ihnen unterstanden die sieben Fliegerschulen in Oberschleißheim, Lachen-Speyerdorf, Fürth, Lechfeld, Gersthofen, Bamberg und Germersheim zu je 70 bzw. 90 Flugzeugen. Hinzu kam die Beobachterschule in Oberschleißheim, die Beobachterschule 2 (Fliegerschützenschule) auf dem Lechfeld und die Flieger-Funker-Schule in Oberschleißheim. Alle Schulen zusammen verfügten über Stammpersonal von ca. 2.374 Mann. Hinzu kamen die bayerischen Fliegerverbände im Feld mit 5.705 Mann. Das bedeutet, dass innerhalb von vier Jahren zusätzliche Schulen und Ausbildungsmöglichkeiten geschaffen werden mussten. Tatsächlich erfolgten die umfangreichsten Aufstockungen im Zeitraum 1916 bis 1918, also in nur zwei Jahren.

Der Weltkrieg begann für das Königreich Bayern mit lediglich einem Flugplatz in Oberschleißheim. Während des Krieges wurden sechs Flugplätze neu angelegt, die grundsätzlich Bahnverbindung haben mussten. Hinzu kamen Ausbildungseinrichtungen wie das Artillerie-Flieger-Kommando in Grafenwöhr oder die Übungs-Flieger-Abteilung in Sonthofen. Obwohl Flugplätze damals „lediglich" aus Graspisten bzw. aus weiten Grasfeldern bestanden, damit in jede beliebige Windrichtung gestartet bzw. gelandet werden konnte, waren trotzdem umfangreiche Bau-, Drainage- und Erdarbeiten notwendig. Dafür wurde ein eigenes Königlich-Bayerisches Flieger-Bau-Bataillon mit vier Kompanien und insgesamt über 1.300 Mann aufgestellt. Tausende von russischen und italienischen Kriegsgefangenen waren hier mit im Einsatz. Die bayerische Fliegertruppe unterhielt in Deisenhofen ein eigenes Sägewerk, in dem Fertigteile für Flugzeughangars und anderer Bauten vorproduziert wurden. Mobile Hallenbautrupps errichteten in der Heimat, aber auch an der Front, Flugzeughallen in großem Stile.

Neben der Flugzeugführerausbildung garantierte vor allen Dingen die Ausbildung der Flugzeug-Beobachter den Erfolg. Hier kam während des Krieges neben der Beobachtung mit den Augen und dem Abfotografieren der Front durch Plattenbild-Kameras die Ausbildung an den Morsefunkgeräten hinzu. Weiterhin waren die Fliegerschützen gesondert zu schulen. Insgesamt waren in ganz Deutschland 80.000 Mann in der Heimat notwendig, um 5.000 Mann Fliegendes Personal auszubilden bzw. die Voraussetzung hierfür zu ermöglichen. Rechnet man die Front hinzu, so wird der Faktor sogar noch ungünstiger für das Fliegende Personal. Es wurde bereits damals bei der Fliegertruppe festgestellt, dass wesentlich mehr Personal in der Heimat, in der Etappe und am Boden notwendig ist, als Personal im unmittelbaren fliegerischen bzw. Kampfeinsatz tätig ist.

4.   Fliegertruppe 1914-1918

4.1.   Transformationsprozesse

Zwei Tendenzen sind bei der Entwicklung der Luftstreitkräfte des Ersten Weltkrieges und hier besonders bei der Fliegertruppe festzustellen: einerseits der deutliche Anstieg der Fliegenden Einheiten, andererseits deren arbeitsteilige und einsatzmäßige Ausdifferenzierung.

Für das Beispiel der bayerischen Fliegertruppe bedeutete dies[26]: Am Jahresende 1914 verfügte die bayerische Fliegertruppe über sechs Flieger-Abteilungen, zu sechs Flugzeugen in einer Sollstärke von 16 Offizieren und 148 Unteroffizieren und Mannschaften. (Die zeitgenössische Schreibweise lautete: 16/148.) Insgesamt handelte es sich also um sechs fliegende Einheiten mit insgesamt 36 Flugzeugen. Ein Jahr später waren daraus zehn Fliegende Einheiten mit 58 Maschinen geworden, davon neun Flieger-Abteilungen und eine Flieger-Abteilung (A) zu vier Flugzeugen mit einer Soll-Stärke von 4/62. Am Ende des Jahres 1916 waren daraus achtzehn Fliegende Einheiten mit 108 Flugzeugen geworden, davon sechs Flieger-Abteilungen, sechs Flieger-Abteilungen (A) zu je sechs Flugzeugen mit einer Stärke von 18/148. Hinzu kam ein Kampfgeschwader der Obersten Heeresleitung (OHL) mit sechs Kampfstaffeln zu je sechs Flugzeugen mit einer Stärke von 21/116.

Am Jahresende 1917 verfügte die bayerische Fliegertruppe über 36 fliegende Einheiten mit insgesamt 306 Flugzeugen. Sie bestand aus fünf Flieger-Abteilungen, vierzehn Flieger-Abteilungen (A) zu neun Flugzeugen mit einer Stärke von 24/156, neun Schutzstaffeln zu sechs Flugzeugen und acht Jagd-staffeln zu zwölf Flugzeugen mit einer Stärke von 17/122. Bei Kriegsende um-fasste die bayerische Fliegertruppe 41 Fliegende Einheiten mit 348 Flugzeugen, die sich aus vier Flieger-Abteilungen, vierzehn Flieger-Abteilungen (A), zehn Schlachtstaffeln, einem Bombengeschwader der OHL mit drei Bomberstaffeln zu je acht Flugzeugen und einer Stärke von 15/131 sowie zehn Jagdstaffeln, darunter das Jagdgeschwader 4, zusammensetzte. Da Bayern ca. ein Achtel der

---

[26] Potempa, Die Königlich-Bayerische Fliegertruppe (wie Anm. 9), S. 40-61.

deutschen Heeresstärke zu stellen hatte, wären diese Zahlen entsprechend zu multiplizieren.

Es ergeben sich daher mehrere Transformationsprozesse: Die Anzahl der Fliegenden Einheiten erhöhte sich von sechs im Jahre 1914 auf 41 im Jahre 1918, jene der Flugzeuge von 36 auf 348. Dies entsprach einer Versiebenfachung bei den Einheiten und bei den Flugzeugen beinahe einer Verzehnfachung innerhalb von vier Jahren. Die größten Verstärkungen fanden in den Jahren 1916 und 1917 statt. Von Jahresende 1915 bis 1916 verdoppelte sich die Anzahl der Flugzeuge, von Jahresende 1916 bis Jahresende 1917 verdoppelte sich die Zahl der Fliegenden Einheiten.

Diese Aufstellungen von neuen Einheiten konnten nur erfolgen, weil den alten Einheiten andauernd erfahrenes Personal entzogen wurde, das als Kern bei der Aufstellung neuer Einheiten diente. 1916/17 verließen beinahe alle zwei Wochen neu aufgestellte Fliegende Einheiten die beiden FEA in Schleißheim bzw. Fürth. Dauernde Versetzung und kompletter Austausch des Personals war die Regel, speziell bei den Staffel- bzw. Abteilungsführern. Diese brachten es während des Krieges vereinzelt auf bis zu 14 (im Durchschnitt auf etwa acht) Verwendungen inklusive Lehrgänge für neue Waffensysteme und neue Aufgaben.

Die Fliegerabteilung der Anfangszeit, die sämtliche Aufgaben erfüllen konnte, genügte sehr bald nicht mehr der Auftragserfüllung. Die Fliegerabteilung (A) diente speziell dem Einschießen der Artillerie, die Kampfstaffeln sollten die Beobachtungsflugzeuge schützen und Bomben werfen, die Schutzstaffeln sollten die Beobachtungsflugzeuge schützen und gegebenenfalls in den Erdkampf eingreifen. Sie wurden in Schlachtstaffeln umbenannt, die Jagdstaffeln sollten den Luftkampf führen und die Bombenstaffeln sollten bombardieren. Es wurde während der Kriegszeit kräftig ausdifferenziert und ständig umbenannt, umgruppiert und verändert.

Zweimal, 1916 und 1918, unternahm die OHL den Versuch, sich selbst neben den bei den Armeen bzw. Korps vorhandenen Fliegerkräften, Fliegende Einheiten zu schaffen, die ihrer unmittelbaren Kommandogewalt zum Zwecke operativer Schwerpunktbildung unterstellt war. Es handelte sich um die Kampfstaffeln (mit Groß-Flugzeugen) und um die Bomberstaffeln (mit Groß- bzw. Riesenflugzeugen).

Bereits 1916 genügte die militärische Gliederungsform der Staffel bzw. der Abteilung den Anforderungen nur noch begrenzt, die ersten Geschwader wurden aufgestellt. 1918 verfügte das Königreich Bayern über das bayerische BoGOHL 8 und das bayerische Jagdgeschwader 4 unter dem Kommando von Eduard-Maria Ritters von Schleich.

Deren militärische Führung auf der Ebene der Armee bzw. des Korps mit den Stabsoffizieren der Flieger (StOFl), später Kommandeur der Flieger (KoFl), wurde um die Gruppenführer der Flieger (GruFl) gegen Ende des Krieges ergänzt.

4.2. Einsätze

Nach populärer Sichtweise stand der Luftkampf Mann gegen Mann im Zentrum des Luftkrieges 1914-1918. Die Einsatzstatistiken des Krieges lassen eine derartige Verengung indes nicht zu[27]. Die einzelnen Kommandeure der Flieger der jeweiligen Armeen hatten Wochenberichte abzugeben, von denen diejenigen der 6. Armee erhalten sind. Bei der exemplarischen Betrachtung des Zeitraumes Januar bis April 1917, in dem der 6. Armee Luftkriegsmittel in wechselnder Stärke unterstellt waren[28], ergeben sich folgende Trends:

Den 6.997 Kriegsflügen standen 7.567 Flugstunden gegenüber, d.h. die Masse der Flüge dauerte rein rechnerisch knapp über eine Stunde. Bei 6.997 Kriegsflügen wurden 1.314 Luftkämpfe gemeldet. Das bedeutet, dass bei der Mehrzahl der Flüge (5.683 = 81,22 %) überhaupt keine Luftkämpfe stattgefunden haben. Von den 1.314 Luftkämpfen „enden" 244 erfolgreich (mit Abschuss des Gegners bzw. Beschädigung), 32 eigene Verluste sind zu beklagen. Daraus folgt, dass die Masse der Luftkämpfe (1.038 = 78,99%) aus nicht näher bekannten Gründen abgebrochen wurde.

Zudem wurden 9.524 Bildmeldungen erstellt, d.h. mindestens ebenso viele Luftaufnahmen zu Aufklärungszwecken geschossen. Ein Fotomagazin umfasste sechs Bildplatten, die Flieger hatten bis zu vier Wechselmagazine an Bord. Rein rechnerisch konnten also 30 Aufnahmen pro Flug geschossen wer-

---

[27] Potempa, Die Königlich-Bayerische Fliegertruppe (wie Anm. 9), S. 62-80. Insgesamt ist die Quellenlage rudimentär, weshalb beispielhaft und ausschnittartig gearbeitet werden muss. Die Vermutung lautet, dass die dabei getroffenen Aussagen für den gesamten Luftkrieg tendenzielle Gültigkeit beanspruchen dürfen.

[28] Aufgrund der Quellenlage und der sich im Zeitraum immer wieder ergebenden Änderung der Kategorien ist es jedoch nicht möglich eine exakte statistische und prozentuale Zuordnung der einzelnen Einsatzarten zu Flugstunden bzw. Kriegsflügen zu machen. Ebenfalls ändert sich die Zahl der eingesetzten Flugzeuge.

den. Theoretisch waren folglich für die genannten Bildmeldungen über 300 Flüge notwendig, aus denen durch Nachbearbeitung und Auswertung dann Bildmeldungen wurden.

Zur Nahaufklärung gehörte das Erkennen gegnerischer Batterien als Primärziel der eigenen Artillerie – im vorliegenden Fall wurden 1.514 erkannt. 462 eigene Batterien wurden eingeschossen, dies entspricht mindestens ebenso vielen Flügen, da die Fehlerquote relativ hoch war. 46 Flüge entfielen auf Bombenabwürfe bei Tag und Nacht auf Front und Hinterland. Immerhin 176 Maschinengewehrangriffe wurden gegen den Feind an der Front und im Hinterland geflogen, dabei waren (zumindest zu späterer Zeit nachweisbar) selbstverständlich auch Jagdflieger im Einsatz. Die 116 Infanterieflüge dienten bei Bewegungsschlachten zunächst einmal dazu, festzustellen, wo die eigene vordere Linie war. Die Infanterie hatte Tuchzeichen am Boden auszulegen, um der Führung via Fliegertruppe die Lage zu verdeutlichen. Hinzu kam die Fernaufklärung im Hinterland; insbesondere Bahnlinien, Bahnhöfe, Kanäle, Häfen und die See (in diesem Fall der Ärmelkanal) wurden systematisch abgeflogen.

Insgesamt waren Einsatzprofil und Einsatzarten der Fliegertruppe im Ersten Weltkrieg sehr vielgestaltig und ausdifferenziert. Die Populärliteratur konzentriert sich jedoch im Wesentlichen auf Jagdflieger, „Asse" und Abschüsse und zeichnet ein sehr einseitiges und verzerrtes Bild.

5.   Struktur der Fliegertruppe

5.1   Der Mikrokosmos einer Staffel

Am Beispiel des Aufstellungsbefehls einer bayerischen Kampfstaffel der OHL mit sechs Groß-Flugzeugen (G-Flugzeuge) vom 5. Januar 1916 mit einer Sollstärke von 21/131 lassen sich folgende Beobachtungen zur Struktur der Fliegertruppe aufstellen[29]:

Eine bayerische Kampfstaffel der OHL mit G-Flugzeugen bestand aus sechs Maschinen mit je drei Mann Besatzung, einem Piloten, einem Beobachter und einem Fliegerschützen. Das fliegende Personal umfasste 18 Mann bei einer Gesamtstärke von (maximal) 152 Soldaten – also ein Verhältnis von nahezu 1:8, das indes „nur" für die Fliegenden Einheiten galt; sämtliche notwendigen Logistik-, Kommando- und Ausbildungseinrichtungen im Hinterland und in der Heimat waren hierbei noch gar nicht mit eingerechnet.

---

[29]   Potempa, Die Königlich-Bayerische Fliegertruppe (wie Anm. 9), S. 87-117.

Bei dem Bodenpersonal benötigte die Fliegertruppe bereits auf der Ebene der Mannschaften Personal mit genau definierten zivilberuflichen Vor- bzw. Spezialkenntnissen. Bei den angegebenen 12 Gefreiten und 51 Gemeinen, also 63 Mann, waren lediglich 10 beliebigen Berufes. Naturgemäß dominierten technische Berufe wie Flugzeugmonteure, Elektrotechniker, Flugzeughandwerker u.ä. Dies stellte die Wehrersatzbehörden vor riesige Probleme, denn solche Berufe waren in der Flugzeugproduktion natürlich ebenfalls gesucht.

Rein rechnerisch bildeten die 21 Offiziersdienstgrade bei 131 Mannschaften und Unteroffizieren die höchste „Offizierdichte" innerhalb der gesamten Armee. Während des Krieges waren Offiziere „Mangelware", daher wurden lediglich die Planstellen des Staffelführers und der Beobachter-Offiziere tatsächlich nur von Offizieren bzw. Reserve-Offizieren besetzt. Die MG-Schützen waren zum größten Teil Mannschaften bzw. Unteroffiziere. Die Flugzeugführer waren lediglich zu 25% Offiziere, 40% entfielen auf Unteroffiziere und 35% waren Mannschaftsdienstgrade. Zu Beginn des Krieges waren auch Zivilflieger im Einsatz. Die Masse der Offiziere kam weder von der Kavallerie, noch war der Anteil des Adels unter ihnen besonders hoch; es dominierten vielmehr Soldaten, die ursprünglich aus den Truppengattungen Artillerie und Infanterie kamen.

5.2. *Belastungen und Verluste*

Die hohen Belastungen[30] für das Fliegende Personal hatten auch Auswirkungen auf die Verluste[31]. Der Führer der Feldfliegerabteilung 9b, Oberleutnant Franz Hailer, schrieb am 18. Januar 1916 an seine vorgesetzte Dienststelle: „Der K. Inspektion melde ich, dass ich nach nunmehr fünfjähriger, ununterbrochener Fliegertätigkeit nicht mehr in der Lage bin, erfolgreiche Flüge von mehrstündiger Dauer auszuführen. Kein Fliegeroffizier in Bayern hat eine so lange ununterbrochene Fliegerlaufbahn hinter sich, und ob einer mehr als 44000 km geflogen hat, wie ich in diesen fünf Jahren, bezweifle ich auch. Nicht die verbreitete Kriegskrankheit der ‚zerrütteten Nerven' zwangen mir mein Bekenntnis auf, sondern es kommt eben für jeden Flieger einmal die Stunde, wo er sich sagen muss: Ich *kann*[32] nicht mehr. Bei vielen, viel jüngeren Fliegern ist dieser

---

[30] Ebda., S. 165-170.

[31] Ebda., S. 81-86.

[32] Hervorhebung im Original, H.P.

Augenblick schon in Friedenszeiten gekommen, bei vielen anderen, die erst im Kriege Flieger wurden, ist er auch schon gekommen! So sehr ich das selbst bedaure, dass ich mir sagen muss – ich bin seit einiger Zeit auch so weit – so halte ich es für meine Pflicht, dies ehrlich zu bekennen; denn einem Flugmüden einen Beobachter und ein wertvolles Flugzeug anzuvertrauen ist unverantwortlich. Ich fliege häufig hier meine Maschinen zur Probe nach Reparaturen etc., aber längere Flüge halte ich nicht mehr durch. Soweit ich die bayerischen Fliegeroffiziere kenne, halte ich z.B. Oberlt. Haller, Oberlt. Walz, Oberlt. Behl, Oblt. Wimmer, Oberlt. Schlemmer als Führer einer mit jungen Besatzungen zusammengestellten Kampfstaffel für ganz besonders geeignet. Falls meine Unterstützung bei Aufstellung der Kampfstaffeln erwünscht ist, stelle ich mich der K. Inspektion während meines erbetenen Erholungsurlaubes gerne zur Verfügung"[33].

Oberleutnant Franz Hailer schildert in dem Brief sehr eindrücklich die nervlichen Belastungen bzw. „Stress-Phänomene" durch die Kriegsfliegerei. Er war kein Anfänger, sondern einer der berühmtesten, profiliertesten und erfahrensten bayerischen Piloten. Bereits vor dem Weltkrieg hatte er mit Dr. med. Lindpaintner eine ganze Reihe von Flugwettbewerben gewonnen.

Hailer war von der Inspektion des Luft- und Kraftwahrwesens (Iluk) zur Bewertung in Sachen Neuaufstellungen bayerischer Kampfstaffeln aufgefordert worden und betrieb in diesem Brief seine eigene Ablösung als Abteilungsführer, u.a. um einen Urlaub durchzusetzen. Als aktiver Offizier schrieb er sicher nicht ohne Not einen solchen Brief an seine Vorgesetzten. Insofern muss der Leidensdruck sehr hoch gewesen sein. Seinen gemachten Aussagen kommt ein entsprechend hoher Wahrheitsgehalt zu.

Die Psychologie bzw. Psychoanalyse steckte damals noch in den Kinderschuhen. Die Bezeichnung „verbrauchte" bzw. „zerrüttete Nerven" wurde damals für Stresssymptome benutzt, die sich in mangelnder Konzentrationsfähigkeit, auffallender Nervosität und körperlich in rasendem Puls, Magenbeschwerden, Muskelzittern und Herzjagen niederschlugen. Diese Phänomene gab es durch die Belastungen im Einsatz unter den Bedingungen des Stellungskrieges grundsätzlich, bei der Fliegertruppe kamen die Belastungen des täglichen Einsatzes in dem ungewohnten Medium Luft dazu. Neben den täglichen Einsätzen, der Beschädigung der Maschine, der Verwundung, des Abschusses bzw. des Absturzes von Kameraden kamen die fliegerspezifischen Probleme

---

[33] Zitiert nach Potempa, Die Königlich-Bayerische Fliegertruppe (wie Anm. 9), S. 165.

wie Wind, Böen, Thermik, Kälte und Sauerstoffmangel in großen Höhen hinzu. Diesen Problemen wurde durch häufigen Wechsel zwischen Front- und Heimatverwendungen, durch Schutzanzüge (Fliegersonderbekleidung), Schutzcreme, Sauerstoffgeräte und elektrisch beheizbarer Stiefel bzw. Bekleidung begegnet. Fallschirme erhielten die Besatzungen erst 1918.

Der Maler Paul Klee war während des Krieges beim Bodenpersonal der Königlich-Bayerischen Fliegertruppe in Schleißheim bzw. in Gersthofen eingesetzt, u.a. beim Lackieren bzw. Bemalen von Flugzeugflächen bzw. -teilen. Er schildert sehr eindrucksvoll die Verluste bei der während des Krieges immer überhasteter werdenden Ausbildung, um die Zahlen an einsatzfähigen Besatzungen für die neu aufgestellten Staffeln/Abteilungen bzw. als Ersatz für Verluste sicherzustellen. Am 6. Januar 1918 notierte er in seinem Tagebuch: „Heute fliegen sie wie die Narren, obwohl schon vier Maschinen vormittags restlos dahingingen. Einer landete im Lech, bestieg dann, weil der Sitz schon unter Wasser stand, den Rücken und wartete langsam anfrierend bis man ihn fand. Sein Geist war wohl schon etwas mitgenommen, denn er frug die ersten unter seinen Rettern nach dem Namen des Stromes. Wahrscheinlich wähnte er sich schon in Ägypten und war erstaunt über das wilde Kriegskostüm der Germanen"[34].

Die Zahl der bekannten Toten der deutschen Heeresflieger im Ersten Weltkrieg wurde 1920 mit 5.007 angegeben.[35] Davon entfielen 1.800 (36%) auf die Heimat und 3.207 (64%) wurden mit der Kategorie „im Feld" angeben. Da die Zahlen der auf Deutschland im Ersten Weltkrieg ausgeführten Bombenangriffe und die damit verbundenen „Luftschlachten" im Vergleich zum Zweiten Weltkrieg relativ gering anzusetzen ist, bedeutet dies, dass die Masse der Verluste in der Heimat auf die Ausbildung zurückzuführen ist. Von den „im Feld" entstandenen Verluste kamen im Luftkampf 1.422 (= 28% Gesamt- bzw. 44% Feldverluste) zu Tode, 231 (= 4% Gesamt- bzw. 7% Feldverluste) durch Erdabwehr des Gegners und 1.457 (= 30% Gesamt- bzw. 45% Feldverluste) starben ohne Feindeinwirkung. Insgesamt sind also in Heimat und Feld zusammen 66% aller Verluste ohne Feindeinwirkung zu Tode gekommen. In der Gesamt-

---

[34] Zitiert nach ebda., S. 81.

[35] Hinzu kamen 2.743 Verluste, die als „vom Feindflug nicht zurückgekehrt" gemeldet wurden. Sie sind bei den folgenden Überlegungen nicht berücksichtigt.

betrachtung starben 28% im Luftkampf, 4% durch Erdabwehr des Gegners und 2% durch sonstige Ursachen[36].

5.3.   Material

Die Anzahl der einsatzbereiten deutschen Flugzeuge an den Landfronten verzehnfachte sich innerhalb von nur vier Jahren Krieg[37]. Zu Kriegsbeginn handelte es sich insgesamt zu hundert Prozent um doppelsitzige Aufklärungsflugzeuge, die einen wichtigen Auftrag innerhalb der Lagefeststellung als Vorbereitung der Entschlussfassung (Aufklärungszyklus) erfüllten. Die Maschinen waren damals bis auf die Pistolen/Gewehre – mitunter aber auch schon einige wenige Fliegerbomben und Granaten –, die die Besatzungen mitführten, „unbewaffnet".

Bis zum letzten Kriegsjahr hatten sich die Einheitsflugzeuge der Anfangszeit in Aufklärer (40%), Bomber (11%), Schlachtflugzeuge (9%) und Jäger (40%) ausgefächert. Aber auch hier galt: 60% der Maschinen waren keine Jagdflugzeuge.

Jäger waren im letzten Kriegsjahr grundsätzlich Einsitzer, die mit 2-Starr-MG bewaffnet waren. Die ersten Jagdflugzeuge mit starr eingebautem MG gab es auf deutscher Seite seit 1915, nachdem das Problem der Synchronisation von MG und Propeller gelöst worden war. Zuvor waren die Maschinen aus genau diesem Grunde „unbewaffnet". Allerdings favorisierte die Königlich-Bayerische Fliegertruppe zu Friedenszeiten u.a. deshalb die Otto-Doppeldecker mit hinten liegendem Motor, weil man damit freies Schussfeld gehabt hätte.

Die Groß- bzw. Riesenflugzeuge waren als Bomber gegen Ende des Krieges grundsätzlich zwei- oder sogar mehrmotorige Flugzeuge mit mindestens drei Mann Besatzung. Mit Abwurfmunition versehene Schlachtflugzeuge waren grundsätzlich einmotorige Zweisitzer mit ein bzw. zwei Maschinengewehren, davon ein bewegliches MG für den Beobachter bzw. Fliegerschützen.

Aufklärungsflugzeuge waren grundsätzlich einmotorige Doppelsitzer, die mit ein oder zwei MG bewaffnet waren, davon ein bewegliches. Sie waren mit Kameras für die Photoaufklärung und mit (Morse-)Funkgeräten zum Einschießen der Artillerie ausgestattet.

---

[36]   Potempa, Die Königlich-Bayerische Fliegertruppe (wie Anm. 9), S. 81-86.
[37]   Ebda., S. 183-301.

Die Leistung der eingesetzten Motoren verdoppelte sich in den vier Kriegsjahren. Die Motorenproduktion wurde gewaltig angekurbelt. Insgesamt wurden während des Krieges über 50.000 Flugzeugmotoren gebaut. Trotz größter Anstrengungen wurden unter den Bedingungen des Krieges ganzer Volkswirtschaften gegeneinander und der Materialknappheit durch die britische Blockade die hochfliegenden Pläne und Vorgaben nie erreicht. Gerade bei den Rüstungsprogrammen der Jahre 1916/17 („Hindenburgprogramm", „Amerikaprogramm") wurden zwei Waffensysteme in der Liste der Prioritäten ganz nach oben gestellt: Unterseeboote und Flugzeuge.

Insgesamt gelangen der Flugzeug- und Flugzeugmotorenindustrie jedoch während des Krieges große technologische Quantensprünge nach vorne. Dadurch erhöhten sich Geschwindigkeit[38], Dienstgipfelhöhe und Nutzlast während der vier Kriegsjahre gewaltig. Dies hatte auch dramatische Auswirkungen auf die Wechselwirkungen zwischen Militär, Industrie, Technik und Gesellschaft vor dem Hintergrund der dadurch entstandenen „Entgrenzung der Gewalt"[39] im Rahmen der „Totalisierung" des Krieges.

6.   Zusammenfassung

Die Anfänge der Luftwaffe bis 1918 waren bezüglich der Organisations- und Verfassungsgeschichte relativ kompliziert. Luftstreitkräfte (ein zeitgenössischer Begriff des Ersten Weltkrieges) waren bereits damals sehr facettenreich. Sie wurden in den Kriegsjahren 1914 bis 1918 bedeutend verstärkt, speziell in den Jahren 1916 bis 1918. Dies machte umfangreiche logistische Leistungen notwendig. Die Fliegertruppe war nur ein Teil der Luftstreitkräfte. Ihre Einsatzarten bestanden aus dem Erstellen von Bildmeldungen, dem Erkennen gegnerischer und dem Einschießen eigener Batterien, Bombenangriffen, Maschinengewehrangriffen, Infanterieflügen und Luftkämpfen. Luftkämpfe dominierten aber ebenso wenig wie Jagdflieger oder Jagdflugzeuge.

Diese Kompliziertheit und die sich daraus ergebenden Probleme wurden in den 1920er und 1930er Jahre besonders hervorgehoben. Als Lösung

---

[38] Paul Virilio, Krieg und Kino. Logistik der Wahrnehmung, München/Wien 1986 sowie Ders., Krieg und Fernsehen, Frankfurt a.M. 1997.

[39] Richard Bessel, Gewalterfahrung und Opferperspektive: Ein Rückblick auf die beiden Weltkriege des 20. Jahrhunderts in Europa. In: Der Zweite Weltkrieg in Europa. Erfahrung und Erinnerung. Hrsg. von Jörg Echternkamp und Stefan Martens, Paderborn [u.a.] 2007, S. 253-267.

wurde damals die Bildung einer neuen Teilstreitkraft Luftwaffe favorisiert, die alle Luftkriegsmittel unter einem Dach und unter einer Führung innerhalb der Gesamtstreitkräfte vereinigte. Es ist indes fraglich, ob dieses Konzept von Luftwaffe, wie es 1935 umgesetzt wurde, mit jenem der Luftwaffe der Bundeswehr heute im Rahmen von Bündnis, multinationalen Einsätzen und Transformationsprozessen in Übereinklang zu bringen ist, oder ob den heutigen Erfordernissen nicht umgekehrt das komplexe System bis 1918 im Grunde genommen viel näher ist.

Sebastian Rosenboom

Am Himmel zwischen Ostsee und Schwarzem Meer. Ein Überblick über die Einbindung deutscher Luftstreitkräfte an der Ostfront von 1914 bis 1918

1.   Einführung

Das gesteigerte Interesse am Ersten Weltkrieg 100 Jahre nach seinem Beginn hat zu einer Vielzahl neuer Publikationen zu diesem Themenkomplex geführt. Nach wie vor fast unbeachtet geblieben ist in diesem Zusammenhang die Ostfront mit ihrer zweifelsohne großen weltgeschichtlichen Nachwirkung. Das deutsche Interesse, den Zweifrontenkrieg zu beenden, führte 1917 zur Einschleusung Wladimir Lenins (1870-1924) und der Unterstützung der Revolution im Zarenreich, was 1922 schließlich nach einem blutigen Bürgerkrieg zur Gründung der Sowjetunion führte.

Doch nicht nur in weltpolitischer, sondern auch in militärgeschichtlicher Hinsicht lohnt ein Blick auf diesen Kriegsschauplatz. Unter dem Aspekt der Luftkriegführung erscheint besonders interessant, dass hier zum ersten Mal in der Militärgeschichte ein längerfristiger und koordinierter Einsatz von Luftstreitkräften in einem Bewegungskrieg stattfand. Über den Weiten Osteuropas wurde von den Luftstreitkräften bereits elf Jahre nach dem ersten bemannten Motorflug eine enorme Bandbreite an Fähigkeiten gefordert, die vielfach heute noch zum Fähigkeitsprofil der Taktischen Luftwaffengeschwader gehören.

Um dies zu verdeutlichen, wird im Folgenden das damalige Osteuropa in aller Kürze hinsichtlich seiner Besonderheiten als „Raum" für die damalige Luftkriegführung analysiert. Darauf folgen Darstellungen des Einsatzes der Luftstreitkräfte in diesem „Raum" auf der taktischen Ebene und ihrer Einbindung in die Gesamtkriegführung an der Ostfront.[1]

---

[1]   Eine ausführliche Darstellung Osteuropas als „Raum" für die Luftkriegführung findet sich bei: Rosenboom, Sebastian, Im Einsatz über der „vergessenen Front". Der Luftkrieg an der Ostfront im Ersten Weltkrieg, Potsdam 2013 (= Potsdamer Schriften zur Militärgeschichte, Band 23). Der Beitrag basiert überwiegend auf dieser Masterarbeit; daher wurde hier auf einen gesonderten wissenschaftlichen Anmerkungsapparat verzichtet.

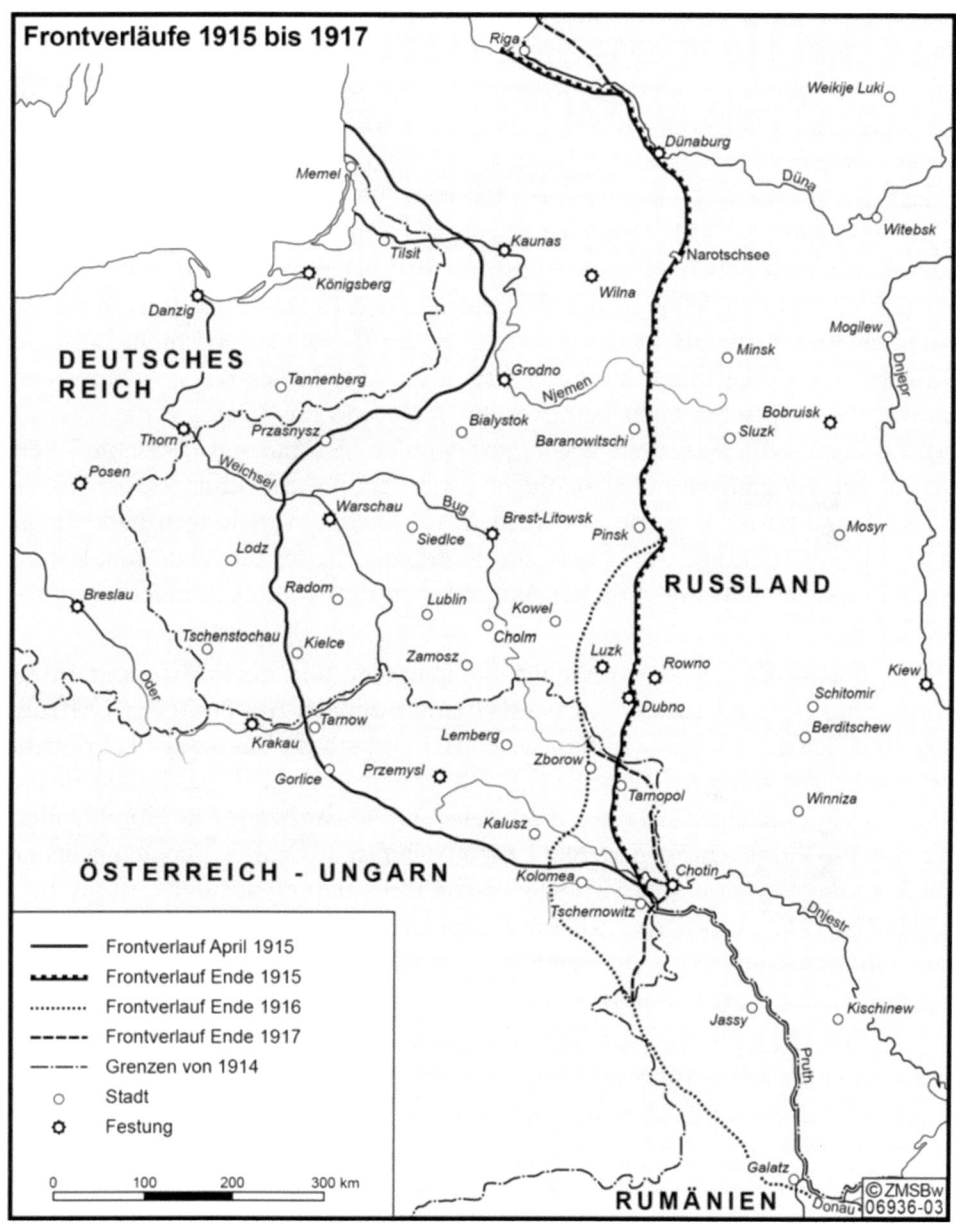

Frontverläufe 1915 bis 1917

——	Frontverlauf April 1915
▬▬▬	Frontverlauf Ende 1915
·········	Frontverlauf Ende 1916
– – –	Frontverlauf Ende 1917
–·–·–	Grenzen von 1914
○	Stadt
✪	Festung

0   100   200   300 km

DEUTSCHES REICH

ÖSTERREICH - UNGARN

RUSSLAND

RUMÄNIEN

© ZMSBw
06936-03

Riga · Weikije Luki · Dünaburg · Düna · Witebsk · Memel · Kaunas · Narotschsee · Tilsit · Königsberg · Wilna · Mogilew · Danzig · Minsk · Grodno · Njemen · Tannenberg · Bobruisk · Sluzk · Przasnysz · Bialystok · Baranowitschi · Thorn · Weichsel · Posen · Warschau · Bug · Brest-Litowsk · Pinsk · Mosyr · Lodz · Siedlce · Breslau · Radom · Lublin · Kowel · Tschenstochau · Kielce · Cholm · Luzk · Rowno · Kiew · Zamosz · Schitomir · Oder · Tarnow · Lemberg · Zborow · Berditschew · Krakau · Przemysl · Dubno · Gorlice · Tarnopol · Winniza · Kalusz · Kolomea · Chotin · Tschernowitz · Dnjestr · Jassy · Kischinew · Pruth · Galatz · Donau · Dnjepr

41

2.   Osteuropa als „Raum" für die Luftkriegführung

Anders als an der Luftlinie nur rund 450 Kilometer langen Westfront sahen sich die Streitkräfte an der Ostfront von Kriegsbeginn an mit einer mehr als 1.000 Kilometer längeren Frontlinie konfrontiert. Diese verschob sich im Laufe der Kämpfe stetig weiter nach Osten und dehnte sich dementsprechend aus, sodass die Frontlinie schließlich vom Baltikum bis an das Schwarze Meer eine Länge von rund 1.700 Kilometern besaß. Die schiere Länge dieser Front mit zahlreichen natürlichen Hindernissen und der Schwerpunkt der Operationsführung der Mittelmächte an der Westfront ließen es schlichtweg nicht zu, im Osten ein durchgängiges Stellungssystem wie im Westen zu errichten. Ein- und Durchbrüche in die Linien konnten wegen der Größe des Kriegsschauplatzes und der leistungsschwachen Infrastruktur nicht wie im Westen zeitnah durch das Zuführen von Reserven abgeriegelt werden. Stattdessen herrschten verschiedenste geografische Gegebenheiten, mit denen die Feldfliegerabteilungen (FFA) der Ostfront konfrontiert wurden. Bei diesen Abteilungen handelte es sich um selbstständige Einheiten auf Kompanieebene, die über mindestens sechs Flugzeuge mitsamt Besatzungen und dem dazugehörigen Bodenpersonal verfügten.

In dem durch die natürlichen Bedingungen und die vorhandene Infrastruktur aus der Luft relativ übersichtlichen nördlichen Abschnitt der Ostfront verschob sich die Hauptkampflinie nach der Einnahme Kurlands im Frühjahr 1915 zunächst nur noch wenig. Das für osteuropäische Verhältnisse dichte Netz an verschiedenen Straßen, Schienen- und Wasserwegen in Kombination mit der im Vergleich zu anderen Frontabschnitten dichten Bebauung ließen aus Sicht der Flieger eine unproblematische Orientierung aus der Luft zu. Erst im Herbst 1917 fanden hier weitere deutsche Offensiven statt, die schließlich zum Überschreiten der Düna und der Einnahme Rigas sowie der Inseln im Rigaischen Meerbusen führten.

Die Masse der Kampfhandlungen spielte sich von 1915 bis 1917 in den mittleren und südlichen Frontabschnitten auf dem Gebiet des heutigen Polens, Weißrusslands und der Ukraine ab, wo sich das fliegende Personal kaum bewohnten riesigen Sümpfen, Mooren und unübersichtlichen Waldflächen gegenüber sah, die sich damals über Tausende Quadratkilometer ausbreiteten. Einen Kontrast hierzu bildete der südliche Frontabschnitt in Galizien, der stellenweise wie eine scheinbar endlose, öde Steppenlandschaft erschien. In den frühen Doppelsitzern der Fliegertruppe lag die Verantwortung für die Orientierung in Händen des Beobachters, der mittels Karte und Kompass im wahrsten Sinne des Wortes den Überblick behalten musste.

Der Flugzeugführer hingegen galt lediglich als dessen „Chauffeur". Während der Kämpfe in Ostpreußen war das Operationsgebiet von Flügen in Friedenszeiten oft bekannt und in dem relativ kleinen Gebiet konnten die eigenen Linien mit den damaligen Maschinen auch noch im Gleitflug erreicht werden, falls das Benzin ausgegangen war. Größere Schwierigkeiten bereiteten Flüge im mittleren und südlichen Frontsektor, wo die Orientierung über den riesigen Flächen mangels markanter Punkte schwierig war. Dieser Umstand wurde noch dadurch verschärft, dass sich die Flieger aufgrund der mobilen Kriegführung hier ohnehin ständig an neue Operationsgebiete gewöhnen mussten. Diese Schwierigkeit steigerte sich im Falle geschlossener Schneedecken im Winter um ein Vielfaches. In diesem Fall erschien der Untergrund oft über Kilometer hinweg nur als weiße Fläche und selbst bekannte Orientierungspunkte waren aus der Luft nicht mehr erkennbar. Abseits der Auftragserfüllung konnte so allein die Rückkehr zum eigenen Feldflugplatz zu einer Herausforderung werden. Ähnlich anspruchsvoll waren Flüge über den Höhenzügen der Karpaten. Neben der bloßen Notwendigkeit, mit den damaligen Flugzeugen genügend Höhe zum Überfliegen der Bergkämme zu erreichen, konnten dort Turbulenzen durch Fallwinde zu echten Gefahren für die nur wenige hundert Kilogramm schweren Fluggeräte werden.

Viel mehr als die Geografie wirkten sich jedoch klimatische Bedingungen auf die Luftkriegführung aus. Die durch das Kontinentalklima vielfach sehr heißen Sommermonate waren hierbei noch am harmlosesten. Die Hitze bedeutete zwar, dass z. B. das Warten auf den Start in den dick gefütterten Fliegermonturen unbequem werden konnte und sich lästiges Ungeziefer stark vermehrte, doch schränkte dies die Operationsbereitschaft nicht ein. Kritischer für die Einsatzbereitschaft waren der Herbst und vor allem der Frühling, die große Niederschläge bzw. die Schneeschmelze mit sich brachten. In dieser Zeit verwandelte sich ein Großteil der aus Grasflächen bestehenden Flugfelder in morastige Pisten, die Starts entweder ganz unmöglich machten oder jede Landung wegen der Gefahr eines „Kopfstandes" der Maschine zu einem großen Wagnis werden ließen. Im Oktober 1914 z. B. konnte so in manchen Frontabschnitten an zwei Dritteln der Tage wetterbedingt nicht gestartet werden.

Weitestes Vordringen der Mittelmächte bis März 1918

1 LUXEMBURG
2 SCHWEIZ
3 MONTENEGRO
4 BELGIEN

········· Die Ostfront zum Zeitpunkt des Waffenstillstandes von Brest-Litowsk am 15. Dezember 1917.

——— Die Ostfront nach dem Friedensvertrag von Brest-Litowsk vom 3. März 1918*.

—·—·— Grenzen von 1914

0   250   500   1000 km

*mit Russland und den besetzten Gebieten östlich von Homel nach der deutschen Invasion in die gerade unabhängig gewordene Ukraine

NORWEGEN
SCHWEDEN
KRISTIANIA
STOCKHOLM
NORDSEE
DÄNEMARK
OSTSEE
KOPENHAGEN
NIEDER-LANDE
Elbe
BERLIN
AMSTERDAM
DEUTSCHES REICH
4 BRÜSSEL
1
Rhein
Weichsel
PARIS
FRANK-REICH
2
BERN
WIEN
ÖSTERREICH-
Donau
BUDAPEST
ITALIEN
UNGARN
BELGRAD
SERBIEN
Korsika (franz.)
ROM
CETINJE
3
ALBANIEN
RUMÄNIEN
BUKAREST
BULGARIEN
SOFIA
Sardinien (ital.)
VLORA
GRIECHEN-LAND
ATHEN
MITTELMEER
Algerien (franz.)
Tunesien (franz.)
Malta (brit.)
Kreta (griech.)
Zypern (brit./osm.)
ST. PETERSBURG
Moskau
Riga
Düna
RUSSISCHES
REICH
Wilna
Minsk
Warschau
Kursk
Charkow
Kiew
Dnjepr
Donec
Dnjestr
Pruth
Rostow
Schwarzes Meer
KONSTANTINOPEL
OSMANISCHES REICH
Wolga
©ZMSBw
06937-03

44

Nach dem Herbst folgte für gewöhnlich eine harte, trockene Frostperiode im Dezember, die zumindest die Pisten wieder nutzbar machte. Auch bei mäßigem Schneefall konnte noch geflogen werden, wobei sich die von den russischen Luftstreitkräften abgeschauten Kufen an den Landegestellen der Flugzeuge als überaus hilfreich erwiesen. Von Januar bis März setzten Frost und Schnee die Luftstreitkräfte allerdings oft phasenweise außer Gefecht. Flugzeuge und Luftschiffe vereisten, Kühlwasserleitungen platzten, Kompassflüssigkeit und Verschlüsse von Bordwaffen froren ein und herabfliegendes Eis an den Propellern konnte für ernsthafte Beschädigungen an Flugzeugen oder Luftschiffen sorgen.

Erst nach und nach entwickelte vor allem das Bodenpersonal Strategien, um mit diesen Bedingungen fertig zu werden. Gegen die starken Niederschläge im Herbst hatten die russischen Luftstreitkräfte bereits vor dem Krieg mobile Zeltschuppen entwickelt, die in ähnlicher Form von der deutschen Fliegertruppe übernommen wurden und so wenigstens etwas Schutz gegen die klimatischen Widrigkeiten boten, ohne die Mobilität der Einheiten einzuschränken. Größere Feldflugplätze wurden ebenso wie wichtige Verbindungsstraßen ab 1916 mit Schotter und Knüppeldämmen bewehrt, um weiterhin Starts und Landungen zu ermöglichen. Diese Methode sorgte allerdings für einen hohen Verschleiß bei den Flugzeugen und war wegen der kaum gefederten Fahrwerke bei den Besatzungen sehr unbeliebt. Kühlwasser wurde bei Frost erst kurz vor dem Start eingeführt und vorher erhitzt, was ein Erfrieren im Flug unwahrscheinlicher machte. Instrumente, Bordwaffen und Steuermechaniken wurden am Boden mit Decken und sonstigen Ummantelungen bestmöglich vor den Temperaturen geschützt.

Luftfahrzeuge bedürfen damals wie heute stetiger Wartung und Instandsetzung und sind auf große Mengen an Nachschubgütern angewiesen. Daher gehörten zu jeder Feldfliegerabteilung neben dem fliegenden Personal noch über 100 weitere Soldaten mitsamt Gerätepark, die für die Einsatzbereitschaft der Einheit sorgten. Dies führte dazu, dass bei Verlegungen eine große Menge Material transportiert werden musste. Auf den Straßen im Osten, die selbst bei guten Wetterbedingungen oft nur schwerlich als solche zu erkennen waren, konnte dieser Transportbedarf aufgrund der bereits geschilderten Eigenheiten vor allem in Frühjahr und Herbst zu einem großen Problem werden. Aber wie auch bei anderen Widrigkeiten fanden sich innerhalb der Fliegertruppe bald Mittel und Wege, um mit diesen Problemen fertig zu werden. Anstelle der schweren und wartungsintensiven Kraftwagen wurden 1915 bei den Feldfliegerabteilungen an der Ostfront wieder vermehrt Pferdegespanne eingeführt. Aus Stärkenachweisen geht u. a. hervor, dass Abteilungen im Osten bis zu 25 zusätzliche Gespanne erhielten. Außerdem wurde das Nachschub- und Transportpersonal der Feldfliegerabteilungen an der Ostfront um 37 Dienstposten erhöht, worunter sich auch zwei Hufschmiede befanden.

Neben diesen Einflüssen, die der Kriegsschauplatz an sich mit sich brachte, wurde der Charakter der Kriegführung am Boden natürlich zu einem Faktor für den Einsatz der Luftstreitkräfte. Wie bereits eingangs erwähnt, handelte es sich an der Ostfront um einen Bewegungskrieg, der auf Seiten der Mittelmächte in Unterzahl geführt wurde. Diese rein zahlenmäßige Unterlegenheit gegenüber der zarischen Armee konnte allerdings oft durch geschicktere Führung, bessere Ausbildung und Material sowie Beweglichkeit ausgeglichen werden. Doch gerade die Beweglichkeit bedeutete für die Luftstreitkräfte, dass mitunter mehrmals im Monat die Feldflugplätze gewechselt werden mussten. Dies erforderte neben der stetig neuen Orientierungsleistung ebenfalls ein hohes Maß an Flexibilität und Improvisationstalent beim Bodenpersonal.

Hinzu kam die Besonderheit der Kriegführung mit einem Koalitionspartner in Form der österreichisch-ungarischen Streitkräfte. Nicht nur in der Luft, sondern generell zog dies einen großen Aufwand auf deutscher Seite nach sich, da stets Absprachen mit dem Bündnispartner getroffen werden mussten. Außerdem war es stets notwendig, nicht nur auf die eingeschränkte Leistungsfähigkeit der Armee des Vielvölkerstaates, sondern auch auf das durch die teils verheerenden Niederlagen der ersten Kriegsmonate stark angekratzte Selbstwertgefühl der k.u.k.-Führung Rücksicht zu nehmen. In der Praxis bedeutete dies für die Fliegertruppe, dass sie nicht immer deutschen Armeen, sondern mitunter auch k.u.k. Verbänden unterstellt wurden. Während der letzten beiden großen Offensiven in den Sommern 1916 und besonders 1917 mussten sie im Südabschnitt sogar die von den österreichisch-ungarischen Luftfahrtruppen an russische Jagdflieger verlorene Luftüberlegenheit wiederherstellen.

Wenn auch nicht unmittelbar mit Folgen für die Luftkriegführung behaftet, sollen doch die Begegnungen der Angehörigen der Luftstreitkräfte mit der lokalen Bevölkerung nicht unerwähnt bleiben. Generell erschienen diese den Soldaten insbesondere in den ländlichen Gegenden der mittleren und südlichen Frontabschnitte oft als vollkommen rückständig, was in Kombination mit den fremden Sprachen die anfängliche Skepsis bei ihnen stärkte. Aufseiten der einheimischen Bevölkerung sorgten die in ihren Augen fantastischen Fluggeräte zuerst oft für eine respektvolle Distanz. Nachdem diese erst einmal überwunden war, akzeptierten sich jedoch beide Seiten an allen Frontabschnitten für gewöhnlich schnell, wozu vor allem die Einquartierungen des Personals bei Zivilisten beitrugen. Mitunter zog die gegenseitige Unkenntnis des jeweils anderen aus heutiger Sicht komische Züge mit sich, wenn z. B. auf die Frage nach einer geeigneten Freifläche für einen Feldflugplatz ein polnischer Adeliger kurzerhand seinen Tennisplatz anbot oder Angehörigen der FFA 54 nach dem erstmaligen Genuss eines scharf gewürzten Gulaschs Tränen in die Augen schossen.

3.   Die taktische Ebene der Luftkriegführung im Osten

Die beschriebenen Umstände an der Ostfront brachten ein spezielles Anforderungsprofil an Luftstreitkräfte mit sich. Hierzu zählte die Fähigkeit, zu improvisieren und mit ständig wechselnden Umweltbedingungen umgehen zu können, die die Operationsfähigkeit der Feldfliegerabteilungen oft stärker gefährdeten als die Aktionen ihrer Pendants aufseiten des Zaren.

Am Himmel Osteuropas waren die Bedingungen für die Luftstreitkräfte der Mittelmächte lange Zeit wesentlich günstiger als an der Westfront. Mit den russischen und ab 1916 zusätzlich mit dem rumänischen Fliegerkorps standen ihnen Gegner gegenüber, deren Ausrüstung und Ausbildung ihnen bis auf wenige Ausnahmen unterlegen waren. Dadurch konnten sie fast durchgehend unter den Bedingungen der Luftüberlegenheit operieren, was sich direkt auf die Zusammensetzung der eingesetzten Fliegereinheiten auswirkte. Jagdflugzeuge und Flak-Einheiten spielten auf Seiten der Mittelmächte an der Ostfront bis zum Sommer 1917 allenfalls eine Nebenrolle. Die Anzahl der Jagdeinsitzer in den vereinzelten Kampfeinsitzer-Kommandos entlang der Front lag 1916 nur zwischen 30 und 40 Maschinen im Vergleich zu den mehreren hundert Mehrzweckmaschinen. Erst mit dem letzten Aufflammen russischer Aktivitäten in der Luft ab dem Mai 1917 wurde die Anzahl der Jagdeinsitzer erhöht und mit der Jagdstaffel (Jasta) „Ober Ost" eine eigenständige Einheit mit zwölf Maschinen für die Ostfront aufgestellt. Ähnlich verhielt es sich mit Flak-Einheiten, die vorrangig dem Schutz wichtiger Einrichtungen wie Armeeoberkommandos und größerer Nachschubeinrichtungen dienten. Die wenigen Abschüsse, die ihnen gelangen, waren dementsprechend, wie selbst von Beteiligten angemerkt, eher zufälliger Natur.

Stattdessen waren an der Ostfront Mehrzweckflugzeuge gefragt, die gemäß der Klassifizierung der Fliegertruppe als C-Typen bezeichnet wurden.

Diese Maschinen waren meist einmotorige Doppelsitzer, bei denen der Flugzeugführer vorn platziert war und der Beobachtungsoffizier, gleichzeitig Kommandant, auf dem hinteren Sitz saß. Bewaffnet waren diese Maschinen ab 1915 mit einem bis zwei durch den Propellerkreis feuernden Maschinengewehren und einem auf einer Ringlafette montierten Maschinengewehr für den Beobachter. Diese Flugzeuge stellten durchgängig das Gros der Fliegertruppe an allen Fronten dar und konnten vielfältig für Aufklärungsmissionen, als Schlachtflieger, zur Artilleriebeobachtung und sogar für Bombenangriffe genutzt werden.

Den Schwerpunkt der Fliegeraktivitäten an der Ostfront bildete von 1914 an die Luftaufklärung. Diese umfasste zu Beginn nur die taktische Aufklärung im Frontgebiet, um hieraus zeitnah Erkenntnisse für die weitere Kampfführung zu gewinnen. Anfangs verließen sich die Beobachtungsoffiziere dabei in erster Linie auf ihr Gedächtnis, Meldeblock und Bleistift, bevor sie 1915 dazu übergingen, Fotoapparate mitzuführen, um das Geschehen auf dem Boden zweifelsfrei festhalten zu können. Ihren Wert stellte die Fliegertruppe bereits Ende August 1914 in der sogenannten „Schlacht bei Tannenberg" unter Beweis. Angehörige der Feldfliegerabteilungen 14 und 15 hatten durch ihre Flüge wertvolle Informationen zu den Standorten und Marschrichtungen der russischen Streitkräfte geliefert. Schon bald gehörten Aufklärungsflüge der ersten Feldfliegerabteilungen im Osten daher zu deren festem Repertoire, sofern die Umweltbedingungen Flüge zuließen. Ihre Aufklärungsergebnisse erlangten gerade in den Weiten des osteuropäischen Kampfraumes große Bedeutung. Nebenbei konnten auf dieser Grundlage exakte Karten erstellt werden, da das vorhandene Material immer ungenauer wurde, je weiter sich die Kampflinie nach Osten verschob. Für die taktische Luftaufklärung wurden punktuell ebenfalls Fesselballons genutzt. Ihr Nachteil bestand allerdings darin, dass ihr Transport und Betrieb sehr aufwändig waren und sie daher eher in den Abschnitten und Phasen des Stellungskrieges zum Einsatz kamen, wenn es galt, feindliche Stellungen über einen längeren Zeitraum aufzuklären. Zusätzlich gehörte die strategische Luftaufklärung zum Aufgabengebiet der Fliegertruppe im Osten. Mit Hilfe von Zusatztanks konnte dies mit C-Typen durchgeführt werden, die teilweise mehrere hundert Kilometer tief in russisches Gebiet eindrangen. Für die weiträumige Frontaufklärung wurden außerdem Luftschiffe genutzt, die an der Ostfront aufgrund der fehlenden Bedrohung durch feindliche Luftstreitkräfte und Flugabwehr bei günstigem Wetter weitgehend ungestört operierten.

Schon bald nach der erstmaligen militärischen Nutzung von Luftfahrzeugen hatten führende Militärs aller Seiten erkannt, dass Flugzeuge Objekte am Boden nicht nur beobachten, sondern auch bekämpfen können. Daher begannen Besatzungen schon bald nach Kriegsbeginn improvisierte Bomben und andere skurrile Abwurfwaffen wie z. B. Stahlpfeile oder Steine mitzuführen. Der tatsächlich angerichtete Schaden hielt sich anfangs in der Regel in Grenzen, doch wurden die Mitnahmekapazität wie auch die Abwurfwaffen schnell weiter entwickelt. So führten die Aufklärungsflugzeuge an der Ostfront ab 1916 stets bis zu 100 Kilogramm an Bomben mit, um diese auf lohnend erscheinende Gelegenheitsziele abzuwerfen. Zusätzlich wurden C-Typen zu gezielten Bombenflügen in Formationen mit bis zu 40 Maschinen eingesetzt, um wichtige Ziele wie z. B. Nachschubeinrichtungen, Bahnhöfe, Stabsquartiere oder sogar hochrangige russische Personenziele aus der Luft zu bekämpfen. Hierbei erhielten sie im Sommer 1916 im Raum Kowel zusätzlich Unterstützung durch das Kampfgeschwader 2 und im Nordabschnitt der Front ab 1917 Unterstützung durch die beiden von Kurland aus operierenden Riesenfliegerabteilungen (RFA). Unter dem Schutz der Luftüberlegenheit wurden in den RFA 500 und 501 die ersten deutschen strategischen Bomber erprobt und Einsatzverfahren für sie entwickelt. Mitunter wurden bei ihren Flügen Jagdeinsitzer oder C-Typen als Geleitschutz eingesetzt. Von den russischen Luftstreitkräften wurde hierbei ein Verfahren zur Niederhaltung der gegnerischen Luftverteidigung (heute: *„Suppression of Enemy Air Defenses"*) übernommen, bei dem die Geleitmaschinen vor dem Überflug der Bomber gezielt Flak-Stellungen aufklärten und attackierten.

Neben diesen Aufgaben wurde die Luftnahunterstützung (heute: *„Close Air Support"*) zu einem essentiellen Teil der Luftkriegführung im Osten. Sowohl bei Offensiven wie bei Defensiven wurden Feldfliegerabteilungen eingesetzt, um den Gegner im unmittelbaren Frontgebiet aus der Luft niederzuhalten. Dabei wurden neben Bomben auch Bordwaffen eingesetzt, die im teils extremen Tiefflug ihre Wirkung auf den Gegner nicht verfehlten. Der psychologische Effekt der immer wieder tief anfliegenden Maschinen auf die russischen Soldaten war ebenfalls oft verheerend. Gleichzeitig versuchten andere Abteilungen, durch Angriffe auf die russische Etappe und ihre Nachschubwege analog zur heutigen *„Air Interdiction"* das Gefechtsfeld aus der Luft abzuriegeln. Das gemeinsame Vorgehen mit der eigenen Infanterie wurde parallel hierzu stetig geübt und verbessert.

Ebenso mit direkter Auswirkung auf das Kampfgeschehen war die Feuerleitung aus der Luft. Hierbei gelang es ab 1915 das Artilleriefeuer mittels optischer Signale oder Funk vom Flugzeug aus so exakt zu lenken, dass Ziele mit einem geringen Munitionsansatz bekämpft werden konnten. Besonders angesichts der knappen materiellen wie personellen Ressourcen an der Ostfront war dies ein willkommener Beitrag zur Kriegführung. Weitere, wenn auch kleinere Einsatzaufgaben waren das Abwerfen von Propagandamaterialien über feindlichen Linien und das Versorgen kleinerer eingeschlossener Einheiten durch den Abwurf von Nachschub und Befehlen. Die im Winter 1914/15 durch russische Truppen eingeschlossene galizische Festung Przemysl kann hierbei für sich in Anspruch nehmen, als erste Festung der Welt mit einer „Luftbrücke" versorgt worden zu sein. Den Fall der Festung konnte das verlustreiche Engagement der österreichisch-ungarischen Fliegerkompanie (Flik) 11 zwar nicht aufhalten, doch war es möglich, neben wenigen Versorgungsgütern auch Befehle und vor allem Feldpost in die eingeschlossene Festung zu überbringen und so die Moral der Eingeschlossenen etwas zu heben.

4.   Die Einbindung der Fliegertruppe in die Kriegführung

Die Einbindung von Luftstreitkräften in die Kriegführung hatte bereits im August 1914 über Ostpreußen ihre Vorteile deutlich aufgezeigt und blieb auch danach ein wichtiges Mittel in der Kriegführung der Mittelmächte im Osten. Dies zeigte sich vor allem wenn es galt, auf diesem weitläufigen Kriegsschauplatz eigene Offensiven durchzuführen und feindliche Vorstöße abzuwehren. Allein die Brussilow-Offensive im Sommer 1916 auf einer Breite von rund 450 Kilometern entsprach in etwa der Luftlinie der gesamten Westfront. Nur Luftstreitkräfte waren in der Lage, diese Dimensionen binnen kurzer Zeit zu überwinden bzw. zu überwachen. Dies ergab sich naturgemäß aus ihrer Geschwindigkeit, die jene der bis dato mit der Überwachung von Räumen betrauten Kavallerie bei weitem übertraf. Aufklärungsmissionen über mehrere hundert Kilometer hinter den feindlichen Linien waren von Reitern schlichtweg nicht durchführbar.

Bereits im Frühjahr 1915 war die Fliegertruppe im Osten zu einem unverzichtbaren Element bei der Planungen und Operationen der OHL avanciert. Dies zeigte sich nach den Gefechten in Ostpreußen erstmals in großem Stil in der deutschen Militärgeschichte im Rahmen der Durchbruchsschlacht von Gorlice und Tarnów Ende April 1915. Keine acht Monate, nachdem auf deutscher Seite erstmals Luftaufklärung mittels Meldeblock und Bleistiftskizzen durchgeführt worden war, erfassten Feldfliegerabteilungen systematisch wenige Tage vor dem Angriffstermin nahezu lückenlos die russischen Stellungen fotografisch, um die genaue Stärke und Positionen des Gegners zu erfahren. Tausende Abzüge dieser Aufnahmen wurden binnen kurzer Zeit bis auf die Kompanieebenen der Bodentruppen ausgegeben, um diesen ein eingehendes Studium des Geländes vor dem Angriff zu ermöglichen. Während des folgenden schnellen russischen Rückzugs konnte nur aus der Luft die Fühlung zu den mehrere hundert Kilometer nach Osten ausweichenden Truppen des Zaren gehalten werden.

Die geschilderten Besonderheiten des osteuropäischen Kriegsschauplatzes, die das Vordringen und die Versorgung der Armeen so erschwerten, kamen den Luftstreitkräften bei ihrer Auftragserfüllung mitunter ironischerweise zu Gute. Sie schafften es nämlich, diese Schwachstelle auszunutzen und durch die Zerstörung weniger Knotenpunkte die russische Operationsführung empfindlich zu stören. Bei der Abwehr der Brussilow-Offensive und der Kerenski-Offensive 1917 führten Angriffe auf Bahnknotenpunkte und Nachschubeinrichtungen im feindlichen Hinterland mehrfach zu erheblichen Verzögerungen des russischen Nachschubs an Truppen und Material. Diese frühe Form der Gefechtsfeldabriegelung aus der Luft zeigte hier große Wirkung. Die zur Front flutenden feindlichen Truppenverbände und ihr Nachschub bewegten sich auf nur wenigen ausgebauten Straßen und Schienen. Sie wurden auf diese Weise kanalisiert und zu leichten Opfern deutscher Tieffliegerangriffe, an denen der später als Jagdflieger an der Westfront zu Berühmtheit gelangte Manfred von Richthofen (1892-1918) 1916 als Angehöriger des Kampfgeschwaders 2 teilnahm.

Doch nicht nur in der Defensive sondern auch bei Offensiven waren deutsche Luftstreitkräfte im Osten intensiv eingebunden. Als weitere Beispiele können hierfür u. a. der Übergang über den Stochod im Frühjahr 1916 oder der Vorstoß auf Riga im Herbst 1917 genannt werden. Bei der Vorbereitung und Durchführung dieser Vorhaben waren Fliegereinheiten von Beginn an eingebunden. Beim Übergang über den Stochod beispielsweise wurde im Vorfeld ein Schichtplan erstellt, der sicherstellen sollte, dass stets Maschinen zur Unterstützung der Bodentruppen im unmittelbaren Frontgebiet in der Luft waren. Diese wurden von den Bodentruppen per Sichtzeichen herbeigerufen, sobald ihr Eingreifen zum Brechen des feindlichen Widerstandes notwendig wurde.

Gleiches galt in noch größerem Maßstab beim Vorstoß auf Riga 1917. Dieser fiel zeitlich in die Phase des letzten Aufbäumens der russischen Luftstreitkräfte und ihrer daraus resultierenden verstärkten Präsenz in der Luft. Auch wenn hierdurch im Nordabschnitt der Front keine ernsthafte Gefahr für die deutsche Luftüberlegenheit entstand, wurde zunächst die Jasta „Ober Ost" in den Raum Dünaburg verlegt, um durch verstärkte Patrouillen analog zum heutigen *„Fighter Sweep"* den Luftraum zu sichern. Erst danach begannen Aufklärungseinheiten intensiv mit Flügen über dem geplanten Operationsgebiet. Während des Vorstoßes wurde ebenfalls ein Luftschirm errichtet, damit die vorrückenden deutschen Truppen bei Bedarf durch Tieffflieger unterstützt werden konnten. Parallel wurden Ziele in der russischen Etappe mit Bomben und Bordwaffen attackiert und die eigene Artillerie durch Feuerleitung aus der Luft unterstützt.

Eine weitere Premiere erlebte die deutsche Fliegertruppe im Herbst 1917 während der Operation „Albion". Diese diente dazu, die noch in russischer Hand verbliebenen Inseln im Rigaischen Meerbusen zu erobern. Hierbei kam es zur ersten gemeinsamen Operation von Heer, Marineeinheiten und Luftstreitkräften. Den Planungen zufolge sollten neben sechs Luftschiffen über einhundert Flugzeuge neben Aufklärungsflügen zur Luftnahunterstützung und Seezielbekämpfung eingesetzt werden, was allerdings aufgrund des ungünstigen Wetters nur stellenweise möglich war. Ihr Beitrag beschränkte sich deshalb vor allem auf die Luftaufklärung und Verbindungsaufgaben. Zusätzlich wurde hier erstmalig in der Militärgeschichte ein Territorium

aus der Luft besetzt. Dies geschah am 13. Oktober 1917 durch acht Seeflugzeuge auf der kleinen baltischen Insel Abro.

Als weitere Fußnote der militärischen Luftfahrt soll die wohl erste deutsche Luftlandeaktion in der Nacht vom 2. auf den 3. Oktober 1916 nicht unerwähnt bleiben. Nach wochenlangen Planungen wurde hierbei durch zwei Angehörige der FFA 62 die Bahnlinie von Rowno nach Brody zerstört. Der Beobachter Oberleutnant Maximilian von Cossel (1893-1967) wurde hierzu von seinem Flugzeugführer, dem damaligen Vizefeldwebel Rudolf Windisch (1897-1918), am Abend des 2. Oktober auf einer Waldlichtung ca. 80 Kilometer hinter der Front abgesetzt. Als Ausrüstung trug er neben Sprengstoff einen elektrischen Zünder mit sich, um in der Nacht durch die Sprengung der Schienen beim Passieren durch einen Versorgungszug eine der russischen Hauptversorgungsadern zu blockieren. Dies war an dieser signifikanten Stelle aus der Luft bislang nicht geglückt. Nach der erfolgreichen Aktion nahm Windisch seinen Beobachter am folgenden Morgen an einem vereinbarten Punkt wieder auf und flog mit ihm zum Feldflughafen der Abteilung zurück. Beide wurden daraufhin hoch dekoriert und zu gefeierten Helden der deutschen Propaganda.

5.   Zusammenfassung

Die deutschen Luftstreitkräfte waren an der Ostfront durchgehend intensiv in die Kriegführung eingebunden. Von ihnen wurde dabei angesichts überaus widriger Umweltbedingungen ein sehr breites Einsatzspektrum erwartet. Waren sie anfangs vor allem bei der Vorbereitung von Operationen durch Luftaufklärung beteiligt, erkannte die Führung schnell die Vorteile ihrer direkten Einbindung in die Kampfhandlungen und die Möglichkeiten des Einsatzes im feindlichen Hinterland.

Nach dem Frieden von Brest-Litowsk am 3. März 1918 verblieben nur noch wenige Fliegerabteilungen zur Überwachung von Räumen in Osteuropa. Die Masse wurde zur Unterstützung der bevorstehenden Frühjahrsoffensive an die Westfront kommandiert. Zwar griffen sie auch hier erfolgreich in die Kämpfe am Boden mit ein, erlitten in den letzten Kriegsmonaten vor allem wegen der ungleich höheren Bedrohung durch feindliche Jagdflugzeuge erhebliche Verluste. Zahlreiche Erfahrungen mit Osteuropa als „Raum" für die Luftkriegführung mussten ab 1941 von der Luftwaffe im Zuge des Unternehmens „Barbarossa" erneut gemacht werden. Wieder traten ähnliche Probleme vorwiegend mit den infrastrukturellen und klimatischen Gegebenheiten auf, mit denen zuvor die Angehörigen der Fliegertruppe im Ersten Weltkrieg schon zu tun gehabt hatten. Deren Erfahrungen waren jedoch nach rund 20 Jahren anscheinend wieder aus dem militärischen Gedächtnis verschwunden.

Literatur

Blume, August G., The Russian Military Air Fleet in World War I., vol. 1: A Chronology 1910-1917; vol. 2: Victories, Losses, St. George Awards, Romanian and French Awards, Atglen, PA 2010.

Durkota, Alan, Thomas Darcey and Viktor Kulikov, The Imperial Russian Air Service. Famous Pilots & Aircraft of World War One, Mountain View, CA 1995.

Mückler, Jörg, Deutsche Flugzeuge im Ersten Weltkrieg, Stuttgart 2013.

Daniel Schilling

Flugapparate über Ostpreußen – Luftkrieg in der Schlacht von Tannenberg

1.   Einleitung

Der Beginn des Ersten Weltkrieges jährt sich im Jahr 2014 zum hundertsten Mal. Medial wird er in vielfachen Formen erinnert und rezipiert, in Deutschland allerdings in weniger ausgeprägtem Maße als in anderen ehemals beteiligten Nationen. Zwar haben mittlerweile auch Ergebnisse der interdisziplinären Wissenschaften Einzug in die neuere Geschichtsschreibung erhalten und so andere Perspektiven und Einsichten ermöglicht. Immer noch bestehen aber Desiderate in vielen vermeintlichen Nischen des Ereignisses, die für ein möglichst großes Verstehen historischer Prozesse im Zuge moderner Militärgeschichtsschreibung zwingend beleuchtet werden müssen.

Die vorliegende Arbeit versucht, unter Zuhilfenahme bereits bestehender Ansätze und Forschungsergebnisse, ein differenzierteres Bild eines historischen Sachverhalts zu zeichnen, als es bisher besteht: Die Schlacht von Tannenberg[1] hat nicht nur in operativer Hinsicht einen gewissen Einfluss auf den Verlauf des Krieges an der Ostfront 1914-1918 gehabt, in deren Rahmen auch eine „junge" technische Erfindung erstmalig in großem Ausmaß in einem Staatenkonflikt Verwendung fand: das Flugzeug[2].

Mit seinem Aufkommen und seinem Einsatz in Jagd-, Bomben-, Aufklärungs-, Verbindungs- und Bodenunterstützungsrollen des Ersten Weltkrie-

---

[1]   Der Beitrag basiert auf einer Studienarbeit im Masterstudiengang „Military Studies – Militärgeschichte/Militärsoziologie" im Sommersemester 2014 an der Philosophischen Fakultät der Universität PotsdamIm Folgenden wird die Benennung dieser Schlacht aufgrund ihrer quellenbegrifflichen Präsenz in dieser Form übernommen. Bewusst hatte Hindenburg mit diesem Terminus die „Scharte von 1410" – den Sieg eines polnisch-litauischen Heeres über den Deutschen Orden – relativieren wollen, wenngleich die geographische Distanz des Kampfraumes des Ersten Weltkrieges zum mittelalterlichen Schlachtfeld nicht unerheblich war. Zeitgenössische deutsche Zeitungsartikel sprechen zunächst beispielsweise von der „Schlacht bei Allenstein", russische Überlieferungen von der „Schlacht bei Soldau".

[2]   Nicht die heutige Konnotation etwa eines komplexen Militärflugzeuges mit elektrischen Triebwerken und hoher Geschwindigkeit und Waffenlast, sondern ein Flugapparat in verschiedensten Facetten der Nutzung und der Funktionsweise ist fortan gemeint. Näheres zu den Anfängen militärischer Luftfahrt wird zudem im folgenden Kapitel erörtert.

ges wurden die Ansprüche an Technik und Entwicklung sprunghaft größer. Schlachten wurden zum Teil mit dem Ringen um die Luftüberlegenheit eröffnet, erstmals wurde aus der Luft in Gefechte am Boden eingegriffen, der Flugzeugbestand von 1918 betrug mehr als das Zehnfache von 1914, bis zu 80.000 Soldaten waren in die Bedienung von Luftkriegsmitteln eingespannt und der Stellungskrieg machte eine sorgfältige Feindaufklärung zur Feuerleitung der Artillerie unverzichtbar: der Krieg am Himmel war damit zu einem Teil der Gesamtoperation verschmolzen.[3] Die Bewaffnung und die Flugeigenschaften (Steigleistung und Geschwindigkeit) waren naturgemäß die entscheidenden Faktoren eines Jägers, die effektive Waffenzuladung und die Reichweite die eines Bombenflugzeuges. Heute dominieren vor allem die „Ritter der Lüfte" und die „Flieger-Asse" der Westfront die mediale Landschaft. Zu Recht wird seit einigen Jahren vereinzelt auch auf den Kriegsverlauf und die Bedingungen der Ostfront hingewiesen[4], dies auch im Sinne der Verflechtung von mittel- und osteuropäischen (Erinnerungs-)Kulturen bis heute. Welche Rolle aber die Kriegsführung *in* der Luft und *aus* der Luft im Verlaufe der Schlacht von Tannenberg, deren Ausgang ja auf personeller Ebene bis in die Besetzung der dritten OHL 1916-1918 und die Ernennung Adolf Hitlers zum Reichskanzler 1933 nachwirken sollte, gespielt hat, ist bisher nicht wissenschaftlich dargestellt worden. Der Rahmen dieser Arbeit lässt keine umfassende Analyse zu, zumal sie sich auch aufgrund der fehlenden Quellen und der schlechten Literaturlage lediglich auf die preußisch-deutsche Fliegertruppe beschränkt. Einen Beitrag zu einer Neubetrachtung der Rolle von „Luftkrieg" für den Gefechtsverlauf will sie dennoch zu leisten versuchen.

1.   *Fragestellung*

Im Folgenden sollen wesentliche Fragen an bisher diesbezüglich noch nicht bewertetes Quellenmaterial gestellt werden: Welche Luftkriegsmittel finden im

---

[3]   Vgl. hierzu die in der zweiten Kriegshälfte erschienenen Richtlinien für die Einbindung von Luftkriegsmitteln in die Bodenoperationen, zum Einen: Inspektion der Fliegertruppen (Hrsg.): Die Fliegertruppe in der Durchbruchsschlacht. Eine Studie für Unterrichtszwecke, Charlottenburg 1917, sowie besonders: Kommandierender General der Luftstreitkräfte (Hrsg.): Hinweise für die Führung einer Fliegerabteilung in der Angriffsschlacht und im Bewegungskrieg, Berlin 1918.

[4]   Beispielhaft hierfür Gerhard P. Groß (Hrsg.): Die vergessene Front. Der Osten 1914/15. Ereignis, Wirkung, Nachwirkung (= Zeitalter der Weltkriege, Bd. 1), Paderborn [u.a.] 2006.

Spätsommer 1914 in Ostpreußen Verwendung und wie werden sie eingesetzt? Kann in dem Maße von einem taktischen Instrument der Kriegführung gesprochen werden, wie es aktuelle Darstellungen des Ersten Weltkrieges als erstem, auch genuinem Luftkrieg suggerieren? Welche Unterschiede lassen sich in zeitnahen Dokumenten der Schlacht von Tannenberg im Vergleich zu den populären Fliegermemoiren und zum Teil wissenschaftlichen Auftragswerken der Zwischenkriegszeit 1918-1939 finden? Kurzum: Welche Bedeutung wird den Fähigkeiten dieser Waffengattung für den Verlauf und den Ausgang der Schlacht beigemessen bzw. später zugesprochen? Die vorliegende Darstellung versteht sich somit eher als kommentierte Edition verschiedenster Aussagen und Urteile von beteiligten Truppenteilen, statt dass sie eine umfassende Bewertung der vermeintlich „schlachtentscheidenden" Komponente Luftaufklärung bieten will.

In einem ersten Schritt soll zunächst eine kurze Einordnung der militärischen Luftfahrt im Deutschen Reich und in europäischer Perspektive bis zum Kriegsbeginn stattfinden, um auf dieser Basis den materiellen und organisatorischen Stand deutscher Luftstreitkräfte nach Kriegsbeginn im August 1914 bewerten zu können. Der sich anschließende deskriptive Teil hat zur Aufgabe, die Grundlage für das Verständnis von Möglichkeiten und Grenzen des Einsatzes von Luftkriegsmitteln in der Schlacht von Tannenberg zu bilden. Im Hauptteil der Arbeit werden schließlich einige zeitgenössische Gefechtsberichte und Darstellungen aus dem Quellenfundus des Bundesarchives – Abteilung Militärarchiv (Freiburg i. B.) amtlichen Werken und Erinnerungsliteratur beteiligter Truppenteile gegenüber- und anbeigestellt. Eine so kontextualisierte Betrachtung soll abschließend einen differenzierteren Blick auf die Rolle und Bedeutung deutscher Flieger in der Schlacht von Tannenberg ermöglichen und zu einem besseren Verständnis dieser Frühphase der militärisch genutzten Luftfahrt beitragen.

2. Forschungsstand

Die Betrachtung der an der Schlacht von Tannenberg beteiligten Luftstreitkräfte im Ersten Weltkrieg fällt aus zwei Gründen sehr schwer: aufgrund der Bombenangriffe 1945 ist ein Großteil (etwa 97%)[5] der Reichsarchiv-Akten zur Befehls-, Kommando- und Personalstruktur der deutschen Fliegertruppen seit

---

[5] Vgl. Hanns-Hubertus Hofmann (Hrsg.): Das deutsche Offizierkorps 1860-1960, Büdinger Vorträge 1977, Boppard 1980 (= Deutsche Führungsschichten in der Neuzeit, Bd. 11), S. 269.

ihrem Bestehen unwiederbringlich verloren gegangen[6]. Zudem lässt das Fehlen von Quellen zur zarischen Fliegertruppe eine umfassende Bewertung ihres Einsatzes nicht zu. Die Arbeit von Sebastian Rosenboom[7] hat aber wesentliche Ergebnisse zur Ausrüstung, zur Präsenz und zur „Raum"-Wahrnehmung der Militärpiloten an der Ostfront zu Tage gefördert, wenngleich auch für den gesamten Zeitraum von 1914-1918. Einige dieser Ergebnisse – besonders im Hinblick auf Aktensichtung im Bundesarchiv-Abteilung Militärarchiv– werden hier übernommen und mithilfe noch nicht betrachteter Quellen kontextualisiert. Zur Literatur der Zwischenkriegszeit, die sowohl auf fiktiver wie auch non-fiktiver Ebene verfasst wurde, muss im Rahmen dieser Untersuchung ebenfalls zurückgegriffen werden, wenn auch mit gebührender intentionaler Vorsicht. Obwohl oftmals Glorifizierungs-, Legitimierungs- und apologetische Tendenzen in den Werken der 1920er-Jahre erkennbar sind, so muss doch konstatiert werden, dass viele Informationen für eine historische Einschätzung hilfreich sein können. Nicht zuletzt wird nämlich der „aktuelle" Forschungsstand zur Relevanz der Luftkriegführung an der Ostfront aufgrund zahlreicher, unhinterfragt gebliebener Abschriften durch über achtzig Jahre alte Literatur repräsentiert.[8] Aber – und dies ist ebenfalls Anspruch der vorliegenden Arbeit – die Darstellung von Luftkrieg in zeitgenössischen wie zeitnahen Dokumenten scheint mitunter vom vielfach tradierten „Gesamtbild" des Luftkrieges im Ersten Weltkrieg abzuweichen.

---

[6]   Zumindest aber besteht durch die Öffnung der osteuropäischen Archive in Zukunft eine gewisse Chance auf Wiedererlangung einiger verloren geglaubter Schriftstücke. Zur bis heute gültigen Einschätzung der Quellen- und Aktenlage militärischer Luftfahrt vgl. insbesondere Harald Potempa: Die Königlich-Bayerische Fliegertruppe 1914-1918, Frankfurt a. M. [u.a.] 1997, S. 14-23.

[7]   Sebastian Rosenboom: Im Einsatz über der „vergessenen Front". Der Luftkrieg an der Ostfront im Ersten Weltkrieg (= Potsdamer Schriften zur Militärgeschichte, Bd. 23), Potsdam 2013.

[8]   Vgl. Rosenboom: Luftkrieg, S. 17.

2. Militärische Luftfahrt bis 1914: Neue Potenziale, Neue Erwartungen?

„Daß die Zukunft planmäßige Schlachten in der Luft bringen wird, das bleibt wohl ein Phantasiegebilde."[9]

Eine umfassende Darstellung der verschiedenen taktischen und strategischen Überlegungen in den Armeen, Generalstäben und Eliten der später kriegführenden europäischen Staaten ist hier fehl am Platze. Wohl aber können einige Vorfeldperzeptionen skizziert werden, die dezidiert den Einsatz von Luftkriegsmitteln vor Beginn des Ersten Weltkrieges beeinflussen. Die operativen Planungen des Deutschen Reiches wurden aufgrund seiner geographischen Mittellage auf einen schnellen Offensivkrieg konzentriert, wobei durch die Einführung des Maschinengewehres, der Weiterentwicklung der Artillerie sowie der Bunkersysteme gleichzeitig die Chancen respektive Möglichkeiten einer verteidigenden Streitkraft besser standen[10] – wohlgemerkt bis zum Erscheinen von Panzerkampfwagen ab 1916. Die Chance nun, sich die Errungenschaften der Luftfahrt militärisch zu Nutze machen zu können, wurde im internationalen Vergleich unterschiedlich bewertet. Während im Deutschen Reich die Entscheidungsträger bis 1912/13 dem Flugzeug eher skeptisch gegenüberstanden und das Luftschiff favorisierten[11], wurde in Frankreich, Großbritannien und dem Russischen Reich die Flugzeugproduktion eher und vehementer begonnen. Industrie und Gesellschaft konnten hier offenbar stärker mobilisiert und von der Zukunftsfähigkeit des Instrumentes überzeugt werden, wenngleich

---

[9]   Generalleutnant Metzler (Offizier im Generalstab) 1912, zit. nach Olaf Groehler: Geschichte des Luftkriegs, Berlin 1980, S. 15.

[10]   Hierzu grundlegend Gerhard P. Groß: Mythos und Wirklichkeit. Geschichte des operativen Denkens von Moltke d.Ä. bis Heusinger (= Zeitalter der Weltkriege, Bd. 9), Paderborn [u.a.] 2012, hier besonders S. 7-17 und S. 61-105 sowie Markus Pöhlmann/Harald Potempa/Thomas Vogel: Der Erste Weltkrieg 1914-1918. Der deutsche Aufmarsch in ein kriegerisches Jahrhundert, München 2014.

[11]   Groehler: Luftkrieg, S. 10-18. Trotz der mit Vorsicht zu genießenden Argumentation Groehlers (Militärverlag der Deutschen Demokratischen Republik) spricht das auch andernorts vorzufindende Zahlenmaterial tatsächlich zunächst für eine Bevorzugung von Luftschiffen. Exemplarisch hierfür Moltke d.J., der für die Weiterentwicklung des Zeppelins als „Kriegswerkzeug" und „Kampfmittel" plädiert, welches in seiner Überlegenheit dem Gegner „einen wirksamen Schlag" versetzen würde. Die erste Teilnahme eines Flugzeuges (in der Aufklärungs- und Verbindungsfunktion) am Kaisermanöver ist im Herbst 1911 zu verzeichnen.

auch im Deutschen Reich Flugwettbewerbe und öffentlichkeitswirksame Flugzeugwerbung betrieben wurden.[12] Ebenso differenzierte sich die antizipierte militärische Nutzung der neuen Luftkriegsmittel, die von Artillerieaufklärung, Artilleriebeobachtung, Zielzuweisung und Feuerleitung, Erkundung der gegnerischen Infanterie, Nachrichtenübermittlung bis hin zu Bodenunterstützung und Bombardierung reichte. Die Möglichkeiten zum Eindringen in die Tiefe des gegnerischen Raumes - eine bis heute bestehende Kernfähigkeit von Luftstreitkräften - und damit auch der Einbindung von Bevölkerung, Infrastruktur und Industrie (spätere Faktoren sogenannter „totaler" Kriegführung) waren somit teilweise vor Kriegsbeginn erkannt. Das Ausloten der Vor- und Nachteile des jeweiligen Waffensystems („Leichter als Luft" versus „Schwerer als Luft")[13] führten also bis zum Kriegsbeginn nicht nur zu unterschiedlichen Rüstungskapazitäten, sondern auch zu unterschiedlichem Gebrauch und damit verschiedenen Organisationsstrukturen.[14] In Großbritannien war mit dem Aufbau des Royal Flying Corps ab 1912 zumindest der Ansatz einer eigenen Teilstreitkraft erkenntlich, obwohl es formal noch immer dem Heer unterstand und lediglich 63 Flugzeuge besaß. In Frankreich betrug die Anzahl der Flug-

---

[12] Die europaweit vorherrschende Technikeuphorie verhalf neben den Mobilitätssymbolen Eisenbahn und Automobil eben auch der Fliegerei zu populärem Aufschwung. Vgl. weiterführend zur Vorkriegsdebatte Heinrich Walle: Das Zeppelinsche Luftschiff als Schrittmacher technologischer Entwicklungen in Krieg und Frieden, in: Roland G. Foerster/Heinrich Walle (Hrsg.): Militär und Technik. Wechselbeziehungen zu Staat, Gesellschaft und Industrie im 19. und 20. Jahrhundert (= Vorträge zur Militärgeschichte, Bd. 14), Herford/Bonn 1992, S. 161-218 sowie Harald Potempa: Die Wiedererlangung der Wehrhoheit und der Aufbau der Luftwaffe als eigenständigem dritten Wehrmachtsteil. „Soll ein Volk von Fliegern werden" – Anmerkungen zu Militärluftfahrt und populärer Wahrnehmung 1900 bis 1939, in: Militärmusikdienst im Diskurs (= Schriftenreihe des Militärmusikdienstes der Bundeswehr, Bd. 1), Bonn 2006, S. 42-59.

[13] Potempa: Fliegertruppe (wie Anm. 6) S. 33.

[14] Leider kann in diesem Rahmen nicht auf den Niederschlag der militärischen Nutzung von Flugapparaten in militärischen Fachzeitschriften wie dem „Militärwochenblatt" eingegangen werden. Fest steht aber, dass sich schon vor Kriegsbeginn eine Debatte um Möglichkeiten der Militärluftfahrt – auch in den Führungseliten der Armee – in Gesellschaft und eben auch der Publizistik einstellte. Zur Bedeutung der unabdingbaren Heranziehung dieser Quellengattung für eine militärhistorische Urteilsfindung vgl. Pöhlmann, Markus (Hrsg.): Deutsche Militärfachzeitschriften im 20. Jahrhundert (= Potsdamer Schriften zur Militärgeschichte, Bd. 27), Potsdam 2012 sowie zur Debatte um das militärische Potenzial des Flugzeuges Christian Kehrt: Moderne Krieger. Die Technikerfahrungen deutscher Militärpiloten 1910-1945 (= Krieg in der Geschichte, herausgegeben von Stig Förster [u.a.], Bd. 58), Paderborn 2010, S. 59-81.

zeuge 165, Österreich-Ungarn verfügte über 48 Flugzeuge und das Russische Reich schließlich über 263[15], davon etwa 40 im Bereich der hier betrachteten Region. Auch wenn erste Einsätze von Flugzeugen in Libyen und auf dem Balkan zum Abwurf von Bomben auf Stellungen erfolgreich stattgefunden hatten, wurden diese Ergebnisse zum konsequenten Aufbau einer Richtlinie in den europäischen Staaten offenbar nicht ausgewertet. Der Einsatz von Kameras war allerdings schon erprobt, seine Einführung als wichtiges Instrument der Luftaufklärung wurde zunächst jedoch noch hinten angestellt[16].

1.   *Aufklärung 1914*

Die gängigste Methode, sich über das Gefechtsfeld als auch über Stärke und Absichten des Gegners zu informieren, war 1914 noch die Aufklärung mit Infanterie, vor allem aber Kavallerie. Ihre Erkundungsergebnisse flossen in die Lageeinschätzung vor Ort ein und wurden auch vorgesetzten Dienststellen weitergegeben, um auf dieser Basis eine „große Lage" zu konstruieren. „Gewaltsame Erkundungen" wurden mitunter auch von Radfahrern vollzogen.[17] Solche Aufklärungsmittel stehen aber in Ostpreußen im August 1914 eher lückenhaft zu Verfügung, glaubt man den Einschätzungen Graf Waldersees und Hoffmanns, die von einem „Mangel an Aufklärungsorganen"[18] sprechen, dass außerdem die „Aufklärungsmittel verschwindend gering"[19] seien und vage Er-

---

[15]   Die hier genannte Zahl für die russische Fliegertruppe findet sich in mehreren Quellen, abweichend hingegen wird für August 1914 die einsatzbereite Zahl an Flugapparaten auf 11 Luftschiffer-Kompanien (46 Fesselballone) und vier „militärisch brauchbare Prallschiffe" angegeben, vgl. Kriegswissenschaftliche Abteilung der Luftwaffe (Hrsg.): Mobilmachung, Aufmarsch und erster Einsatz der deutschen Luftstreitkräfte im August 1914, kriegsgeschichtliche Einzelschriften der Luftwaffe, dritte Einzelschrift, Berlin 1939, S. 117 (Anlage 13). Zum allgemeinen Zustand der russischen Fliegertruppe vgl. zudem noch Robert Kilmarx: A history of Soviet Air Power, London 1962, S. 10-16.

[16]   Zu den Anfängen von Luftbilderkundungen vgl. grundsätzlich Helmut Jäger: Erkundung mit der Kamera. Die Entwicklung der Photographie und ihr Einsatz im 1. Weltkrieg, München 2007, zur Beurteilung der Flieger-Sichterkundung in der Schlacht von Tannenberg besonders S. 98ff.

[17]   BArch, RH 61/1331: Gefechtsberichte 3.Res.Div., 6.Ldw.Brig. und Kommandantur Lötzen, S. 11.

[18]   BArch, RH 61/735: Aufzeichnungen des GenMaj. Gr. v. Waldersee. Abschrift „Meine Erlebnisse zu Beginn des Krieges 1914", S. 7.

[19]   BArch, RH 61/1318: Korrespondenz Max Hoffmann, S. 6.

kundungsergebnisse kein Gesamtbild zuließen.[20] Zwar wird die Hilfe durch Postbeamte, Eisenbahner und die Bevölkerung dankbar beschrieben, ihr Aussagewert aber eher „unzuverlässig, unverbürgt und übertrieben"[21] bewertet. Die Kommunikation des Armeeoberkommandos mit der Obersten Heeresleitung in Koblenz verlief zu Beginn der Operationen in Ostpreußen ebenfalls alles andere als günstig. Zum Zwecke der Feindaufklärung und der Befehlsausgabe an eigene Armeekorps konnten hier aber auf das bestehende Fernsprech- und Telegraphennetz zurückgegriffen werden, welches von der Nachrichtentruppe quasi für den Vorrang der Armee requiriert wurde. Ein entscheidender Nebeneffekt ist hierbei auch im Abhören russischer Funksprüche zu finden, der Operationsverlauf und Planung durchscheinen ließ[22]. Die Ausnutzung von Postämtern und die kilometerlange Neuverlegung von Feldkabelleitungen trugen außerdem dazu bei, dass der Kampf um Informationen offensichtlich auf deutscher Seite gewonnen wurde. Auf russischer Seite hingegen sind das Fehlen von Verschlüsselung und Nachrichtenkabeln, die zeitliche Verzögerung von Meldungen und nicht zuletzt die Rivalität der beiden Armeeführer als Indizien für gescheiterte Aufklärung und Gefechtsführung auf dieser Basis nachgewiesen.

2. *Aufbau, Organisation und Dislozierung der preußisch-deutschen Fliegertruppe bis Kriegsbeginn*

Die Fliegertruppe – organisatorisch der Generalinspektion des Militärkraftfahrwesens des Heeres unterstellt und nach Kontingentstreitkräften der Bundestaaten strukturiert – befand sich zu Kriegsbeginn noch im Aufbau ihrer angedachten Strukturen. Die Heeresluftschiffertruppe verfügte über acht einsatzbereite Maschinen der Lenkluftschiff-Typen Zeppelin (Z-Benennung), Schütte-Lanz (S.-L.) und Parseval (PL). Die Feld-Fliegertruppe gliederte sich am 1. August in insgesamt 34 Feld-Flieger-Abteilungen (vielfach FFA abge-

---

[20] BArch, RH 61/735, S. 21-33.

[21] BArch, RH 61/1331: Gefechtsberichte 3.Res.Div., 6.Ldw.Brig. und Kommandantur Lötzen, S. 17. Ähnliche Einschätzungen werden aber zu Anfang des Krieges auch über die Fliegertruppe abgegeben, zu deren Aufklärungsmethoden bisher noch das Vertrauen fehlte.

[22] Vgl. hierzu BArch, Msg 1/38: Die Nachrichtenverbindungen um die Schlacht von Tannenberg, hier besonders die aufgefangenen Funksprüche der Befehle Rennenkampffs zum Abschneiden der 8. Armee durch die von Süden kommende 2. Armee (Samsonov), die Hinweise auf die geglückte Verschleierung des Abzuges des I. AK sowie die Bestätigung bereits vermuteter Bewegungen der Narew-Armee in Richtung Allenstein, S. 2-6.

kürzt), die sich nach vorherrschender Meinung mit der Anzahl von sechs zuge-
teilten Flugzeugen am besten führen ließe sowie acht Festungs-Flieger-
Abteilungen (vielfach FestgFlgAbt. abgekürzt) zu je vier Flugzeugen. Während
den Flugzeugen der Feld-Flieger-Abteilungen Verbindungs- und Erkundungs-
aufgaben in der Verfügung eines Armeekorps zugedacht wurden, sollten die
Maschinen der Festungs-Flieger vorrangig das Einschießen der Festungsartille-
rie kontrollieren. Der Feld-Luftschiffertruppe war die Bedienung der insgesamt
22 Fesselballone zugedacht. Auf deutscher Seite waren 232 Flugzeuge einsatzbereit, etwa 500 Mann waren unter anderem in der 1909 eingerichteten „Provi-
sorischen Fliegerschule Döberitz" zu Flugzeugführern und Beobachtern ausgebildet worden. Allerdings herrschte – bis auf den Einsatz als Aufklärungsmittel – weitgehende Unklarheit über die dezidierte Rolle des Flugzeuges im
Kriegseinsatz: keine Einsatzrichtlinien, Doktrinen und nur eine diesbezügliche
Dienstvorschrift waren bislang erlassen worden.[23] Auch das Umfeld militärischer Luftfahrt, der Nachschub, die Versorgung, der Betrieb von Flugplätzen
sowie die Abwehrmaßnahmen in Form von Luftschutz und Flugabwehrwaf-
fensystemen wurden zwar bereits bedacht, aber organisatorisch zunächst nicht
ausreichend umgesetzt. Der Aufbau, die detaillierte Ausrüstung, die Personalstruktur und die Kompetenzstreitigkeiten in der Führung und Unterstellung
der Luftstreitkräfte schildern die Werke von Ernst von Hoeppner[24] und Georg
Paul Neumann[25] eindrücklich. Gerade die Erstellung dieser Werke unter Zuhilfenahme heute vernichteter Akten machen sie zu einem unverzichtbaren Fun-
dus an Detailinformationen. Das eher glorifizierende Buch des ehemaligen
Inspektionschefs der Fliegertruppen von Walter von Eberhardt[26] taugt leider
bestenfalls zur kulturwissenschaftlichen Analyse von (Um-)Deutungsmustern

---

[23] Zum Stand der Fliegertruppe vgl. besonders Potempa: Fliegertruppe, S. 34-41 (wie Anm.
6). Zur T.D.V.E Nr. 16 siehe folgendes Kapitel.

[24] Ernst von Hoeppner: Deutschlands Krieg in der Luft. Ein Rückblick auf die Entwicklung
und die Leistungen unserer Heeres-Luftstreitkräfte im Weltkriege, Leipzig 1921, hier besonders
die Bewertung der Ergebnisse des Fliegereinsatzes bei Tannenberg, S. 16: „Die Flieger hatten
die Kavallerie als Fernaufklärungsmittel fast völlig verdrängt."

[25] Georg Paul Neumann: Die deutschen Luftreitkräfte im Weltkriege. Unter Mitwirkung von
29 Offizieren und Beamten der Heeres- und Marineluftfahrt nach amtlichen Quellen, Berlin
1920, besonders zur Technik- und Organisationsgeschichte der Fliegertruppe vgl. die präzisen
Ausführungen S. 297ff., zu ihrer Verwendung in den ersten Kriegswochen bes. S. 362ff. und S.
462ff.

[26] Walter von Eberhardt (Hrsg.): Unsere Luftstreitkräfte 1914-1918. Ein Denkmal deutschen
Heldentums, Berlin 1930.

der Zwischenkriegszeit. Gleiches gilt für die zum Selbstzweck gewordene Mythisierung der „Tannenbergflieger", deren Geschichtskonstruktion im abschließenden Kapitel noch kurz betrachtet werden soll.

Für den Zustand der deutschen Fliegertruppe vor Beginn des Krieges kann hier festgehalten werden, dass sie aufgrund der heterogenen Weisungsvorgaben zu Aufbau, Rüstung und Einsatz nicht „State of the art" war. Die Planung des Einsatzes von Luftstreitkräften war in Frankreich und Großbritannien weiter vorangeschritten, ein Großteil der russischen Fliegerkräfte musste hingegen mangels Nachschub und geschultem Personal zu Beginn des Krieges am Boden verbleiben.

3.　Die deutschen Luftstreitkräfte in der Schlacht von Tannenberg

Die Schlacht von Tannenberg[27], mitunter auch Schlacht *bei* Tannenberg genannt, die den Rahmen dieser Ausführungen bildet, wurde im August 1914 unter Beteiligung von etwa 153.000 Soldaten in 13 Divisionen auf Seiten des Deutschen Reiches und etwa 191.000 Soldaten in 21 Divisionen auf Seiten des Russischen Reiches geschlagen. Im Zeitraum vom 17. bis zum 30. August fanden in den Gebieten der nördlichen und der südwestlichen Masurischen Seenplatte in Ostpreußen Einzelgefechte statt, die in der Summe ihrer operativen Wirkung dann als Schlacht bezeichnet wurden. Der Vormarsch der 1. russischen Armee ("Njemen-Armee") unter Pawel von Rennenkampff erfolgte am 17. August in Richtung Königsberg, wurde aber durch Teile der deutschen 8. Armee unter Generaloberst Max von Prittwitz und Gaffron zunächst aufgehalten. Im südlichen Bereich rückte die 2. russische Armee unter General Alexander Samsonov („Narew-Armee") ab dem 21. August über die südliche Grenze Ostpreußens vor, um mit Stoßrichtung Ostsee die 8. Armee abzuschneiden.

27　Die Benennung der Schlacht wurde zu Anfang schon kurz erwähnt. Folgende Aussage sei hier nur noch angefügt, um die Auseinandersetzungen der Zwischenkriegszeit um Ruhm, Ehre und Anteil am Ausgang ansatzweise zu skizzieren. Pathetische Schilderungen dieser Art finden sich naturgemäß häufig in Nachbetrachtungen, deren Autoren sich ihrer „Lorbeeren" versichern wollen, oder aber ein gezielt politisches Statement abgeben wollen: *„Als am späten Abend in den Gefechtsstand der 8. Armee in Frögenau (…) dem General Ludendorff der Verfolgungsbefehl vorgelegt wurde, begann er: `Armee-Hauptquartier Frögenau, den 28.8.1914.´ Nach einem kurzen Besinnen nahm Ludendorff seinen Bleistift, strich Frögenau durch und schrieb darüber `Tannenberg´ - wohlwissend, daß es ein alter Brauch in der preußischen Armee war, eine Schlacht nach dem Ort zu benennen, an dem der Verfolgungsbefehl gegeben wurde"* (BArch, Msg 20-55, S. 4).

Die Verlegung dreier Armeekorps (I.A.K. per Bahn, XVII. A.K. und I.R.K. per Marsch) vom nördlichen Gefechtsfeld in den nun zu verteidigenden Südbereich zwischen Soldau und Neidenburg wurde vom Befehlshaber Rennenkampf offensichtlich als Rückzug auf Königsberg gewertet, sodass er auf die nun tatsächlich aber quasi entblößte Festungsstadt nicht vorrückte. Dies wiederum begünstigte im Zusammenspiel mit der katastrophalen russischen Nachrichtenübermittlung zwischen der 1. und 2. Armee, dem Unterschätzen des Gegners, der mangelhaften Aufklärungsarbeit und der unzureichenden Artilleriebewaffnung die Bewegungen der südlichen deutschen Truppen. Diese nämlich konnten mithilfe der von Norden herangeführten drei Armeekorps (das I.A.K. bildete die südliche „Zange" durch den Vormarsch von Usdau nach Osten, das XVII. A.K. und das I.R.K. die östliche Umfassung) zwei weit vorgedrungene russische Korps umfassen und schließlich zur Aufgabe zwingen. Etwa 30.000 russische Soldaten waren getötet oder verwundet, weitere 92.000 gefangen genommen worden[28]. Die wichtige Bedeutung von Luftaufklärung in diesem historischen Ereignis gilt heute als unumstritten. Ob sie aber auch in den Selbstzeugnissen und Nachbetrachtungen der „einfachen Soldaten" und Truppenteile auftaucht, soll hier geklärt werden.

1.   *Flugapparate in Ostpreußen: Material, Stationierung und Einsatzart*

„Wegen der geringen Anzahl uns zu Verfügung stehender

Flieger mussten wir mit ihnen haushalten."[29]

Die der 8. Armee zur Verfügung stehenden 42 Flugzeuge, 3 Luftschiffe und 6 Fesselballone[30] gliedern sich im August 1914 wie folgt: Dem A.O.K. unterstan-

---

[28] Eine weitaus umfangreichere Darstellung findet sich bei Markus Pöhlmann: Tod in Masuren. Tannenberg, 23. bis 31. August 1914, in: Stig Förster/Markus Pöhlmann/Dierk Walter (Hgg.): Schlachten der Weltgeschichte. Von Salamis bis Sinai, München 2004, S. 279-294. Auf eine Stellungnahme zu den Auseinandersetzungen der Nachkriegszeit muss hier verzichtet werden. Die wissenschaftliche Bearbeitung der Nachbetrachtungen der beteiligten Personen Hindenburg (Aus meinem Leben, Leipzig 1920), Ludendorff (Tannenberg. Geschichtliche Wahrheit über die Schlacht, Berlin 1939), Hoffmann (Tannenberg wie es wirklich war, 2. Aufl., Berlin 1926) und von François (Gehorsam und Verantwortungspflicht, erläutert an den Befehlsreibungen während der Schlacht bei Tannenberg, Berlin 1932) würde eine interessante Sicht auf Hierarchie und Befehlsstruktur der preußisch-deutschen Armee bieten, auf dem Hintergrund der hier untersuchten Fragestellung aber nicht hilfreich sein.

[29] BArch, RH 61/1318: Korrespondenz Max Hoffmann, S. 2.

[30] Groehler: Luftkrieg, S. 19.

den direkt die Feld-Flieger-Abteilung 16 in Graudenz, die Feld-Luftschiffer-Abteilung 8 sowie das Luftschiff „Z.IV." (beide in Königsberg). Jedem Generalkommando der Armeekorps war dann eine Feld-Flieger-Abteilung zugeteilt (I.A.K.: FFA 14; XVII. A.K.: FFA 17[31]; XX.A.K.: FFA 15[32]), welche im Sinne der Auftragstaktik Erkundung für den ihr übertragenen Bereich auszuführen hatte. Die Gouvernements der Festungen verfügten je über eine Festungs-Flieger-Abteilung (Nr. 4 in Posen, Nr. 5 in Königsberg, Nr. 6 in Graudenz[33]), zudem die 3. Reserve-Division über die Festungs-Flieger-Abteilung 7[34]. Den Festungen standen zudem noch Festungs-Luftschiffer-Trupps mit Fesselballonen zur Verfügung (Nr. 5 in Posen, Nr. 23 und 24 in Thorn[35], Nr. 26 in Graudenz und Nr. 1 in Königsberg). Ausgestattet war die Feld-Fliegertruppe mit 80-100 PS starken Maschinen, zum Großteil Zweisitzer, denen zwar im Rahmen der Naherkundung die Aufklärungsrolle angedacht war, die aber in keinster Weise vergleichbar waren mit den C-, D- und E-Flugzeugtypen der späteren Kriegsjahre (doppelläufige Maschinengewehre, Funkmittel, Angriffstaktik, hohe Wendigkeit, gesteigerte Reichweite und Bombenlast). Die sogenannten „Tauben"[36] der Hersteller Etrich, Rumpler, Jeannin und Albatros dominierten in Ostpreußen die Fuhrparks der Feld-Flieger-Abteilungen und untergliederten Flieger-Bataillone, auf Seiten der russischen Fliegertruppe – den beiden Armeen war je eine Fliegerabteilung zu sechs Maschinen zugeteilt – fanden sich die französischen Baumuster der Hersteller Blériot, Morane-Saultier und Nieuport. Der in der deutschen Armeeführung angedachte Auftrag für die Flieger in Ostpreußen schlägt sich ansatzweise in der 1914 herausgegebenen Technischen Dienstvorschrift Nr. 16[37] nieder, die dem Beobachter im Flugzeug klare Anweisungen für die Unterstützung seines Piloten zuweist. So hat er während

---

[31] BArch, RH 61/183: Gliederungsschema XVII. A.K.

[32] BArch, Msg 2/3404: Gliederung der 41.Inf.Div. beim Gefecht um Waplitz am 28.8.

[33] BArch, RH 61/183: Gliederungsschema Abteilung von Unger.

[34] BArch, Msg 2/3404: Gliederung der 41.Inf.Div. beim Gefecht um Waplitz am 28.8.

[35] BArch, RH 61/183: Anlage H1. Abschnittsbesatzungen der Festung Thorn Mitte August 1914.

[36] Sie konnten eine dann von Hand abzuwerfende Bombenlast von 5 bis 10 kg mitführen, ihre transparente Bespannung sorgte für ein geringes Abfluggewicht und ein erschwertes Auffinden vom Boden aus.

[37] T.D.V.E. Nr. 61. Der Beobachter im Flugzeug (B.i.Fl.), Berlin 1914. Zu den folgenden Ausführungen vgl. S. 6-21 sowie die Anlage 2: „Anhaltspunkte für den Beobachter in einem Kriege mit Rußland, S. 28-33.

des Fluges den Motor zu kontrollieren, Abstimmungen per Handzeichen zu geben und seine Sichtergebnisse handschriftlich festzuhalten. Hauptaufgabe sei jedoch die „Ermittelung der Länge und Zusammensetzung der feindlichen Marschkolonnen, sowie der hinter diesen folgenden Teile", weniger die Meldung der feindlichen Stellungen; „dies wird in den meisten Fällen schon der Kavallerie gelingen." Der idealtypische Ablauf einer Fliegererkundung wird anschließend durch die Anfertigung einer Geländeskizze gemäß zuvor erhaltenem Auftrag und die Meldung per Abwurftasche oder persönlicher Überbringung ausgeführt. Auch wird bereits von der „Ausführung von Photographie" gesprochen. Für Ostpreußen als militärgeographischem Raum[38] und den erwarteten Krieg mit dem Russischen Zarenreich wird auf die Beachtung der „sehr starke[n] Heereskavallerie", „viele[r] Schanzarbeiten" und des „Führens einer Linienflagge" bereits auf Kompanieebene aufmerksam gemacht; zur Erkennung der Operationstaktik „wird das Hauptaugenmerk auf die Flügel zu richten sein", denn: „Die Russen bevorzugen die Umfassung." Rückschlüsse über den Aufenthalt des Gegners wurden also aus der Luft nicht nur anhand von optisch offensichtlichen Truppenbewegungen, Gerät und Marschspuren gezogen, sondern auch aufgrund aufgeworfener Erde nach Stellungsbau und vereinzelt Beschuss vom Boden aus.[39]

2.   *Einsatz und Wirkung von Luftkriegsmitteln im Spiegel von Gefechtsberichten, Korrespondenz des Reichsarchives und Kriegstagebüchern in ungedruckten Quellen des Bundesarchives – Abteilung Militärarchiv*

Im folgenden Kapitel sollen Schilderungen beteiligter Truppenteile vorgestellt werden, die speziell in Verbindung mit dem Einfluss von Fliegern auf die Bodenbewegungen stehen. Exemplarisch werden dazu aus den Bereichen Aufklärung und Nachrichtenübermittlung Beispiele angeführt, die Art und Umfang der eingesetzten Flieger belegen.

Zu den vorbereitenden Maßnahmen – also gewissermaßen einem Beweis für die Erwartung von Fliegern in jedweder Art – zählt beispielhaft die Ausstattung der Festung Lötzen mit einem eigens zusammengestellten Schein-

---

[38] Vgl. hierzu besonders ausführlich: Rosenboom: Luftkrieg, S. 31-50.

[39] Vgl. BArch, RH 61/1386: Aufsatz „Versammlung und Aufmarsch hinter der Seenlinie" (o. Verf.), S. 4. Trotz der hier zeitlich kurz nach der Schlacht von Tannenberg (4. September) gemachten Angaben besitzt die Erkenntnis, dass Bodentruppen „am Feuer auf Flugzeug erkannt [wurden]", zeitlose Gültigkeit.

werferzug.[40] Außerdem wurde nach einer Geländeerkundung das masurische Seengebiet mit seinen „zahlreichen Waldungen" für günstig befunden, um die deutschen „Bewegungen der feindlichen Luftaufklärung zu entziehen."[41] Beim XX. A.K im südlichen Bereich war durch Armeebefehl des A.O.K. vom 8. August die Durchführung von Aufklärung von Rozan bis zur Festung Ossowiec (ca. 120 Kilometer) angewiesen, welche durch Kavallerie und die zugewiesene Feld-Flieger-Abteilung 15 zu erfolgen hatte.[42] Sie war es auch, die mittels Luftaufklärung die Meldungen von „Agenten" und Bevölkerung bezüglich eines russischen Aufmarsches – lokal bereits in kleinen Kavallerie- und Grenzgefechten signalisiert – verifizieren sollte. Anzeichen eines russischen Aufmarsches also wurden auch hier dem Armeekommando bereits durch eine Reihe von Fliegermeldungen bekannt, von der Einrichtung von Flugplätzen, Bahntransporten und rastender Infanterie bis hin zu Schanzarbeiten im Grenzgebiet.[43]

Allerdings ist auch von Verwirrung und Verunsicherung die Rede, wenn russische Truppen aus der Luft nicht dort gesichtet wurden, wo sie zuvor vermutet worden waren. Besonders ab dem 14. August war es der Luftaufklärung „nicht möglich gewesen, irgendwo bedeutende Veränderungen in der Gruppierung der feindlichen Kräfte festzustellen".[44] War zunächst noch vom Abrücken von Kavallerie-Einheiten die Rede, ließ sich ab dem 16. August die Massierung von „Truppen aller Waffen" im russischen Hinterland im Bereich südlich der Seensperre (also parallel der Linie Willenberg-Lyck) feststellen, bis der Vormarsch plötzlich durch Flieger am 18. August ersichtlich und gemeldet wurde.[45] Diese Ergebnisse hatten dann rege Aufklärungstätigkeiten der Feld-Flieger-Abteilung 15 zur Folge, die die weiteren Bewegungen der Kolonnen (Infanterie, Artillerie, Kavallerie, Verpflegungs- und Nachschubfahrzeuge) zu überwachen hatten. War der Gegner also zunächst – und dies aufgrund der Kombination aus Flieger-, Telefon-, Patrouillen- und Agentenaufklärung – im östlichen Bereich des XX. A.K. vermutet worden, kam die „vorzügliche Flie-

---

[40] BArch, RH 61/1344: Landsturm und Festungen Königsberg und Lötzen während der Tannenberg Schlacht, S. 8.

[41] BArch, RH 61/1408: Gefechtsbericht XX. A.K. vom 10.-20. August 1914, S. 54.

[42] BArch, RH 61/1408: Gefechtsbericht XX. A.K. vom 10.-20. August 1914, S. 9.

[43] Vgl. BArch, RH 61/1408: Gefechtsbericht XX. A.K. vom 10.-20. August 1914, S. 11ff.

[44] BArch, RH 61/1408: Gefechtsbericht XX. A.K. vom 10.-20. August 1914, S. 21-30.

[45] Vgl. BArch, RH 61/1408: Gefechtsbericht XX. A.K. vom 10.-20. August 1914, S. 31-42.

germeldung" vom Vormarsch großer russischer Verbände auf der Straße Mlawa-Soldau nun gerade rechtzeitig, um entsprechende Vorkehrungen zu treffen.[46] Der Anmarsch der Njemen-Armee unter General Rennenkampff auf Königsberg schlägt sich am 22. August in einigen Fliegermeldungen nieder, die zunächst vom Vorrücken einzelner Einheiten bis in die Gegend von Insterburg berichten,[47] allerdings auch das langsame Nachrücken der Hauptkräfte in westliche Richtung vermelden, sodass vonseiten der „Fliegerstation Königsberg" (…) „ein ziemlich klares Bild über den Gegner" zu zeichnen war, der vereinzelt in Biwaks zu rasten schien.[48] Nach Häufung der Meldungen und der vielzitierten „Rochade" des I. A.K. in südwestliche Richtung ergab sich für den Nordabschnitt folgendes Bild: „Die Festungsfliegerabteilung 5, welche bisher nur die Aufklärung im nördlichen Abschnitt hatte, übernahm mit dem Ausscheiden der Flieger des I.A.K.´s die Luftaufklärung in dem gesamten Abschnitt Gumbinnen-Stallupönen-Pilkallen-Malwischken."[49] Gemäß der Quellenlage ist die Versorgung der Festung Königsberg während der gesamten Schlacht mit Informationen über die Njemen-Armee quasi „vor der eigenen Haustür" als höchst präzise zu bezeichnen. Sowohl das langsame Vorrücken bis auf Wehlau, die gelungene Verschleierung des Abzuges des I. A.K. und schließlich die Bestätigung der russischen Rückwärtsbewegung sind den Festungstruppen vom 23. bis zum 31. August offenbar kenntlich gewesen.[50]

Der Anmarsch der Narew-Armee unter General Samsonov war bis zum 21. August erkannt und auch geographisch präzisiert worden: „Der Feind hatte nach Fliegermeldung bis zum 31.8. 9° vorm. [sic! Anm. d. Verf.: aus dem Kontext kann es sich nur um den 21.8. handeln] die ungefähre Linie Mlawa-Janowo-Chorzele-Zaremby (…) noch nicht überschritten."[51] Der Rückraum dieses Verbandes war gemäß der Lufterkundung durch das Luftschiff LZ 20 (taktische Heereskennung „Z. V.")[52] für unbedenklich erklärt worden: „(23.8.)

---

[46] Vgl. BArch, RH 61/1408: Gefechtsbericht XX. A.K. vom 10.-20. August 1914, S. 66-69.

[47] Vgl. BArch, RH 61/1344: S. 14f. sowie BArch, RH 61/1351: Gefechtsbericht I. Res.Korps in der Schlacht von Tannenberg, S. 4.

[48] BArch, RH 61/1344: S. 19f.

[49] BArch, RH 61/1344: S. 38.

[50] Vgl. BArch, RH 61/1344: S. 47, S. 93f, S. 103, S. 123 und S. 157.

[51] BArch, RH 61/1350: Aufsatz „Die Verhältnisse auf der rechten deutschen Armeeflanke" (o. Verf.), S. 1.

[52] Hans von Schiller: Zeppelin. Wegbereiter des Weltluftverkehrs, Bad Godesberg 1966, S. 153.

Der am frühen Morgen dieses Tages unternommene Erkundungsflug des Luft-schiffes des Gouvernements Posen meldete die Gegend Thorn-Warschau-Zuromin von stärkeren feindlichen Kräften frei.["53] Die zwei Tage später ge-meldete „Untätigkeit" der schon bis Soldau vorgegangenen zwei Kavallerie-Divisionen ließ sich durch die Fliegermeldung vom 25. August abends erklä-ren, die auf „lebhaften Zugverkehr auf Strecke Stubsk-Mlawa" deutete und somit die Vermutung einer Verzögerung zum Zwecke des Wartens auf Ver-stärkung nahelegte.

Oftmals waren Ergebnisse von Luftaufklärung offenbar ein Zusatz zu bereits bestehenden Informationen, übernahmen also hier eine Verifizierungs-funktion: „Inzwischen gingen (…) unerwartete bedeutsame Nachrichten ein. Unsere Flieger und das XX. Korps wie das Detachement Unger in Gegend Soldau meldeten übereinstimmend das Vorgehen starker russischer Kräfte von Warschau und östlich gegen die Linie Soldau-Willenberg. Vortruppen des Feindes schon auf deutschem Boden."[54] Die „Nachrichten direkt von den Flie-gerformationen des A.O.K.´s." und die Bündelung der „Gesamtheit aller Mel-dungen [ergaben] das richtige Bild".[55] Das Erscheinen des russischen VI. Korps und die daraus resultierenden Stellungen im später umkämpften Bereich am Bössauer See wurde dem XVII. Korps ebenfalls durch eine Fliegermeldung bekannt: „Die Flieger hatten 1 fdl. Division in Ortelsburg, eine 2te bei Rotthies-Bischofsburg gemeldet."[56] Auch das Zurückweichen des Gegners und damit die direkte Verfolgung durch I.R.K. und XVII. A.K. wurden durch Meldungen der Feldluftschifferabteilung 8 eingeleitet, die dem weiteren Vormarsch per Befehl ebenfalls zu folgen hatte.[57] Dies sei nur deshalb erwähnt, weil in späte-ren Jahren und bis heute die Stationierung von Luftunterstützung in Frontnähe

---

53 BArch, RH 61/1350: Aufsatz „Die Verhältnisse auf der rechten deutschen Armeeflanke" (o. Verf.), S. 2. Das Dokument „Fahrten des Z. V." (BArch, RH 61/748) verzeichnet diesen Auftrag unter dem Datum 22.8. mit Ziel Nowo-Georgiewsk (später Modlin), einer bedeuten-den Festung an der Mündung des Bug in die Weichsel etwa 50 Kilometer nordwestlich von Warschau.

54 BArch, RH 61/1318: Korrespondenz Max Hoffmann, S. 12.

55 Ebd., S. 18.

56 BArch, RH 61/1341: Abschrift des Tagebuchs des Generals O. von Below, S. 40f. und zudem BArch, RH 61/1351: Gefechtsbericht I. Res.Korps in der Schlacht von Tannenberg, hier zum Verlauf des Gefechtes am Bössauer See am 26. August, S. 13.

57 Ebd., S. 19.

denkbar unsinnig erscheint – wohlgemerkt in Abhängigkeit von der im Zeitverlauf gesteigerten Reichweite der Flugapparate.

In der Korrespondenz des Reichsarchives – es war mit der Niederschrift des Schlachtenverlaufes beauftragt – mit ehemaligen Korps- und Divisionsführern tauchen vielfach Irritationen über Zeitpunkt und Gestalt von gegebenen und eben nicht gegebenen Befehlen auf. So findet sich beispielsweise über den Marsch des XVII. A.K. in Richtung Süden ein Hinweis auf eine mögliche frühere Einkreisung der russischen Verbände. Durch eine überbrachte Meldung des Hauptmanns Bartenwerffer per Flugzeug war das A.O.K. von der Lage des XVII. A.K. unterrichtet worden. Die daraus resultierenden Befehle an die beiden östlichen Armeekorps erreichten diese allerdings nicht oder zu spät, worauf hin das I.R.K. – vom A.O.K. schon kurz vor Allenstein vermutet – erst am 28. August in südliche Richtung aufbrach.[58] Zudem ist erhebliches Missfallen über die Marschrichtung nachweisbar. Eine Beurteilung des Wahrheitsgehaltes der widersprüchlichen Aussagen der beteiligten Offiziere soll hier nicht erfolgen, wohl aber folgender Schluss gezogen werden: die Überbringung der Fliegermeldung an das A.O.K. gab hier Anlass zu der für die Umkreisungsbewegung notwendigen Verlegung der beiden Korps in Richtung Süden und Südwesten - ob auf das „russenfreie" Allenstein oder auf Ortelsburg ist an dieser Stelle nicht relevant.[59]

Eine andere Überlieferung spricht hier von der vom A.O.K. losgelösten Entscheidungsfindung: „Wir freuten uns noch dieses selbstständigen Entschlusses, da rauschte es in den Lüften und ein Flieger ging neben uns nieder. Er brachte den Befehl des A.O.K. auf dem kürzesten Wege nach Stabigotten-Grieslienen zu marschieren, da Allenstein geräumt sei. Diese Schlag auf Schlag sich folgenden Eingänge entlockten uns den Ausruf; das ist ja wie im Kriegsspiel!"[60] In den Aufzeichnungen des Befehlshabers des XVII. Armeekorps

---

[58] Vgl. N46/33, Brief des Beauftragten im Reichsarchiv von Haeften an General von Below vom 7. März 1921 (Nr. 3180), S. 8f, sowie zu Nachfolgendem den Briefwechsel vom 20. März 1921 (Fragebogen 120, Nr. 3606), S. 4-8.

[59] Zur detaillierten Auseinandersetzung über eigenmächtiges Handeln zwischen dem A.O.K. und dem XVII. A.K. bezüglich der Marschrichtung vgl. die über Klaukendorf abgeworfene Fliegermeldung mit den Weisungen Hindenburgs für das I.R.K. und das XVII. A.K. vom 28.8. abends: BArch, RH 61/1341: Abschrift des Tagebuchs des Generals O. von Below, S. 48-50 sowie „Vereinbarungen zwischen I.RK. und XVII. A.K." zu finden bei: BArch, RH 61/1351: Gefechtsbericht I. Res.Korps in der Schlacht von Tannenberg, S. 30f. und S. 32f.

[60] BArch, RH 61/1341: Abschrift des Tagebuchs des Generals O. von Below, S. 40.

findet sich hierzu außerdem die Aussage, die Truppen seien von der Nachricht, dass deutsche Truppen bei Hohenstein in schwerem Kampf stünden, erneut motiviert worden: „Bartenwerfers Mitteilungen lösten alle Zweifel: sie beflügelten die Truppen des Armeekorps auf dem Marsch zur Mitwirkung bei der Entscheidung."[61] Abgesehen von der geringen Wahrscheinlichkeit, dass diese Meldung tatsächlich in die unteren Hierarchien bis auf die Regiments- und Kompanieebene durchgedrungen sein könnte, kann hier doch zumindest eine gewisse situative Motivation vermutet werden. Eine „Umgehung des Dienstweges" ganz anderer Art ist in dem Entschluss des Kommandeurs der 1. Reserve-Division zu ermitteln: aufgrund des bereits oben erwähnten A.O.K.-Befehls – überbracht durch Leutnant Giercke (Flugzeugführer) und Leutnant Pauer (Beobachter), zudem im Folgenden zitiert –, ändert er offensichtlich unabhängig von seinem übergeordneten Armeeteil (I.R.K.) seine Marschrichtung: „Feind Allenstein marschiert über Grieslienen Richtung Hohenstein. I.R.K. geht auf kürzestem Wege rücksichtslos gegen Stabigotten-Grieslienen vor. Eile geboten. A.O.K."[62] Die sich anschließende Übermittlung des Befehls an das Armeekorps allerdings wird – und dies mit besonderem Augenmerk auf die fehlende Praxis im Umgang mit diesem Aufklärungs- und Nachrichtenmittel – wie folgt vermerkt: „Die Meldekarte des A.O.K. ist in 3-facher Ausfertigung in den Kriegsakten des I.R.K. vorhanden, sie traf gleich nach der Übermittlung durch I.R.D. noch durch Flieger und Fernsprecher beim Genkdo ein. Die Art der Übermittlung war neu und nicht im Frieden geübt, sie hat dank verständigen Eingehens der Fliegerabt. und Aufmerksamkeit der Truppe tadellos funktioniert."[63]

Die letztendlich gelungene Einkreisung der russischen Verbände im Waldgebiet zwischen Neidenburg und Hohenstein musste dem Lötzener Festungskommandanten Oberst Busse per Fliegermeldung mitgeteilt werden, da sein Standort zu diesem Zeitpunkt (29. August) noch von gegnerischen Truppen umstellt war.[64] Eine mutmaßliche direkte Feuerleitung findet sich im Kriegstagebuch des in Gefangenschaft geratenen Generals Malinowski, der

[61] BArch, RH 61/1336: Aufsatz „Der Feldzug in Ostpreußen" (Verfasser vmtl. General v. Mackensen), S. 13f.

[62] BArch, 61/1351: Gefechtsbericht I. Res.Korps in der Schlacht von Tannenberg, S. 32.

[63] Ebd., S. 32f., weitere gelungene Abwürfe von Meldekarten vgl. S. 39f.

[64] BArch, RH 61/1344: Landsturm und Festungen Königsberg und Lötzen während der Tannenberg Schlacht, S. 114.

dem Auftauchen eines Flugzeuges die Funktion der Artilleriefeuerleitung zu-schreibt: „Der ganze Vorschmarschweg (…) und die Aufstellung des Regts. in der Stellung (…) wurde dauernd dem Feinde durch einen deutschen Flieger bezeichnet, der ununterbrochen über dem Rgt. in der Luft schwebte. Das Rgt. begann große Verluste zu erleiden."[65] Bezüglich des Verrats der eigenen Positi-on sind verwandte Angaben im Tagebuch des Befehlshabers des I.R.K. Gene-ral von Below zu finden, der das Für und Wider von Luftaufklärungsmitteln bewertet: „Dicht hinter uns ging ein Fesselballon hoch und brachte uns dau-ernd gute Meldungen. Wir haben ihn aber nie wieder zu nahe zu uns herange-holt, denn er verschaffte uns dauernd Schrapnelsegen."[66]

Das Fehlen von einsatzbereiten Flugzeugen aufseiten der russischen Armee war der deutschen Armeeführung nicht verborgen geblieben[67], wenn-gleich die bloße Anzahl an gebauten Maschinen die deutsche um ein Vielfaches übertraf, wie bereits angemerkt wurde. Selbst die Verlegung von großen Trup-penverbänden konnte auf Basis dieses Wissens offenbar unbehelligt stattfin-den: „Die Märsche wurden sämtlich am Tage ausgeführt. Daß sie den Russen verborgen blieben, war nur durch das gänzliche Fehlen von Fliegern auf russi-scher Seite möglich."[68] Trotzdem wurden einzelne russische Flugzeug Mitte August im Bereich des XX. A.K. gesichtet, eines davon warf sogar am 15. Au-gust Bomben auf die Kaserne und den Bahnhof von Lyck ab, ohne allerdings Schäden anzurichten. Auch ein „Flughafen (…) [und] 7 Doppeldecker" wur-den bei Ciechanow (etwa 35 Kilometer von der Grenze entfernt) erkannt.[69] Zur Beurteilung der russischen Flieger im Verlauf der Schlacht äußert sich Ge-neralmajor Malinowski, Kommandeur des Leibgarde-Regiments Kexholm, folgendermaßen: „Abmarsch nach Soldau. Ankunft in Soldau um 4° nachm., wo wir bis 27.8. 6° morgens blieben. Beobachtung eines deutschen Flugzeuges, zwei Flugzeuge von uns flogen planlos über uns."[70] Der Beschuss eines russi-schen Fliegers am 27. August wird an anderer Stelle wie folgt ausgeführt: „Im

---

[65]   BArch, RH 61/1326: Kriegstagebuch des russischen Generalmajors Malinowski, Eintrag vom 29.8.

[66]   BArch, RH 61/1341: Abschrift des Tagebuchs des Generals O. von Below, S. 26.

[67]   BArch, RH 61/1350: Aufsatz „Die Verhältnisse auf der rechten deutschen Armeeflanke" (o. Verf.), S. 7.

[68]   BArch, RH 61/1351: Gefechtsbericht I. Res.Korps in der Schlacht von Tannenberg, S. 9.

[69]   BArch, RH 61/1408: Gefechtsbericht XX. A.K. vom 10.-20. August 1914, S. 67.

[70]   BArch, RH 61/1326: Kriegstagebuch des russischen Generalmajors Malinowski, Eintrag vom 26.8.

K. H. Qu. Wartenburg, das durch ein Jägerbatallion [sic!] gedeckt war, erschien gegen 4 Uhr der erste russ. Flieger. Aus allen Fenstern und Thüren, Straßen und Plätzen wurde rasend auf ihn geschossen. Da das von gelernten Jägern ausging, gelang es bald ihn herunterzuholen, was die wichtige Folge hatte, daß unser Anmarsch beim Feinde verborgen blieb."[71]

Wie geradezu „antik" die Instrumente der Nachrichtenübermittlung im Ganzen noch waren, verdeutlicht folgendes Beispiel: Ergebnisse einer Fernpatrouille wurden nämlich mitunter noch immer von Brieftauben übermittelt, so in einem hier nicht betrachteten Frontabschnitt um Thorn – Kutno[72] sowie in dem von russischen Verbänden eingekreisten Lötzen.[73] Die Präsenz von Luftverkehr kann auch durch Aussagen der Bevölkerung nachgewiesen werden. In Osterode ist von „Motorgeknatter der Autos und Luftfahrzeuge am 17., 18., 24., 26. August" die Rede,[74] in Memel, wurde „ein heruntergeschossenes Flugzeug (…) eingebracht".[75] Zur Relevanz von Fliegermeldungen lässt sich feststellen, dass die Nachricht über das Zurückweichen der Njemen-Armee[76] und die Neuordnung der Truppenteile[77] durch bestätigt wurden. Zudem wird zur weiteren Operationsplanung von einer „Sonderanweisung für die Luftaufklärung" gesprochen, ein in dieser Formulierung einzigartiger Fund.[78] Stellenweise wurde nach der abgeschlossenen Einkreisung von Teilen der 2. Armee ein Überraschungsangriff vermutet, der mithilfe der Überwachung von Straßen und weitläufiger Vorfelderkundung frühzeitig erkannt werden sollte. Nach einer Meldung der Postämter Wormditt und Zinten, dass die Njemen-Armee vor Königsberg stehe, wird berichtet: „Um 10 Uhr ging beim AOK in Osterode durch Fernsprecher die Meldung des I. Korps ein, die ein Flieger auf dem

---

71 BArch, RH 61/1341: Abschrift des Tagebuchs des Generals O. von Below, S. 44.

72 BArch, RH 61/1331: Gefechtsberichte 3.Res.Div., 6.Ldw.Brig. und Kommandantur Lötzen, S. 4.

73 BArch, RH 61/1344: Landsturm und Festungen Königsberg und Lötzen während der Tannenberg Schlacht, S. 59.

74 BArch, N87/36, S. 017.

75 BArch, RH 61/1330: Aufsatz „Der erste Russeneinfall" (o.Verf.), S. 41.

76 BArch, N87/36: Anfrage der Zeitschrift „Wissen und Wehr" an General Otto v. Below, S. 008: *„Am Nachmittage des 31.8.: Fliegermeldung: Starke Kolonnen im Marsch von Barten über Drengfurth nach Angerburg".*

77 BArch, N87/36, S. 009: *„Am Morgen des 1.9.: (…) Fliegermeldung: Starker Zugverkehr auf Strecke Ossowiec-Grajewo; bei Grajewo reges Leben, dort und bei Ossowiec Lager."*

78 BArch, N87/36, S. 011.

Marktplatz von Neidenburg abgeworfen hatte: „36km lange Marschkolonne aller Waffen von Mlawa auf Neidenburg, Anfang 6km südlich des Ortes." Nach dem Verbindungsabriss zwischen dem A.O.K. und dem I.A.K. wird weiter ergänzt: „Eine andere Fliegermeldung sprach vom russ. Vormarsch auf Ortelsburg. Kein Zweifel, dass die Russen grosse Entsetzungsversuche einleiteten."[79] Zudem war die Frage nach dem Verbleib vereinzelter russischer Truppen in und um Allenstein noch immer offen, wie der Beschuss eines Flugzeuges der Feld-Flieger-Abteilung 16 aus einem Waldstück heraus verrät.[80] Im Verlauf der sogenannten Verfolgungsgefechte – hier des XVII. A.K. ostwärts Richtung Grenze – gab ebenfalls deutsche Luftaufklärung Hinweise zur Beurteilung der Lage: „Schwächere feindliche Kräfte sind durch Flieger zwischen Arys und Lyck gemeldet worden."[81] Zur Klärung der Frage, welche Truppen sich eventuell noch im ehemaligen Aufmarschgebiet der 2. Armee unter General Samsonov aufhalten, verhalf die Fliegermeldung an das I.A.K. vom 4. September 1914: „Von Soldau bis Mlawa kein Gegner."[82] Werden beim Betrachten des Quellenmaterials der mitunter forsche Unterton und die persönlichen Wertungen der Beteiligten gegenüber ihren Führern, ihren ranggleichen Kameraden oder ihrer Untergebenen ausgeblendet, lassen sich also offensichtlich aufschlussreiche Nachweise über den Einsatz und die Wirkung von Luftkriegsmitteln in der Schlacht von Tannenberg finden.

3.   *Einsatz und Wirkung von Luftkriegsmitteln im Spiegel von Regimentsgeschichten*

Im Folgenden werden die Fundstellen aus „Regimentsgeschichten" an der Schlacht von Tannenberg beteiligter Regimenter anhand vier aufgestellter Kategorien (Deutsche Flieger, Russische Flieger, Luftkriegserwartung und taktische Relevanz) vorgestellt. Anders als in den zuvor untersuchten Dokumenten ist die Darstellung zwar teilweise metaphorisiert und bedient sich einer äußerst bildhaften Sprache, jedoch ist dadurch ja die Relevanz der Beobachtungen und

---

[79] BArch, Msg 1/38, S. 7.

[80] BArch, RH 61/1351: Gefechtsbericht I. Res.Korps in der Schlacht von Tannenberg, S. 62.

[81] BArch, RH 61/1386: Aufsatz „Versammlung und Aufmarsch hinter der Seenlinie" (o. Verf.), hier Absichten des XVII. A.K. für den 6.9., S. 16.

[82] BArch, RH 61/1386: Aufsatz „Versammlung und Aufmarsch hinter der Seenlinie" (o. Verf.), hier Auftrag des verstärkten I.A.K., S. 4.

Schilderungen zumindest nicht grundsätzlich anzuzweifeln.[83] Im Rahmen dieser Arbeit muss von einer breiten Analyse der Glaubwürdigkeit und der Instrumentalisierung dieser Quellengattung abgesehen werden; dass sie jedoch als eine Zugangsmöglichkeit zur kritischen Betrachtung auch der Schlacht von Tannenberg dient, wird hier vorausgesetzt.

Die Präsenz deutscher Flieger ist in den betrachteten Werken auffallend nüchtern geschildert. Beim Infanterie-Regiment Nr. 147 (2. Masurisches) „Generalfeldmarschall von Hindenburg" (der 37. Infanterie-Division beim XX. A.K. zugeteilt) lautet der Bericht nach den Schanzarbeiten vom 23. August: „Nun harrten wir der Dinge, die da kommen sollten. Außer dem Geknatter der Gewehre war vom Feind nichts zu entdecken. Um 1 Uhr nachmittags bewegt sich ein Doppeldecker über der feindlichen Stellung. Majestätisch flog er, ungeachtet der feindlichen Salven, die ihn mit aller Gewalt herunterholen wollten, dahin. Immer heftiger wurde das Feuer."[84] Die Darstellung des Infanterie-Regimentes Nr. 151 (2. Ermländisches) vom gleichen Tage mittags lautet: „Nach dem Essensempfang überflog ein deutscher Flieger in geringer Höhe den Lagerplatz des Regiments in Richtung nach Südosten nach dem Feind [Orlau]. Die Russen beschossen unsern Flieger, heftiges Gewehrfeuer ertönte. Auch lautes Gebrüll erschallte aus jener Richtung."[85] Die Vermutung liegt nahe, dass es sich aufgrund der geographischen Nähe der Regimenter (Zuteilung

---

[83] Zum wissenschaftlichen Umgang mit Regimentsgeschichten und Veröffentlichungen des Reichsarchives, das sich im Spannungsfeld der 1920er-Jahre zwischen heroisierender Publizistik, glorifizierender Schlachtengeschichte, politischem Nachkrieg, Apologetik des „verlorenen" Krieges, aber auch amtlicher Militärgeschichtsschreibung bewegt, vgl. grundsätzlich Markus Pöhlmann: Kriegsgeschichte und Geschichtspolitik: Der Erste Weltkrieg. Die amtliche deutsche Militärgeschichtsschreibung 1914-1956 (= Krieg in der Geschichte, Bd. 12), Paderborn [u.a.] 2002, hier insbesondere S. 51-61 sowie S. 162-216.

[84] Erinnerungsblätter deutscher Regimenter. Die Anteilnahme der Truppenteile der ehemaligen deutschen Armee am Weltkriege bearbeitet unter Benutzung der amtlichen Kriegstagebücher. Truppenteile des ehemaligen preußischen Kontingents, Oldenburg i.O. / Berlin, 1921-1932, hier: Geschichte des Infanterie-Regiments Generalfeldmarschall von Hindenburg (2. Masurisches) Nr. 147 im Weltkriege. Bearbeitet nach den amtlichen Kriegstagebüchern und Berichten von Mitkämpfern von Landgerichtsrat Dr. Heinrich Siebert, Oldenburg 1927, S. 35. Künftig Erinnerungsblätter Bandnummer: Titel, Seitenzahl.

[85] Erinnerungsblätter Bd. 263: Das 2. Ermländische Infanterie-Regiment Nr. 151 im Weltkriege. Nach amtlichen Kriegstagebüchern und einigen Aufzeichnungen von Mitkämpfern bearbeitet von Heinrich Plickert, Oldenburg 1929, S. 30.

InfRgt Nr. 151 ebenfalls 37.I.D./XX.A.K.[86]) um dasselbe Flugzeug handelt. Lediglich wird hier im Folgenden noch über die vermutete Ausgabe von Branntwein berichtet, die die russischen Truppen zu heiterer Stimmung veranlasste. Ähnlich sachlich, fast emotionslos verhält sich folgende Aussage des Chronisten des Grenadier-Regimentes Nr. 3 (2. Ostpreußisches) „König Friedrich Wilhelm I.“, welches der 1. Infanterie-Division beim I. A.K. zugeteilt war: „Am 28. um 5 Uhr vorm. stellte sich die 2. I.D. am Nordrande des Wäldchens nordwestlich Fylitz bereit mit der Front nach Süden. Ein Zeppelin flog über der feindlichen Stellung. Dann begann der Vormarsch (...).“[87] Hier ist vermutlich die Aufklärungsfahrt des Luftschiffes „Z. V.“ beschrieben worden, welches zu diesem Zeitpunkt in Richtung Mlawa unterwegs war.[88]

Die Beurteilung der russischen Fliegerkräfte allerdings unterscheidet sich nicht nur im Umfang der Berichte, sondern auch in der Menge an Fundstellen. Hinzu kommen erstaunliche Informationen, über deren Wahrheitsgehalt sich jedoch – wie angedeutet – trefflich streiten ließe. Das Reserve-Feld-Artillerie-Regiment Nr. 1 (1.R.D./I.R.K.) berichtet bildhaft von der Tragweite ihres Erlebnisses: „Auf dem Marsch näherte sich unserer Kolonne ein feindliches Flugzeug. Es war das erste, das wir sahen. Und nun glaubte jeder, daß er es herunterholen müßte. Ein unsinniges Geschieße setzte ein. Der feindliche Flieger machte Kehrt. Plötzlich sahen wir, wie das feindliche Flugzeug zu Boden ging. Einige Reiter jagten nach und bemerkten, wie ein Gegenstand aus dem Flugzeug herausgeworfen wurde. Sie fanden einen Kasten, der unter anderen Papieren einen Hilferuf Samsonows an Rennenkampf [sic!] enthielt.“[89] Vergleichbare Bedeutung beansprucht das Feld-Artillerie-Regiment Nr. 16 (1.I.D./I.A.K.) für sich, da auch hier von entscheidendem Erfolg die Rede ist: „Über Neidenburg vordringend überschreitet das Detachement am 29. August bei vormittags bei Piotrowitz die Grenze; 1/16 kommt auf diese Weise als erstes des Regiments in Feindesland. Mittags ist Janowo bei glühender Hitze er-

[86] Zur besseren Lesbarkeit wird im Folgenden die Zuordnung der Truppen in Kurzform angegeben.

[87] Erinnerungsblätter Bd. 118: Grenadier-Regiment König Friedrich Wilhelm I. (2. Ostpreußisches) Nr. 3 im Weltkriege 1914-1918. Nach amtlichen Unterlagen und Berichten der Mitkämpfer bearbeitet von Dr. Fritz Schillmann, Oldenburg 1924, S. 27.

[88] Vgl. BArch, RH 61/748: Fahrten des „Z.V.“.

[89] Erinnerungsblätter Bd. 164: Das Reserve-Feldartillerie-Regiment Nr. 1 im Weltkriege (1914-1918). Nach amtlichen Unterlagen und Berichten der Mitkämpfer bearbeitet von Dr. Max Meyhöfer, Oldenburg 1926, S. 23f.

reicht. Ein startendes Flugzeug entkommt leider gerade noch. […] Im Dorfe Roggen nimmt Leutnant Fiering […] nach Anzeige des Besitzers einen im Hause schlafenden russischen Flieger gefangen und erbeutet bei ihm wichtige Papiere. Das Flugzeug wird zerstört."[90] Hinweise auf nicht überbrachte Meldungen und fehlende Informationen – in der Nachbetrachtung ja tatsächlich eine Begründung für das Scheitern der russischen Offensive – finden sich außerdem beim Infanterie-Regiment Nr. 54 (7. Pommersches) „von der Goltz" (36.R.I.D./I.R.K.): „Als das Regiment am Spätnachmittag sich seinem Marschziel Podlassen näherte, überquerte ein Flieger in niedriger Höhe die Kolonnen. Die dunklen Ringe an seinen Tragflächen verrieten seine Nationalität: ein Russe! In blinder Hast jagte er brausend auf Allenstein. Er spürte das Schicksal nicht, sah nicht, daß tausend Gewehrläufe sich auf ihn richteten. Ein Höllengeknatter brach los; Maschinengewehre stimmten geifernd ein. Als der graue Riesenvogel die ersten Wunden in seinen Flügeln spürte, war es zur Flucht zu spät. Ein paar angstvolle Kurven, dann glitt er stürzend zur Erde. Nicht endenwollendes Hurrah weckte das Echo der masurischen Wälder. Vergeblich wartete das russische Oberkommando in Allenstein auf seinen Heimflug."[91]

Vermutlich denselben Abschuss schildern die Aussagen der Angehörigen des Reserve-Infanterie-Regimentes Nr.3 (1.R.I.D./I.R.K.), die das Geschehen während des Marsches auf Passenheim bei Preylowen beobachten. Von der offensichtlich doch vorhandenen technischen Ausstattung der russischen Truppen berichtet die 2. Eskadron des Dragoner-Regimentes Nr. 10 (41. I.D./XX. A.K.), wenn sie den Beginn des Gefechtes bei Waplitz am 27. August wie folgt schildert: „Weit voraus der Infanterie, erhielten die beiden Eskadrons aus Waplitz schwaches Feuer und stellten dann im Fußgefecht fest, daß dieser Ort stark von den Russen besetzt war. Zwei feindliche Flieger und zwei Autos, die hierbei den Eskadrons fast in den Rücken kamen, wurden durch heftiges Feuer zum Umkehren gezwungen."[92] Auch die vermutete Ab-

---

[90] Erinnerungsblätter Bd. 236: Das 1. Ostpreuß. Feldartillerie-Regiment Nr. 16. Nach den amtlichen Kriegstagebüchern und Aufzeichnungen von Kriegsteilnehmern bearbeitet von Dr. Gerhard Lapp, Oldenburg 1928, S. 23.

[91] Erinnerungsblätter Bd. 192: Das Infanterie-Regiment von der Goltz (7. Pomm.) Nr. 54 im Weltkriege. Erster Teil: 1914 bis September 1916. Nach amtlichen Unterlagen und Berichten von Mitkämpfern bearbeitet von Günther Meinhold, Oldenburg 1928, S. 40.

[92] Erinnerungsblätter Bd. 82: Die 2. Eskadron Dragoner Regiments König Albert von Sachsen (Ostpr.) Nr. 10 im Weltkriege. Nach den Kriegstagebüchern und Berichten von Mitkämpfern bearbeitet von Kurt Brix, Oldenburg 1923, S. 13.

stimmung zwischen russischer Artillerie und Fliegertruppe wird anhand folgender Aussage des Feld-Artillerie-Regimentes Nr. 37 (2.I.D/I.A.K.) deutlich, dessen erste Batterie sich am 30. August am Bahnhof westlich von Neidenburg aufhielt: „Ein feindliches Flugzeug surrte heran und überflog die Feuerstellung, die nun unter Feuer schweren Kalibers genommen wurde. Die Batterie schwieg."[93] Vom Landwehr-Infanterie-Regiment Nr. 75 (Div. v.d.Goltz) wurde am 2. September von Kriegsbeute in Neidenburg berichtet: „Unübersehbar aber war das auf einem freien Platze zusammengebrachte erbeutete Kriegsgerät: Geschütze, Wagen, Feldküchen, Handwaffen aller Art waren hier versammelt, und in einer benachbarten Scheune war neben weiterem Kriegsmaterial auch ein russisches Flugzeug untergebracht."[94] Wenngleich auch ein gewisser zeitlicher Abstand zur Schlacht von Tannenberg besteht, dient folgendes Zitat doch zumindest für den Nachweis des taktischen Einsatzes von Fliegern in diesem frühen Stadium der Nutzung von Luftkriegsmitteln. Das Feld-Artillerie-Regiment Nr. 16 (1. Ostpreußisches) berichtete Ende September aus Suwalki: „Die beiden Ruhetage (22. und 23. September) wurden durch das tägliche Erscheinen eines russischen Fliegers nur wenig gestört, der einmal eine Bombe auf die Stadt abwarf, die 100 Meter vom Offizierkasino krepierte, ohne Verluste anzurichten."[95]

Dem Vorhandensein russischer Luftstreitkräfte können auch Aussagen zur Seite gestellt werden, die im Zuge der Mobilmachung seit Anfang August in verschiedenen Werken getroffen wurden. So berichtete das Grenadier-Regiment Nr. 1 (1.Ostpreußisches) „Kronprinz" (zu dieser Zeit noch in Königsberg stationiert, später der 1.I.D./I.A.K. zugeteilt) am 8. August: „Die ganze Nacht sah man die Scheinwerfer den Himmel absuchen, aber kein feindlicher Flieger erschien; zur Abwehr standen mehrere Maschinengewehre auf dem Dache des Süd- und Ostbahnhofs bereit."[96] Die Rückkehr eines in Rich-

---

[93] Erinnerungsblätter Bd. 347: 2. Litthauisches Feld-Artillerie-Regiment Nr. 37. Nach den amtlichen Akten und Kriegstagebüchern und den Aufzeichnungen von Kriegsteilnehmern bearbeitet von Johannes Zachau, Oldenburg 1932, S. 38.

[94] Erinnerungsblätter Bd. 223-1: Hanseatische Landwehr im Felde. (Geschichte des L.-I.-R. 75.) Nach den amtlichen Kriegstagebüchern, den Aufzeichnungen und Mitteilungen von Kriegsteilnehmern und nach eigenem Erleben dargestellt von Prof. Moritz Holzmann, Band 1: Bewegungskrieg, Oldenburg 1928, S. 35.

[95] Erinnerungsblätter Bd. 236 (wie Anm. 90), S. 29.

[96] Erinnerungsblätter Bd. 217-1: Das Grenadier-Regiment Kronprinz (1. Ostpreußisches) Nr. 1 im Weltkriege. Nach amtlichen Unterlagen und Berichten von Mitkämpfern herausgegeben

tung Njemen-Armee geschickten Aufklärungsflugzeuges der Festungs-Flieger-Abteilung 5 symbolisierte im Anschluss bildhaft das zu erwartende „herannahende Übel": „Die Dämmerung machte langsam Fortschritte, ein feiner Regen hatte eingesetzt. Knatternd kam ein Flugzeug in geringer Höhe von einem Erkundungsflug zurück, die Kreuze auf den Tragflächen kaum noch durch den Zeiß [Anm. d. Verf.: Zieloptik des Unternehmens Carl Zeiss AG] erkennbar. Ein Frösteln ging durch die Truppe."[97] Weitere Hinweise auf kommende Auseinandersetzungen mit gegnerischen Luftstreitkräften können außerdem den Aussagen der 2. Reserve-Kompanie des Pionier-Bataillons 1 „Fürst Radziwill" (Aufteilung auf verschiedene Armee-Korps) zu Armierungsarbeiten an der Festung Posen – Abstellung eines „Festungs-Scheinwerferzuges"[98] – sowie dem Feld-Artillerie-Regiment Nr. 37 (zunächst Königsberg, später 2.I.D./I.A.K.) zugesprochen werden: „Um die Mobilmachungtätigkeit vor etwaigen feindlichen Fliegerangriffen zu schützen, stellten die 4., 5., 6. Batterie je einen Zug als Fliegerabwehrbatterie zusammen, die unweit der Ziegelei Hennehof östlich Insterburg aufgestellt wurde."[99] Auch beim ResInfRgt 3 herrschte am 12. August Aufregung: „Die erregte Einbildungskraft der Posten findet ihren Ausdruck im Beschießen vermeintlicher russischer Patrouillen, Flieger und Spione."[100] Im nun folgenden Zitat spielt der zeitliche Abstand zur Schlacht von Tannenberg hingegen nur eine untergeordnete Rolle, da von einer schon früheren Einrichtung der Luftabwehrmaßnahmen auszugehen ist. Zur Belagerung von Ossowiec schrieb der Autor der Regimentsgeschichte des Landwehr-Infanterie-Regimentes Nr. 31 zum 25. September: „Bei diesen Arbeiten [gedeckter Stellungsausbau zur Belagerung], die in lautloser Stille ausgeführt werden mußten, kroch oftmals wie ein langer, weißer, gespenstischer Finger das Licht eines großen Scheinwerfer zu uns herüber. Hatte der Finger uns gefaßt, dann mußte jede Bewegung erstarren (…) Am meisten richtete sich

---

von Franz v. Gottberg, Band 1: Die Ereignisse von Kriegsbeginn bis zum 31. Juli 1916, Oldenburg 1927, S. 14.

[97] Ebd., S. 16.

[98] Erinnerungsblätter Bd. 36: Erinnerungsblätter an die Teilnahme des Pion.-Batl. Fürst Radziwill (Ostpr.) Nr. 1 am Weltkriege 1914-1918. Bearbeitet von Major a.D. Dr. phil. Adolf Günther, Oldenburg 1922, S. 88.

[99] Erinnerungsblätter Bd. 347 (wie Anm. 93), S. 23.

[100] Erinnerungsblätter Bd. 171: Reserve-Infanterie-Regiment Nr. 3. Herausgegeben vom Verein der Offiziere des ehem. Preuß. Res.-Inf.-Regts. 3, Oldenburg 1926, S. 12.

der Lichtkegel gegen den Himmel. Der Gegner vermutete – und nicht ohne Grund – deutsche „Zeppeline" in der Luft."[101]

Die oftmals subtil angedeutete Relevanz von Fliegermeldungen auf deutscher Seite muss schon allein deswegen kritisch bewertet werden, weil sich zum Zeitpunkt ihrer Entstehung, Aufnahme und Weiterleitung ein größeres Bild über die Gesamtlage gar nicht ergab. Ihre lokale Bedeutung aber lässt sich anhand verschiedener Beispiele zu den russischen Entsatzversuchen der „eingekesselten" Truppen exemplarisch darstellen. Von der durch Flieger gemeldeten Bedrohung des geschlossenen Ringes berichtet das Infanterie-Regiment Nr. 45 (8. Ostpreußisches) an der Chaussee Neidenburg-Willenberg, das daraufhin vor Ort Verteidigungsstellungen einrichtete und bezog[102]. Ähnliche Auswirkung auf das Scheitern der russischen Entlastungsangriffe hatte offenbar die Nachricht, die beim Infanterie-Regiment Nr. 41 (5. Ostpreußisches) „von Boyen" am 30. August bei Neidenburg abgeworfen wurde „Da trifft plötzlich die Meldung eines Fliegers ein von einer 30km langen Marschkolonne von Mlawa auf Neidenburg – also ein russisches Korps, das zur Hilfe kommt!"[103] Ein Beispiel für eine Meldung der Luftaufklärung, die dem taktischen Geschehen am Boden eher hinderlich gegenüberzustehen scheint, ist in den Schilderungen des Grenadier-Regimentes Nr. 3 (2. Ostpreußisches) „König Friedrich Wilhelm I." zu finden. Hier veranlasste die Fliegermeldung vom 29. August das Regiment zum Aufbau einer Verteidigungsstellung bei Neidenburg, da hier ein potenzieller Durchbruch der russischen Verbände vermutet wurde. Erst die aus anderer Quelle stammende Meldung der sich weiter östlich bewegenden Truppen (die zurückweichenden russischen Truppen von Norden und die Entsatztruppen von Süden in Richtung der West-Ost-Chaussee) veranlasste das Regiment schließlich zum Marsch auf Muschaken und damit der

---

[101] Erinnerungsblätter Bd. 238: Geschichte des Landwehr-Infanterie-Regiments Nr. 31 im Weltkriege. Bearbeitet auf Grund der amtlichen Kriegstagebücher auf Veranlassung des Reichsarchivs durch Wilhelm Suhrmann, Oldenburg 1928, S. 49.

[102] Erinnerungsblätter Bd. 246: Das Infanterie-Regiment (8. Ostpreußisches) Nr. 45 (Insterburg-Darkehmen) im Weltkriege (1914-1918). Nach den amtlichen Urkunden des Reichsarchivs und Berichten von Mitkämpfern dargestellt von Dr. Kurt Hennig, Oldenburg 1928, S. 27f.

[103] Erinnerungsblätter Bd. 262: Das Infanterie-Regiment v. Boyen (5. Ostpreußisches) Nr. 41 im Weltkriege 1914-1918. Auf Grund der amtlichen Kriegsakten, Beiträgen von Kriegsteilnehmern und eigenen Erinnerungen bearbeitet von Alfred Bülowius und Bruno Hippler, Oldenburg 1929, S. 29.

Unterstützung beim Schließen der Umfassung im Südbereich. [104] Auch das Verhalten in der Absprache des XVII. A.K. mit dem I.R.K. beim Anmarsch aus nordwestlicher Richtung am 27. und 28. August spiegelte sich in den Regimentsgeschichten zweier beteiligter Verbände des I.R.K. wider. Beide – das Reserve-Infanterie-Regiment Nr. 3 und das Infanterie-Regiment Nr. 59 – verlegten nach Eingang der Information vom „eiligen Abmarsch des russischen Korps von Allenstein nach Süden auf Hohenstein"[105] ihre Marschrichtung zum „Stoß in die Flanke".[106] Die Verfolgungsgefechte und die Bedeutung der Luftaufklärung auch für den weiteren Verlauf der Operation im Bereich der Njemen-Armee werden wie folgt dargestellt: „Unsere Kavallerie stößt der weichenden Rennenkampf-Armee [sic!] nach, um ihren Verbleib festzustellen. Flieger beobachten die Tätigkeit des Gegners. Tag und Nacht sind unsere Funkstationen tätig, um die russischen Telegramme abzufangen und zu entziffern."[107]

Im Gegensatz zu den Schilderungen der Quellen des vorherigen Kapitels muss hier festgehalten werden, dass der Umfang von Aussagen über die deutsche Fliegertruppe in den untersuchten Regimentsgeschichten im genauen Gegensatz zu den russischen Fliegern steht. Dies ist womöglich auf eine einfache Erklärung zurückzuführen: Die Sichtung eines gegnerischen – noch dazu russischen Fliegers – könnte zum einen aufgrund der Überraschung über dieses Ereignis weit umfangreicher ausgeschmückt worden sein, als das Auftauchen eines deutschen Flugzeuges, welches vielleicht aufgrund der Erfahrungen aus Vorkriegszeiten und der öffentlichen Präsenz der Fliegerei im Deutschen Reich keine wirkliche Überraschung darstellte. Zum Anderen kann aber auch die Intention des jeweiligen Autors des Werkes in dem Versuch vermutet werden, die Leistung des eigenen Verbandes vor dem Hintergrund eines technisch auf der Höhe der Zeit gut ausgerüsteten Gegners zu überhöhen. Auf diese Weise ließen sich dann nämlich auch die Verdienste der Angehörigen des Regiments in der Zwischenkriegszeit legitimieren, die bei der „Rettung Ostpreußens" ihren Beitrag geleistet haben.

---

[104] Erinnerungsblätter Bd. 118 (wie Anm. 87), S. 31f.

[105] Erinnerungsblätter Bd. 171 (wie Anm. 100), S. 25.

[106] Erinnerungsblätter Bd. 227: Die Geschichte des Reserve-Infanterie-Regiments Nr. 59 im Weltkriege (1914-1918). Nach amtlichen Unterlagen und Berichten der Mitkämpfer bearbeitet von Hellmuth Neumann, Oldenburg 1927, S. 28f.

[107] Ebd., S. 31.

Exemplarisch sei abschließend noch kurz auf mögliche Indikatoren der Erwartung und auch der Wahrnehmung dieses neuen Mittels der Kriegführung eingegangen. Die Darstellung des Autors der Regimentsgeschichte des Landwehr-Infanterie-Regimentes Nr. 75 interpretierte in das Erscheinen eines Fesselballons eine religiöse, fast heilsbringende Symbolik: „Bei den in Kompitten, Manchengut und Biessellen die Nacht verbringenden Teilen der Division v. d. Goltz herrschte nicht das Gefühl, einen Sieg errungen zu haben, man hielt den Kampf des Tages für unentschieden und rechnete mit einer Fortsetzung der russischen Angriffe wenn nicht schon in der Nacht, so doch am nächsten Morgen. Das traf nun nicht ein, sondern in der Frühe des 29. August konnte der Vormarsch wieder angetreten werden, und neue Hoffnung beseelte die Marschkolonne, als gegen 11 Uhr vormittags in Richtung Grieslienen ein Fesselballon aufstieg, der, wie es hieß, das Herannahen unseres I. Reservekorps anzeigte. Man wurde an die Wolkensäule erinnert, die den Israeliten bei ihrem Zuge aus Aegypten am Tage voranzog."[108] Eine für den Verfasser der Geschichte des Infanterie-Regimentes Nr. 45 (8. Ostpreußisches) im Rückblick eher peinliche Metaphorik weist auf eine literarisch-ästhetische Überhöhung des Sieges hin: „Kühl lagerte sich die Nacht auf die schlummernden Kämpfer. Im Morgengrauen zog ein Zeppelin ruhig seine Bahn nach Osten. Er war uns ein Symbol der gewonnenen Schlacht. Der Feind war im Rückmarsch auf Soldau und Neidenburg."[109] Ihm war gewiss zum Zeitpunkt der Beobachtung des Luftschiffes am Morgen des 28. August nicht bekannt, dass „Z. V." hier zu seiner letzten Fahrt aufbrach, da es noch am gleichen Tag aufgrund von Beschuss bei Mlawa zur Landung gezwungen und die Besatzung gefangen genommen wurde. Spätestens eine gründliche Recherche hätte dem Autor diese Benutzung der Siegessymbolik erspart.

4.   Schlussbetrachtung

Bevor nun die vorstehenden Nachweise abschließend zusammengefasst werden, sei noch auf die hier fehlende Quellengattung der „Fliegermemoiren" hingewiesen. Der deutsche Sieg in der Schlacht von Tannenberg wird an vielen Stellen mit dem Einsatz deutscher Luftreitkräfte verknüpft. In breiter Publizis-

---

[108] Erinnerungsblätter Bd. 223-1 (wie Anm. 94), S. 28f.
[109] Erinnerungsblätter Bd. 246 (wie Anm. 102), S. 26.

tik der 1920er-Jahre klingen oft die Namen der Leutnante Canter[110] und Mertens als Entscheidungsträger durch. Die vorliegende Darstellung hat jedoch den umgekehrten Weg versucht, indem sie – wie eingangs erwähnt – den Zugang über unveröffentlichte Quellen und in diesem Kontext noch nicht beachtete Werke zu einem Urteil über Einsatz und Wirkung von Luftstreitkräften in der Schlacht von Tannenberg gewählt hat. Die Instrumentalisierung der ja unzweifelhaft nachgewiesenen Bedeutung der Luftaufklärungsergebnisse für den Schlachtenausgang – besonders der Vormarsch zum versuchten Entsatz des XIII. und XV. Korps aus Richtung Mlawa und südlich der Linie Neidenburg-Willenberg – ist in fast allen Veröffentlichungen ehemaliger Flugzeugführer und Beobachter zu finden. Die Schilderungen von Adolf-Victor von Koerber[111], Werner von Langsdorff[112], Friedrich Schilling[113], Peter Supf[114], Elard von Loewenstern[115], dem Reichluftfahrtministerium[116] und nicht zuletzt Karl Mertens[117] wurden bei der Vorauswahl der Literatur zu diesem Thema allesamt gesichtet. Erstaunlicherweise – blendet man den derartigen Erzählungen anhaftenden Beigeschmack eines Heldenepos aus – baut jede Argumentation auf der leider bisher nicht nachgewiesenen und belegten Aussage Hindenburgs auf: „Ohne Flieger kein Tannenberg!" Ein etwas verhalteneres Urteil fällt Bruno Sander, nach dessen Einschätzung der Sieg durch die Wirkung der Luftaufklä-

---

[110] Zur engen Verknüpfung der Person und der Nachkriegsglorifizierung Ernst Canters in Verbindung mit dem Tannenbergmythos um Hindenburg und Ludendorff vgl. Christian Kehrt: Moderne Krieger, S. 85-87.

[111] Adolf-Victor von Koerber: Das fliegende Heer. Von den Fliegern von Tannenberg bis zu den Luftschlachten des letzten Kriegsjahres, Leipzig 1937.

[112] Werner von Langsdorff: Flieger am Feind. Einundsiebzig deutsche Luftfahrer erzählen, Gütersloh 1934.

[113] Friedrich Schilling: Flieger an allen Fronten, Berlin 1936.

[114] Peter Supf: Das Buch der deutschen Fluggeschichte II. Vorkriegszeit-Kriegszeit-Nachkriegszeit, Berlin 1935.

[115] Elard von Loewenstern: Der Frontflieger. Aus Vorkriegs-, Kriegs- und Nachkriegsfliegertagen. Aufzeichnungen auf Grund eigener Tagebücher (= Deutsche Tat im Weltkrieg 1914/1918, Geschichten der Kämpfe deutscher Truppen. Bearbeitet auf Grund der amtlichen Unterlagen des Reichsarchivs und der persönlichen Aufzeichnungen von Mitkämpfern, Bd. 81), Berlin 1937.

[116] Reichsluftfahrtministerium (Hrsg.): Wille und Tat. Ein Buch zur Nacheiferung, Oldenburg 1936.

[117] BArch, Msg 2/3755: Aufsatz „Verantwortungsfreudigkeit bei Fliegern" (Major a.D. Mertens).

rung „günstig beeinflusst" sowie „endgültig gesichert"[118] worden war. Ganz bewusst sollte hier aber nicht auf den Zug der Verklärung aufgesprungen werden, sondern in anderen Überlieferungen nach Hinweisen auf die Relevanz des Einsatzes von Luftkriegsmitteln in der Schlacht von Tannenberg Ausschau gehalten werden.

Als Ergebnis kann festgehalten werden, dass beide Quellengattungen in verschiedenen Umfängen und natürlich verschiedenen Intentionen berichten. Die Präsenz der unterschiedlichen Flugapparate und deren teilweise metaphorische Einordnung in die jeweiligen Betrachtungshorizonte haben gezeigt, dass ihr Einsatz in Teilen erwartet wurde und das Instrument „Luftstreitkraft" offenbar auch Erwartungen erfüllen sollte. Hiermit soll keine Aussage über die jeweilige Autorenintention der Schreiber der Regimentsgeschichten getroffen werden, die ihrerseits (natürlich!) persönliche Zwecke bei der Veröffentlichung ihrer Werke verfolgt haben. Aber die Vielschichtigkeit der vorgefundenen Meldungen sowie die in ihr durchklingende Erwartung von Auseinandersetzung mit Kriegführung aus der Luft zeigen doch, dass auch in dieser Frühphase der militärischen Luftfahrt Akteure auf die neue Bedrohung reagierten. Der aufgezeigte Facettenreichtum der Schilderung von Erlebnissen mit dem aufkommenden Luftkrieg spiegelt somit auch die noch fehlende Erfahrung im Umgang mit dieser Technik wider. Ab spätestens 1916 sollte die neue „Luft-Waffe" dann intensiv in die Bodenunterstützung eingreifen und sich sogar als strategisch-operatives Instrument der Kriegführung erweisen. Der Einsatz von Luftstreitkräften hat in der Schlacht von Tannenberg vielleicht nicht den entscheidenden Einfluss gehabt, den ein Großteil der Nachkriegsliteratur suggeriert. Aber als eine Wegmarke in der Ablösung der Kavallerie als Hauptaufklärungsmittel und der Etablierung einer neuen, auch taktisch unabhängigeren Teilstreitkraft kann er zweifelsohne bezeichnet werden. Ebenso gilt die Verarbeitung von Luftaufklärungsinformationen, wie gezeigt wurde, als ein Faktor der Niederlage der 2. russischen Armee im August 1914.

---

[118] Sander, Bruno H.: Fliegergeist. Vom Leben und Sterben deutscher Fliegerhelden, Potsdam 1935, S. 57-59.

Eberhard Birk

Giulio Douhet und seine Architektur von „Luftherrschaft"[1]

> *„Ich habe die unbedingte Gewissheit, dass die Zukunft mich nicht Lügen strafen wird, dass der Krieg in der Luft das Wesen des Zukunftskrieges werden wird."[2]*

1.   Problemaufriss

Der Einfluss von politischen und gesellschaftlichen Revolutionen sowie Revolutions in Military Affairs (RMA) durch ihre stärkere Fokussierung auf technologische und organisatorischen Aspekte waren mit ihren Auswirkungen auf Fragen der (militärischen) Strategie, Operations- und Gefechtsführung seit jeher zentrale Gegenstände sicherheits-, verteidigungs- und militärpolitischen Handelns.[3] Parallel dazu hat auch die Geschichte des Nachdenkens über den Begriff der „Strategie" von der Antike bis in die Gegenwart mehrere substantielle Bedeutungserweiterungen durchlaufen.[4] Das militärische Denken indes blieb – selbst auf dem Feld der Militärstrategie – in der Regel stärker auf die operative Ebene und das Spannungsfeld von Kriegsbild, Technik und Truppenführung fokussiert.

Hier galt es, Chancen und Grenzen organisatorischer und waffentechnologischer Möglichkeiten so zu synchronisieren, dass eine Optimierung zum Zwecke erfolgreicher Kriegführungsfähigkeit erreicht werden konnte. Neue technologische Möglichkeiten hatten hierbei genauso wie verlorene Kriege – insbesondere der Verlierer suchte nach neuen Möglichkeiten – Auswirkungen

---

[1]   Der Artikel basiert auf zwei Aufsätzen des Autors: Eberhard Birk, Giulio Douhet und die „Luftherrschaft", in: Österreichische Militärische Zeitschrift (ÖMZ) 2/2011, S. 150-159 und ders., Die Idee der „Luftherrschaft" von Douhet und seine Rezeption im Deutschen Reich, in: ders./Heiner Möllers/Wolfgang Schmidt (Hrsg.), Die Luftwaffe zwischen Politik und Technik, Berlin 2012 (= Schriften zur Geschichte der Deutschen Luftwaffe, 1), S. 19-41.

[2]   Giulio Douhet, Luftherrschaft, Berlin 1935, S. 59.

[3]   Vgl. Knox MacGregor/Murray Williamson (Hrsg.), The Dynamics of Military Revolutions 1300-2050, Cambridge 2001.

[4]   Vgl. statt vieler Beatrice Heuser, Den Krieg denken. Die Entwicklung der Strategie seit der Antike, Paderborn 2010.

auf militärisches Denken und Handeln. Geradezu umgekehrt proportional wirkte sich hingegen häufig ein gewonnener Krieg auf die Akzeptanz neuer Waffensysteme und deren Einsatzoptionen aus: Der Gewinner verstärkte meist unflexibel seine zuvor siegbringende Methode.

Sicherheits- und verteidigungspolitische „Gewissheiten" sind zeitgebunden. Ihr Wandel ist in der Regel allgemein und damit in der Wahrnehmung nicht an einzelnen Länder oder Personen gebunden. Sie können jedoch durchaus verschiedene Schlüsse daraus ziehen und dies in entsprechende Maßnahmen umsetzen. Frankreich entschied sich nach dem Ersten Weltkrieg (1914-1918) für eine in Beton gegossene Perpetuierung des statischen, aus der Wahrnehmung eines vierjährigen Stellungs- resp. Grabenkrieges gewonnenen Kriegsbildes. Die mentalen Stützpfeiler der gesellschaftlichen Defensive spiegelten sich in der Sicherheitstrilogie – Nation unter Waffen, Verteidigung der Grenzen, Aufrechterhaltung des Versailler Vertrages – und diese im militärischen Tryptichon – zwölfmonatige Wehrpflicht, Deckung vor Wirkung, Bau der Maginotlinie – wider.[5] Das „alte" Kriegsbild der Vergangenheit wurde dadurch gegen das „neue" Kriegsbild der Zukunft verteidigt, obwohl der „Große Krieg" in seiner zweiten Hälfte mit dem Aufkommen von U-Booten, Tanks und Flugzeugen ein katalysatorisch wirkendes dreidimensionales gigantisches Experimentierfeld für die Einübung des Krieges der Zukunft bot.[6]

Insbesondere mit dem Aufkommen militärischer Nutzung des Luftraums wurde ein Handlungsraum mit gesamt- und militärstrategischen, operativen und taktischen Einsatzoptionen eröffnet, der neben praktischer Instrumentalisierung auch mit theoretischen Reflexionen unterlegt wurde.[7] Als sich

---

[5] Vgl. Frédéric Guelton, Das Problem der mechanisierten Kriegführung in Frankreich 1917 bis 1940, in: Gerhard P. Groß (Hrsg.), Führungsdenken in europäischen und nordamerikanischen Streitkräften im 19. und 20. Jahrhundert, Hamburg, Berlin, Bonn 2001 (= Vorträge zur Militärgeschichte, 19), S. 191-208, hier S. 199.

[6] Vgl. zum Luftkrieg im Ersten Weltkrieg E.R. Hooton, War over Trenches: Air Power and the Western Front Campaigns, 1916-1918, Ian Allan Publishing 2010 und aus deutscher Perspektive u.a. John Howard Morrow Jr., German Air Power in World War I, Lincoln (Nebraska)/London 1982, Harald Potempa, Die Königlich Bayerische Fliegertruppe 1914-1918, Frankfurt a.M./Berlin/Bern/New York/Paris/Wien 1997 (= Europäische Hochschulschriften, Reihe III Bd. 727) sowie Sebastian Rosenboom, Im Einsatz über der „vergessenen Front". Luftkrieg an der Ostfront im Ersten Weltkrieg, Potsdam 2013 (= Potsdamer Schriften zur Militärgeschichte, 23).

[7] Vgl. generell für einen Überblick: Frederik Müllers, Unter dem Damoklesschwert – Luftkriegstheorie und -praxis bis zum Zweiten Weltkrieg, in: Michael Fleiter (Hrsg.) Heimat/Front.

bei der vom Heereswesen geprägten Reichswehr, nicht zuletzt aufgrund des Verbotes einer Luftwaffe durch die Bestimmungen des Versailler Vertrages von 1919,[8] der Gedanke einer operativ beweglich geführten gepanzerten Angriffswaffe entwickelte, um das „statische Kriegsbild" durch die Rückgewinnung von Offensive und Beweglichkeit zu überwinden[9] – ähnliche Gedankengänge gab es parallel dazu in Großbritannien durch F.J.C. Fuller und B.H. Liddell Hart[10] sowie in Frankreich durch Charles de Gaulle –, formulierte in Italien Giulio Douhet in seinem Werk ‚Luftherrschaft' (ital.: Il dominio dell'aria)[11] im Jahre 1921 seine neue Vision des Krieges der Zukunft – den Raumkrieg, basierend auf einer eigenen Teilstreitkraft Luftwaffe. Damit wollte er der Heereszentriertheit aller „neuer" Ansätze durch seine Architektur von „Luftmacht" überwinden. Mit diesem Klassiker militärtheoretischer Literatur wurde er in Anspielung auf Alfred Mahan, den US-amerikanischen Seemacht-Theoretiker, auch als „Mahan der Luftmacht" bezeichnet.[12]

Frankfurt am Main im Luftkrieg, Frankfurt am Main 2013, S. 243-259 und Thomas Hippler, Krieg aus der Luft: Konzeptuelle Vorüberlegungen zur Entstehungsgeschichte des Bombenkrieges, in: Wolfgang Hardtwig (Hrsg.), Ordnungen in der Krise. Zur politischen Kulturgeschichte Deutschlands 1900-1933, München 2007 (= Ordnungssysteme. Studien zur Ideengeschichte der Neuzeit, 22), S. 403-422.

[8] Artikel 198: „Deutschland darf Luftstreitkräfte weder zu Lande noch zu Wasser als Teil seines Heerwesens unterhalten"; Reichsgesetzblatt 1919, S. 1333-1349.

[9] Vgl. Heinz-Ludger Borgert, Grundzüge der Landkriegführung von Schlieffen bis Guderian, in: MGFA (Hrsg.), Deutsche Militärgeschichte in sechs Bänden 1648-1939, 6. Band, München 1983, S. 427-584, hier S. 529-584.

[10] Vgl. Azar Gat, British Armour Theory and the Rise of the Panzer Arm. Revising the Revisionist, Houndsmill/Basingstoke/New York 2000; ders., Liddell Hart's Theory of Armoured Warfare: Revising the Revisionists, in: Strategic Studies 1 (1996), S. 1-30 und ders., Fascist and Liberal Visions of War. Fuller, Liddell Hart, Douhet and other Modernists, Oxford 1998.

[11] Giulio Douhet, Il dominio dell'aria, 2. Aufl. Rom 1927. Die 1927 erschienene Auflage seines Werkes war die Grundlage der deutschen Übersetzung: Luftherrschaft, Berlin 1935; dieser Übersetzung sind die nachfolgenden Zitate übernommen.

[12] Vgl. Jehuda L. Wallach, Kriegstheorien. Ihre Entwicklung im 19. und 20. Jahrhundert, Frankfurt/M. 1972 mit dem Kapitel 15: Douhet: Der Prophet der Luftstreitkraft, S. 328-342, hier S. 328.

Douhet wurde am 30. Mai 1869 in Caserta bei Neapel geboren.[13] Nach Eintritt in die Armee durchlief er eine Ausbildung zum Artillerieoffizier. Seine militärfachlichen Qualifikationen hat er durch ein Studium der Ingenieurswissenschaften am Polytechnischen Institut in Turin ergänzt und durch Forschungen über Gase vertieft. In seinen militärischen Funktionen setzte er sich mit Fragen des motorisierten Transportwesens auseinander. Bereits im Jahre 1909 erfolgte durch ihn eine Hinwendung zur militärischen Bedeutung der neuen technischen Möglichkeiten des Fliegens. In den Jahren 1912-15 war er Befehlshaber der ersten italienischen Fliegereinheit – dem Luftfahrt-Bataillon in Turin –, bevor er im Mai 1915 zum Chef des Stabes einer Infanteriedivision avancierte. 1916 war das Jahr des Bruchs in seiner Karriere: von einem Kriegsgericht wurde er während des Krieges zu einem Jahr Haft verurteilt und aus der Armee ausgestoßen. Er hatte die italienische Kriegführung mit den Worten kritisiert, es sei *„sinnlos, der dummen und verantwortungslosen Generalität ihre Kampfführung auszureden“*.[14]

Dieses „italienische Diktum" betraf darüber hinaus auch die Heeresgeneralität vieler anderer kriegführender Nationen in dieser Unmengen an Menschenleben und Ressourcen verschlingenden *„great seminal catastrophe of this century"*.[15] Da der weitere Kriegsverlauf Douhets Kritik bestätigte, wurde das Urteil 1920 kassiert. Bereits zuvor im Februar 1918 wurde er zum Leiter des Zentralbüros für Aeronautik ernannt. Am 1. Februar 1926 schied der 1921 zum Generalmajor beförderte Douhet freiwillig aus dem aktiven Dienst, um sich der militärpublizistischen Förderung in eigener Sache, i.e. der Propagierung des Raumkrieggedankens, anzunehmen, was er mit zahlreichen weiteren Schriften und

---

[13] Zur Biographie vgl. Phillip S. Meilinger, Giulio Douhet and the Origins of Airpower Theory, in: ders. (Ed.), The Paths of Heaven. The Evolution of Airpower Theory, Maxwell Air Force Base (Alabama) 1997, S. 1-40, hier S. 1-8; Edward Warner, Douhet, Mitchell, Seversky: Theories of the Air Warfare, in: Edward Mead Earle (Ed.), Makers of Modern Strategy. Military Thought from Machiavelli to Hitler, 7. Aufl. Princton 1961, S. 485-503, hier S. 487-489 und Frank Joseph Capelluti, The Life and Thought of Giulio Douhet, Rutgers University 1967 sowie nun Thomas Hippler, Bombing the People. Giulio Douhet and the Foundations of Air-Power-Strategy, 1884-1939 (= Cambridge Military Histories), Cambridge 2013.

[14] Zit. nach Friedrich W. Korkisch, Luftkrieg „neu": Mehr Evolution als Revolution (Teil 1), in: ÖMZ 2/2014, S. 156-168, hier S. 167 in Anm. 15.

[15] Vgl. George F. Kennan, The Decline of Bismarck's European Order. Franco-Russian Relations, 1875-1890, Princeton 1979, S. 3.

Artikeln, auch in Erwiderung der Kritikpunkte seiner Gegner, bis zu seinem Tod am 15. Februar 1930 betrieb.[16]

Während Mahan seine konzeptionellen Grundüberlegungen anhand der britischen Seekriegsgeschichte mit Beispielen belegte,[17] war Douhets Denken nicht nur ahistorisch sondern erschien geradezu pointiert anti-historisch: *„Aus der tausendjährigen Geschichte kann man allerhand ersehen – vor allem, dass es bisher noch nie einen Luftkrieg gegeben hat! Infolgedessen ist aus dieser tausendjährigen Geschichte für unsere Zwecke nichts zu lernen. "*[18] Im Gegensatz zu Clausewitz, der die Friktionen des Krieges hervorhob, war für den *„fog of war"* in der technizistischen Betrachtung des Ingenieurs Douhet kein Platz; ihm ging es um mathematisch-logische Fakten, i.e. algebraisch-axiomatische Gewissheiten. Sein Credo war bestürzend einfach und prägnant: *„Die Luftherrschaft erobern heißt so viel wie siegen! In der Luft geschlagen werden bedeutet daher hoffnungslos besiegt zu sein!"*[19]

Dieser sich abzeichnende sicherheits- und verteidigungspolitische Paradigmenwechsel lässt sich auch in zwei „klassischen" Zitaten aus der „Zwischenkriegszeit" des ehemaligen britischen Premierministers Stanley Baldwin erkennen: Einerseits sah er das Ende des alten maritimen Schutzversprechens durch Kanal und Navy – *„Die Geschichte unserer splendid isolation ist zu Ende. Seit dem Auftauchen des Flugzeuges sind wir keine Insel mehr"*[20] –, andererseits, indes zu defätistisch und ohne Hoffnung auf zukünftige technische und organisatorische Schutzmöglichkeiten,[21] die kommenden Opfergänge – *„der Bomber kommt*

---

[16] Zur zeitgenössischen Diskussion aus italienischer Perspektive vgl. Giulia Brogini Künzi, Die Herrschaft der Gedanken. Italienische Militärzeitschriften und das Bild des Krieges, in: Stig Förster (Hrsg.), An der Schwelle zum totalen Krieg. Die militärische Debatte über den Krieg der Zukunft 1919-1939, Paderborn 2002 (= Krieg in der Geschichte, 13), S. 37-111 sowie Giorgio Rochat, Douhet and the Italian Military Thought, in: Colloque International, hrsg. v. Institut d'Histoire des Conflits Contemporains, Paris 1984, S. 19-31. Für eine Auflistung seiner wichtigsten Publikationen vgl. Wallach, Kriegstheorien (wie Anm. 12), S. 341 sowie jene seiner Widersacher vgl. P. Vauthier, Die Kriegslehre des Generals Douhet, Berlin 1935, S. 224ff.

[17] Vgl. Alfred Thayer Mahan, Der Einfluß der Seemacht auf die Geschichte: 1660-1812, Herford 1967.

[18] So Douhet im Dezember 1928, zit. nach Wallach, Kriegstheorien (wie Anm. 12), S. 328.

[19] Douhet, S. 24.

[20] Zit. nach Douhet, S. 70.

[21] Vgl. Bernd Lemke, Luftschutz in Großbritannien und Deutschland 1923 bis 1939. Zivile Kriegsvorbereitungen als Ausdruck der staats- und gesellschaftspolitischen Grundlagen von Demokratie und Diktatur, München 2005.

immer durch (...) Die einzig mögliche Verteidigung ist der Angriff, das heißt, man muss mehr Frauen und Kinder in kürzerer Zeit töten als der Feind, wenn man überleben will.'[22]

Die Erschütterung Jahrhunderte alter (militär-) strategischer Gewissheiten hatte reale, technische sowie optionale und psychologische Faktoren als Wurzel – und Douhet unternahm es, sie aus seiner individuellen Betrachtung heraus, mit ihren Perspektiven zu ergründen sowie für die Zukunft eine militärpolitische Organisation und strategisch-operative Handlungsoptionen von „Luftmacht" vorzuschlagen. Da sein Bild in der Historiographie im Wandel der Zeit zwischen den Polen „Evangelisierung" und „Diabolisierung" schwankte,[23] scheint es von Nöten, sein Werk einerseits in seiner zeitgeschichtlichen Gebundenheit und andererseits die Rezeptionsphasen seines Werkes in ihren Grundzügen und ihrer zeitgeschichtlichen Gebundenheit erneut zu beleuchten und kritisch zu erlesen,[24] stellt sein Gedankengebäude doch *„eine sich wiederholende Bezugsgröße für die Entwicklung der Luftstreitkräfte'*[25] dar.

2.   Rahmenbedingungen und Paradigmenwechsel

Nachdem die Industrielle Revolution mit Eisenbahnen, Telegraphie und neuen Waffensystemen im 19. Jahrhundert die Grundlagen des im Ersten Weltkrieg kulminierenden Maschinenkrieges schuf,[26] eröffnete die (militärische) Luftfahrt für das 20. Jahrhundert eine neue, nationale Stärke verheißende Perspektive. Sie potenzierte – im militärischen Denken noch sehr viel mehr als die Entwicklung der Panzerwaffe – geradezu die in den Jahrzehnten zuvor entstandene,

---

[22]   Zit. nach Hans Rühle/Michael Rühle, Der Bomber kam nicht immer durch, in: FAZ vom 11. Juli 2000, S. 10.

[23]   Vgl. Claudio G. Segre, Douhet in Italy: Prophet without Honor?, in: Aerospace Historian 26 (June 1979), S. 69-80 und ders., Giulio Douhet: Strategist, Theorist, Prophet?, in: Journal of Strategic Studies 15 (September 1992), S. 351-366 sowie J.M. Spaight, The Ghost of Douhet, in: Royal Air Force Quarterly 2 (April 1950), S. 117-121.

[24]   Vgl. hierzu den Tagungsband Aniello Gentile (Ed.), La Figura E L'Opera Di Giulio Douhet, Neapel 1988.

[25]   Alain Vuitel, Doktrin und Technologie: Zwillings- oder Halbschwestern, in: Air Power Revue (Der Schweizer Armee) Nr. 3, Dezember 2004, S. 5-15, hier S. 12.

[26]   Vgl. Klaus-Jürgen Bremm, Von der Chaussee zur Schiene. Militärstrategie und Eisenbahnen in Preußen von 1833 bis zum Feldzug von 1866, München 2005 (= Militärgeschichtliche Studien, 40) und ders., Armeen unter Dampf. Die Eisenbahnen in der europäischen Kriegsgeschichte 1871–1918, Hövelhof 2013 sowie Burkhard Köster, Militär und Eisenbahn in der Habsburgermonarchie 1825–1858, München 1999 (= Militärgeschichtliche Studien, 37).

veränderte Raum- und Zeitperzeption.[27] Parallel zur zivilen und militärischen technischen Eroberung des Raumes erfolgte aber auch eine sozio-kulturelle: alte, der historisch-politischen Kontingenz enthobene Mythen wurden durch ihre Reaktualisierung prolongiert, neue, gegenwartsbezogene und in die Zukunft gerichtete, gleichermaßen funktional-technikorientierte und mental neo-aristokratische Männlichkeits- und Heroenkonstruktionen generiert, die von literarischer und sozialer Ästhetisierung sowie christologischer Ikonographie und Opfermotiven begleitet wurden.[28]

Die Begründung der Luftkriegsstrategie durch Douhet ist zudem vor dem Hintergrund der zeithistorischen Strömungen in Italien zu Beginn des 20. Jahrhunderts im Umfeld des Futurismus zu sehen.[29] Für die facettenreichen Stilrichtungen des Futurismus haben die „dynamischen" Begriffe Modernität und Fortschritt, Geschwindigkeit und Virilität, Jugendlichkeit und Risikobereitschaft, Technikorientierung und Zukunftseuphorie sowie Neuer Mensch und gesellschaftliche Transformation als Topoi konstitutiven Charakter. Das 1909 vom jungen Filippo Tommaso Marinetti verfasste „Manifest des Futurismus" huldigte auch dem militärischen Helden- und Opfermythos: *„Wir wollen den Krieg verherrlichen — diese einzige Hygiene der Welt —, den Militarismus, den Patriotismus (...), die schönen Ideen, für die man stirbt."*[30] Und er war selbst durch die bittere Realität nicht belehrbar. Als Stalingrad-„Zurückkehrer" diktierte er noch im Dezember 1944 kurz vor seinem Tod: *„Der Krieg ist schön, weil er neue Architekturen, wie die der großen Tanks, der geometrischen Fliegergeschwader, der Rauchspiralen aus brennenden Dörfern und vieles andere schafft."*[31]

---

[27] Vgl. Stefan Kaufmann, Raumrevolution. Die militärischen Raumauffassungen zwischen Erstem und Zweitem Weltkrieg, in: Rainer Rother (Hrsg. i.A. des Deutschen Historischen Museums), Der Weltkrieg 1914-1918. Ereignis und Erinnerung, Berlin 2004, S. 42-49.

[28] Vgl. Bernhard Rieger, Technology and the Culture of Modernity in Britain and Germany 1890-1945, Cambridge 2005, Felix Philipp Ingold, Literatur und Aviatik. Europäische Flugdichtung 1909-1927. Mit einem Exkurs über die Flugidee in der modernen Malerei und Architektur, Basel/ Stuttgart 1978 sowie grundsätzlich George L. Mosse, Das Bild des Mannes. Zur Konstruktion der modernen Männlichkeit, Frankfurt/M. 1997.

[29] Vgl. Azar Gat, Futurism, Proto-Fascist Italian Culture and the Sources of Douhetism, in: War & Society 15 (1997), S. 31-49.

[30] Filippo Tommaso Marinetti, Das Manifest des Futurismus, Pkt. 9, in: Le Figaro, Paris, 20. Februar 1909.

[31] Zit. nach: Walter Benjamin, Das Kunstwerk im Zeitalter seiner technischen Reproduzierbarkeit, Frankfurt/Main 2003, S. 42.

Das Fliegen übte auf Intellektuelle und Militärs gleichermaßen Einfluss aus – auf Gabriele D'Annunzio mit seinen *„ästhetizistisch-heroischen Kapriolen"*[32] genauso wie auf Ernst Jünger: *„Der fliegende Mensch ist vielleicht die schärfste Ausprägung einer neuen Männlichkeit. Er stellt einen Typus dar, der sich bereits im Krieg angedeutet hat."*[33] Noch vor dem Ersten Weltkrieg wurden die Bedrohungspotenziale durch Luftschläge in futurologischen Romanen durchexerziert.[34] Douhet lag damit im Trend: *„His prose seemed to capture an important element of the mood in the West, and it seemed to capture, as well, a kind of archetypal image of the airplane as weapon."*[35]

Insbesondere auf militärtheoretischem Terrain bot sich damit die Chance dem eben erlebten Stellungskrieg in der Zukunft zu entkommen. Hierzu schien das Flugzeug noch sehr viel mehr Potential zu enthalten als die ersten Ansätze zur gepanzerten und mechanisierten Heereskriegführung. Douhet sah – wie andere vor und zeitgleich mit ihm – das Neue, Revolutionäre: *„Noch nie in der Geschichte der Menschheit ist ein Kriegsmittel aufgetaucht, das sich in seinen Auswirkungen mit der Raumwaffe vergleichen lässt."*[36] Es ging ihm um das Erkennen, die Akzeptanz und die Umsetzung des *„völlig neuen Begriffs des Raumkrieges"*.[37] Die Erfahrungen mit dem in wesentlichen Grundzügen „totalen" Ersten Weltkrieg,[38] den „strategischen" Bombardierungen von Hauptstädten wie London 1917[39] und die anzunehmende Erosion des Kombattantenstatus für die Zukunft – *„Alle Volksgenossen der kämpfenden Nation sind Kämpfer"*[40] –, in der die

---

[32] Markus Pöhlmann, Von Versailles nach Armageddon: Totalisierungserfahrung und Kriegserwartung in deutschen Militärzeitschriften, in: Förster (Hrsg.), Schwelle zum totalen Krieg (wie Anm. 16), S. 323-391, hier S. 367.

[33] Ernst Jünger in der Einleitung zu ders. (Hrsg.), Luftfahrt ist Not!, Leipzig, Nürnberg 1929, S. 11f.

[34] Vgl. H.G. Wells, The War in the Air, London/New York 1908 und R.P. Hearne, Aerial Warfare, London/New York 1909.

[35] Tami Davis Biddle, Air Power Theory: An analytical narrative from the first World War to the Present, in: J. Boone Bartholomees Jr. (Ed.), Theory of War and Strategy (Vol. I) U.S. Army War College Guide to National Security Issues 2008, S. 263-294, hier S. 268.

[36] Douhet, S. 66f.

[37] Douhet, S. 15.

[38] Vgl. Roger Chickering/Stig Förster (Eds.), Great War, Total War: Combat and Mobilization on the Western Front. 1914-1918, Cambridge University Press 2006.

[39] Vgl. Müllers, Unter dem Damoklesschwert (wie Anm. 7), S. 246.

[40] Douhet, S. 16.

kriegführenden Nationen als Fabriken des Krieges galten, mussten Auswirkungen auf den „Krieg der Zukunft" haben: *„Die Raumwaffe allein sprengt gewaltsam die tausendjährigen Formen des Krieges, sie allein hat die Fähigkeit, die organische Entwicklung der Kriegsform zu durchbrechen. Das fast gleichzeitige Auftauchen der Gaswaffe muß die radikale Umwälzung noch gewaltiger machen."*[41]

Nach Douhet schafft die Luftwaffe *„nicht nur eine neue Situation, sie dreht die Grundsätze und Erfahrungen des Weltkrieges vollkommen um."*[42] Mit der These der Revolutionierung des Kriegswesens durch die Nutzung des Luftraums zu militärischen Zwecken beschreibt er im Kern einen Paradigmenwechsel[43]: *„Diese Umwälzungen auf strategischem, taktischen und wehrpsychologischem Gebiet gestalten die Durchführung von Feldzügen leichter, machen Kriege wahrscheinlicher, und zwingen zur Klarstellung jener Momente, die in wirklich wirksamer Weise eine erfolgversprechende nationale Verteidigung ermöglichen."*[44]

Wie für viele Theoretiker und Praktiker vor und nach Douhet galt für ihn die simple, axiomatische Feststellung: *„Der Sieg ist in Greifweite desjenigen, der den Umwandlungen der Kriegsform vorauseilt. Eine einfache Anpassung an die Forderungen des Morgen genügt nicht."*[45] Das Antizipieren von Zukunft erfordert zeitgerechtes Erkennen und Handeln: *„Kühnheit und Entschlossenheit in Erfassung und Beschreiten des neuen Weges trägt alle Vorteile in sich, im gegebenen Augenblick der nationalen Verteidigung in allen ihren Forderungen restlos gerecht werden zu können."*[46]

In der Auseinandersetzung mit seinen zunächst italienischen Kritikern vor dem Hintergrund der Frage der Neuausrichtung der italienischen Streitkräfte nach dem Ersten Weltkrieg spitzte Douhet seine These ideologisch und gelegentlich metaphernreich zu.[47] Dies brachte ihm den nicht unberechtigten Vorwurf ein, dass er fehlendes systematisches Denken gelegentlich durch Po-

---

[41] Douhet, S. 67.

[42] Douhet, S. 17.

[43] Vgl. hierzu grundlegend Thomas S. Kuhn, Die Struktur wissenschaftlicher Revolutionen, Frankfurt/M. 1967.

[44] Douhet, S. 17.

[45] Douhet, S. 25.

[46] Douhet, S. 26.

[47] Künzi, Herrschaft der Gedanken, S. 82 unter Bezugnahme auf Douhet, Strategia aerea. Il principio fondamentale, in: Rassegna dell'Esercito Italiano [REI] 4 (1923), S. 43-57.

lemik ersetze.[48] An seinen grundsätzlichen Postulaten änderte er in der Zeit seit dem Erscheinen seines Hauptwerkes bis zu seinem Tode nichts mehr: *„Hauptziel ist und bleibt die Eroberung der Luftherrschaft durch die Vernichtung der feindlichen Luftmacht."*[49]

3.　　Grundlagen und Zielsetzung

Im Flugzeug erkannte Douhet nicht nur das neue revolutionäre militärische Medium, das als Angriffswaffe prädestiniert schien, sondern, bedingt durch seine flexible und unabhängige Nutzung, auch die Möglichkeit zur Verkürzung von Kriegen hatte: *„Es ist eine gegenwärtige, reale, unleugbare Tatsache, dass das Flugzeug, ungeachtet aller Befestigungsgürtel, ungehindert durch den Aufmarsch von Armee und Flotte in der Lage ist, an irgendeinem Punkt des feindlichen Gebietes Verwüstungen von einer Tragweite auszurichten, die alle bisher gekannten Verwüstungen übertreffen."*[50] Von der auf Dauer angelegten Ausübung von Seemacht und der traditionellen Kriegführung des Heeres, die für eine überraschende und punktgenaue, den Krieg schnell entscheidende offensive Kraftentfaltung ausschieden, unterscheidet sich die „neue Waffe" grundlegend: *„Sie vermag schnell und unvermutet schon mit dem ersten Schlag den Todesstoß bis ins Herz des Gegners zu führen."*[51] Hierzu ist es organisatorisch notwendig, dass *„die Luftmacht logischerweise zu Armee und Marine in dasselbe Verhältnis gebracht werden muß, indem (sic!) diese beiden zueinander stehen"*[52] – der Gedanke einer neuen autonomen und dominanten Teilstreitkraft, die „Luftmacht" generieren sollte. Ihr organisches Zusammenarbeiten mit den beiden anderen Teilstreitkräften Heer und Marine sollte durch die Errichtung eines teilstreitkraftübergreifenden Oberkommandos erreicht werden. Aufbau, Unterhalt und Einsatz der ‚Luftflotte' indes waren für ihn die politische und militärische (Über-) Lebensversicherung der Zukunft; ihr galt die Priorität.

　　Ziel jeglicher Kriegführung musste es sein, zu einer möglichst schnellen Erringung des eigenen Sieges zu gelangen. Nach Douhet überstanden die europäischen Völker das ungeheure Zerstörungswerk des Ersten Weltkrieges nur dadurch, *„dass diese Zerstörungen sich auf einen großen Zeitraum verteilten, so dass*

---

[48]　Vgl. Tami Davis Biddle, Air Power Theory (wie Anm. 33), S. 268 und Segre, Douhet in Italy (wie Anm. 23), S. 71.

[49]　Douhet, S. 44.

[50]　Douhet, S. 69.

[51]　Douhet, S. 17.

[52]　Douhet, S. 14.

die materiellen und moralischen Verluste immer wieder ersetzt werden konnten.[53] Dieser militärischen und wirtschaftlichen Patt-Situation im industrialisierten Krieg wollte er durch harte und schnelle Luftschläge in der Zukunft entkommen.

Um dem Feind *„so schnell wie möglich den denkbar größten Schaden zuzuführen (...) ergibt sich ohne weiteres die Notwendigkeit, den Luftkrieg mit dem Überfall des Gegners einzuleiten."*[54] Ebenfalls lässt sich aus diesem Ziel ableiten, dass die Luftflotte *„in Massen eingesetzt werden"*[55] muss. Der erste Schlag würde entscheidend sein: *„Wer sich – gleichgültig zu welchem Zweck – entschließen wird, einen bewaffneten Konflikt zu entfesseln, wird sofort nach dieser Entschlussfassung seine gesamten Luftstreitkräfte in Massen gegen die feindliche Nation einsetzen, und zwar noch vor der Kriegserklärung, um dadurch das Überraschungsmoment durch Angriff und Giftgas auszunutzen. In Anbetracht der Vorteile, die diese Überrumpelung bietet, werden die diplomatischen Formalitäten unberücksichtigt bleiben."*[56]

Hierzu galt es den ersten und entscheidenden Schlag gegen den Feind zu konzentrieren: *„Alle verfügbaren Luftstreitkräfte müssen sofort in die Waagschale geworfen werden, jede Reserve ist gleichsam ein Gewicht, welches der Waagschale der Entscheidung entzogen wird. Der Zukunftskrieg wird die Entscheidung in der Luft sehen. Deshalb muß Rüstung und Führung nach dem Grundsatz handeln: Auf der Erde Widerstand leisten, in der Luft in Massen angreifen."*[57]

In der Luftabwehr sah Douhet wie auch in der Zuteilung von Luftkomponenten für Heer und Marine eine gefährliche und überflüssige Verzettelung materieller und operativer Kräfte: *„Keine Luftabwehr, die im Ernstfall zwecklos wäre, keine Hilfsluftflotten, die im Ernstfall wertlos und überflüssig sind! Eine einheitliche Luftflotte, kombiniert aus allen Reserven, über die eine Nation verfügt."*[58] Zwar maß er der *„moralischen Rüstung der Bevölkerung"*[59] einen hohen Stellenwert zu, sah indes im Angriff die beste Verteidigung: *„Das einzig wirksame Mittel, um Luftangriffe abzuwehren, ist daher (...) die Eroberung der Luftherrschaft, d.h. also, den Gegner am Fliegen zu hindern und sich selbst diese Fähigkeit zu bewahren."*[60]

---

[53] Douhet, S. 17.
[54] Douhet, S. 45.
[55] Douhet, S. 43.
[56] Douhet, S. 82.
[57] Douhet, S. 80.
[58] Douhet, S. 76.
[59] Douhet, S. 74.
[60] Douhet, S. 71.

Das Ziel der Erringung der Luftherrschaft, die Strategie des Luftkrieges, war nach Douhet durch den kombinierten Einsatz von Explosiv-, Brand- und Gasbomben mit den folgenden Prinzipien, deren Reihenfolge und Wichtigkeit er nicht doktrinär priorisierte, zu erreichen: Strategischer Luftkrieg gegen Industriezentren, Bevölkerungszentren und Stützpunkte der feindlichen Luftstreitkräfte; systemimmanente Notwendigkeit und Präferenz des Angriffkrieges ohne Kriegserklärung; Konzentration von Rüstungsanstrengungen und Doktrinen auf Luftstreitkräfte als eigenständiger Teilstreitkraft; Marginalisierung von Heer und Marine durch Zuweisung lediglich defensiver Funktionen sowie Verzicht auf kostenintensive erdgebundene statische und luftgestützte mobile Luftabwehr.

Dennoch war Douhet kein „Apostel" der Vernichtung durch Luftangriffe: *„Die Wahl der Ziele hängt von dem Zweck ab, den man verfolgt. Er ändert sich, hauptsächlich in der Reihenfolge der gewählten Zielarten nach wehrgeographischen, taktischen, ja sogar sozialen und nationalpsychologischen Momenten,"*[61] weshalb für ihn auch militärische und politische Führungs- und Kommandostrukturen zielführend waren, konnte man doch damit den Gegner *„seines Gehirns und seines staatlichen Nervensystems"*[62] berauben.

Das Gesamtziel der Luftkriegführung war nach Douhet demnach ein politisches. Es galt, den Feind *„zur Annahme eines bedingungslosen Friedens zu zwingen".*[63] Über die Intensität eines auf Zerstörung und Vernichtung angelegten Krieges war sich Douhet im Klaren. Er würde *„durch die Zerschmetterung aller materiellen und moralischen Kräfte (…) unmittelbar und mit voller Wucht die weniger widerstandsfähigen Glieder der ringenden Völker treffen"* und damit aber *„trotz seiner offensichtlichen Unmenschlichkeit im Grunde genommen weniger Blut kosten als beispielsweise der Weltkrieg."*[64] Diese Auffassung belegte er damit, dass die Unfähigkeit der Regierung zum Schutz der eigenen Bevölkerung zu einem Kollaps geordneter staatlicher Zustände und damit zum Verlust der Kriegführungsfähigkeit führen würde.[65]

---

[61] Douhet, S. 44.

[62] Douhet, S. 45.

[63] Douhet, S. 24.

[64] Douhet, S. 51.

[65] Vgl. Douhet, S. 49f. Zu den staatlichen und gesellschaftlichen Auswirkungen von Bedrohungsperzeption, Maßnahmen und Kriegsalltag in Demokratie und Diktatur vgl. Dietmar Süß, Tod aus der Luft. Kriegsgesellschaft und Luftkrieg in Deutschland und England, München

Diese reale Gefahr wurde auch in Großbritannien diskutiert,[66] *„dessen Presse und maßgebenden Politiker und Militärs diesem Gedanken vor allem in den zwanziger und dreißiger Jahren wiederholt Ausdruck gaben und dessen Regierung von der Furcht hiervor geradezu beherrscht und in die Appeasement-Politik getrieben wurde. Vor dem Hintergrund der bolschewistischen Oktoberrevolution entwickelte sich aus dieser Vorstellung die Furcht vor der Möglichkeit einer durch Bombenkrieg revolutionierten Bevölkerung.“*[67]

Mit dieser gedanklichen Skizze für das später so bezeichnete „moral bombing" – bei Douhet unter Einschluss der Verwendung von Giftgas – bewegte er sich allerdings außerhalb der Haager Landkriegordnung von 1907, die u.a. in den Artikeln 22 und 23 ein *„unbeschränktes Recht in der Wahl der Mittel zur Schädigung des Feindes"* und *„die Verwendung von Gift (...) die meuchlerische Tötung oder Verwundung von Angehörigen des feindlichen Volkes oder Heeres"* sowie den *„Gebrauch von Waffen, Geschossen oder Stoffen, die geeignet sind, unnötige Leiden zu verursachen"* verbot.[68] Douhet ließ derartige Einwände indes nicht gelten.[69] Zu gut war ihm bekannt, dass es gerade italienische Piloten waren, die bereits 1911 libysche Dörfer bombardierten.[70] Und der massenweise Giftgas-Einsatz schien ihm – nun übertragen von der „Front" des Ersten Weltkrieges auf die „Heimatfront" gegen Zivilisten – in einem zukünftigen Krieg, in dem für ihn alle „Staatsbür-

---

2011 und Harald Potempa, Der britische Bombenkrieg 1939-1945 aus deutscher Sicht, in: Fleiter (Hrsg.), Heimat/Front (wie Anm. 7), S. 275-287 sowie Thomas Hippler, Democracy and war in the strategic thought of Giulio Douhet, in: Hew Strachan/Sibylle Scheipers (Ed.), The changing character of war, Oxford 2011, S. 167-183.

[66] Vgl. Philip S. Meilinger, Trenchard and „Morale Bombing". The Evolution of Royal Air Force Doctrin before World War II, in: The Journal of Military History 60 (1996), S. 243-270.

[67] Horst Boog, Die deutsche Luftwaffenführung 1935-1945. Führungsprobleme, Spitzengliederung, Generalstabsausbildung, Stuttgart 1982 (= Beiträge zur Militär- und Kriegsgeschichte, 21), S. 103f.

[68] Haager Abkommen betreffend die Gesetze und Gebräuche des Landkrieges (IV. Haager Abkommen) vom 18. 10.1907; aus RGBl. 1910, S. 107. Zum Komplex Luftkrieg und Zweiter Weltkrieg vgl. die Beiträge von Manfred Messerschmidt, Strategischer Luftkrieg und Völkerrecht (S. 351-362) und W. Hays Parks, Luftkrieg und Kriegsvölkerrecht (S. 363-433), beide in: Horst Boog (Hrsg. i.A. des MGFA), Luftkriegführung im Zweiten Weltkrieg. Ein internationaler Vergleich, Herford 1993 (= Vorträge zur Militärgeschichte, 12).

[69] Vgl. Douhet, S. 67: „Es wäre töricht, sich falsche Hoffnungen zu machen. Alle Einschränkungen, alle internationalen Vereinbarungen, die in Friedenszeiten gemacht werden mögen, werden vom Sturm des Krieges wie welkes Laub hinweggefegt."

[70] Vgl. grundsätzlich Michael Paris, The First Air Wars – North Africa and the Balkans, 1911-1913, in: Journal of Contemporary History 26 (1991), S. 97-109 und Frank P. Donnini, Douhet, Caproni and early Air Power, in: Air Power History 51 (Summer 1990), S. 45-52.

ger" Kombattanten waren, nicht nur legitim, sondern sogar zur schnellen Kriegsbeendigung politisch und militärisch erforderlich zu sein.

4.   Rezeption und Zweiter Weltkrieg

Es ist evident, dass nicht alle Neuerungen auf militärtheoretischem und funktional-praktischem Terrain auf einen Ursprung zurückzuführen sind. Dies ist insbesondere dann der Fall, wenn die revolutionäre Dimension eines neuen Kriegsmittels so offensichtlich ist, wie jenes der Eroberung der „dritten Dimension" zu militärischen Zwecken. So hatten auch die USA mit William A. Mitchell (1879-1936) und dem Russland-Amerikaner Alexander P. Severesky (1894-1974), Großbritannien mit Hugh Trenchard (1873-1956) und die Sowjetunion mit Vasili V. Khripin ebenfalls Theoretiker des Luftkrieges der „ersten Stunden" in ihren Reihen,[71] weshalb Douhets Einfluss auf die Entwicklung der Luftkriegsdoktrinen auf andere Luftwaffen nach wie vor umstritten ist.[72]

Dennoch orientiert sich die Diskussion in aller Regel am ersten, den neuen Sachverhalt thematisierenden Werk. Je machtpolitisch relevanter die Nationalität des Autors, je präsenter die Sprache der Publikation, desto größer ist auch der Erfolg der „neuen Lehre". Ihre Rezeption, Diskussion und (modifizierte) Akzeptanz in anderen Ländern unterlag dabei genau den gleichen Herausforderungen wie im Herkunftsland.[73] Die reflexartige Ablehnung durch die alten Eliten musste auch im Falle Douhets überwunden werden – in Italien,

---

[71] Vgl. William A. Mitchell, Winged Defence – The Development and Possibilities of Modern Air Power, Economic and Military (1925), Hugh Trenchard, Air Power (1946), Alexander P. Severesky, Victory through Air Power (1942). Mitchell wurde indes unterstellt, wesentliche Thesen Douhets gekannt und paraphrasiert zu haben, vgl. Raymond R. Flugel, United States Air Power Doctrine: A Study of the Influence of William Mitchell and Giulio Douhet at the Air Corps Tactical School 1921-1935, University of Oklahoma 1966. Von Khripin, der die Einleitung zur ersten russischen Douhet-Übersetzung schrieb, ist kein geschlossenes Werk überliefert, vgl. jedoch Kenneth R. Whiting, Soviet Aviation and Air Power under Stalin. 1928-1941, in: Robin Higham (Ed.), Soviet Aviation and Air Power. A Historical View, Boulder, Col., London 1978, S. 47-67, hier S. 51 und S. 63 sowie Olaf Groehler, Geschichte des Luftkrieges 1910-1980, Berlin (Ost) 1981, S. 130-133 und S. 167.

[72] Vgl. etwa Conrad C. Crane, Evolution of U.S. Strategic Bombing of Urban Areas, in: Historian 50 (1987), S. 14-39, hier insbesondere S. 18.

[73] Vgl. hierzu die die Diskussionen in militärischen Periodika der Zwischenkriegszeit auswertenden Beiträge aus französischer, britischer, belgischer und deutscher Perspektive in Förster (Hrsg.), Schwelle zum totalen Krieg (wie Anm. 16).

das in den 1920/30er-Jahren als eine führende europäische „Luftmacht" galt,[74] wie auch in den anderen Ländern, die über die Fähigkeit zur Aufstellung von Luftstreitkräften verfügten.

Erst nach Douhets Tod wurden Übersetzungen seines Werkes in anderen Ländern publiziert – zunächst in Frankreich 1932,[75] dann 1935 in Deutschland und 1942 in den USA.[76] Dies führte zu der Behauptung, dass eine Rezeption Douhets international erst sehr spät, im Deutschen Reich sowie Großbritannien fast gar nicht stattgefunden hätte[77] und er somit „keinerlei praktischen Einfluß"[78] besaß. Diese These ist jedoch nicht zwingend. Seine Kernthesen waren bereits früher durch auszugsweise Übersetzungen, Handbücher und Artikel sowohl in den USA als auch in Großbritannien bekannt.[79] Aber auch im Deutschen Reich gab es eine Douhet-Rezeption.[80] Eine bereits im Jahre 1926 erfolgte Auswertung von ausländischen Publikationen bei der Reichswehr[81] durch den Fliegerreferenten im Truppenamt der Heeresleitung sah die Möglichkeiten von Luftstreitkräften – eine Paraphrase der Überlegungen Douhets – darin, *„den Krieg sogleich bis an die innersten politischen, moralischen, wirtschaftlichen und militärischen Kraftquellen heranzutragen ... (und) ... durch Stoß gegen die feindlichen Großstädte und Industriezentren, durch Kampf gegen die Rüstungsindustrie und Ernährungsbasis des*

---

[74] Vgl. Lucio Ceva/Andrea Curami, Luftstreitkräfte und Luftfahrtindustrie in Italien, 1936-1943, in: Luftkriegführung im Zweiten Weltkrieg (wie Anm. 68), S. 113-136, hier S. 113f.

[75] Douhet, „La Guerre de l'Air". Les Ailes, Paris 1932.

[76] Douhet, The Command of the Air, New York 1942.

[77] Vgl. Meilinger, Douhet (wie Anm. 13), S. 32 und Robin Higham, The Military Intellectuals in Britain 1918-1939, New Brunswick, N.J. 1966, S. 257-259.

[78] So die unzutreffende Position von Liddell B. Hart, Geschichte des Zweiten Weltkrieges Bd. 2, Düsseldorf, Wien 1972, S. 808.

[79] Vgl. Meilinger, Douhet (wie Anm. 13), S. 33; Warner, Douhet, Mitchell, Seversky, S. 489 und Louis A. Sigaud, Douhet and Arial warfare, New York 1941, J.L. Atkinson, Italian Influence on the origins of the American Concept of Strategic Bombardment, in: The Air Power Historian 5 (July 1957), S. 141-149 sowie [Brigadier General Tulasne], The Air Doctrine of General Douhet, in: Royal Air Force Quarterly 4 (April 1933), S. 164-167 oder [L.E.O. Charlton], Air Warfare, in: Royal Air Force Quarterly 7 (April 1936), S. 152-168.

[80] Vgl. Birk, Idee der „Luftherrschaft" und ihre Rezeption im Deutschen Reich (wie Anm. 1), hier insbesondere S. 32-35.

[81] Vgl. Ernst Willi Hansen, „Moderner Krieg" im Schatten von Versailles. Die „Wehrgedanken des Auslandes" und die Reichswehr, in: MGFA (Hrsg.), Politischer Wandel, organisierte Gewalt und nationale Sicherheit. Beiträge zur neueren Geschichte Deutschlands und Frankreichs, München 1995 (= Beiträge zur Militärgeschichte, 50), S. 193-210.

Feindes, die moralische Widerstandskraft und den Kriegswillen des Gegners zu zerschlagen.‘[82]

Tatsächlich fanden beim Aufbau der deutschen Luftwaffe[83] in den 1930er Jahren viele Postulate *„der damals viel diskutierten Theorien des italienischen Fliegergenerals Douhet über die strategische Luftkriegführung‘*[84] Eingang in die L.Dv. 16 Luftkriegführung,[85] die unter der Federführung von Generalmajor Walther Wever, dem ersten Generalstabschef der deutschen Luftwaffe, 1935 veröffentlicht wurde: *„Er ließ sich von der Douhetschen Idee des Aufbaus einer vornehmlich aus schweren Bombern für den weitreichenden Luftkrieg bestehenden Luftwaffe befruchten.‘*[86] Allerdings wurde hierbei die Terrorisierung der Bevölkerung ausdrücklich ausgenommen und im Sinne einer Priorisierung noch vor dem damals „operativer Luftkrieg" genannten strategischen Bombenkrieg die Erringung und Erhaltung der Luftüberlegenheit sowie die Notwendigkeit einer Unterstützung von Heer und Marine als Hauptaufgaben der deutschen Luftwaffe aufgeführt.

Für das Deutsche Reich als zentraler europäischer Kontinentalmacht war eine Luftkriegführung,[87] die auf strategische Nachhaltigkeit auf der Zeitachse ausgelegt war, jedoch in ihrer Abschätzbarkeit zu vage und aufgrund der Möglichkeit *„konzentrisch geführter gegnerischer Luftangriffsschläge in einem Mehrfron-*

---

[82] Zit. nach Klaus A. Maier, Totaler Krieg und operativer Luftkrieg, in: Ders., Horst Rohde, Bernd Stegemann, Hans Umbreit: Die Errichtung der Hegemonie auf dem europäischen Kontinent, Stuttgart 1979 (= Das Deutsche Reich und der Zweite Weltkrieg, 2), S. 43-69, hier S. 43f.

[83] Vgl. generell James S. Corum, The Luftwaffe. Creating the Operational Air war. 1918-1940, Lawrence (Kansas) 1997.

[84] Karl-Heinz Völker, Die deutsche Luftwaffe 1933-1939. Aufbau, Führung und Rüstung der Luftwaffe sowie die Entwicklung der deutschen Luftkriegstheorie, Stuttgart 1967 (= Beiträge zur Militär- und Kriegsgeschichte, 8), S. 29; vgl. zudem Bernhard Heimann/Joachim Schunke, Eine geheime Denkschrift zur Luftkriegskonzeption Hitler-Deutschlands vom Mai 1933, in: Zeitschrift für Militärgeschichte (3. Jahrgang) 1/1964, S. 72-86, Wissen und Wehr. Monatsschrift der Deutschen Gesellschaft für Wehrpolitik und Wehrwissenschaften, Elftes Heft, November 1935, S. 800 sowie Bernard Brodie, Strategy in the Missile Age, 2. Aufl. Princton 1960, S. 75.

[85] Vgl. Boog, Deutsche Luftwaffenführung (wie Anm. 67), S. 124f. und S. 164-172.

[86] Boog, Deutsche Luftwaffenführung (wie Anm. 67), S. 165.

[87] Vgl. hierzu generell noch immer Boog (Hrsg), Luftkriegführung im Zweiten Weltkrieg (wie Anm. 68) sowie Horst Boog, Gerhard Krebs, Detlef Vogel, Das Deutsche Reich in der Defensive. Strategischer Luftkrieg in Europa. Krieg im Westen und in Ostasien 1943 bis 1944/45, Stuttgart 2001 (= Das Deutsche Reich und der Zweite Weltkrieg, 7).

tenkrieg[88] zu gefährlich, wenngleich für Wever feststand: *„Die entscheidende Waffe eines Luftkrieges ist der Bomber!"*[89] Bekanntlich aber entschieden Göring und Udet gegen einen viermotorigen Bomber – mit dem Argument, dafür vier Jäger oder zwei leichte Bomber bauen zu können.[90]

Eine „ironische Pointe" in Bezug auf Douhet bestand in der ersten Phase des Zweiten Weltkrieges aus deutscher Perspektive darin, dass nicht zuletzt die gepanzerte Mechanisierung mit taktischer Luftnahunterstützung und operativer Abriegelung des Gefechtsfeldes durch Luftflotten zu Feldzug entscheidenden militärischen Instrumenten erwuchsen – also genau jene Teilaspekte, die Douhet als vernachlässigbar eingestuft hatte. Der als feste axiomatische Größe in Douhets Denkgebäude angenommene starre Frontverlauf des Ersten Weltkrieges auf dem Boden wurde durch die Entwicklung der Panzerwaffe sowie deren Führung durch Funk und einer der Dynamik der Waffe angemessenen Auftragstaktik unterlaufen.[91] Die deutsche Panzerwaffe hatte im Westen (1940) sowie im Osten (1939-41) einen kontinentalen Raum geschaffen, i.e. die Panzer haben für diese Phase des Krieges, aus deutscher Perspektive, eine kriegsentscheidende Rolle der strategischen Bomber zunächst scheinbar überflüssig gemacht.[92]

Dies verleitete auf deutscher Seite zu der irrigen Ansicht, einen Weltkrieg auf sub-strategischer Ebene erfolgreich führen zu können: *„Der Begriff des strategischen Luftkrieges existierte bis fast zum Kriegsende nicht in der offiziellen Befehlssprache."*[93] Das operative Zusammenwirken insbesondere mit dem Heer führte zusammen mit *„dem unklaren Gebrauch und der unterschiedlichen Interpretation des Begriffes"*[94] neben anderen Friktionen u.a. auch – ganz im Gegensatz zur anglo-

---

[88] Völker, Deutsche Luftwaffe (wie Anm. 84), S. 71.

[89] Zit. nach Maier, Totaler Krieg (wie Anm. 82), S. 45. Der Vortrag Wevers bei der Eröffnung der Luftkriegsakademie und Lufttechnischen Akademie in Berlin-Gatow am 1. November 1935 ist abgedruckt in Boog, Deutsche Luftwaffenführung (wie Anm. 67), S. 631-635.

[90] Vgl. Korkisch, Luftkrieg „neu" (wie Anm. 14), S. 159.

[91] Zu deren Genese und Entwicklung vgl. Stephan Leistenschneider, Auftragstaktik im preußisch-deutschen Heer 1871 bis 1914, Hamburg 2002.

[92] Vgl. Karl-Heinz Frieser, Blitzkrieg-Legende. Der Westfeldzug 1940, München 1995 und MGFA (Hrsg.), Errichtung der Hegemonie (wie Anm. 82) sowie Williamson Murray, May 1940: Contingency and fragility of the German RMA, in: Knox/Murray (Ed.), Dynamics (wie Anm. 3), S. 154-174.

[93] Boog, Deutsche Luftwaffenführung (wie Anm. 67), S. 542f.

[94] Boog, Deutsche Luftwaffenführung (wie Anm. 67), S. 152.

amerikanischen Seite[95] – zu einer Ausblendung der luftstrategischen Perspektive: *„The german capability to conduct long-range air operations of the sort that had any hope of producing desicions independently of surface forces was nil throughout the war.“*[96] Der Wirkungsmächtigkeit des ideologisch aufgeladenen industrialisierten Abnutzungskrieges entkam auch die Deutsche Luftwaffe nicht: *„Trotz der Annahmen seiner Theoretiker vor 1939 glich der Luftkrieg schließlich und sonderbarerweise den schlimmsten Zermürbungsschlachten des Ersten Weltkrieges, nur dass es nun um das Zermürben von teuren Maschinen, von Offizieren und Besatzungen ging.“*[97]

5.   Kritik

Trotz theoretischer Eingängigkeit wurde das Werk Douhets lange Zeit starker Kritik unterzogen: *„The criticisms of Douhet's theories are legion.“*[98] In der Tat unterliefen ihm bei der Berechnung von Bombenlasten und deren Sprengwirkung Rechenfehler, fürchtete er bei schlechtem Wetter und bei Geschwindigkeitsschwankungen eine Beeinflussung der Flugstabilität.[99] Neben diese zeitgebundene, das Neue bekämpfende Kritik trat jene, die das Neue gar bestritt: *„Douhet galt als zukunftsweisend, war aber tatsächlich ein Reaktionär der Taktik, da er die großen*

---

[95]   Zur Luftkriegführung und doktrinärer Vorbereitung aufseiten der West-Alliierten vgl. generell Scot Robertson, Development of RAF Strategic Bombing Doctrine 1919-1939, Westport CT/London 1995 und Williamson Murray, Der Einfluss der anglo-amerikanischen Vorkriegsdoktrin auf die Luftoperationen des zweiten Weltkrieges, in: Luftkriegführung im Zweiten Weltkrieg (wie Anm. 68), S. 277-299 sowie Robin Neillands, Der Krieg der Bomber. Arthur Harris und die Bomberoffensive der Alliierten 1939-1945, Berlin 2002. Generell zum Luftkrieg vgl. Richard J. Overy, Luftmacht im Zweiten Weltkrieg: historische Themen und Theorien, in: Luftkriegführung im Zweiten Weltkrieg (wie Anm. 68), S. 23-47, Horst Boog, Strategischer Luftkrieg in Europa und Reichsluftverteidigung 1943-1945, in: Das Deutsche Reich und der Zweite Weltkrieg (wie Anm. 87), S. 3-415 und ders., Die strategische Bomberoffensive gegen Deutschland und die Reichsluftverteidigung in der Endphase des Krieges, in: Das Deutsche Reich und der Zweite Weltkrieg, 10/1, München 2008, S. 777-885 sowie Rolf-Dieter Müller, Der Bombenkrieg 1939-1945, Berlin 2004.

[96]   David MacIsaac, Voices from the Central Blue: Theorists of Air Power, in: Peter Paret (Ed.), Makers of Modern Strategy from Machiavelli to the Nuclear Age, Princton 1986, S. 624-647, hier S. 637.

[97]   Williamson Murray, Der Luftkrieg von 1914 bis 1945, Berlin 2000, S. 131.

[98]   Phillip S. Meilinger, The Historiography of Airpower: Theory and Doctrine, in: The Journal of Military History 64 (April 2000), S. 467-502, hier S. 472.

[99]   Vgl. Wallach, Kriegstheorien (wie Anm. 12), S. 338f., der hier Bezug nimmt auf Brodie, Strategy (wie Anm. 82), S. 88-90 sowie Meilinger, Douhet (wie Anm. 12), S. 21f.

Trommelfeuer des ersten Weltkrieges, die sich lediglich zerstörend ausgewirkt hatten, aus der Horizontalen in die Vertikale verlegte."[100] Der gravierendste Vorwurf bezog sich indes auf seine Abqualifizierung der Luftabwehr, i.e. Fliegerabwehr und Jäger, sowie die geforderte Abschaffung von „Flieger-Hilfswaffen", i.e. Fliegerverbänden bei Heer und Marine.[101] Aber hier spielte auch eine gewisse TSK-Rivalität eine nicht zu unterschätzende Rolle.

Neben diese „technische" Kritik trat die „pragmatisch-historische". Sie erfolgte am kriegsgeschichtlichen Beispiel, wofür der Verlauf des Abessinienkrieges (1935-36)[102] sowie der Spanische Bürgerkrieg (1936-39)[103] und insbesondere der Zweite Weltkrieg auch jede Menge Anhaltspunkte lieferten.[104] Insbesondere die Luftkriegführung im Zweiten Weltkrieg mit dem „moral bombing" zeigte, dass es eben sehr viel eher zu einer Identifikation mit der eigenen kriegführenden Regierung kam; auch der Bomber kam bei einer entsprechenden Koordination von Jägern und bodengebundener Luftabwehr nicht immer durch, wie dies der britische Erfolg in der „Luftschlacht um England" zeigte – *„the only clear-cut defensive air victory in history."*[105] Großbritannien ersetzte die verlorene geographische Grenze des Ärmelkanals u.a. durch eine technische – Radar –, was zumindest für einen Zeitvorsprung bei der Abwehr während der „Luftschlacht um England" genutzt werden konnte.[106]

---

[100] J.F.C. Fuller, Die entartete Kunst Krieg zu führen 1789-1961, Köln 1964, S. 264.

[101] Vgl. Wallach, Kriegstheorien (wie Anm. 12), S. 333.

[102] Vgl. Giulia Brogini Künzi, Italien und der Abessinienkrieg 1935/36. Kolonialkrieg oder Totaler Krieg?, Paderborn 2006 und Aram Mattioli, Entgrenzte Gewalt. Der italienische Giftgaseinsatz in Abessinien 1935-1936, in: Vierteljahrshefte für Zeitgeschichte 51 (2003), S. 311-337 sowie ders., Experimentierfeld der Gewalt. Der Abessinienkrieg und seine internationale Bedeutung 1935-1941, Zürich 2005.

[103] Vgl. Stefanie Schüler-Springorum, Krieg und Fliegen. Die Legion Condor im Spanischen Bürgerkrieg, Paderborn 2010.

[104] Vgl. Das Deutsche Reich in der Defensive. Strategischer Luftkrieg in Europa, Krieg im Westen und in Ostasien 1943 bis 1944/45, i.A. des MGFA Hrsg. v Horst Boog, Gerhard Krebs, Detlef Vogel, Stuttgart 2001 (= Das Deutsche Reich und der Zweite Weltkrieg, 7).

[105] Meilinger, Douhet (wie Anm. 13), S. 24.

[106] Vgl. grundsätzlich Georg Schmucker, Radartechnik in Großbritannien und Deutschland von 1918-1945, in: Technik und Kultur, Band 10, Düsseldorf 1992, S. 379-398, Ian Kershaw, Wendepunkte. Schlüsselentscheidungen im Zweiten Weltkrieg 1940/41, 2. Aufl. München 2008, S. 25-76 und Maier, Luftschlacht um England (wie Anm. 82), S. 375-408 sowie Richard Overy, The Battle of Britain: Myth and Reality, London 2010.

Aber im Falle der Kritik an Douhet gilt es im Rahmen einer historisch-kritischen „Kontextualisierung" eben auch auf zwei Banalitäten hinzuweisen. Erstens: Die Kritik an den Überlegungen Douhets übersieht regelmäßig, dass die Regierungen ihre jeweiligen Luftstreitkräfte eben nicht in der von ihm geforderten „Radikalität" aufgestellt und ausgerüstet hatten. Seine Prinzipien konnten daher unter den Bedingungen des Zweiten Weltkrieges nicht „erfolgreich" sein. Zweitens: Obwohl in der „Zwischenkriegszeit" die Kolonialmächte Luftstreitkräfte zur Gebietskontrolle einsetzten,[107] gab es gute Gründe für eine zögerliche internationale Rezeption, denn Douhet publizierte ausschließlich in italienischen Periodika – und vor allem schrieb er als italienischer General für die italienische Verteidigung bzw. Kriegführung der Zukunft.[108]

Seine geographische Basis war die einer in den mediterranen Raum reichenden Brücke, i.e. die einem natürlichen Flugzeugträger gleichende italienische Halbinsel mit den Alpen als statischer Grenze im Norden, die eine natürliche Maginotlinie darstellten – sowohl französische als auch österreichische Kräfte konnten hier durch italienische Landstreitkräfte gebunden werden. Daraus erklärt sich auch die von Douhet für das Heer geforderte Defensive. Der Anspruch des faschistischen Italien auf das Mittelmeer als „mare nostrum" macht den Verzicht Douhets auf die „Fliegerhilfswaffe" bei Heer und Marine verständlich, da alle potenziell relevanten militärischen Ziele von Heer und Marine auch von der Halbinsel durch Luftstreitkräfte – erst recht bei einer für die Zukunft zu erwartenden Steigerung des Einsatzradius – von ihren Landbasen aus erreichbar waren. Dies galt grundsätzlich auch für einen erneuten Krieg gegen Österreich. Zu gut waren Douhet noch die unzähligen Toten des alpinen Abnutzungskrieges gegen die k.u.k.-Monarchie während des Ersten Weltkrieges in Erinnerung, deren (rüstungs-) industriellen und logistischen Basen – aus italienischer Perspektive – für die Landstreitkräfte unerreichbar hinter dem natürlichen Schutz der Alpen lagen.

Diesem grundsätzlich limitierenden Faktor seiner Überlegungen war sich Douhet bewusst, weshalb er auch selbst – was seine „Kritiker" oft übersahen – darauf hinwies, dass seine Ableitungen nicht für alle Nationen brauchbar

---

[107] Vgl. Martin Böhm, Die Royal Air Force im Irak 1922 bis 1932, in: Militärgeschichte 23 (2013), S. 18-21.

[108] Vgl. hierzu den gedankenreichen Beitrag von Michael D. Pixley, False Gospel for Airpower Startegy? A fresh Look at Giulio Douhet's „Command of the Air", in: Air & Space Power Journal 2005, online verfügbar unter www.airpower.maxwell.af.mil/airchronicles/cc/douhet/html.

waren, denn das Mittelmeer lässt sich in seiner damaligen wehrgeographischen Betrachtung weder mit Atlantik (für die USA) noch Pazifik (für Japan) vergleichen und eine zentralkontinentale „Mittellage" (für das Deutsche Reich) bedingte – unabhängig von Geschichte, Weltanschauung, Tradition etc. – andere strategische Voraussetzungen als eine (Halb-) Insellage. Gerade diese „Selbsterkenntnis" zeigt auch, dass ein Großteil der „Kritik" an Douhet am Ziel vorbeigeht.

Selbst bei der Betrachtung seiner funktionalen Theoreme hinsichtlich der Methode der Ausübung militärischer Macht in Form des Luftkrieges gilt es „kritisch" zu bedenken, dass der möglichst gezielte Versuch der schnellen und dauerhaften Ausschaltung gegnerischer „Kraftquellen" wie militärisches und (rüstungs-) wirtschaftliches Potential, Verbindungslinien, politische und militärische Führungsfähigkeiten sowie das Wirken auf die „Moral der Bevölkerung" schließlich schon immer ein zentrales militärisches „Essential" war. Dabei waren in Theorie und Praxis stets nationale, (wehr-) geographische und bündnispolitische Wahrnehmungen, Ziele und doktrinäre Ausrichtungen der Streitkräfte sowie dafür notwendige militärische Mittel einem Wandel unterworfen. Inwiefern sie „richtig" waren, ließ sich in der Regel erst in der Retrospektive nach einem Waffengang eruieren. Politische Vorgaben, militärhistorische Erfahrungen, „trial and error" sowie „lessons leraned" waren und sind stete Begleiter der militärischen Strategiebildung, die die Grundlage für die operative Umsetzung bildet – zu Lande, zu Wasser und in der Luft.

So war es auch bereits im Ersten Weltkrieg: Frankreichs Luftstreitkräfte konnten und durften zum Beispiel aus politischen Gründen im „Reichsland" Elsass-Lothringen, das es zurückzugewinnen galt, keine Bomben abwerfen.[109] Und selbst wenn Großbritannien und das Deutsche Reich aufgrund des Ersten Weltkrieges von der Bedeutung der „Moral" ihrer Gesellschaften in einem folgenden Krieg ausgingen,[110] so war die Ausrichtung ihrer Doktrinen doch von ihren traditionellen Militärsystemen geprägt: Großbritannien setzte auf eine den Einsatz seines Heeres auf dem Kontinent „verhindernde" strategische Dominanz der RAF, während das Deutsche Reich die Unterstützungsfunktion

---

[109] Vgl. Andrew Barros, Strategic Bombing and restraint in ‚Total War', in: The Historical Journal 52 (2009), S. 413-431, hier S. 417-421.

[110] Die Nationalsozialisten setzten daher auch auf die Schaffung einer „Volksgemeinschaft"; vgl. zum Konzept Ian Kershaw, „Volksgemeinschaft". Potenzial und Grenzen eines neuen Forschungskonzepts, in: Vierteljahrshefte zur Zeitgeschichte 59 (2011), S. 1-17.

der Luftwaffe für die bodengebundenen Operationen präferierte und sich bereits durch seine Luftrüstung strategischer Fähigkeiten beraubte.[111] Währenddessen hatten die USA im Zweiten Weltkrieg zwei transozeanische Kriege zu führen. Sie waren daher auf eine starke, die Kriegführung erst ermöglichende maritime Komponente angewiesen – gleichzeitig aber auch auf Bomber, mit denen sie das Deutsche Reich und Japan erreichen konnten.

Gerade die zweite Phase des Zweiten Weltkrieges und der Übergang zum Kalten Krieg zeigten, wie viel „Douhet" tatsächlich umgesetzt wurde. „Douhetismus" pur war schließlich die „Casablanca-Direktive" der Alliierten vom 21. Januar 1943; sie formulierte als Ziel der alliierten Luftkriegführung gegen das Deutsche Reich in Punkt 1 *„die fortschreitende Zerstörung und Desorganisation des deutschen militärischen, industriellen und wirtschaftlichen Systems und die Untergrabung der Moral des deutschen Volkes bis zu einem Grade, wo seine Fähigkeit zum bewaffneten Widerstand entscheidend geschwächt ist."*[112] Die Fähigkeit dies auch erfolgreich umsetzen zu können, machte im Grunde ganze Generationen von US Air Force-Strategen de facto zu „Douhetisten".

6. Douhet-Renaissancen nach dem Zweiten Weltkrieg

Selbst wenn sich Douhets Prophezeiungen im Zweiten Weltkrieg als nicht zutreffend erwiesen haben, so waren sie in den Luftkriegsplanungen zu Beginn des Nuklearzeitalters wieder *en vogue*, wie das Diktum des US-amerikanischen Strategiewissenschaftlers Brodie zu Beginn der 1960er Jahre verdeutlicht: *„Douhet's thoughts are for any unlimited war more valid today than they were during his liftime or during World War II."*[113] Dies zeigt, wie schnell „alte" Theorien – als

---

[111] Vgl. Sönke Neitzel, Zum strategischen Misserfolg verdammt?, in: Bruno Thoß/Hans-Erich Volkmann (Hrsg.), Erster Weltkrieg – Zweiter Weltkrieg. Ein Vergleich, Paderborn 2002, S. 167-192. Hier spielt auch ein bisher zu wenig beachteter Aspekt eine entscheidende Rolle: der Bau von Flugzeugen für die zivilen Fluggesellschaften war vor dem Krieg im Deutschen Reich auf Kurz- und Mittelstreckenflüge in Zentraleuropa ausgerichtet; in den USA waren die zu bewältigenden Strecken sehr viel größer. Daher war eine entsprechende Ausstattung mit für die großen Distanzen im Krieg erforderlichen leistungsstarken Motoren sehr viel schneller zu bewerkstelligen – unabhängig von der schlichten militärischen Notwendigkeit, die „Festung Europa" auch erreichen zu können.

[112] United States Department of State/FRUS. The Conferences at Washington, 1941-1942, and Casablanca, 1943 (1941-1943); III. The Casablanca Conference, pp. 485-849, hier p. 781.

[113] Brodie, Strategy (wie Anm. 84), S. 73.

nicht zu vernachlässigender Gedankenvorrat – nach einem sicherheitspoliti-schen Paradigmenwechsel plötzlich an Aktualität gewinnen können.

Damit ließ sich das Gedankengebäude von Douhet – ohne in ihm ahistorisch einen „Propheten des Atomzeitalters" sehen zu dürfen – auf die Nuklearisierung der Sicherheitspolitik im „Zeitalter der Bombe"[114] übertragen. In deren Diskussionsverlauf um die jeweils richtigen Strategieansätze für „The absolute Weapon"[115] haben über Jahrzehnte Begriffe wie der präventive und -emptive Nuklearkrieg sowie die counter city strategy, i.e. der Einsatz von auch luftgestützten Nuklearwaffen gegen nicht-militärische Ziele, eine nicht zu un-terschätzenden Rolle gespielt.[116] Auch deshalb könnte die These vertreten wer-den, dass das am 21. März 1946 aufgestellte US-amerikanische Strategic Air Command (SAC)[117] geradezu ein „Ideal" Douhet'scher Überzeugungen dar-stellt[118] – zu jeder Zeit war damit jeder Ort auf der Welt, zumindest in der (Abschreckungs-) Theorie, von einer nahezu verzugslosen und endgültigen Auslöschung bedroht. Obwohl aber Douhet weder Hiroshima und Nagasaki noch die NATO-Strategien des Kalten Krieges erahnen konnte, so ist es doch

---

[114] Vgl. Michael Salewski (Hrsg.), Das Zeitalter der Bombe. Die Geschichte der atomaren Bedrohung von Hiroshima bis heute, München 1995.

[115] Vgl. Bernard Brodie (Ed.), The absolute Weapon. Atomic Power and World Order, Har-court 1946.

[116] Vgl. Heuser, Den Krieg denken (wie Anm. 4), die in Kap. V., S. 337-416 ‚Luftmacht- und Nuklearstrategie' für die Zeit nach 1945, als nicht getrennt zu denkend, in einem Kapitel zu-sammen abhandelt sowie William C. Martel and Paul L. Savage, Strategic Nuclear War: What the Superpowers Target and Why. New York 1986 und Marc Trachtenberg, History & Strategy (= Princton Studies in International History and Politics), Princton (New Jersey) 1991.

[117] Vgl. Walton S. Moody, Building A Strategic Air Force. Air Force Historical Studies Office, Washington 1995.

[118] Dies lässt sich auch damit belegen, dass in der ersten "Hochphase" des Kalten Krieges Douhet Gegenstand mehrerer „US-Luftwaffen-Publikationen" wurde, vgl. etwa Joseph L. Dickmann, A Re-Evaluation of the Douhet Theory, Maxwell AFB, AL, 1948; Stanley P. La-tiolais, The Re-evaluation of Douhet's, Mitchell's and De Seversky's Theories in the Light of Modern Weapons, Maxwell AFB, AL, 1948; John B. Rose, Re-evaluation of Douhet's Theories in the Light of Modern Weapons, Maxwell AFB, AL, 1948; Louis A. Sigaud, Air Power and Unification: Douhet's Principles of Warfare and Their Application to the United States, Har-risburg, PA, 1949 und Bernard Brodie, The Heritage of Douhet, Santa Monica, CA, Rand Corporation 1952; ders., The Heritage of Douhet, in: Air University Quarterly Review 6 (Summer 1953), S. 64-69, ders., Some Notes on the Evolution of Air Doctrine, in: World Poli-tics 7 (April 1955), S. 349-370.

naheliegend, in ihm eben *einen* luftmachtbasierten, funktional-technischen Paten dieser Entwicklungen zu sehen.

Gleichwohl konnte Douhets Zielvorstellung ihre Funktionalität, auch wenn er noch so viele „Jünger" in der US Air Force hatte, in der Zeit nach dem Zweiten Weltkrieg in, dem Denken Douhets in „totalen" (nuklearen) Kategorien diametral entgegenstehenden, zum Teil asymmetrischen Stellvertreterkriegen nicht „nachweisen", da sich das strategische Gravitationszentrum nicht auf dem geographischen Kriegsschauplatz befand. So waren über lange Zeit des Korea-Krieges nicht Nordkorea, sondern Moskau und Peking die strategischen Zentren. Im Vietnamkrieg war die Moral des „gerechten Krieges" sowie die dezentralen logistischen und militärischen Strukturen mit einem strategischen und moralischen Bombardement nicht zu erreichen bzw. zu zerstören.[119] Im Gegensatz dazu war der Sechs-Tage-Krieg von 1967 aus Sicht der Luftkriegstrategen ein militärischer Konflikt, der wie aus dem Schulbuch das Potential von Luftmacht aufzeigte – die sofort erreichte Luftüberlegenheit resp. Luftherrschaft ermöglichte die nahezu freie, in kurzer Zeit erfolgreiche israelische Operationsführung zu Lande.[120]

Aber auch im Umfeld des Vietnamkrieges und der „Revitalisierung" des Kalten Krieges in den 1980er Jahren blieb Douhet immer wieder der historische Referenzpunkt für die verschiedenen Adaptierungen resp. Aktualisierungen US-amerikanischer Vorstellungen von der Essenz des Luftkrieges. Während sich im Vietnamkrieg zeigte, dass sich die strategische (nukleare) Ausrichtung der US-Luftwaffendoktrin auf die einseitige Dominanz der Bomber für nicht-symmetrische Auseinandersetzungen nicht eignete, waren die zweite Hälfte der 1970er und die 1980er Jahre von einer größeren historisch-kritischen Rezeption Douhets geprägt.[121]

---

[119] Vgl. Bruce E. Bechtol, Paradigmenwandel des Kalten Krieges: Der Koreakrieg 1950-1953, in: Bernd Greiner/Christian Th. Müller/Dierk Walter (Hrsg.), Heiße Kriege im Kalten Krieg. Hamburg, 2006, S. 141-166; Conrad Crane, American Airpower Strategy in Korea 1950-1953, University Press of Kansas 2000; Bruce Cumings, Der Vernichtungsfeldzug der US AIR FORCE. Napalm über Nordkorea, in: Le Monde diplomatique Nr. 7536 vom 10.12.2004 sowie Bernd Greiner, Krieg ohne Fronten. Die USA in Vietnam, Hamburg 2007.

[120] Vgl. Kenneth Pollack, Air Power in the Six-Day War, in: The Journal of Strategic Studies 28 (2005), S. 471-503.

[121] Vgl. William D. Franklin, Douhet revisited, in: Military Review 47 (November 1967), S. 65-69, Lowell D. Ketchum, Douhet's Contribution to the United States Airpower Doctrine, Maxwell AFB, AL, 1976 und Michael J. Eula, Giulio Douhet and Strategic Air Force Opera-

Das grundsätzliche Potential der „dritten Dimension" in den strategischen Optionen nach dem Wegfall des neben ideologischen Antagonismen auch auf machtpolitischen Rivalitäten beruhenden Ost-West-Konfliktes mit seinen Aggregatzuständen Kalter Krieg und Entspannung sowie die „westliche" Überlegung, dass moderne, kinderarme Gesellschaften über technologische Überlegenheit die Ausübung von Luftmacht gegenüber bodengebundenen und potentiell verlustreicheren Einsatzszenarien präferieren, selbst wenn deren Synchronisation allein den unmittelbaren und langfristigen militärischen Erfolg sichern können, erklärt letztlich auch die – indes „konventionellen" – Renaissancen des Ansatzes von Douhet vornehmlich im Umfeld des Golfkrieges von 1991[122] und danach in den USA, die als einzige Nation derzeit in der Lage ist, strategische Luftmacht global zu projizieren.[123]

7.   Fazit

Der Blick auf die Militärgeschichte des 20. Jahrhunderts zeigt unter der Perspektive der Frage nach Genese und Entwicklung von „Luftmacht" und deren Ausübung: Die technologischen und theoretischen Schübe erfolgten einerseits parallel zur Weiterentwicklung des Kriegsbildes wie dieses andererseits auf jene zurückwirkte – so war es nach dem Ersten Weltkrieg, während und nach dem Zweiten Weltkrieg mit Beginn des Nuklearzeitalters sowie nach dem Kalten

---

tions – A Study in the Limitations of Theoretical Warfare, in: Air University Review 37 (Sep-Oct 1986), S. 94-99.

[122] Es mag Zufall sein – kurz vor Beginn von "Desert Storm" erschien ein Beitrag, bei dem schon der Titel erstaunt: Richard H. Estes, Giulio Douhet: More on Target than he knew, in: Airpower Journal (Winter 1990); zur Rezeption unmittelbar nach der Operation vgl. John F. Jones, Giulio Douhet Vindicated: Desert Storm 1991, in: Naval War College Review 45 (Autumn 1992), S. 97-101 und Air Vice-Marshall R. A. Mason, The Air War in the Gulf, in: Survival 33 (3), May/June 1991, S. 211-229, hier S. 225: „The Gulf war marked the apotheosis of twentieth century air power".

[123] Vgl. Phillip S. Meilinger, Giulio Douhet and Modern War, in: Comparative Strategy 12 (July-September 1993), S. 321-338 sowie Vuitel, Doktrin und Technologie (wie Anm. 24), S. 11 und Silvanus T. Gilbert, What will Douhet think of next?: An Analysis of the Impact of Stealth Technology on the Evolution of Strategic Bombing Doctrine, Maxwell AFB, AL 1993. Tatsächlich aber basierte die US-Luftkriegsoperation vornehmlich auf dessen Adaption durch Col. John Warden; vgl. dazu John Andreas Olson, John Warden and the Renaissance of American Air Power, Dallas (VA) 2007. Lohnend für die US-Diskussion ist Friedrich Korkisch, Luftkriegsdoktrin in der Diskussion. Kann Air Power allein politische Ziele erreichen?, in: ÖMZ 5/1999, S. 575-586.

Krieg insbesondere im Umfeld von „Desert Storm", als in den USA Chancen, Potenziale, Kosten und Probleme des Luftkrieges in Unmengen an Büchern und Aufsätzen behandelt wurden. Und keiner der Autoren kam dabei um einen Rückblick auf Douhet herum, womit dieser paradoxerweise konterkariert wurde, ging es ihm doch grundsätzlich und theoretisch um das Zurücklassen der Vergangenheit und die Eroberung der Zukunft durch die Konzentration auf Luftmacht.

Hier zeigte sich perspektivisch ein zentrales Problem der Strategiebildung bei Douhet: In der Euphorie seiner eigenen Überzeugungen ließ Douhet nämlich jenen Aspekt außer Acht, dass jeder neuen Offensivoption – das „Schwert" – im Abstand einiger Zeit eine Defensivoption – der „Schild" – folgte. Tatsächlich erkannte Douhet nicht die Funktion des Flugzeuges als integraler Bestandteil des industrialisierten und totalen Krieges, der, als ein „open-end-Prozess", dessen rüstungswirtschaftlichen, technischen, strategischen und politischen Wechselwirkungen ausgesetzt war und somit eher zur Verschärfung der Totalität und Verlängerung als zur Abkürzung der Kriegsdauer beitrug.

Dabei scheint es geradezu paradox zu sein, dass seine technizistische Betrachtung der zukünftigen Kriegführung technologische Quantensprünge nur bei den Luftstreitkräften „vorsah" – und dies zu einem Zeitpunkt als die „Panzerwaffe" die bodengebundene Überwindung statischer Kriegführung ermöglichte und gleichzeitig Technologieschübe die U-Boot-Waffe zu einem scharfen Instrument der Seekriegführung machten. Deshalb ist seine „Luftkriegstrategie" nur eine „Teil-Strategie" des Krieges – und damit auch nur ein Glied in der langen Kette der theoretischen und praktischen Weiterentwicklung innerhalb der Geschichte des Kriegs- resp. Militärwesens, selbst wenn er mit seinen Theoremen aus dieser „ausbrechen" wollte. Wer aber wie Douhet ein „strategisches" Ziel hat, wird die bisherigen „Hauptkriegsschauplätze", i.e. die dominante Rolle von Heer und Marine, zu „Nebenkriegsschauplätzen" degradieren müssen, um die Relevanz des neuen Gedankengutes medial eingängig und wirkungsmächtig platzieren zu können.

Gleichwohl: Das Douhets strategischer Philosophie zugrunde liegende Gedankengebäude war zwar revolutionär, nicht jedoch einzigartig. Große Teile seiner Postulate waren einfach zu evident als dass sie hierfür einen wie auch immer gearteten „Genius" benötigt hätten. Bereits während des Ersten Weltkrieges wurde von fast allen Nationen das Potential der „neuen Dimension" der Luftkriegführung antizipatorisch erfasst und niedergeschrieben. Douhet war also – wie alle militärischen Denker und Pragmatiker vor und nach ihm, mochten sie sich selbst und ihre neuen Ansätze auch stets als einzigartig und „ewig" einstufen – ein geradezu typischer Vertreter seiner Zeit: einerseits geprägt von den den eigenen Erlebnis- und Erfahrungshorizont begrenzenden politisch-gesellschaftlichen, sozio-kulturellen sowie strategischen und technischen Rahmenbedingungen und andererseits bestrebt, diese in der jeweiligen Gegenwart für die Zukunft „zu überwinden". Damit machte er das, was viele Militärs nach dem Ersten Weltkrieg unternahmen – (militär-)technische und operative resp. strategische Lösungen für die Zukunft zu ersinnen. Vor dem Erfahrungshintergrund des vorangegangenen Ersten Weltkrieges wollte sich Douhet die Hoffnung auf einen schnellen militärischen Sieg im Zukunftskrieg durch die permanente Mobilisierung der Wehrkraft eines Staates erkaufen, der im Frieden mit starken Luftstreitkräften „toujours en vedette" zu sein hatte.

Erst durch die Herauslösung aus der genuin militärstrategischen Perspektive Italiens erklärt sich die theorie-immanente Einseitigkeit seiner Lehre – erst so wurde sie zum „Douhetismus". Dieser Prozess geschah indes quasi gegen seinen Willen. Dennoch gilt es noch auf einen weiteren Punkt hinzuweisen: Die „Lehre" Douhets setzt auf politischer und militärischer Ebene eine Symmetrie der Macht voraus. Entscheidend war ihm neben dem Vorhandensein rüstungsindustrieller Grundlagen, überlegener Führung, Organisation und Ausbildung insbesondere der Wille davon auch Gebrauch zu machen. Er dachte bei der Genese seiner Doktrin jedoch nur an symmetrische „totale" Dimensionen des Luftkrieges und setzte eine politische und militärische zentralisierte Führungsstruktur voraus.

Die Ziele seiner strategischen Bombardements waren jene, die zur damaligen Zeit von vitalem Interesse der kriegführenden Nationen waren – und für Douhet stand dabei stets Italiens wehrgeographische Position im Zentrum seiner Ausführungen und Forderungen. Die dabei selbstverständlich auftretenden realen und theoretischen „Friktionen" zu kritisieren ist legitim, sie sind indes auch historisch zu kontextualisieren, um Douhets Vorstellungen als einen Beitrag zur Strategiebildung angemessen zu würdigen: *„Considering that it took over two thousand years of warfare on land and sea to produce Henri de Jomini, Carl von Clausewitz, and Alfred Thayer Mahan, we should not be overcritical of the airman who began writing a theory of air war scarcely one decade after the invention of the airplane."*[124]

---

[124] Meilinger, Douhet (wie Anm. 13), S. 34.

Damit lässt sich am „Argument Geschichte" feststellen, dass die Lehre von Douhet einerseits zeittypische nationale Überlegungen und vom Enthusiasmus geleitete Überinterpretationen enthält, andererseits aber – abstrahiert – über eine zeitlose Gültigkeit und Bedeutung für die Theoriebildung und Ausübung von Luftmacht verfügt, die jedoch eine gegenwartsbezogene Kontextualisierung notwendig macht.

Entscheidend war, ist und bleibt vielmehr, wie ein neuartiger Denkansatz weiterentwickelt wird. Hier bleibt es die Kunst der Militär- und Strategiewissenschaft, die zeitgebundenen Annahmen und Methoden von den Prinzipien zu trennen. Im Sinne einer Abstraktion ist deshalb festzuhalten: Zielsetzungen, Mittel und Methoden unterliegen zwar dem Wandel – sie hätten sich aber auch schon zu Zeiten Douhets unter dem freilich auch heute noch unterschiedlichsten Deutungen unterworfenen Begriff „center of gravity"[125] zusammenfassen lassen können. Und vielleicht ist gerade die – etwas ahistorisch formuliert – „B-2"-Perspektive von Douhet der Grund dafür, dass er fast ausschließlich in der US Air Force Gegenstand einer kontinuierlichen Rezeption geworden ist.

Tatsächlich ist heute die Verhinderung der multiplen Dimensionen von Potentialentfaltung des Gegners die – „negative" – Zielsetzung von „Luftmacht", wobei, bedingt durch Präzisionswaffen, die Zerstörungskraft gegenüber dem effektbasierten Einsatz in den Hintergrund rückt. „Positive" Luftmacht wird in diesem idealiter multilateral abgestimmten Prozess „militärischer Diplomatie"[126] immer stärker zu einem unmittelbaren politischen Instrument, ohne indes eine Garantie für eine endgültige Entscheidung bereit zu halten.

Die Abkehr vom nuklear-dogmatischen und konventionellen „Douhetismus" verlangt, dass seine Aspekte der Luftmachtbildung flexibel in eine multiperspektivische Gesamtstrategie integriert werden, in der der Einsatz von Luftmacht nicht mehr nur im Rahmen der Militärstrategie zu sehen ist, sondern durch die Vernetzung mit unterschiedlichen Wirkungsfeldern moderner Strategie auch losgelöst vom genuin militärischen Raum zur Option wird. Da-

---

[125] Vgl. Peter Braun, Auf der Suche nach dem Zentrum der Kraftentfaltung?, in: Military Power Revue der Schweizer Armee 1/2009, S. 4-15.

[126] Vgl. hierzu etwa: Carsten Giersch, NATO und militärische Diplomatie im Kosovo-Konflikt, in: Jens Reuter/Konrad Clewing (Hrsg.), Der Kosovo-Konflikt. Ursachen, Verlauf, Perspektiven, Klagenfurt 2000, S. 443-466. Zur Reflexion über die Bedeutung von Luftmacht während des Kosovo-Konflikts vgl. Gregory L. Schulte, Revisiting NATO's Kosovo Air War. Strategic Lessons for an Era of Austerity, in: Joint Forces Quarterly 71 (4/2013), S. 14-19.

mit sind auch viele Kritikpunkte an Douhet perspektivisch und strategisch von vernachlässigbarer Relevanz, denn ohne Luftmacht und Luftherrschaft sind keine land- und seegebundenen Operationen mehr möglich, es sei denn, größere Verluste würden in Kauf genommen.

Indes: was passiert, wenn die Ziele, auf die „Luftmacht" zu richten ist, nicht da sind – sei es aufgrund einer politischen „Selbstbeschränkung" oder „zivilisatorischer" Asymmetrie? Massive Luftschläge mit „Kollateralschäden" – insbesondere auch an der „Medienfront" – sind daher in der Gegenwart aus Rücksichtnahme auf die quasi-legitimatorische öffentliche (Welt-) Meinung im „CNN-Zeitalter" undenkbar geworden sowie aus Gründen politischer und wirtschaftlicher Wiederaufbauleistungen nach dem Konflikt militärisch und politisch kontraproduktiv. Diese Feststellung gilt freilich eher für „Auslandseinsätze" von „Expeditionsstreitkräften" als für Staaten, die sich einer (vermeintlich) existentiellen staatspolitischen Herausforderung gegenübersehen. Im Falle einer Selbstverteidigung kann der „moderne" Luftkrieg auch wieder zu einem mit „klassischen" Zielsetzungen werden.

Gleichwohl: Dass politische und terroristische Akteure im Nahen und Mittleren Osten für die Durchsetzung ihrer Ziele Verluste in der eigenen Bevölkerung durch gegnerische Luftschläge bewusst in ihr Kalkül einbeziehen,[127] war für Douhet noch unvorstellbar, wenngleich er bereits die grundsätzliche Fragestellung parat hatte: *„Das Studium des politischen Einflusses dieser neuen Waffe wäre allein schon interessant."*[128] Was er hier für „seine" Bomber schrieb, gilt heute natürlich auch für vorhandene und nicht-vorhandene sowie zukünftige Drohnen.

---

[127] Vgl. James S. Corum, On Airpower, Land-Power, and Counterinsurgency. Getting Doctrine Right, in: Joint Forces Quarterly 49 (2/2008), S. 92-97, hier S. 96.

[128] Douhet, S. 70.

Christian Taube

Frauen im fliegerischen Dienst im Zeitalter der Weltkriege

1.   Einleitung

Heute sind die ersten Frauen im fliegerischen Dienst der Bundeswehr einge-setzt. Vielen vielleicht unbekannt, war jedoch auch in Deutschland im Zweiten Weltkrieg (2. WK) die Anzahl der aktiven Pilotinnen im Militärdienst nicht geringer als heute. Im 2. WK wurden Frauen in einem Umfang wie seitdem nie wieder in militärischen Einheiten eingesetzt – dies nahm auch die Luftstreit-kräfte nicht aus. Im Folgenden wird geschildert, inwiefern sich Fliegerinnen im Zeitalter der Weltkriege zu behaupten versuchten, welche beachtlichen Erfolge sie erzielten, wie aber letztlich der Pilotenberuf in allen betrachteten Ländern wieder eine nahezu rein männliche Domäne wurde und die Fliegerinnen schließlich in vielen Fällen in Vergessenheit gerieten.

Nach wie vor ist die Fliegerei ein Männerberuf – die Frauenquote auch unter den Piloten der zivilen Luftfahrtgesellschaften liegt weltweit nur bei ca. 2,5 Prozent. Aber bereits 1910 flog Katherine Wright – Schwester der berühm-ten Gebrüder Wright – mit einem der ersten Flugzeuge. Die 1920er und 1930er Jahre – auch als „Goldenes Zeitalter der Fliegerei" bezeichnet – mach-ten das Fliegen für Frauen so populär wie vielleicht nie wieder. Die US-Amerikanerin Amelia Earhart überflog den Atlantik, Amy Johnson wurde durch ihren Flug nach Australien bekannteste Fliegerin in Großbritannien, die deutsche Pilotin Marga von Etzdorf flog als erste Frau von Europa allein nach Tokio und Elly Beinhorn machte sich durch ihre Afrikaflüge einen Namen – alle diese Fliegerinnen schrieben durch ihre Pionierleistungen Geschichte. Zahlreiche paramilitärische Organisationen der 1930er Jahre bildeten im Fol-genden auch interessierte Frauen als Pilotinnen aus. Eine historische Einmalig-keit stellen die drei sowjetischen Fliegerinnenregimenter dar, die drei Jahre durchgängig im Kampfeinsatz gegen die deutsche Luftwaffe standen.

In den USA bildeten während des 2. WK die Women Airforce Service Pilots (WASP) eine rein weibliche Einheit, in der um die 1000 Pilotinnen ihre Zulassung zum Führen von Militärmaschinen erhielten. In Großbritannien dienten über 100 Pilotinnen im Air Transport Auxiliary, einer paramilitärischen Organisation, die von 1940-45 um die 300.000 Flugzeuge überführte und so eine wichtige Rolle im Luftkrieg des Vereinigten Königreiches spielte. Zahlenmäßig deutlich geringer wurden in Deutschland Pilotinnen unter anderem im Überführungsgeschwader I und an der Luftwaffen-Erprobungsstelle Rechlin eingesetzt – unter ihnen bekannte Fliegerinnen wie Hanna Reitsch und Melitta Schenk Gräfin von Stauffenberg.

2.   Erster Weltkrieg

Eine fliegerische Ausbildung von Frauen fand in verschiedenen Ländern (z.B. Deutsches Reich, USA, Frankreich) schon vor 1914 statt, wie heute lag die Frauenquote der Flugschüler unter 10 Prozent. Ausgebildete Pilotinnen stellten im Ersten Weltkrieg bei einigen Regierungen (z.B. Italien, Russland, USA) Anträge auf Militäreinsätze, welche abschlägig beschieden wurden. In Russland hingegen wurden Aufklärungsflüge einer entfernten Cousine des Zaren gestattet. Fürstin Jewgenija Schachowskaja wurde so zur offiziell ersten Militärfliegerin der Geschichte. Sie flog ihre Aufklärungsflüge in Uniform, aber ohne Bewaffnung. Per Brief hatte sie sich persönlich bei Zar Nikolaus II. freiwillig für den Dienst bei der Fliegertruppe gemeldet. Sie dient so als erstes von vielen

Jewgenija M. Schachowskaja   Ruth Law   Marjorie Stinson

Beispielen für den nötigen Kontakt von Fliegerinnen zur höchsten Führung eines Landes, um gesellschaftliche Konventionen durchbrechen und im Militär eingesetzt werden zu können. Der US-Pilotin Ruth Law fehlten diese Kontakte. Ihre Bewerbung für den militärischen Einsatz wurde zurückgewiesen, denn dies war ausschließlich Männern gestattet. Sie durfte jedoch in Folge ihrer Bewerbung eine Unteroffiziers-Uniform tragen und für Kriegsanleihen werben.

Laws öffentlichkeitswirksamer Auftritt beeinflusste in der Zwischenkriegszeit zahlreiche Frauen in den USA das Fliegen zu erlernen. Auch in Kanada wurden Pilotinnen militärisch aktiv: Marjorie Stinson bildete Kanadier aus, die sich als Freiwillige den britischen Luftstreitkräften anschlossen. In Frankreich flog die Belgierin Hélène Dutrieu angeblich in der Pariser Luftwache, Belege hierfür sind jedoch rar. Nachweislich setzte sie sich jedoch für die Schaffung einer „Medevac"-Komponente ein, da sie im Ersten Weltkrieg als Fahrerin im Sanitätsdienst eingesetzt wurde und der Meinung war, per Flugzeug schneller Verwundeten helfen zu können. Dieses Vorhaben konnte mit den damaligen Fluggeräten allerdings noch nicht realisiert werden. In Deutschland waren Fliegerinnen zumindest in der Rüstungsindustrie aktiv. Käthe Paulus, bekannte Ballonfliegerin und Fallschirmspringerin, fertigte mit ihrer Firma im Auftrag des preußischen Kriegsministeriums Fallschirme für die Luftstreitkräfte und erhielt dafür das Verdienstkreuz für Kriegshilfe.

Dies sind nur einige Beispiele, die illustrieren, dass das Verlangen der Fliegerinnen nach Teilnahme am militärischen Flugwesen ein transnationales Phänomen war – von Russland bis Amerika strebten Frauen im Ersten Weltkrieg und nach Kriegsende nach Geltung in der Luft.

3. Die Zwischenkriegszeit – das „Goldene Zeitalter der Fliegerei"

Deutschland

Der Weg in die Fliegerei war für Frauen in der Zwischenkriegszeit allerorts schwierig, in Deutschland aber besonders. Die Motorfliegerei wurde gemäß den Bestimmungen des Versailler Vertrages zunächst untersagt, erlaubt blieb nur das Segelfliegen. Nach Kriegsende waren viele ehemalige Kampfpiloten arbeitslos oder reisten nach Aufnahme des zivilen Luftverkehrs ab Mitte der 1920er mit Luftshows durch die Lande. – so zum Beispiel der hoch dekorierte Ernst Udet, späterer "Generalluftzeugmeister" der nationalsozialistischen Luftwaffe, der auch einige begabte Fliegerinnen förderte: Thea Rasche, Marga von Etzdorf und Elly Beinhorn wurden durch ihn protegiert. Frauen, die in die Fliegerei strebten, mussten allerdings neben dem Kampf gegen oft störanfällige Technik und schwierige Flugbedingungen auch den gegen die gesellschaftlichen Normen ausfechten.

Marga von Etzdorf ist ein gutes Beispiel für diesen Kampf. Zunächst gelang es ihr, durch Selbststudium zur ersten deutsche Berufsfliegerin zu werden – obwohl Frauen nicht an der deutschen Verkehrsfliegerschule zugelassen waren, bestand sie die Prüfung der Deutschen Lufthansa. Etzdorf wurde Ende der 1920er als Co-Pilotin auf innerdeutschen Strecken eingesetzt – die zweite Lufthansa-Pilotin schaffte dieses erst in den 1970er Jahren. Dazu wurde sie, um die Passagiere nicht zu verschrecken, lediglich als „Flugkapitän von Etzdorf" angekündigt. Weitere Bekanntheit erlangte sie 1931 durch einen Alleinflug nach Japan. Sie gelangte zu enormer Popularität, ähnlich der Elly Beinhorns. In Folge von zwei Flugzeugabstürzen bei Rekordflugversuchen und des drohenden finanziellen Ruins nahm sie sich 1933 in Syrien das Leben.

Langstreckenflüge wie der nach Tokio verdeutlichen, wie Frauen zur Popularität des Fliegens beitrugen. Die einfache Beherrschbarkeit der Maschinen „selbst von Frauen" schaffte Vertrauen in die Hersteller und ermöglichte vielen Fliegerinnen den Einstieg in profitable Werbeverträge.

Elly Beinhorn wurde in den 1920ern als Kunstfliegerin bekannt. Berühmtheit erlangte sie durch ihre Transkontinentalflüge nach Afrika und Asien – zuletzt mit der Messerschmitt Bf 108 „Taifun". Thea Rasche als letztes deutsches Beispiel erlangte durch ihre Rekordflüge nicht nur in Deutschland sondern auch in den USA einen hohen Bekanntheitsgrad. 1927 wurde sie nach einem Flug über New York von Charles Lindbergh, dem im selben Jahr als erstem Piloten mit einem Flugzeug die Überquerung des Atlantiks gelungen war, und US-Präsident Coolidge empfangen. Ihr wurde vorgeschlagen, als erste Frau den Atlantik zu überfliegen, finanziert von den USA, wenn sie sich dort einbürgern ließe. Sie lehnte ab und die erste Frau, die schließlich den Atlantik allein überquerte, wurde 1932 Amelia Earhart. Diese Episode veranschaulicht den enormen Propagandawert der Fliegerinnen – bis in höchste Staatsebenen wurde dieser in vielen Ländern erkannt und genutzt. Fliegerinnen wurden zum Aushängeschild der Fortschrittlichkeit einer Nation.

USA und Großbritannien

Nach dem alleinigen Transatlantikflug Earharts verlieh US-Präsident Hoover ihr 1932 die Goldmedaille der National Geographic Society. Earhart vertrat die Ansicht, dass der Krieg eine der letzten Domänen der Männer wäre, zukünftig müssten auch Frauen eingezogen werden und in wichtigen militärischen Positionen vertreten sein. Sie betonte, dass an Frauen dieselben Maßstäbe angelegt werden sollten wie an Männer, denn Frauen hätten ihr Geschlecht schon viel zu lange als Ausflucht benutzt. Sie brachte Eleanor Roosevelt das Fliegen nahe, welche sich im Zweiten Weltkrieg dafür stark machte, Frauen im fliegerischen Dienst für die USA einzusetzen. Ohne Earharts Einfluss auf Roosevelt wäre dies nicht geschehen. Auch der von Earhart 1929 mit gegründete Fliegerinnenverband der „99er" stellte einen wichtigen Beitrag zur Emanzipation der Frauen in der Luftfahrt dar. Der Club, dem zunächst 99 Pilotinnen angehörten, hatte unter anderem zum Ziel, Fliegerinnen bei der Ausübung von Hilfeleistungen bei Notlagen, hervorgerufen durch Naturkatastrophen und Krieg, zu unterstützen.

1937 verschwand sie bei dem Versuch, den Pazifik zu überqueren. Wesentlich für ihre Verdienste für die Fliegerinnen ist aber, dass sie den Kontakt zur höchsten Staatsführung herstellte.

Sowjetunion

In der Sowjetunion gab es eine spezielle Entwicklung: zu den ersten politischen Maßnahmen der neuen Regierung gehörte 1917 die rechtliche Gleichstellung von Mann und Frau. Dies führte hauptsächlich zu Millionen von sowjetischen Arbeiterinnen, aber auch zu zahlreichen Freiwilligenmeldungen von Frauen, die im Bürgerkrieg von 1917 bis 1923 auf der Seite der Kommunistischen Partei kämpften. Nach 1923 schickte die Regierung allerdings alle weiblichen Waffenträger nach Hause und beschränkte die allgemeine Wehrpflicht auf die Männer. Obwohl bereits im Bürgerkrieg der 1920er Jahre zahlreiche Frauen an der Waffe dienten, stieß die gesetzliche Gleichberechtigung angesichts der alten Vorbehalte der männlichen Entscheidungsträger an ihre Grenzen. Wie heute auch, waren große Teile des Militärs der Meinung, Soldatentum und Fliegerei seien keine „Frauensache" und so wurden Frauen oftmals daran gehindert, in Männerdomänen wie die Fliegerei zu gelangen, obwohl sie formell „jedermann" offenstanden. Nur durch Durchhaltewillen schafften es Frauen wie Marina Raskowa – auch die sowjetische „Amelia Earhart" genannt – ihren Traum vom Fliegen zu verwirklichen. 1938 errang sie in einer Tupolew DB-2 „Rodina" (Heimat) zusammen mit Walentina Grisodubowa und Polina Ossipenko in 26 Stunden und 29 Minuten einen Weltrekord im Nonstopflug auf einer Geraden von 5908 Kilometer auf der Strecke Moskau - Ochotskisches Meer. Kurz vor Ende des Fluges ging dem Flugzeug der Treibstoff aus – trotz Notlandung wurde den drei Fliegerinnen am 2. November 1938 als ersten Frauen der Titel „Held der Sowjetunion", die höchste staatliche Auszeichnung des Landes, verliehen. Dies stellte nicht nur einen Propagandasieg dar. Die sowjetische Luftwaffe nutzte die Möglichkeiten der Langstreckenflüge auch für strategische Konzeptionen. Das Nachfolgemodell der „Rodina" – die Tupolew DB-3 – wurde zu einem der wichtigsten mittleren Bomber für die sowjetischen Fernfliegerkräfte. Die Rekordfliegerinnen wurden von der Sowjetführung in Moskau empfangen und direkte Kontakte zur Staatsführung konnten so etabliert werden. Raskowa nutzte diese drei Jahre später, als sie nach dem deutschen Überfall auf die UdSSR erfolgreich Stalin um die Aufstellung weiblicher Fliegereinheiten ersuchte.

4.   Paramilitärische Organisationen der 1930er Jahre

Die 1927 in der Sowjetunion entstandene OSOAVIAKHIM (kurz für: Gesellschaft zur Förderung der Verteidigung, des Flugwesens und der Chemie) bildete Mädchen und Jungen in allen Zweigen der Zivilverteidigung aus. Gegründet wurde die OSOAVIAKHIM durch den Zusammenschluss der „Militärwissenschaftlichen Gesellschaft", der „Gesellschaft der Freunde der Luftflotte" sowie der „Gesellschaft der Freunde der chemischen Verteidigung und chemischen Industrie". Jugendliche wurden im Motor- und Flugsport, im Fallschirmspringen, Schießen usw. ausgebildet. Auch wenn Mädchen es schwer hatten, die begehrten Pilotenausbildungen zu bekommen und hartnäckig auf ihre Rechte bestehen mussten, gelang es dennoch vielen. 1941 meldeten sich über 100 ausgebildete Pilotinnen freiwillig, um in die von Marina Raskowa neu aufzustellenden Fliegerinnen-Regimenter integriert zu werden.

Auch in Deutschland wurde die Sportfliegerei insgeheim von der Reichswehr für Pilotenschulungen genutzt. Zahlreiche Tarnvereine dienten in den 1920er Jahren zur Auffrischung der Kenntnisse von Piloten. In den 1930er Jahren wurde das paramilitärische Sportfliegen systematisiert und über mehrere Zwischenschritte sämtliche sportfliegerischen Aktivitäten des Deutschen Luft-sport-Verbandes (DLV) im Nationalsozialistischen Fliegerkorps (NSFK) ge-bündelt, das ab 1937 den Pilotennachwuchs für Luftwaffe schulen sollte. Frau-en waren dort nicht mehr als aktive Mitglieder erwünscht.

Auch in Großbritannien und in den USA wurden in den 1930er Jahren paramilitärische Fliegerverbände gegründet. Im Juli 1938 rief die britische Re-gierung die Civil Air Guard (CAG) ins Leben, die im Falle eines Notstandes die RAF mit Hilfsdiensten unterstützen sollte.

1939 wurde in den USA das Civilian Pilot Training Program (CPTP) gegründet, ein staatlich unterstütztes Projekt, das unter Einfluss vom Chef des US Army Air Corps, General Henry Arnold College-Studenten zu subventio-niertem Flugunterricht ermutigen sollte. Bis 1944 nahmen im Zuge des in „War Training Service" (WTS) umbenannten Programmes über 400.000 Stu-denten Flugstunden, unter ihnen auch Frauen wie Opal Kunz, die ihrerseits als Fluglehrerin über 400 Männer ausbildete, die danach in die US-Army Air Forces eintraten.

Die 1941 aufgestellte Civil Air Patrol *(CAP)* bildete in den USA weiter-hin eine Möglichkeit, auch die zivilen Luftfahrzeuge der Bürger für die Über-wachung der ausgedehnten Landesgrenzen paramilitärisch einzusetzen. Am Ende des Zweiten Weltkrieges wurde die CAP eine zivile Einheit der United States Air Force. Heute wird sie nicht mehr zu Kriegszwecken genutzt, son-dern zu gemeinnützigen und Lehrzwecken. CAG, CPTP/ WTS wie auch CAP standen weiblichen Mitgliedern offen.

5. Zweiter Weltkrieg

Die Idee von Pilotinnen im Militärdienst stieß vielerorts auf Widerstände, her-vorgerufen durch Vorurteile gegenüber Frauen. Respekt konnten sich die Flie-gerinnen nach der anfänglichen Ablehnung nur durch Leistung verdienen.

Deutschland

In Deutschland taten sich besonders zwei Fliegerinnen hervor: Hanna Reitsch und Melitta Schenk Gräfin von Stauffenberg wurden in Deutschland zu den berühmtesten Fliegerinnen des „Dritten Reiches". Sie wurden beide als einzige Frauen für ihre Leistungen in der Luftfahrtforschung zum Flugkapitän ernannt und erhielten jeweils das Eiserne Kreuz 2. Klasse. Bereits 1936 wurde Reitsch einer großen Öffentlichkeit bekannt, als sie auf Anweisung Ernst Udets in der Deutschlandhalle in Berlin einen der ersten funktionsfähigen Hubschrauber, Typ Focke-Wulff Fw 61, vorführte. Reitsch testete in der Folgezeit bei der Deutschen Forschungsanstalt für Segelflug, dann in der Luftwaffenerprobungsstelle Rechlin neuartiges Luftkriegsmaterial. Der von ihr erprobte Lastensegler DFS brachte bei seinem erstmaligen Kampfeinsatz lautlos Luftlandepioniere zum Ziel, was 1940 entscheidend zum Fall der belgischen Festung Eben Emael beitrug. Weiterhin testete Reitsch Strahlflugzeuge wie den Objektschutzjäger Messerschmitt Me 163 „Komet" und den „Volksjäger" Heinkel He 162. Nach einem lebensgefährlichen Absturz mit der Me 163 wurde ihr das Eiserne Kreuz 1. Klasse verliehen. Sie wahrte bis zuletzt direkte Kontakte zum NS-Regime und setzte sich persönlich bei Hitler für einen Selbstopfereinsatz ein. Zu diesem Zweck flog sie probeweise eine bemannte Version der V1-Rakete, welche sich gegen eine Invasionsflotte hätte richten können – ein solcher Selbstmordeinsatz wurde im Gegensatz zu Japan in Deutschland nicht umgesetzt. Ihren berühmtesten Flug machte sie im April 1945, als sie den designierten Nachfolger Hermann Görings – Generaloberst Robert Ritter von Greim – mit einem Fieseler Storch in das bereits von der Roten Armee abgeriegelte Berlin flog, vor dem Brandenburger Tor landete und auf demselben Weg wieder aus Berlin nach Schleswig-Holstein gelangte, wo sie den Reichsführer-SS, Heinrich Himmler, aufsuchte. Nach dem Krieg blieb sie bis in die 1970er als Segelfliegerin aktiv.

Bild folgende Seite (v.o.n.u.):
Hanna Reitsch, Ann Baumgartner (USA), Beate Uhse

Melitta Schenk Gräfin von Stauffenberg geb. Schiller blieb im Verhältnis zu Reitsch der Öffentlichkeit fern. Schiller erwarb in den 1920er Jahren ihr Diplom in Ingenieurwesen und arbeitete bei verschiedenen Luftwaffenentwicklungsstellen. Anders als Reitsch war sie als Wissenschaftlerin direkt in die Entwicklung eingebunden und testete ihr Material als sogenannte Ingenieurpilotin auch selbst. Ihren beruflichen Schwerpunkt fand sie in der Entwicklung zuerst von Sturzkampfvisieren und im späteren Verlauf des Krieges von Panzerabwehrvisieren für die Typen Junkers JU 87 und JU 88. Die Anzahl ihrer Sturz-flüge – bis zu 15 am Tag, insgesamt mehrere Tausend – wurde gemäß ihrer eigenen Aussage von keinem Piloten im Krieg übertroffen. Ihre Eltern sahen diese gefährliche Tätigkeit nicht gerne. Erfolglos setzen sie sich bei Hermann Göring dafür ein, sie von ihren Aufgaben zu entbinden. Da sie teils jüdische Vorfahren hatte, gleichzeitig aber kriegswichtige Arbeiten verrichtete, erwirkte Göring für sie einen Ausnahmeantrag, der sie „Ariern" gleichsetzte. 1944 pro-movierte sie und wurde an der Technischen Akademie der Luftwaffe in Berlin-Gatow zur Technischen Leiterin der Versuchsstelle für Flugsondergeräte er-nannt. Als Schwägerin des Hitler-Attentäters Stauffenberg geriet sie 1944 für kurze Zeit in Sippenhaft, wurde jedoch wiederum aufgrund ihrer kriegswichti-gen Aufgaben entlassen. 1945 wurde sie bei dem Versuch, den Aufenthaltsort ihres im KZ inhaftierten Mannes ausfindig zu machen, abgeschossen, höchst-wahrscheinlich von US-Jagdfliegern, und erlag ihren schweren Verwundungen.

Melitta Schenk Gräfin von Stauffenberg im Cockpit und am Reißbrett

Der Einsatz der – wie diese zwei Beispiele zeigen – durchaus qualifi-zierten deutschen Fliegerinnen erfolgte jedoch nur vereinzelt im Gegensatz zu den anderen betrachteten Ländern. Dennoch mögen es einige Dutzend Fliege-rinnen gewesen sein, die Militärmaschinen flogen, wobei Belege hierfür rar sind

(Die Unterlagen zur Luftwaffe des Zweiten Weltkrieges wurden zu 90 Prozent auf Befehl der Luftwaffenführung vernichtet. Reste sind u.a. im Militärarchiv Freiburg einsehbar). Unter anderem setzte das Überführungskommando I, welches Funktionen vergleichbar der britischen ATA wahrnahm, Pilotinnen ein. An anderer Stelle war z.B. die ehemalige Kunstfliegerin Vera von Bissing Leiterin einer NSFK-Einrichtung, die neue, überholte oder reparierte Flugzeuge zu den Luftparks brachte und Kurierflüge durchführte. Erhaltene Flugbücher deuten insgesamt allerdings auf eine wenig effiziente Organisationsstruktur hin. Elly Beinhorn zog sich von der Überführungsfliegerei 1941 enttäuscht ins Privatleben zurück. Die ehemalige Kunstfliegerin Lisl Bach berichtet hingegen von Flügen mit JU 87 im Kölner Raum, wo sie sich dem Beschuss feindlicher Jäger durch ihre Kunstflugerfahrung entziehen konnte. Beate Köstlin, welche im Krieg ihren Fluglehrer Hans-Jürgen Uhse heiratete und nach dem Krieg als Unternehmerin bekannt wurde, schreibt in ihren Memoiren, dass die Maschinen auf Überführungsflügen zwar bewaffnet und aufmunitioniert waren, die Überführungsflieger ohne Jagdfliegerausbildung aber jede Luftkampfsituation wohlweislich mieden und möglichst tief flogen, um unentdeckt ans Flugziel zu gelangen. Beate Uhses Flugbuch weist wochenlange Phasen ohne Flugauftrag aus, allerdings auch eine 15minütige Einweisung auf dem Strahlflugzeug Messerschmitt Me 262 im April 1945.

6. Jet-Pilotinnen: Hanna Reitsch, Ann Baumgartner und Beate Uhse

Ein derart geringer Einsatz der deutschen Pilotinnen erstaunt, litt die Luftwaffe doch zunehmend an Pilotenmangel. Gerade die Ausbildungstätigkeit war unbeliebt bei Piloten, denn sie versprach nicht das Prestige wie der Fronteinsatz. So wurden vor allem „ausgebrannte" Piloten in der Ausbildung eingesetzt. Auch Verbindungs- bzw. Kurierflüge waren Tätigkeiten, für die „abgeflogene" Flieger verwendet wurden. Neben der Ausbildung von Piloten war dies zwar ein adäquates Betätigungsfeld für Pilotinnen, das aber dem offiziell propagierten NS-Frauenbild widersprach. Erst 1944 wurde der Einsatz von Fluglehrerinnen erwogen, als zunehmend die Flieger-Hitlerjugend von Segelfliegern direkt auf den „Volksjäger" Heinkel He 162 umgeschult werden sollte, was Adolf Galland, General der Jagdflieger, im Nachhinein zutreffend einen „irrsinnigen Gedanken" nannte. Hier wurden nun Ende 1944 Ausbilderinnen hinzugezogen, unter ihnen z.B. Elisabeth Hartmann, die in ihrer 1933 gegründeten Flugschule in Weil im Schönbuch bereits ihrem Sohn Erich Hartmann, dem späterhin nach Abschüssen (352) erfolgreichsten Jagdflieger der Kriegsgeschichte, erfolgreich die Grundzüge des Fliegens beigebracht hatte.

Großbritannien

Mitglieder des hauptsächlich aus Frauen bestehenden Ferry Pilots Pool No. 5 in Hatfield

Ein komplett anderes Bild bot die Organisation der Frauen im Vereinigten Königreich. Die Piloten und Pilotinnen der Air Transport Auxiliaury (ATA) waren hochgeachtet und wurden dringend benötigt. Die ATA hatte eine extrem gute Sicherheitsstatistik (0,3 Prozent Unfälle bei 300.000 Flügen im Vergleich zu den über 10 Prozent Unfällen ohne Feindeinwirkung bei der deutschen Luftwaffe 1944), eine effiziente Trainingsorganisation und gleiche Bezahlung für Frauen und Männer. Die Gesamtorganisation oblag Gerard d'Erlanger, einem Vorstandsmitglied der British Overseas Airways Corporation. Die Kenntnisse über zivilen Flugbetrieb waren äußerst hilfreich, um genau zum Beginn der „Luftschlacht von England" 1940 eine effiziente Unterstützungsorganisation wie die ATA aufbauen und die Fehlerquote stets durch kluges Management minimieren zu können. Als der Zweite Weltkrieg begann, meldete sich auch die Rekordfliegerin Amy Johnson zunächst für die Royal Air Force (RAF), wurde jedoch ihres Geschlechts wegen abgelehnt. So flog sie schließlich für die ATA und nutzte ihre Prominenz, um erfolgreich gegen die schlechtere Bezahlung und die Vorurteile gegenüber den weiblichen Piloten zu protestieren. 1941 starb sie bei einem dieser Überführungsflüge, als ihr Flugzeug vermutlich wegen vereister Tragflächen in die Themse stürzte.

USA

Auch die USA baute mit Pilotinnen ab 1942 eine Überführungsorganisation auf. Anwärter mussten für die Women Auxiliary Ferry Squadron (WAFS) zunächst eine zivile Fluglizenz mitbringen, mindestens 500 Flugstunden sowie die Zulassung zu 200 PS-Maschinen vorweisen. Im Durchschnitt hatten die Anwärterinnen sogar über 1000 Stunden Flugerfahrung. Sie begannen unter der Führung der Testpilotin Nancy Harkness Love schnell eine effiziente Einheit zu werden. Jacqueline Cochran, Millionärsgattin und persönliche Freundin des USAAF-Generals Henry Arnold, hatte hingegen den Anspruch, selbst eine der ATA ähnliche Organisation zu leiten und reiste, um die ATA zu studieren, nach Großbritannien. Nach ihrer Rückkehr in die USA wurden die WAFS zur Women Auxiliary Service Pilots (WASP) erweitert und Cochran unterstellt. Die WASP hatte am Ende über 1000 Mitglieder, von denen die meisten (ca. 700) aber noch in der Flugausbildung waren, als die WASP Ende 1944 aufgelöst wurde. Einzig die ehemaligen WAFS-Mitglieder trugen zum Gesamterfolg der WASP entscheidend bei und hatten ähnlich gute Sicherheitsstatistiken wie die ATA. Dennoch starben über 30 WASPs in Ausübung ihres Dienstes. Auch wurden einzelne Frauen als Testpilotinnen eingesetzt. So testete z.B. Ann Baumgartner die Bell P-59, das erste Strahlflugzeug der USA. Cochran gelang es aber nicht, eine effiziente Organisation aufzubauen, die mit der ATA vergleichbar gewesen wäre. In der Öffentlichkeit wurden die Leistungen der Pilotinnen eher negativ dargestellt. Das Bild von „Glamour Girls" überwog.

Durch Testprogramme, die auf Weisung von Cochran die medizinische Qualifikation von Frauen für den Flugdienst wissenschaftlich nachweisen sollten, waren Pilotinnen oft abwesend vom Dienstort und die Überführungsleistung nahm insgesamt ab. Effizienteres Training statt Höhenexperimente wäre zielführender gewesen, als die Versetzung oder Kommandierung von Pilotinnen ohne Information der übergeordneten Führung sowie die Einforderung der Bezahlung für nicht erbrachte Leistungen und für nicht genehmigte Aufwendungen. Cochrans Wunsch nach einem offiziellen militärischen Status der WASP führte stattdessen zu deren Auflösung im Dezember 1944. Der Kongress sah die militärische Notwendigkeit nicht länger gegeben, Pilotenmangel herrschte zu diesem Zeitpunkt in den USA längst nicht mehr. Ein empörter US-Bürger schrieb in einem Brief an den Secretary of War 1943 auch in Anlehnung an die WASP empört: „The idea of women in the Armed forces is straight out of Nazi Germany and Communistic Russia", womit er im Fall Deutschland zwar falsch, aber für die Sowjetunion richtig lag.

Eine Flugzeugbesatzung der WASP

Sowjetunion

Die Sowjetunion setzte insgesamt ca. 1 Million Frauen in der Roten Armee als Soldatinnen ein. Die drei Fliegerinnenregimenter, die auf Bestreben Marina Raskowas gegründet wurden, sind in der Militärgeschichte ein Unikum. Keine anderer Verband im Zweiten Weltkrieg bestand ausschließlich aus Frauen. Zwei der Regimenter wurden nach Baumusterwechseln mit Männern aufge-füllt, da die späteren Flugzeuge eine größere Besatzung benötigten, oder beka-men männliche Kommandanten. Das Nachtbombergeschwader, von deut-schen Soldaten die „Nachthexen" genannt, blieb von 1942-1945 allerdings komplett in Frauenhand.

Das 1942 zunächst mit Yak-3-Flugzeugen ausgestattete 586. Jagdflie-gerregiment konnte sich nur schwer auszeichnen, da es im rückwärtigen Raum operierte und hauptsächlich Patrouillen und Eskorten flog. Die erfolgreichste Jagdfliegerin aller Zeiten wurde Lydia Lytviak, die zu einem regulären Jagdge-schwader (73. Garderegiment) kommandiert wurde. Sie erlangte insgesamt zwölf Abschusserfolge, unter anderem gegen den seinerseits mit elf Abschüssen erfolgreichen Unteroffizier Erwin Meier, der es nicht wahr haben wollte, von einer Frau im Luftkampf besiegt worden zu sein und dies zunächst für sowjetische Propaganda hielt. Lytviak integrierte sich gut und wurde im Juni 1943 Staffel-Kapitän. Sie steigerte sich nach dem Tod von Kameraden allerdings in die Luftkämpfe zunehmend herein, wurde auf Heimaturlaub rastlos und wollte nur noch an die Front. Sie wurde zu einem „Gefechtsjunkie" – noch 1943 stürzte sie tödlich verwundet ab.

Lydia Lytviak

Das 587. Tagbomber-Regiment wurde anfangs von Marina Raskowa kommandiert, die jedoch noch vor dem ersten Gefechtseinsatz auf einem

Überführungsflug tödlich verunfallte. Unter einem strafversetzten männlichen Kommandanten bewährte sich das Regiment gut und erhielt bald die Ernennung zum 125. Garderegiment. Am bekanntesten wurde das 588. Nachtbomber-Regiment. Ausgestattet mit alten PO-2 Doppeldeckern blieb es das einzige rein weiblich besetzte Regiment. Von den Angehörigen des später in 46. Garde-Geschwader umbenannten Verbandes erhielten 23 die Auszeichnung „Held der Sowjetunion" (von 91 insgesamt, die im Zweiten Weltkrieg an Frauen gingen. Der Orden wurde im Zweiten Weltkrieg ca. 11.600-mal verliehen). Dem Geschwader wurde ferner der Ehrenname „Taman" – nach der Halbinsel, auf der sich der Verband besonders auszeichnete – verliehen. Teils wurden zehn Einsätze pro Nacht und Crew geflogen – eine immense Belastung über drei Jahre hinweg.

Die Tätigkeit der sowjetischen Fliegerinnen wird von Reina Pennington in „Wings, Women & War" ausführlich beschrieben, welche die Frage nach der grundsätzlichen Tauglichkeit von Frauen für Kampfeinsätze positiv beantwortet. Die Fliegerinnenregimenter standen anderen Verbänden nicht nach, waren im Durchschnitt sogar effizienter, nimmt man Einsatz- und Verlustzahlen als Vergleich.

7.   Nachkriegszeit

1945 wurde die ATA aufgelöst, allerdings unter würdigeren Umständen als die WASP. Die ATA hatte ihrem Land große Dienste erwiesen, wurde von offiziellen Stellen positiv bewertet und mit feierlichem Appell aufgelöst. Dennoch gelang es keiner Pilotin, langfristig Geld bei zivilen Luftfahrtunternehmen verdienen zu können. Letztlich war die Konkurrenz durch die schiere Zahl der Ex-RAF-Flieger zu groß. Auch die ATA-Fliegerinnen wurden ähnlich den WASP-Mitgliedern zu „Forgotten Pilots" und schon Mitte der 1950er stießen Frauen, die die Fliegerei als Berufsziel hatten, auch in Großbritannien auf Unverständnis.

In der Sowjetunion wurden die heimkehrenden Soldatinnen argwöhnisch betrachtet. Der Dienst an der Front hatte einen „anrüchigen" Beigeschmack. Sowjetpräsident Kalinin sprach zwar einigen Pilotinnen stellvertretend seinen Respekt aus, sie sollten aber nicht damit rechnen, nach Ende des „Vaterländischen Krieges" im Militärdienst Karriere machen zu können. Wie in der Vorkriegszeit setzte sich auch in der Sowjetunion, trotz formeller Gleichberechtigung, ein konservatives Rollenmodell im Militär durch. Mit

Hartnäckigkeit konnten einige Pilotinnen zwar weiterhin in Lehr- und Stabsfunktionen bleiben, Kampfeinsätze blieben ihnen aber verwehrt.

In Frankreich wurde Ende der 1940er die Aufstellung von Frauenregimentern erwogen, da französische Flieger in Diensten der Roten Armee (Jagdgeschwader „Normandie-Njemen") im Gefecht gute Erfahrungen mit den sowjetischen Fliegerinnen gemacht hatten. Nach der Wahlniederlage der französischen Kommunisten 1946 wurde die Idee nicht weiter verfolgt.

Die Frage nach Fliegerinnen stellte sich in Westdeutschland nicht – eine Luftwaffe entstand erst 1956 mit Aufstellung der Bundeswehr wieder. Allerdings gab es in Ost-Deutschland mit Iris Wittig die erste deutsche Jetpilotin nach dem Zweiten Weltkrieg. Bei der Kasernierten Volkspolizei (Luft) erhielt sie 1953 ihre Einweisung auf der MIG-15. Ab 1956 war Wittig als Fluglehrerin bei den Luftstreitkräften der DDR aktiv.

Auf eine Einzelperson soll abschließend noch eingegangen werden: Sabiha Gökcen, Ziehtochter des türkischen Präsidenten und Staatsgründers der modernen Türkei Kemal Atatürk. Sie war nicht nur 1938 die erste Frau, die Kampfeinsätze flog (Bombardierung von kurdischen „Aufständischen"), sondern nach dem Beitritt der Türkei zur NATO auch die einzige Kampfpilotin des westlichen Bündnisses. Sie wurde im Koreakrieg für Tapferkeit im Kampfeinsatz gewürdigt und Ausbilderin für militärisches Flugwesen, wobei sie eine Ausnahme bildete, da die militärische Pilotenlaufbahn in der Türkei eigentlich nicht für Frauen geöffnet war. Heute ist der auf dem asiatischen Teil Istanbuls gelegene Flughafen nach ihr benannt.

8.   Fazit

Der Einsatz von Fliegerinnen im militärischen Kontext war im Zeitalter der Weltkriege keineswegs ein Einzelfall. Nach dem Zweiten Weltkrieg wurde die Militärfliegerei aber durch die zunehmende Exklusivität der teuren Strahlflugzeuge wieder zur reinen Männerdomäne. Zu groß war die Zahl der kriegserfahrenen Piloten und das Bedenken Vieler, weniger prestigeträchtige Posten am Boden annehmen zu müssen, während Pilotinnen im Cockpit säßen. Frauen wurde zunehmend der fliegerische Dienst verwehrt und bereits in den 1950er Jahren war die Zahl der Militärfliegerinnen überschaubar. Dabei waren die Erfahrungen im Kriege durchweg gut – physische Schwächen waren wie etwa bei der zierlichen Hanna Reitsch keine Hindernisse für Höchstleistungen. Die Disziplin der sowjetischen Frauenregimenter war, nimmt man Maßstäbe wie unerlaubte Abwesenheit, Trunkenheit im Dienst oder selbstverschuldete Unfälle, sogar deutlich besser als im Durchschnitt der sowjetischen Luftstreitkräfte. Auch die Effizienz im Gefecht war besonders beim Nachtbombergeschwader höher als bei anderen Einheiten mit gleichem Material und Auftrag. Auch höhere G-Kräfte-Verträglichkeit und leicht erhöhte Unempfindlichkeit gegenüber Sauerstoffentzug in großen Flughöhen wurden von Kommandeuren über die Fliegerinnen notiert. In der ATA und bei den WASP erzielten die Fliegerinnen sehr geringe Unfallraten. In welchem Land auch immer Pilotinnen eingesetzt waren, sie mussten gegen Vorurteile und Ressentiments kämpfen, schafften dies aber durchweg mittels Leistung und wurden schließlich mit Ausnahme der WASP anerkannt und respektiert. In der Nachkriegszeit wurden diese Leistungen vergessen, wodurch dieselben Vorurteile heute noch verbreitet sind. Die Frage nach militärischer Tauglichkeit von Pilotinnen kann allerdings anhand dieser Beispiele insgesamt eindeutig positiv beantwortet werden.

Späte Ehrung 2009: US-Präsident Obama verleiht der WASP die Congressional Gold Medal

Literatur

Hof, Marion: Amelia Earhart. Das ungewöhnliche Leben einer Pionierfliegerin, Trier 2012.

Medicus, Thomas: Melitta von Stauffenberg. Ein deutsches Leben, Berlin 2012.

Pennington, Reina: Wings, Women & War. Soviet Airwomen in World War II Combat, Kansas 2001.

Piszkiewicz, Dennis: From Nazi test pilot to Hitler's bunker. The fantastic flights of Hanna Reitsch. Praeger, London 1997.

Schrader, Helena: Sisters at Arms. British & American Women Pilots during World War II, Barnsley (UK) 2006.

Zegenhagen, Evelyn: Schneidige deutsche Mädels. Fliegerinnen zwischen 1918 und 1945. Göttingen 2007.

Michael Poppe

Der Stoff ohne den nichts fliegt –
Die Flugbenzinversorgung der fliegenden Verbände

Mit der in der ersten Dekade des 20. Jahrhunderts stattfindenden Eroberung des Himmels wurde absolutes Neuland betreten. Ebenso wie bei den bodengebundenen Fahrzeugen beruhte die Fortbewegung in der Luft dabei auf kolbengetriebenen Motoren, die durch fossile Energie angetrieben wurden. Der Einsatz von Flugzeugen für rein zivile Zwecke war nur kurzer Natur, denn schnell wurde ihre militärische Bedeutung erkannt. In vielen Armeen eingesetzt, steigerten sich Flugzeugeinsätze insbesondere im Ersten Weltkrieg enorm und eine Vielfalt an unterschiedlichsten Flugzeugtypen entstand. Der Luftkrieg nahm ein solches Ausmaß an, dass Flugtreibstoff, ein bis dahin eher bedeutungsloses Nachschubgut, in immer größeren Mengen benötigt wurde. Damit erhielt die Logistik für eine reibungslose Belieferung der Flugzeuggeschwader eine vollkommen neue Aufgabe.

Diese Entwicklung verstärkte sich erheblich zwei Jahrzehnte später im Zweiten Weltkrieg. Verfügten nun schon die Landstreitkräfte der meisten Länder über Kraft- und Kettenfahrzeuge aller Arten, vollzog sich in der Luftfahrt eine bis dato unbekannte Entwicklung. Große Luftstreitkräfte, gleich welcher Nation verfügten nun nicht mehr über einige Dutzend Flugzeuge, sondern über große Flotten mit mehreren Tausend. Der im Ersten Weltkrieg in der Logistik noch relativ kleine Treibstoffanteil wuchs dadurch auf ein vielfaches in der Nachschubkette an. Das zeigte sich 1943/44 besonders deutlich in der Vorbereitung der alliierten Invasion, denn alleine der Treibstoffbedarf der Boden- und Luftstreitkräfte wurde mit mindestens 25 Prozent aller Nachschubgüter eingeschätzt. Wie sich später zeigte, lagen die Logistikplaner damit vollkommen richtig.

Nach dem Kriegsende 1945 wurde durch die weltpolitische Situation die Entwicklung neuer Fahrzeug- und Flugzeugtypen in Ost und West forciert. Für die Luftstreitkräfte hatte sich dabei durch den Düsenantrieb das Ende kolbengetriebener Motoren für Flugzeuge schon in der Endphase des Krieges abgezeichnet. Düsenjäger ersetzten nun schnell die meisten Propellerflugzeuge, lediglich Spezialtypen blieben in Gebrauch. Der hohe Bedarf an Treibstoffen für Luftfahrzeuge verringerte sich durch die neue Antriebsart nicht, sondern wuchs weiter an.

Im folgenden Beitrag wird die Treibstoffversorgung für die Flugzeuge der 1949 entstandenen NATO aufgezeigt. Sie teilt sich in zwei Teile auf, denn mit der NATO wird ein internationaler Akteur und mit der Bundesrepublik ein nationaler Akteur betrachtet. Die Versorgung der NATO-Mitglieder in den Nachbarstaaten glich dem in Deutschland geübten Verfahren, lediglich einige nationale Eigenheiten waren vorhanden, die durch die internationale Verflechtung aber keine Auswirkungen hatten. Außerdem hatten die NATO-Mitgliedsstaaten vereinbart, dass die Treibstoffe sowohl im Frieden als auch im Kriegsfall zoll- und steuerfrei transportiert werden konnten.[1]

Die NATO

Das Ende der alliierten Kriegskoalition und der Beginn des Kalten Krieges führte zur Gründung der Nordatlantischen Allianz, ohne das schon alle Bereiche in den ersten NATO-Planungen berücksichtigt werden konnte. Hierzu zählte insbesondere die Logistik, obwohl in der Allianz der Schritt zur Vollmotorisierung der Heeres- und der Luftwaffenverbände vollzogen wurde und damit die Versorgung mit militärischen Gütern aller Art einschließlich der Treibstoffe eine neue Dimension erhielt. Ausgehend von den Erfahrungen des Zweiten Weltkriegs schätzte die NATO intern ihren Anteil mittlerweile nicht mehr mit einem Viertel, sondern noch höher auf rund ein Drittel aller Versorgungsgüter. Die Versorgung im Frieden und im Kriegsfall mit Pipelines durchzuführen war ein naheliegender Gedanke. Sie sollte allerdings nicht durch die zivilen Mineralölgesellschaften, sondern aus militärischen Gründen durch ein eigenes Pipelinenetz sichergestellt werden. Außerdem sollte in den Pipelines und in Depots ein Vorrat angelegt werden, um im Bedarfsfall eine Zeitlang unabhängig agieren zu können. Unter den Treibstoffen nahmen Düsenkraftstoff und Flugbenzin eine besondere Stellung ein, denn im Vergleich zu anderen Benzinsorten wurden besonders gute Qualitäten ohne Verunreinigungen benötigt.

Allerdings unterblieben in der ersten Zeit konkrete Maßnahmen zu einer einheitlichen Treibstoffversorgung, so dass erst ab 1952 mit Gründung des Petrol-Planning-Committees (PPC) eine Einrichtung entstand, die sich mit

---

[1] Vgl. aus der Arbeit der NATO: Pipelines für die NATO, Paris 1962, o. S.

dieser extrem wichtigen Frage beschäftigte. Daneben waren bis zur Etablierung der NATO-Pipelineorganisation 1956 auch das „Planning Board for European Inland Surface Transport (PBEIST)", eine Ad-hoc „Working Group on the Control, Operation and Maintenance of the NATO-POL-Pipeline System" und der Infrastrukturausschuss mit Pipelines beschäftigt. Obwohl der Infrastrukturausschuss nur über eine Zuständigkeit für Baumaß-nahmen verfügte, stellte er dennoch kurz und knapp für das Grundproblem der Treibstoffversorgung fest, dass „[...] the only certainty being that the existing European transport system was inadequate to provide logistic support for the air and land forces which would be required in the event of war."[2]

Bevor die NATO ihre Planungen startete, hatten die USA, Großbritannien und Frankreich begonnen, einen Teil der in den frühen 1950er Jahren in Zentraleuropa gebauten ca. 80 Flugplätze der Alliierten durch Pipelines versorgen.[3] Dazu waren ohne Absprachen untereinander schon vereinzelte Leitungen entstanden. Im Fall der Bundesrepublik war die Bundesregierung anfangs über diese Baumaßnahmen von den Alliierten nicht informiert. Landforderungen zum Bau von Pipelines und für Flugplätze wurden vielmehr direkt an die Regierungen der Bundesländer gestellt; daher gelangten Informationen dann nur von den Ländern zur Bundesregierung.[4]

Diese gebauten Pipelines waren relativ kurz und wurden anfänglich nicht von der NATO mitbetrachtet. Grundgedanke der NATO war zuerst allein der Anschluss von Flugplätzen an ein Pipelinesystem, um die fliegenden Verbände mit Treibstoff zu versorgen. Eine Versorgung der Landstreitkräfte war nicht vorgesehen. Dennoch vermutete das PPC für den Treibstoffbedarf der verschiedenen Luftwaffen, dass er durch die herkömmlichen Transportmittel nicht mehr befriedigt werden konnte. Zur Vermeidung von Engpässen sollten zum Transport daher nicht mehr nur die klassischen Transportmittel Ei-

---

[2] NATO-Archiv Brüssel/Belgien (NA-BB), AC/4-D/256. NATO-Confidential vom 11.2.1954, Infrastructure Committee, Meeting of Advisory Group of POL Experts. Anm. d. Verf.: In dem Beitrag werden keine Quellen verwendet, die noch einer Sicherheitseinstufung der NATO oder der Bundeswehr unterliegen. Sie sind alle entsprechend herabgestuft worden.

[3] Vgl. NA-BB, AC/76-D/1. NATO-Secret vom 19.5.1954, Working Group on the Control, Operation and Maintenance of the NATO POL Pipeline System. SHAPE Proposals and Standing Group´s Comments and Recommendations.

[4] Als Beispiel für einige Flugplätze in Rheinland-Pfalz und in Baden vgl. Heinz Rebhan, Aufbau und Organisation der Luftwaffe 1955 bis 1971. In: Lemke, Bernd u.a., Die Luftwaffe 1950 bis 1970, Konzeption, Aufbau, Integration, München 2006, S. 572.

senbahn, Binnenschiffe oder Straßentankwagen, sondern im gesamten NATO-Gebiet Pipelines eingesetzt werden.[5]

Die Rohrleitungen waren unterirdisch verlegt und boten eine Reihe von Vorteilen, z. B. Wetterunabhängigkeit, eine große Sicherheit vor Verkehrsunfällen, einen geringen Personalbedarf bei der technischen Überwachung, keine Auswirkungen bei Überlastung anderer Transportmittel auf Pipelines usw. Dem standen nur geringe Nachteile entgegen, wie beispielsweise die Transportkapazität der Leitungen, die aus physikalischen Gründen begrenzt ist oder auch eine gewisse Sabotagegefahr bei den oberirdischen Teilen der Pipelineanlagen. Da die Vorteile die Nachteile überwogen, entschied sich die NATO zum Bau der Pipelines. Sie gehörten zur NATO-Infrastruktur, einem Begriff, der dem Französischen entstammte und ursprünglich verschiedene Arten von Eisenbahnanlagen bezeichnete. Er wurde für die ortsfesten Anlagen und Pipelines von der NATO übernommen.[6] Die große Bedeutung die die Pipelines erlangten, ist an ihrer Stellung im NATO-Infrastrukturprogramm zwischen 1951-1985 erkennbar. Sie lagen in diesem Zeitraum mit einem Kostenanteil von 12,1 Prozent, hinter Flugplätzen (27,9 Prozent) und Fernmeldeanlagen (17,9 Prozent) unangefochten auf dem dritten Platz.[7]

NATO-Pipelineorganisation in Zentraleuropa

Für die NATO-Pipelineorganisation war das europäische Gebiet der NATO in die Regionen Nord, Mitte und Süd eingeteilt. Die Region Mitte wurde mit den BENELUX-Staaten, Frankreich, Großbritannien und ab Mitte der 1950er Jahre mit der Bundesrepublik als Zentralregion bezeichnet. Während hier Pipelines in allen Ländern entstanden, wurde Großbritannien durch seine geographische Lage nicht mit einbezogen. Allerdings war vertraglich geregelt, dass die auf dem Kontinent stationierten britischen, kanadischen und US-amerikanischen Truppen die zentraleuropäische NATO-Treibstoffversorgung in Anspruch nehmen konnten.[8]

---

[5] Vgl. NATO (Hrsg.), Tatsachen und Dokumente, Brüssel 1976, S. 179.

[6] NATO, Organisation des Nordatlantikvertrages, Tatsachen und Dokumente, (Hrsg.) NATO-Informationsabteilung, Paris 1965, S. 153.

[7] Weißbuch 1985, Zur Lage und Entwicklung der Bundeswehr. Im Auftrag der Bundesregierung herausgegeben vom Bundesminister der Verteidigung, Bonn 1985, S. 104f.

[8] NATO (Hrsg.), Tatsachen und Dokumente, Brüssel 1976, S. 166.

Die seit 1956 entstandene NATO-Pipelineorganisation löste die Ad-hoc Working Group ab und übernahm auch von den anderen beteiligten Ausschüssen die Verantwortung für die Leitungen. Da das Pipelinenetz noch im Bau war, blieb aber naturgemäß eine enge Verbindung zum Infrastruktur-Ausschuss bestehen. Organisatorisch bestanden für die Pipelinelogistik fünf Ebenen, dabei waren in der ersten bis dritten Ebene NATO-Dienststellen verantwortlich. In der vierten und fünften Ebene ging die Verantwortung auf nationale Dienststellen über.

Die erste und damit oberste Ebene stellte das NATO-Pipeline-Committee (NPC) dar, das für Grundsatz- und Finanzierungsfragen, zum Bau und zum Betrieb des gesamten NATO-Bereiches zuständig war. In der Zentralregion, (Kommandobereich Europa/SACEUR), entstand das Central-Europe-Pipeline-System (CEPS), das die zweite bis fünfte Ebene erhielt. Dem Oberbefehlshaber Europa Mitte (CINCENT) wurden in der zweiten Ebene, das zivile Central-Europe-Pipeline Policy-Committee (CEPPC) und das militärische Central-Europe-Pipeline-Office (CEPO) unterstellt. In der dritten Ebene war unter dem CEPO als Pipeline-Betriebsamt die Central-Europe-Operating-Agency (CEOA) vorhanden.[9]

Die nationalen Agencies und Pipelinedivisionen (=Betriebsabschnitte) der Mitgliedsländer stellten die vierte und fünfte Ebene dar und waren keine NATO-Dienststellen, sondern verblieben in der jeweiligen nationalen Verantwortung.[10] In den einzelnen Staaten entstanden für die Betriebsführung der Pipelines insgesamt sieben Divisionen, für die die Staaten selbständig über eine zivile oder militärische Betriebsführung entscheiden konnten.

---

[9]   Ebd. und Bundesarchiv Abt. Militärarchiv (BArch-MA), BW 1/104429. Nordatlantikrat, NATO-offen, C-M (65)49, S. 6f.

[10]   BArch-MA, BW 1/2318. Akteneinheit des BMVg, Abt. X. Rohübersetzung: „Vermerk über die Nationale Pipeline-Betriebs-Agency und NATO-Depots in Frankreich" vom 18.2.1957. Verfasser und Herkunft des Dokuments sind nicht feststellbar.

Betriebsführung im CEPS

Land	Division	Betriebsführung Zivil	Militärisch
Frankreich	I.	X	
	II.		X
	III.	X	
Belgien	IV.		X
Niederlande	V.	X	
Deutschland	VI.	X	
	VII.	X	

Das Zentraleuropäische Pipelinesystem CEPS

Obwohl 1954/55 noch keine Maßnahmen zur endgültigen Pipelineorganisation beschlossen waren, begann dennoch der Bau der Leitungen, durch den großen Umfang aber nur schrittweise. Weder zu dieser Zeit noch später wurde aus finanziellen und geographischen Gründen eine Verknüpfung des mitteleuropäischen Netzes mit Pipelines der Nord- oder Südregion durchgeführt.[11] Finanziert wurden die Leitungen durch einen prozentual festgelegten Anteil aller NATO-Staaten.[12]

Die Inbetriebnahme des Systems erfolgte nicht in einem Stück, sondern ab 1957 zuerst nur auf einigen Teilstücken. Erst 1960 ging ein Großteil des CEPS in Betrieb, so dass am Jahresende 4.152 km des Systems nutzbar und 29 Flugplätze angeschlossen waren.[13] Für 1961 erwartete die NATO dann die Fertigstellung und die volle Nutzbarkeit des Systems.[14] Obwohl es im Zuge der weiteren Baumaßnahmen gelang, die Zahl der angeschlossenen Flugplätze bis zum Jahresende 1962 auf insgesamt 45 zu steigern, erfüllte sich diese Erwartung noch nicht. Denn selbst Ende 1966 fehlten immer noch 814 km Pipelines und von den zum Anschluss vorgesehenen 62 Flugplätzen waren erst 49 mit

---

[11] NATO (Hg.), Tatsachen und Dokumente, S. 180.

[12] Zum Kostenschlüssel siehe NATO, Organisation des Nordatlantikvertrages, S. 155.

[13] NA-BB, CEPPC, AC/120-D/177 vom 11.10.1961. CEOA Annual Report for 1960.

[14] BArch-MA, BW 1/481725. Nordatlantikrat, NATO NfD, Dokument AC/120-D/131 vom 08.08.1960, Bl. 6f.

dem CEPS verbunden. Im Bau befanden sich weitere 12 Anschlüsse, die wahrscheinlich in den nächsten 1-2 Jahren fertig gestellt wurden.[15] Das Programm wurde anschließend noch etwas ausgedehnt, denn in den 1970er Jahren konnten weitere 8 Flugplätze angeschlossen und damit eine Gesamtzahl von 70 verbundenen Flugplätzen erreicht werden.[16]

Das Pipeline-System wurde in den Häfen Marseille, Le Havre, Dünkirchen, Hansweert, Zeebrügge, Pernis und Antwerpen befüllt (s. Karte NATO-Pipelinesystem Zentraleuropa).[17] Die Treibstoffe wurden von den Einfüllstellen danach aufgrund der damaligen Bedrohungsvorstellung in West-/Ostrichtung bzw. aus Marseille in den Norden transportiert. Im Gegensatz zur zivilen Mineralölindustrie verfügte die NATO allerdings weder in den Häfen noch ansonsten über eigene Raffinerien oder Erdölpipelines. Im NATO-Pipelinesystem war nur der Transport von Produkten wie z.B. Flugbenzin, normalen Benzinsorten und Diesel vorgesehen, während die zivilen Pipelines überwiegend Erdöl transportierten.

Die angeschlossenen Flugplätze erhielten ihren Treibstoff entweder direkt über Stichleitungen von den Hauptleitungen oder über Pipelines von den Treibstoffdepots.[18] Insgesamt wurden 1959 zu den Verbrauchern durch Pipelines rund 1,039 Millionen m^3 Treibstoffe (Flug- und Motorbenzin sowie Diesel) transportiert (1960: 1,439 Mill. m^3). Der Anteil des Flugbenzins ist zwar nicht feststellbar, dürfte aber ungefähr der Einfüllmenge von 891.475 m^3 entsprechen (1960: 834.000 m^3).[19] Die Transportmenge aller Sorten stieg im Lauf der folgenden Dekade dann aber nur noch geringfügig an. Die nicht angeschlossenen Flugplätze wurden mit konventionellen Transportmitteln beliefert.

Auf Grund des 1966/67 erfolgten Rückzugs Frankreich aus der militärischen Integration in die NATO ist anzumerken, dass dieser nicht vollständig

---

[15] Für 1962 vgl. NA-BB, NPC, AC/112-D/55 NATO-Secret vom 18.04.1963. Report to the Council for 1962 – Central Europe Region. Appendix 2 to Annex to AC/112-D/55. Für 1966 vgl. NA-BB, C-M(67)37. NATO-Secret vom 28.8.1967. CEPS, Annual Report by the Directing Bodies for 1966.

[16] BArch-MA, DVW 1/94198. Ministerium für nationale Verteidigung, Verwaltung Aufklärung. Rohrleitungsnetz der NATO in den strategischen Räumen Zentraleuropa, Ostseeausgänge und Frankreich, Stand: April 1978, Bl. 18.

[17] Barch-MA, BW 1/2318. Betriebsamt Europa Mitte, Anhang A zu AC/120-D/225, NATO-NfD vom 16.07.1962.

[18] Ebd.

[19] NA-BB. CEPPC, AC/120-D/177 vom 11.10.1961. CEOA Annual Report for 1960.

erfolgte, denn in einigen Bereichen war Frankreich weiter beteiligt und engagiert. Hierzu gehörte zur Erleichterung der NATO auch die 1967 erklärte weitere Teilnahme am CEPS, denn durch die französische Haltung stand eine Zeitlang ein Großteil der Zentraleuropäischen Pipeline (2.270 km = rund 52 Prozent) und der Depots (652.000m^3 = 64 Prozent) zur Disposition.[20] Nach der erfolgten Zusage blieb Frankreich zwar ein schwieriger Partner, aber eben auch bis heute Mitglied im CEPS.

Bundesrepublik Deutschland

Die Bundesrepublik wurde vor 1955 nicht an der NATO-Pipelineplanung beteiligt und war damit im Vergleich zu den anderen Mitgliedern des CEPS zeitlich stark im Nachteil. Erst nach ihrem Beitritt zur Allianz erhielt Deutschland die erforderlichen Informationen, um erstens schon bestehende Leitungen der Siegermächte übernehmen zu können und um zweitens in das NATO-Infrastrukturprogramm eingebunden zu werden.

Da die NATO für die nationale Ebene keine Vorgabe für die Betriebsführung gemacht hatte, entschied sich Deutschland für die zivile Variante. Ab 1957 übernahm die speziell für diesen Zweck gegründete bundeseigene Fernleitungsbetriebsgesellschaft m. b. H. (FBG) die Verantwortung für die Pipelines in Deutschland.[21] Sie war eine Tochtergesellschaft der ebenfalls bundeseigenen „Vereinigte Tanklager und Transportmittel GmbH (VTG)", die sowohl über Erfahrungen im Betrieb von Tanklagern als auch für den Transport von Mineralölprodukten über ca. 12.000 Spezial-Eisenbahnkesselwagen (EKW) verfügte. Allerdings waren Pipelines unbekanntes Neuland für die VTG, so dass die Entscheidung für eine eigenständige Tochtergesellschaft fiel.[22]

Die FBG hatte für den Betrieb der anfänglichen 235 km Leitungen und 2 Tanklager zuerst nur eine Zentrale in Bonn und für die Betriebsverwaltung Süd (später 6. Division) eine Nebenstelle in Idar-Oberstein. Eine Erweiterung um die Betriebsverwaltung (BV) Nord (7. Division zuerst in Würselen, später

---

[20] NA-BB, IWSWM-10-68. NATO-Secret vom 19.1.1968. North Atlantic Military Committee Subject: Modification of the Central European Pipeline System (CEPS).

[21] BArch-MA, BW 1/347265. BMVg, W II, Organigramm NATO-Pipelineorganisation, Stand 1958.

[22] BArch-MA, BW 1/5039, BMVg, W II 8 vom 18.04.1959, Entstehung, Aufbau und Struktur der FBG.

in Xanten) fand erst Anfang 1959 statt.[23] Die 6. Division wurde in die Distrikte Zweibrücken, Pfungstadt und Kehl eingeteilt, während bei der 7. Division die Distrikte Würselen, Goch und Bramsche vorhanden waren. Die Grenze zwischen den Pipelinedivisionen lag ungefähr auf der Linie Aachen-Köln. Beide Divisionen arbeiteten mit der CEOA im Rahmen der Transportplanung zusammen und führten den Betrieb und den Produktumschlag durch.[24]

Seit 1958/59 entstand ein regelmäßiger ganzjähriger Betrieb mit den Tanklagern Zweibrücken (Kapazität 25.000 m³), Bitburg und Würselen (Kapazität 20.000 m³).[25] Zusätzlich konnte seit März 1958 die Versorgung bei den an die Pipeline Zweibrücken-Bitburg angeschlossenen Flugplätzen, mit Ausnahme von Pferdsfeld beginnen.[26] Bis 1965 war das bis dahin ausgebaute Pipelinenetz mit 4 deutschen und 11 von 17 NATO-Flugplätzen über Stichleitungen verbunden. In den folgenden fünf Jahren wurden weitere 3 deutsche Flugplätze angeschlossen, so dass bis 1970 knapp die Hälfte der deutschen Flugplätze auf die Pipelines zurückgreifen konnte (siehe Standorte von Fliegerhorsten).

---

[23] 50 Jahre FBG, Fernleitungs-Betriebsgesellschaft mbH, Chronik 1956-2006, Bonn 2006, S. 4, 6 und 25.

[24] Roeske, Hans-Rüdiger, Die Pipelinepioniere. In: Soldat und Technik Heft 4, Frankfurt am Main 1981, S. 201f.

[25] BArch-MA, BW 1/6486. FBG, Geschäftsbericht über das vierte Geschäftsjahr vom 01.01. bis 31.12.1959. Kapazitätsangaben BArch-MA, BW 1/5039. (BMVg) W II 8 vom 18.04.1959. Entstehung, Aufbau und Struktur der FBG.

[26] BArch-MA, BW 1/31179. FBG, Technische Beurteilung der im Lande Rheinland-Pfalz erbauten Pipeline-Anlagen, S. 4.

Standorte von Fliegerhorsten[27] (Stand: 1965/66 bis 1970)

Standort	Nutzer	Anschluss an Pipeline-netz[28]
Ahlhorn	Lufttransportgeschwader 62	zwischen 1965 bis 1970
Bitburg	US Air Force	spätestens ab 1963
Bremgarten	Frankreich	nein
Brüggen	Royal Air Force (UK)	ja, schon mind. 1963
Büchel	Jagdbombergeschwader 33	ja, schon mind. 1963
Celle	Lufttransportgeschwader 63	nein
Frankfurt/Main	US Air Force	nein
Friedrichshafen	Frankreich	nein
Geilenkirchen	Royal Air Force (UK)	ja, schon mind. 1963
Hahn	US Air Force	ja, schon mind. 1963
Hopsten	Jagdbombergeschwader 36	zwischen 1965 bis 1970
Husum	Jagdbombergeschwader 41 / Leichtes Kampfgeschwader 41	nein
Ingolstadt	Aufklärungsgeschwader 51 „Immelmann"	nein
Laarbruch	Royal Air Force (UK)	ja, schon mind. 1963
Lahr	Frankreich	nein
Landstuhl	US Air Force	ja
Lechfeld	Jagdbombergeschwader 32	nein
Leck	Aufklärungsgeschwader 52	ja

---

[27] Siehe zu den Angaben: Die Luftwaffe 1950-1970, Bilder und Übersichten, S. 778f. und 785. Anm. d. Verf.: Die Bezeichnungen einiger Geschwader haben sich mehrfach verändert und Standortverlegungen fanden statt, siehe dazu online:
http://www.geschichte.luftwaffe.de/portal/a/geschlw/ hier: Ereignisse.
[28] BArch-MA, BW 2/5402, FüB V 2, Tgb.Nr. 466/65, VS-NfD vom 03.02.1965, Betr.: Logistikbesprechung bei DLBV AFCENT am 11.02.1965 und BArch-MA, BW 1/373755, BMVg, W II 4, Karte des NATO-Pipelinesystems, Stand 1963 sowie FBG (Karte) Pipeline-System Europa-Mitte, Stand 10/1970.

Leipheim	Aufklärungsgeschwader 53 (leichtes Kampfgeschwader 44)	nein
Mainz	US Air Force	nein
Memmingen	Jagdbombergeschwader 34	nein
Neubiberg	Lufttransportgeschwader 61	nein
Neuburg / Zell	Jagdgeschwader 74	nein
Nörvenich	Jagdbombergeschwader 31 „Boelcke"	ja, schon mind. 1963
Oldenburg	Jagdbombergeschwader 43 / leichtes Kampfgeschwader 43	zwischen 1965 bis 1970
Pferdsfeld / Sobernheim	Jagdbombergeschwader 42 / leichtes Kampfgeschwader 42	ja, schon mind. 1963
Ramstein	US Air Force	Ja
Sembach	US Air Force	ja, schon mind. 1963
Söllingen	Royal Canadian Air Force	Nein
Spangdahlem	US Air Force	ja, schon mind. 1963
Wildenrath	Royal Air Force (UK)	ja, schon mind. 1963
Wittmund	Jagdgeschwader 71 „Richthofen"	Nein
Zweibrücken	Royal Canadian Air Force	ja, schon mind. 1963

Zur Menge der von der FBG transportierten Flugbetriebsstoffe kann durch die lückenhafte Überlieferung für die meisten Jahre keine Aussage getroffen werden. Ausgenommen sind davon die Jahre 1959-1961, in denen sich relativ große Transportmengen zwischen 278.000-308.000 m^3 zeigen. Obwohl sie nicht weiter in die Anteile für Heeresflieger und für die Luftwaffe aufteilbar sind, geben sie damit doch einen ersten Fingerzeig:[29]

---

[29] Vgl. für alle Werte BArch-MA, BW 1/6486.
1959: FBG, Geschäftsbericht über das vierte Geschäftsjahr vom 01.01. bis 31.12.1959.

Transportmengen von Flugbetriebsstoffen

Jahr	Transport in m^3		
	BV Süd	BV Nord	Gesamt FBG
1959	257.799	23.276	281.075
1960	221.077	87.350	308.427
1961	214.128	64.779	278.907

Tanklager

Im Rahmen der NATO-Planungen waren von vornherein über Pipelines zu versorgende Tanklager sowohl im NEPS als auch im CEPS vorgesehen worden. In den Jahren bis Ende 1959 übernahm die FBG die ersten 5 Tanklager. Eine Dekade später verfügte sie über 15 Lager, die bis in die 1980er Jahre um weitere 13 Lager erweitert wurden und erreichte 1993 den Höchststand mit 31 Lagern.[30] Die Tanklager waren ober- oder unterirdisch bzw. teilversenkt gebaut. Ihr Fassungsvermögen betrug meist mehr als 10.000 m^3, während die auf den Flugplätzen vorhandenen Tanks mit 2.500-3.000 m^3 kleiner waren.[31]

Im Rahmen der Luftwaffenlogistik wurden seit 1956 verschiedene Luftwaffenversorgungsregimenter aufgestellt, allerdings einige Regimenter ohne Betriebsstoffdepots. Aufgestellt wurden die Depots 31 in Leipheim, 51 (später 81) in Essen und 61 in Sögel, die nicht mit dem CEPS verbunden waren.[32] Für Leipheim kann allerdings ein späterer Anschluss des Depots vermutet werden, denn 1993 wurde eine Pipeline von hier nach Unterpfaffenhofen in Betrieb genommen. Das vierte Betriebsstoffdepot 71 in Bordelum war bei seiner Aufstellung, ebenso wie die anderen Depots auch, nicht an eine Pipeline angeschlossen worden. Eine Verbindung wurde vermutlich zwischen 1977-1980 hergestellt, so dass dieses Depot durch das NEPS versorgt werden konn-

---

1960: FBG, 4 Berichte der Geschäftsführung der FBG für die Zeit vom 01.01.-31.03., 01.04.-30.06., 01.07.-30.09. und 01.10.-31.12.1960.

1961: FBG, Geschäftsbericht über das sechste Geschäftsjahr vom 01.01. bis 31.12.1961.

[30] 50 Jahre FBG, Chronik 1956-2006, S. 7ff.

[31] BArch-MA, DVW 1/94198. Ministerium für nationale Verteidigung, Verwaltung Aufklärung. Rohrleitungsnetz der NATO in den strategischen Räumen Zentraleuropa, Ostseeausgänge und Frankreich, Stand: April 1978, Bl. 27.

[32] Einige weitere, allerdings sehr knappe Angaben zu den Depots finden sich online unter: http://www.geschichte.luftwaffe.de/portal/a/geschlw/.

te. Damit waren, soweit feststellbar vor der Verkleinerung der Pipelinelogistik wenn auch erst mindestens 20-30 Jahre nach Gründung der FBG, insgesamt zwei der vier Depots an CEPS und NEPS angeschlossen.[33]

Pipelinepioniere

Für die militärische Komponente der Pipelineorganisation waren ab 1956 mit Pipelinepionieren Spezialkräfte vorhanden. Organisatorisch waren sie nur kleine Einheiten/Verbände und wurden weder dem Heer noch der Luftwaffe, sondern der Territorialen Verteidigung (TV) zugeordnet.[34] Um seiner Aufgabenstellung gerecht zu werden, bestand die Territoriale Verteidigung (ab 1970 Territorialheer) aus Soldaten aller Teilstreitkräfte und hatte die „[…] Operationsfreiheit aller auf unserem Boden stationierten deutschen und alliierten Truppen im Verteidigungsfall (zu) sichern und für die assignierten Verbände des Heeres, der Luftwaffe und der Marine im Bereich der Logistik und des Fernmeldewesens Gesamtstreitkräfteaufgaben wahr(zu)nehmen."[35]

Im Kriegsfall hätten die Aufgaben der FBG, nach der ab 1970 erfolgten Umgliederung der TV bei den Territorialkommandos Nord und Süd, Pipelinepionierregimenter bzw. -bataillone und in Schleswig-Holstein eine Pipelinepionierkompanie übernommen.[36] „Die umfassendste Gliederung nahm die Pipelinepionier Organisation in der Heeresstruktur 4 ein. Im Zuständigkeitsbereich des Central European Pipeline Systems (CEPS) entstanden die Pipelinepionierregimenter 80 und 85, je eines für das Territorialkommando Nord und Süd. Einen Sonderstatus nahm das Northern EPS (NEPS) ein, das den Bereich Territorialkommando Schleswig-Holstein abdeckte; dafür war das Pipelinepionierbataillon 60 vorgesehen. Erst mit Einnahme der Heeresstruktur 5 ab 1993 erfolgte die Eingliederung der Pipelinepioniere in die Pionierbrigaden des Feldheeres; im Kriegsfall sollten sie hinsichtlich der Kraftstoffversorgung unter das Heeresunterstützungskommando treten. Unabhängig von ihrer organisatorischen Zuordnung hat sich der Auftrag in all den Jahren seit 1957 kaum verändert; nämlich „Kraftstoff ständig der kämpfenden Truppe zur Verfügung zu

---

[33] 50 Jahre FBG, Chronik 1956-2006, S. 25.

[34] Roeske, Hans-Rüdiger, Die Pipelinepioniere, S. 200.

[35] Weißbuch 1970, Bonn 1970, S. 51; siehe
 http://dipbt.bundestag.de/doc/btd/06/007/0600765.pdf vom 25.7.2014.

[36] Michatsch, Klaus, Die Pioniere des Territorialheeres in der militärischen Landesverteidigung. In: Soldat und Technik Heft 4/1981, S. 191.

stellen, dazu das bestehende Netz zu betreiben und im Schadensfall die Ausfallzeiten zu minimieren."[37]

In die militärisch betriebene nationale Depotorganisation konnten die vorhandenen Pipelines aufgrund der NATO Finanzierung und Steuerung nicht eingebunden werden.[38] Da die FBG für Wartung und Betrieb der zuständig war, legte das Verteidigungsministerium fest, dass bei den an das Netz angeschlossenen Treibstoffdepots der Teilstreitkräfte einerseits die Verbindungspipelines und die Übergabestationen zum nationalen Teil gehörten und andererseits Treibstoffübergaben „de jure" an den Depotgrenzen erfolgen sollten.[39]

Transport von Treibstoffen ohne Pipelines

Nur ein Teil der Flugplätze war wie geschildert an das CEPS direkt angeschlossen. Nicht verbundene Plätze mussten anderweitig versorgt werden. Hier bot sich zum Transport über längere Strecken die Eisenbahn eher als die Binnenschifffahrt oder Straßentankwagen an. Tatsächlich wurden beispielsweise Anfang der 1960er Jahre Pendelzüge der Deutschen Bundesbahn (DB) zwischen den Tanklagern Bremen-Farge und Unterpfaffenhofen eingesetzt.[40] Diese Lösung erscheint sinnvoll, denn der jährliche Treibstoffverbrauch *eines einzigen* F-104 Jagdbombergeschwaders betrug ca. 35.000 m^3. Dazu wären 35 Güterzüge mit jeweils 50 Kesselwagen mit einem Fassungsvermögen von 20 m^3 und einer Kapazität von jeweils 1.000 m^3 nötig gewesen.[41] Auch wenn diese Zahl aus dem Jahr 1970 stammt und die sonstigen Flugzeugtypen einen anderen Verbrauch hatten, zeigt sich doch in Umrissen die Dimension des Treibstoffbedarfs. Eine Bedarfsdeckung durch Straßentankwagen mit einem Fassungsvermögen von

---

[37] Pioniere des Deutschen Heeres 1955-2000. Im Auftrag des Generals der Pioniere OTL a.D. Gustav A. Käser und OTL E. Schulze, Stuttgart 2000, S. 15.

[38] BArch, beide Quellen in: BW 1/347.265. BMVg, StS, I - I A, Abschrift vom April 1957, Vermerk, Betr.: Weisung für den Aufbau der Depotorganisation; hier: Pipeline Organisation (FBG), sowie BMVg, X B 9-1408 II/57 vom 17.05.1957.

[39] BArch, BW 1/31.181. Der Bundesminister für Verteidigung, Fü B V 11-Az.: 40-22-40-00 vom 24.08.1961. Betr.: Mil. Sonderinfrastruktur.

[40] BArch, BW 1/347.981. (BMVg) W III 7 - Az.: 75-02-30-05 vom 18.09.1962, Betr.: Vorlage an Herrn Sts. bzgl. VTG.

[41] Schmidt, Wolfgang, Integration und Wandel. Die Infrastruktur der Streitkräfte als Faktor sozioökonomischer Modernisierung in der Bundesrepublik 1955 bis 1975, München 2006, S. 270.

20 m^3 erscheint dagegen kaum möglich. Daher sind folgende Schlussfolgerungen (alle bezogen auf F-104 Geschwader) möglich:

- bei neun Geschwadern wurden 315.000 m^3 bzw. 315 Güterzüge benötigt,
- pro Monat mussten je Geschwader durchschnittlich mindestens 3 Eisenbahntransporte stattfinden, um die benötigten Treibstoffe zu liefern,
- für ein Geschwader hätten pro Jahr 1.750 Straßentankwagen eingesetzt werden müssen, d. h. täglich durchschnittlich 6 Tankwagen,
- alle 9 Geschwader hätten im Jahr 15.750 Straßentankwagen benötigt!

Zu diesen Zahlen für die F-104 Geschwader sind noch die vier Fiat G-91 sowie die drei Lufttransportgeschwader hinzuzurechnen. Da ihr Verbrauch unbekannt ist, kann er nur geschätzt werden. Werden für die G-91 Geschwader 66,6 Prozent (4 x 35.000, davon 66,6 Prozent = 93.333 m^3) und für die Transportgeschwader 50 Prozent (3 x 35.000, davon 50 Prozent = 52.500 m^3) des F-104 Verbrauchs angenommen, dann kämen insgesamt noch 145.833 m^3 und entweder rund 146 Güterzüge oder 7.292 Straßentankwagen hinzu. Zusammengenommen 461.000 m^3 (461 Güterzüge oder 23.042 Straßentankwagen) nur für diese 16 fliegenden Verbände, weitere Verbände der Luftwaffe nicht eingerechnet. Im Fazit bedeutet dieses, dass ein solcher Einsatz herkömmlicher Transportmitteln sicherlich zu „Lieferproblemen" geführt hätte und Pipelines eine bessere und kontinuierliche Versorgung boten.

Zivile Nutzung

Schon in der Anfangsphase der NATO-Pipelineorganisation traten Tendenzen zur zivilen Nutzung der Pipelines auf. Besonders interessiert an dieser Nutzung waren die Türkei, Griechenland und Italien.[42] Die im deutschen Verteidigungsministerium zuständige Abteilung stellte eine zivile Nutzung nicht grundsätzlich in Frage, verhielt sich aber aufgrund einer fehlenden NATO-Entscheidung abwartend. Pläne zur zivilen Nutzung lehnte der Führungsstab der Bundeswehr (ab 1965 Führungsstab der Streitkräfte) dagegen mit der Be-

---

[42] BArch, BW 1/373.751, BMVg, W II 4, vom 22.04.1960, Vermerk, Betr.: Besprechung mit Mineralölwirtschaftsverband (Arbeitsgruppe Mineralöl) am 20.4.60 in Hamburg.

gründung eines Vorrangs der militärischen vor der zivilen Versorgung kompromisslos ab.[43]

In der NATO entwickelte sich die Situation allerdings anders als der Führungsstab erwartete, denn das NPC war bereit, die zivile Nutzung zu gestatten. Einen entsprechenden Vorschlag des Ausschusses billigte der NATO-Rat und öffnete damit für zivile Mineralölgesellschaften die Tür zur Nutzung.[44] Bis zum Ende der 1960er Jahre nutzten hauptsächlich französische und niederländische Ölgesellschaften das CEPS und die Menge der zivilen Transporte näherte sich dem militärischen Transportvolumen der NATO auf einen fast identischen Wert an.

Der Führungsstab der Bundeswehr gab nach der positiven Entscheidung des NATO-Rats seine Ablehnung auf und stimmte der zivilen Nutzung des Pipelinenetzes zu.[45] Deutsche Ölgesellschaften nutzten das Netz aber kaum. Lediglich im extrem kalten Winter 1962/63 nahmen sie es zur Behebung von Versorgungsengpässen in Süddeutschland stärker in Anspruch.

Die Meinung des Bundesverteidigungsministeriums hatte sich mittlerweile sogar soweit geändert, dass es Anschlüsse des NATO-Pipelinenetzes an den zivilen Bereich erwog und den Mineralölwirtschaften anbot.[46] Die Mineralölwirtschaft war zu einer Zusammenarbeit bereit, daher konnten Anschlüsse an mehrere zivile Raffinerien vorgenommen werden. Damit verfügte die Bundeswehr über zusätzliche und sichere Verbindungen zum zivilen Bereich.

In den 1990er Jahren sank dann der Anteil der militärische Nutzung, den das CEPS aber durch eine verstärkte zivile Nutzungen ausglich. Dieser Entwicklung verschloss sich die NATO nicht und ließ eine förmliche Vereinbarung über die zivile Nutzung in Mitteleuropa zu. So konnten beispielsweise die Flughäfen Köln/Bonn und Frankfurt/Main an das CEPS angeschlossen

---

[43] BArch-MA, BW 1/2318. BMVg, W II 8 vom 21.04.1959, Zivile Nutzung der NATO-Pipelines in der BRD ?

[44] BArch-MA, BW 1/373751. bmvtdg bonn, ausw amt bonn 3, fs nr 2957 ausw bonn 25/11. betr.: friedensmaessige verwendung des nato-pipeline-systems fuer andere als militärische zwecke der nato.

[45] BArch-MA, BW 1/373751, BMVg, Fü B V 3, vom 06.11.1959, Aktennotiz, Betr.: Zivile Nutzung des NATO-Pipeline-Systems.

[46] BArch-MA, BW 1/373751, BMVg, W – W II 4 B, Az.: 43-75-02-01b vom 25.01.1960, Schreiben an die BDJ-Arbeitsgruppe Mineralöl zum Anschluss von Raffinerien und Großtanklägern der Mineralölwirtschaft an das NATO-Pipelinenetz.

und mit Treibstoff beliefert werden. Seit 1994 übersteigen die zivilen die militärischen Transporte, sehr deutlich erkennbar 2005 als die zivilen Transporte 3,5 Millionen m^3 erreichten und der militärische Bedarf nur noch ca. 1 Million m^3 betrug.[47]

Die Entwicklung des Pipelinesystems ab Mitte der 1970er Jahre

1977 konnten die in Schleswig-Holstein vorhandenen Pipelines mit den dänischen Leitungen zum North European Pipeline System (NEPS) verbunden und der deutsche Teil ab 1980 ebenfalls durch die FBG betrieben werden.[48] Die größte Ausdehnung des CEPS und des NEPS mit 3.026 km Pipelines, 31 Tanklagern und 50 Hochdruckstationen war dann 1993 gegeben. Angeschlossen waren zu dieser Zeit alle fliegenden Verbände und die zivilen Raffinerien Heide, Lingen, Wörth und Ingolstadt.[49] Die weltpolitischen Veränderungen seit 1989/90 führten in der Folgezeit sowohl zu verschiedenen Umgliederungs- und Auflösungsmaßnahmen in der Bundeswehr als auch zum fast vollständigen Abzug der alliierten Streitkräfte. Dadurch verringerten sich die Bestände an Kfz, Panzern und Flugzeugen erheblich, so dass der Treibstoffbedarf deutlich sank. Das Bundesverteidigungsministerium beauftragte daher die FBG zwischen 1993 bis 1995 sechs Tanklager, acht Hochdruckpumpstationen sowie Pipelineteilstücke und neun Pipelineanschlüssen zu nicht mehr genutzten Flugplätze zu deaktivieren. Damit war aber nur ein erster Schritt eingeleitet, denn 2003 entschied die NATO ebenfalls militärisch nicht mehr benötigte Teile des CEPS in Deutschland stillzulegen. Betroffen waren von dieser Entscheidung acht Tanklager und rund 730 km Pipelines. Die Bundeswehr gab in den 2000er Jahren zusätzlich weitere fünf Betriebsstoffdepots auf.[50] Damit reduzierten sich bis 2006 die Pipelines um rund 1.020 km auf 2.006 km, die Tanklager auf 18[51] und die an das System angeschlossenen Raffinerien erheblich.

---

[47] 50 Jahre FBG, Chronik 1956-2006, S. 20ff.

[48] Ebd., S. 9.

[49] Ebd., S. 25.

[50] 50 Jahre FBG, Chronik 1956-2006, S. 26-28.

[51] Ebd., S. 30.

Schlussbemerkungen

Der Start der neuen deutschen Streitkräfte in der NATO und damit auch der Luftwaffe erfolgte spät und erwies sich anfangs als nicht leicht. Viele Einheiten, Verbände und Strukturen bestanden noch nicht und mussten fast aus dem Nichts aufgebaut werden. Das galt innerhalb der Logistik ebenfalls für Betriebsstoffe, denn in der Frühphase der Bundeswehr war unter anderem die Frage der Treibstoffversorgung aller Teilstreitkräfte ungelöst. Hier zeigte sich aber durch die Pipeline-Planungen der NATO ein Lösungsansatz, der für die Luftwaffe verwendbar war. Aufgrund der deutsche Bereitschaft zur Teilnahme am NATO-Pipelinesystem konnte das mitteleuropäische Netz innerhalb einer Dekade fast vollständig aufgebaut und in Betrieb genommen werden. Die Versorgung der meisten deutschen und der in Deutschland stationierten Militärflugplätze mittels Pipelines war damit sichergestellt, wohingegen nicht angeschlossene Geschwader konventionell versorgt wurden.

Nach der Aufbauphase kam es neben Erweiterungen des Pipelinenetzes zum Bau von neuen Tanklagern, so dass weitere Flugplätzen angeschlossen werden konnten. Bis Anfang der 1990er Jahre waren dann alle Geschwader an das CEPS oder das NEPS angeschlossen. Die weltpolitische Lageänderung führte nach diesem Höhepunkt aber zu rapiden Veränderungen. So kam es nicht nur zum Abzug der Verbündeten, sondern auch zur Reduzierung der Streitkräfte aller NATO-Nationen. Das zentraleuropäische Netz blieb deutlich verkleinert bestehen. Um das Netz weiterhin einsatzfähig zu erhalten, genügten die militärischen Transporte allerdings nicht, so dass die NATO Teile des Netzes für die zivile Wirtschaft freigab. Sie ist heute in Deutschland der größte Nutzer, die Bundeswehr steht weit dahinter und wird auch in absehbarer Zeit nicht zu einer stärkeren Nutzung des Netzes kommen.

Die deutsche Mitgliedschaft in der NATO-Pipelineorganisation erwies sich für die Luftwaffe und die alliierten Luftstreitkräfte insgesamt als positiv. Gravierende Störungen waren mit Ausnahme des französischen Rückzugs 1966/67 in der Zusammenarbeit der Pipelinenutzer nicht zu verzeichnen. Damit ist das NATO-Pipelinesystems auf jeden Fall eine Erfolgsgeschichte der deutschen und transatlantischen Nachkriegsgeschichte.

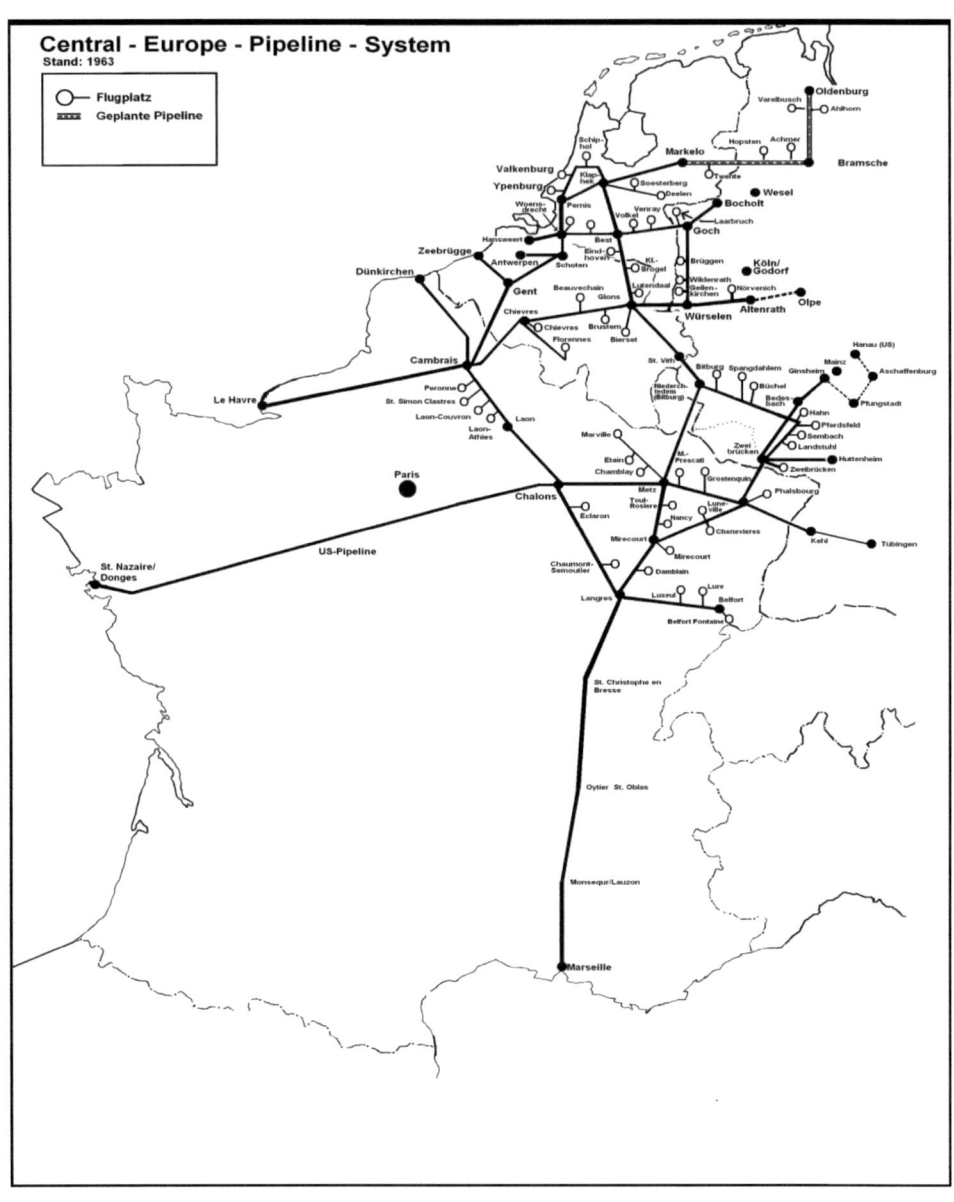

Karte: NATO-Pipelinesystem Zentraleuropa[52]

---

[52] Karte des Autors nach: BArch-MA, BW 1/373755, BMVg, W II 4, Karte des NATO-Pipelinesystems, Stand 1963.

Christian Hauck

Der Radarführungsdienst der Luftwaffe und die deutsche Wiedervereinigung

1.   Einleitung

Die Jahrestage des Mauerfalls und der Wiedervereinigung nehmen in den Gedenkjahren 2014 und 2015 einen besonderen Platz ein, gehören sie doch unbestritten zu den wichtigsten Ereignissen der deutschen Nachkriegsgeschichte. Anders als den unmittelbaren politischen, sozialen und wirtschaftlichen Folgen der Wiedervereinigung, ist der Armee der Einheit dagegen bisher vergleichsweise wenig Aufmerksamkeit seitens der Medien und von der Fachwelt entgegengebracht worden. Ob die Integration der NVA in die Bundeswehr dabei als „eines der ersten erfolgreichen Projekte der deutschen Einheit"[1] gelten darf, kann hier in Gesamtheit nicht untersucht werden. Angewendet werden soll die Frage dennoch, und zwar auf einen Teilbereich der Luftwaffe, den Radarführungsdienst. Dieser musste unter Nutzung von Personal und Material der Funktechnischen Truppen der NVA ab dem 3. Oktober 1990 erstmals den gesamten deutschen Luftraum überwachen, jedoch für das Beitrittsgebiet gemäß Artikel 5 des Zwei-plus-Vier-Vertrages auf Mittel und Truppen der NATO verzichten. Die Erlangung der vollständigen Lufthoheit war dabei keine Selbstverständlichkeit, sondern ein Verhandlungserfolg der Bundesrepublik Deutschland gegenüber der Sowjetunion.

Die Grundlage für die Wahrung der Integrität des Luftraumes besteht in der Fähigkeit, diesen effektiv überwachen und Maßnahmen gegen Luftraumverletzer ergreifen zu können. Schon seit den Anfangsjahren der Bundeswehr war die Luftraumüberwachung mittels Radar, die Führung von Kampfflugzeugen und die Zielzuweisung für bodengebundene Flugabwehrsysteme der Kernauftrag des Radarführungsdienstes gewesen.[2] Dessen Geschichte – auch wäh-

---

[1]   Lux, Michael-Günther, Die Vereinigung und der Radarführungsdienst - die ersten fünf Jahre oder „Schubladenlösungen gab es nicht". In: 50 Jahre Einsatzführungsdienst der Luftwaffe, München 2010, S. 36-47, S. 39.

[2]   Im Jahre 2004 erfolgte die Umbenennung des Radarführungsdienstes in Einsatzführungsdienst. Gegenwärtig existieren noch zwei Einsatzführungsbereiche, der Einsatzführungsbereich 2 in Erndtebrück und der Einsatzführungsbereich 3 in Schönewalde.

rend der Wendezeit - ist zwar ausreichend dokumentiert,[3] allerdings fehlen wissenschaftliche Darstellungen, die sowohl die militärpolitischen als auch technischen Bedingungen aufseiten der Bundeswehr und der NVA nachvollziehen. Dies für die Zeit bis zur NATO-Integration der neuen Bundesländer am 1. Januar 1995 zu leisten ist Ziel dieser Arbeit. Gleichwohl sollte sie auch als Projekt gesehen werden, das noch nicht abgeschlossen ist. Aufgrund der schwierigen Quellenlage können z.B. bisher nur wenige gesicherte Aussagen zur Übernahme- und Umschulungspraxis des Fachpersonals der ehemaligen Funktechnischen Truppen getroffen werden. Zudem wurden bei Sichtung der Literatur und verfügbaren Quellen oftmals unterschiedlichen Daten und Zahlen zum gleichen Sachverhalt gefunden. Sofern sie belegbar waren, wurden sie in den Anmerkungen kenntlich gemacht.

Nach einer kurzen Vorstellung von Auftrag und Struktur des Radarführungsdienstes und der Funktechnischen Truppen behandelt ein eigener Abschnitt die Vorbedingungen und die Maßnahmen zur Luftraumüberwachung über den neuen Bundesländern. Im nachfolgenden Kapitel wird vor allem die technische Fortentwicklung des Radarführungsdienstes bis zur NATO-Integration der ostdeutschen Verbände im Jahre 1995 dargestellt.

2. Auftrag und Struktur des Radarführungsdiensts und der Funktechnischen Truppen

2.1. Der Radarführungsdienst

Nach dem Ende des Zweiten Weltkrieges wurden Luftsicherungsaufgaben in Deutschland von den jeweiligen Besatzungsmächten wahrgenommen. Vor dem Hintergrund des aufziehenden Kalten Krieges stellten die Westalliierten jedoch bereits seit den späten 1940er Jahren Überlegungen zu einer sektorenübergreifenden, „integrierten" Luftverteidigung an. Mit Gründung der NATO (4. April 1949) wurde dieser integrierter Ansatz unter der Bezeichnung NATO

---

[3]   Die Geschichte des Radarführungsdienstes ist hauptsächlich in Chroniken, Memoiren und Militärzeitschriften abgebildet, die in den meisten Fällen weder über einen Anmerkungsapparat noch ein Literaturverzeichnis verfügen. Dies gilt im Wesentlichen auch für die Geschichte der Funktechnischen Truppen der Luftstreitkräfte/Luftverteidigungskräfte der NVA, wobei hier die Aktenlage deutlich besser zu sein scheint.

Integrated Air Defence System (NATINADS) ausgeplant,[4] scheiterte aber zunächst am Widerstand vieler Mitglieder, obwohl die Integration dringend geboten schien. Noch in der ersten Hälfte der 1950er Jahre entwickelte jeder Bündnisstaat eigene Luftverteidigungsstrukturen, die angesichts der potenziellen Bedrohung durch hochfliegende Bomber und der Entwicklung überschallschneller Jets bemerkenswerte Schwächen aufwiesen und ein sinnvolles Zusammenwirken der NATO-Luftstreitkräfte stark erschwerten.[5] Gemäß einer 1956 niedergelegten Forderung der NATO sollte sich das NATINADS aus einem grenzüberschreitenden Verbund aus vernetzten Radarsensoren, Gefechtsständen und Alarmrotten in hohem Bereitschaftsstatus zusammensetzen, was die Vorwarnzeiten verlängern und dadurch die Reaktionszeiten bedeutend verkürzen sollte. Hinzu sollten außerdem Flugabwehrraketenkräfte (FlaRak) kommen, welche in einem Gürtel entlang der europäischen NATO-Grenzen von Norwegen bis zur Türkei angeordnet wurden uns aus Flugabwehrraketensystemen vom Typ NIKE mit großer Reichweite bestehen sollten.[6]

Schon im Jahre 1953 war die Aufteilung der Territorien der europäischen NATO-Mitgliedstaaten in drei Regionalkommandos erfolgt, welche dem Supreme Headquarters Allied Powers Europe (SHAPE) unterstanden. Die Bundesrepublik Deutschland gehörte fortan zum Gebiet Europa-Mitte mit Hauptquartier im niederländischen Brunssum. Die operative Führung wurde stellvertretend für den Supreme Allied Commander Europe (SACEUR) vom Commander in Chief Central Europe (CINCENT) wahrgenommen. Dem CINCENT unterstanden die Befehlshaber der beiden im Bereich Europa-Mitte bereits am 2. April 1952 aufgestellten 2. und 4. Allied Tactical Air Forces

---

[4] Sudhoff, Günter, Der Einsatzführungsdienst der Luftwaffe Gestern - Heute - Morgen. In: 50 Jahre Einsatzführungsdienst der Luftwaffe, München 2010, S. 14-33, S. 15.

[5] Fernmelderegiment 31-34 (Hrsg.), Der Radarführungsdienst von 1959 bis 1989. Unter Mitarbeit von Oberstleutnant Wessling, Oberstabsfeldwebel Vondran, Oberst König, Rendsburg 1990.

[6] Aus finanziellen Gründen konnte das System aber nur in Mitteleuropa, besonders in Deutschland planmäßig in Funktion gesetzt werden. Ein zweiter, vorgelagerter Raketengürtel ergänzte seit Anfang der sechziger Jahre die bodengebundene Luftverteidigung, dessen Verbände mit dem auf niedrige und mittlere Flughöhen spezialisierten Raketensystem HAWK ausgerüstet waren. Von den gesamten Flugabwehrraketenkräften wurde ein hoher Bereitschaftsgrad gefordert, welcher nur durch Schichtdienst gewährleistet werden konnte. Gräfe, Frank, Sicherheit im Luftraum. Eine nationale Aufgabe im multinationalen Umfeld. In: Europäische Sicherheit, H. 10, 2011, S. 21-24, hier S. 21.

(ATAF) mit jeweils eigenem Gefechtsstand.[7] Die britisch geführte 2. ATAF mit Hauptquartier in Mönchengladbach sollte später britische, belgische und niederländische Kräfte vereinen, die US-amerikanisch dominierte 4. ATAF mit Hauptquartier in Ramstein dagegen amerikanische, belgische und französische.

Mit Gründung der Bundeswehr im November 1955 stand bereits fest, dass bald auch deutsche Luftwaffenverbände in das noch aufzubauende NATINADS integriert werden würden. Einer Grundsatzentscheidung der NATO entsprechend sollten die Flugmelde- und -leitdienste (FlgM/Lt-Dienst) der Mitgliedsstaaten in nationaler Hand bleiben, die zugehörigen Verbände allerdings assigniert werden. Daher wurde die Übernahme von britischen und amerikanischen Stellungen durch Einheiten der Bundeswehr im Zuge der Aufstellung der Luftwaffe von vornherein eingeplant. Die für den FlgM/lt-Dienst vorgesehenen vier Regimenter sollten den Führungsdiensten der Luftwaffe angehören und mit ihren Kräften je einen der vier Luftverteidigungssektoren der Allied Air Forces Central Europe (AIRCENT) abdecken. Für jedes Regiment waren ursprünglich vier bataillonsstarke Abteilungen geplant. Jeweils drei dieser Abteilungen sollten nach Abschluss der Ausbildungs- und Übernahmephase die zugeordneten Radarflugmelde- und Leitzentralen (Control and Reporting Center, CRC) selbstständig betreiben, und auch die Wartung, Versorgung und später auch die Ausbildung des Personals eigenverantwortlich sicherstellen. Die verbleibende vierte Abteilung sollte die Einheiten des Luftraumbeobachtungsdienstes (LRB) beheimaten, die den unteren Luftraum an den Ostgrenzen der BRD mittels Auge/Ohr zu überwachen, Luftfahrzeuge zu identifizieren und zu melden hatten. Die Fernmelderegimenter 31-34 (FmRgt) wurden seit 1958 aufgebaut. Schnell erwies sich, dass die ursprünglichen Planungen nicht überall umgesetzt werden konnten, z. B. erhielten nur die FmRgt 32 und 33 je eine Abteilung des LRB. Der Aufbau der Regimenter gestaltete sich aus personellen Gründen teilweise schwierig und zog sich im Falle des FmRgt 32 sogar noch bis Mitte der 1970er Jahre hin, gleichwohl die Einsatzbereitschaft früher erreicht wurde.[8]

---

[7]   Finke, Julian-André, Hüter des Luftraumes? Die Luftstreitkräfte der DDR im Diensthabenden System des Warschauer Paktes, Berlin 2010 (= Militärgeschichte der DDR, 18, S. 294-295.

[8]   Fernmelderegiment 34, Radarführungsdienst 1959 bis 1989 (wie Anm. 5), S. A3-A7.

Nachdem die ersten Radarführungssoldaten ihre Ausbildungen an alliierten Einrichtungen durchlaufen hatten, konnten nach dem Bestehen der jeweils notwendigen, umfangreichen taktischen Überprüfungen (TACEVAL) schrittweise CRC von den britischen und amerikanischen Streitkräften übernommen werden.[9] Von hier aus kamen die Soldaten des Radarführungsdienstes ihren zentralen Aufträgen im Rahmen des NATINADS nach. Hierzu zählte die radargestützte Erstellung eines möglichst lückenlosen Luftlagebildes, die Leitung von Abfangjägern bei Tag und Nacht, die Zielzuweisung für die FlaRakKräfte und die Begleitung und Unterstützung der fliegerischen Ausbildung, auch im Rahmen großangelegter NATO-Manöver. Die CRC wurden dazu rund um die Uhr das gesamte Jahr hindurch im Schichtdienst betrieben.

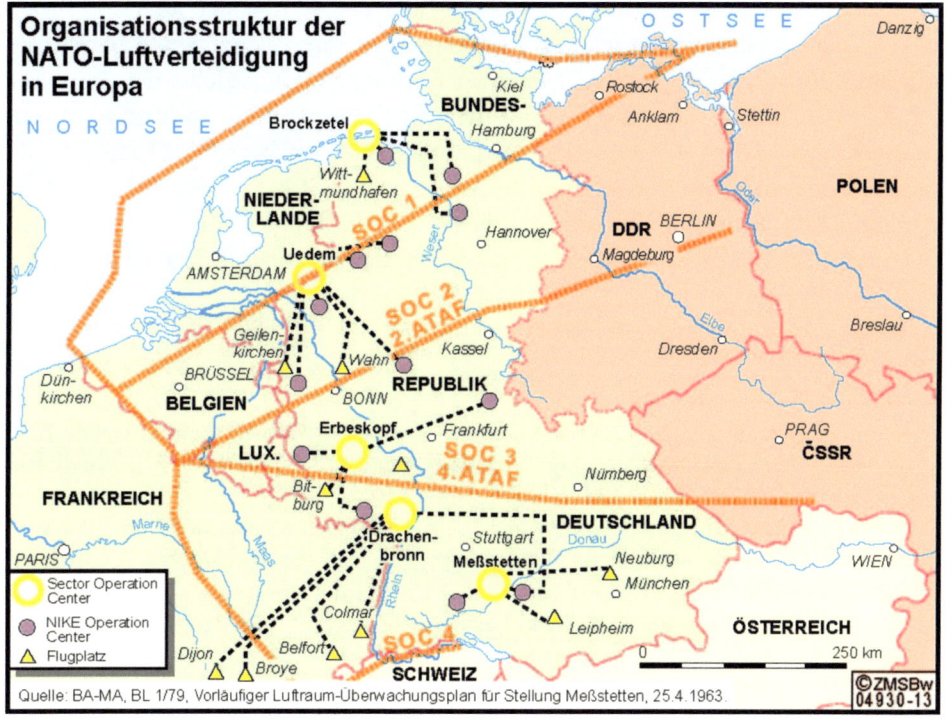

Quelle: BA-MA, BL 1/79, Vorläufiger Luftraum-Überwachungsplan für Stellung Meßstetten, 25.4.1963.

---

[9]   Übernahmen britischer Stellungen in der 2. ATAF: Brekendorf (01.10.1959), Auenhausen (01.04.1960), Brockzetel (01.12.1960), Uedem (01.12.1961). Übernahmen amerikanischer Stellungen in der 4. ATAF: Türkheim (10.09.1959), Regensburg (03.11.1959), Freising (01.12.1961), vgl. Sudhoff, Einsatzführungsdienst der Luftwaffe, S. 16-17.

Der Weiterbetrieb der übernommenen Stellungen war vielerorts nur ein Zwischenspiel, da 1960 die Bauarbeiten für teils verbunkerte, teils überirdische Luftwaffenkampfführungsanlagen begannen, welche die betroffenen deutschen CRC seit 1964 bezogen.[10] Jedes CRC konnte zunächst nur das örtlichen Großraumradargerät und die Höhenfinder anbinden und deren Daten vor Ort mit Hilfe des örtlichen Führungs- und Waffeneinsatzsystems (FüWES) bearbeiten und nutzen. Zusätzlich betrieb die Luftwaffe auch ortsfeste Reporting Posts (RP) zur Frühwarnung, welche wesentlich einfacher als CRC ausgestattet waren und mit einem ortsfesten Radar nur die Luftlage erfassten.[11] Das durch Identifizierung aller Flugziele und Korrelierung mit Sekundärradar- bzw. Transponderinformationen in CRC und RP entstandene „Recognized Air Picture" (RAP) wurde mit anderen Stellungen ausgetauscht sowie an vorgesetzte NATO-Dienststellen weitergeleitet. Direkt vorgesetzte Dienststellen waren die multinational besetzten Sector Operation Center (SOC), welche für die taktische Koordinierung der defensiven Luftverteidigungsmittel zuständig waren, bestehend aus FlaRak-Kräften und Abfangjägern.[12] Im Norden Deutschlands befehligte die britisch dominierte 2. ATAF zwei SOC[13], während die US-amerikanisch geführte 4. ATAF im Süden für die längste Zeit nur über ein SOC verfügen konnte.[14] Den SOC räumlich direkt angegliedert (d.h. in der

---

[10] Neubauten waren u.a. die teilweise verbunkerten (unterirdischen) Gefechtsstände bzw. CRC in Meßstetten (Indienststellung 1964), Lauda (1968), Erndtebrück 1968/71), Visselhövede (1973, oberirdisch).

[11] Der Radarführungsdienst nutze im Verlauf seiner Geschichte mehrere RP, vor der Wiedervereinigung jedoch nur noch die RP Wasserkuppe, Großer Arber und Döbraberg.

[12] Die Führung der Offensivkräfte oblag den ATOC (Allied Tactical Operations Center), die erst Mitte der 1970er Jahre geschaffen und hierarchisch den SOC gleichgestellt wurden. Vgl. Spreckelsen, Wilhelm von/Vesper, Wolf-Jochen, Blazing Skies. Die Geschichte der Flugabwehrraketentruppe der Luftwaffe, Oldenburg 2004.

[13] SOC 1 in Brockzetel, SOC 2 in Uedem.

[14] Das SOC 4 wurde von der französischen Luftwaffe bis zum Ausscheiden Frankreichs aus der militärischen Struktur der NATO 1966 im elsässischen Drachenbronn betrieben. Das verbleibende SOC 3 war danach für den gesamten süddeutschen Luftraum zuständig und wurde zunächst aus dem ADOC-Gefechtsstand Kindsbach in das CRC Börfink verlegt (1989 erneute Verlegung nach Sembach). Durch eine deutsch-amerikanisch-kanadische Allianz konnte das SOC 4 erst 1988 in Meßstetten neuaufgestellt werden. Vgl. Spreckelsen/Vesper, Blazing Skies (wie Anm. 12), S. 54.

selben Stellung, allerdings in unterschiedlichen Räumlichkeiten) war jeweils ein CRC, die restlichen CRC und RP waren im Bundesgebiet disloziert.[15]

Da sich das NATINADS bewährte, wurden auch dessen Strukturen fortlaufend gefestigt, obwohl es zwischen der 2. Und 4. ATAF bedeutsame Entwicklungsdiskrepanzen gab. Diese machten sich v. a. im Bereich der FüWES und bei der Vorschriftenlage bemerkbar.[16] Das in den 1960er Jahren gestartete NADGE-Programm (NATO Air Defence Ground Environment) sollte die Operateure durch den Einsatz von Großrechnern, neuen automatisierten FüWES und modernen 3D-Radargeräten entlasten, die Vernetzung der Gefechtsstände verbessern und den Datenaustausch stark beschleunigen. Allerdings waren die zugehörigen Entwicklungen durch Geldmangel, Kontroversen der beteiligten Staaten und Verzögerungen geprägt. Als Mitte der 1970er Jahre die Implementierung abgeschlossen war, bestand NADGE aus 84 Stationen. Da einige ursprünglich eingeplante technische Funktionen aus Kostengründen nicht realisiert wurden, wies das grundsätzlich fortschrittliche NADGE einige Mängel auf. So waren in Deutschland nur die Stellungen im Bereich der 2. ATAF mit der speziell entwickelten NADGE-Hardware ausgerüstet[17]. In den Stellungen der 4. ATAF wurde weiterhin das ältere amerikanischen 412L-System als FüWES betrieben. Die Datenübertragung zwischen beiden Systemen konnte allerdings mithilfe von Schnittstellenrechnern sichergestellt werden. Ein weiteres Problem von NADGE bestand in der nur schwach ausgeprägten Möglichkeit zur Erfassung von Tieffliegern.[18] Daher wurde der zwischenzeitlich zum Tieffliegermeldedienst (TMD) umbenannte LRB zum

---

[15] Vogt, Gunter, Radarführungsdienst. In: Truppenpraxis, H. 6, 1974, S. 459-465, hier S. 461.

[16] Kommando Luftwaffe (Hrsg.), Chronik Führungsstab der Luftwaffe, Berlin-Gatow/Köln-Wahn 2013, S. 147.

[17] In den deutschen CRC Brockzetel und Uedem sowie dem niederländischen CRC Nieuw Milligen und dem CRC Glons (Belgien) war bereits vor dem Roll-out von NADGE das Min-Fac-System (Minimum Facilities) als Übergangslösung im Jahre 1969 eingerüstet worden. Es sollte zunächst die Grundfunktionen von NADGE verfügbar machen und war seit mit dem 1971 durchgeführten Update zu Growth-to-full-NADGE (GfN) hinsichtlich der Systemarchitektur und Bedienbarkeit nahezu mit NADGE identisch. Müller, Heinz/Matt, Thorsten, Die Technik des Einsatzführungsdienstes. In: 50 Jahre Einsatzführungsdienst der Luftwaffe, München 2010, S. 66-81, hier S. 76.

[18] Krüger, Dieter, Die Entstehung der NATO-Luftverteidigung und die Integration in die Luftwaffe. In: Lemke, Bernd et al: Die Luftwaffe 1950 bis 1970. Konzeption, Aufbau, Integration, München 2006 (= Sicherheitspolitik und Streitkräfte der Bundesrepublik Deutschland, Band 2), S. 485-556, hier S. 539-541.

Tieffliegermelde und -leitdienst (TMLD) umgeformt und seit 1971 mit mobilen Kleinradargeräten ausgestattet, um im problematischen Höhenband von 0-3.000 m die Luftlage genauer und schneller als bisher erfassen und an die CRC sowie FlaRak- und Heereskräfte weitermelden zu können.[19]

Trotz technisch heterogener Ausstattung, dem Betrieb von drei unterschiedlichen FüWES und den damit einhergehenden Problemen im Bereich der Ausbildung sowie wechselseitigen Datenanbindung bildete der Radarführungsdienst mit seinen Radarstellungen, Kommunikationsanlagen, dem zuarbeitenden TMLD und seit den frühen 1970er Jahren weitestgehend vernetzten CRC damit das „Nervensystem der Luftverteidigung".[20] Die Souveränität im Luftraum besaß die BRD allerdings bis 1990 nicht, denn im Potsdamer Abkommen war 1945 festgelegt worden, dass Abfangvorgänge nur von den Unterzeichnerstaaten veranlasst werden konnten.[21] Die Alarmrotten wurden daher im Bereich der 2. ATAF von den britischen, im Bereich der 4. ATAF von den US-amerikanischen Luftstreitkräften gestellt.[22]

In diese Struktur war der Radarführungsdienst mit unwesentlichen Änderungen von 1959 bis 1989 eingebettet. Kurz vor dem Mauerfall kam es jedoch noch zu umfangreichen Veränderungen. Die Fernmelderegimenter 31-34 wurden kurz vor dem Mauerfall im Zuge der Realisierung der Luftwaffenstruktur 3 in die Radarführungskommandos 1 (Goch) und 2 (Meßstetten) überführt. Ziel dieser Maßnahme war die Anpassung und Straffung der Struktur an neue Einsatz- und Instandhaltungskonzepte.[23]

---

[19]   Erst 1971 erfolgte die Zuführung von Kleinradargeräten mit Reichweiten von 30, später 45km. Der Einsatz erfolgte in 24 vorbereiteten Dauereinsatzstellungen. Durch die technischen Beschränkungen wurden in der NATO frühzeitig weitere Überlegungen zur Verbesserung der Luftraumaufklärung im unteren Höhenband angestellt, welche in der Einführung der E3A „AWACS"-Flotte (Airborne Warning and Control System) ab 1980 gipfelte. Vgl. Sudhoff, Einsatzführungsdienst der Luftwaffe, S. 20-21.

[20]   Vogt, Radarführungsdienst (wie Anm. 15), S. 461.

[21]   Fernmelderegiment 34, Radarführungsdienst 1959 bis 1989 (wie Anm. 5), S. A14.

[22]   Bis 1966 stellten die Franzosen die Alarmrotte für den Bereich des SOC 4, siehe Anm. 8.

[23]   Fernmelderegiment 34, Radarführungsdienst 1959 bis 1989 (wie Anm. 5), S. C3.

2.2. Die Funktechnischen Truppen

Die Funktechnischen Truppen (FuTT) waren als Waffengattung Teil der Luft-streitkräfte/Luftverteidigungskräfte (LSK/LV) der NVA und hatten den Auf-trag, den Luftraum im jeweilgen Verantwortungsbereich zu überwachen, Flug-zeuge zu identifizieren, ein Luftlagebild zu erstellen und dieses an übergeord-nete Gefechtsstände und andere Truppenteile weiterzuleiten. Mit den ermittel-ten Funkmessdaten[24] schufen sie zudem eine Grundlage für die Kontrolle des Luftraumes der DDR und die Entscheidung über den Einsatz der anderen beiden Teilstreitkräfte der LSK/LV, den Fla-Raketen-Truppen (FRT) und Jagdfliegerkräften (JFK). Weitere Aufgaben bestanden in der funktechnischen Sicherstellung der fliegerischen Ausbildung.[25] Kleinste Einheit der FuTT waren die Funktechnischen Kompanien (FuTK), welche von zahlreichen Friedens-, Übungs- und Gefechtsstellungen aus auch die Funkmessgeräte (Radargeräte) und zugehörigen Kommunikationsanlagen und Führungssysteme bedienten. Zum Einsatz kamen über den gesamten Zeitraum des Bestehens insgesamt gut 20 verschiedene Funkmessgeräte mehrerer Generationen und ausschließlich sowjetischer Bauart.[26] Der Großteil aller eingesetzten Radargeräte war mobil auf Fahrzeugen und Spezialanhängern aufgebaut, was die alternierende Nut-zung der Stellungen erst ermöglichte und die Überlebensfähigkeit im Gefecht erhöhen sollte.[27] Jeweils mehrere Kompanien bildeten ein Funktechnisches Bataillon (FuTB), wovon in der letzten Struktur vor der Wende insgesamt sie-

---

[24] In der NVA wurde der deutsche Begriff Funkmess bzw. Funkmesstechnik weitergeführt, während durch die Einbindung in die NATO in der Bundeswehr das englische Akronym RA-DAR (Radio Detection and Ranging) bzw. Radartechnik eingeführt war.

[25] Merkel, Gerhard/Wuensche, Wolfgang, Zur Geschichte der Funktechnischen Truppen. In: Jablonsky, Walter/Wuensche, Wolfgang (Hrsg.), Im Gleichschritt? Zur Geschichte der NVA, Berlin 2001, S. 241-270, hier S. 241.

[26] Diese umfassten 2D- und 3D-Rundblickgeräte im Meterwellen-, Dezimeterwellen- und Zentimeterwellenbereich sowie verschiedene Höhenfinder. Einen guten Überblick über die technische Ausstattung der FuTT bietet Schlenker, Eckart, Die Technik der Funktechnischen Truppen. In: Stuppert, Wolf-Rüdiger; Fiedler, Siegfried (Hrsg.), Die Funktechnischen Truppen der Luftverteidigung der DDR. Geschichte und Geschichten, Berlin 2013, S. 161-179; Vor der Wende waren in den FuTT noch 12 verschiedene Typen im Einsatz. Vgl. Meyer, Klaus/Pfannschmidt, Günter, Die Modernisierung des Radarführungsdienstes in den neuen Bundesländern. In: Soldat und Technik, H. 9, 1993, S. 575-577, hier S. 575.

[27] Schlenker, Eckart, Die ingenieurtechnische Sicherstellung der Funktechnischen Truppen. In: Stuppert/Fiedler, Die Funktechnischen Truppen (wie Anm. 26), S. 180-189, hier S. 180.

ben existierten, welche sich seit 1981 immer auch einen Gefechtsstand mit einem Jagdfliegergeschwader in einem gemeinsamen Schutzbau teilten.[28]

Dem Rechtsverständnis in der DDR entsprechend lagen Fragen zur Luftraumnutzung im Zuständigkeitsbereich des Ministers für Nationale Verteidigung, womit auch dem Militär Priorität eingeräumt wurde. Da die Truppen der LSK/LV bereits seit dem 21. Januar 1957 Teil des einheitlichen Luftverteidigungssystems des Warschauer Paktes waren, lag die Entscheidungsgewalt über alle Flüge in der DDR aber beim Hauptverantwortlichen für die Luftverteidigung der DDR, dem Oberkommandierenden der GSSD (Gruppe der Sowjetischen Streitkräfte in Deutschland, seit 1989 Westgruppe der Truppen, WGT). Hierin wurde nach Auslegung der Regierungen der Sowjetunion und der DDR jedoch keine Einschränkung der Souveränität gesehen, da der Oberkommandierende der GSSD/WGT seine Aufgaben im Auftrag der SED-Führung wahrnahm.[29] Seit 1961 waren die Luftverteidigungskräfte der NVA zusammen mit den Luftstreitkräften der GSSD, CSSR und der Volksrepublik Polen Teil des sog. Diensthabenden Systems, durch welches die Gefechtsbereitschaft von Verbänden der FuTT, JFK und FRT in den westlichen Mitgliedsstaaten des Warschauer Paktes verbessert und rund um die Uhr gewährleistet werden sollte.[30] In der NVA wurden die drei genannten Waffengattungen der Luftstreitkräfte dazu auf Divisionsebene zusammengeführt und bildeten fortan die 1. Luftverteidigungsdivision (LVD) in Cottbus und die 3. LVD in Neubrandenburg mit jeweils eigenen, ständig besetzten Divisionsgefechtsständen.[31] Diese Divisionsgefechtsstände gaben von allen auflaufenden Luftlagedaten nur besonders wichtige Informationen an den Zentralen Gefechtsstand 14 (ZGS 14)[32] in Fürstenwalde weiter, von wo aus sie wiederum zum Hauptgefechtsstand des Warschauer Paktes nach Minsk übermittelt werden

---

[28] Kopenhagen, Wilfried, Die Luftstreitkräfte der NVA, Stuttgart 2002, S. 35.

[29] Finke, Hüter des Luftraums (wie Anm. 7), S. 305.

[30] Im Jahre 1963 war der Integration aller Verbände der LSK/LV in das Diensthabende System erreicht. Vgl. Finke, Hüter des Luftraums (wie Anm. 7), S. 306.

[31] Merkel, Wuensche, Geschichte der Funktechnischen Truppen (wie Anm. 25), S. 246-250; Die FuTB-31 in Döbern, 41 in Holzdorf, 51 in Sprötau und 61 in Müncheberg waren der 1. LVD unterstellt, die FuTB-23 in Pragsdorf, 33 in Pudagla und 43 in Parchim der 3. LVD. Kopenhagen, Luftstreitkräfte der NVA (wie Anm. 28), S. 35.

[32] Der ZGS 14 war seit seiner Aufstellung 1957 zunächst in der Strausberger Barnim-Kaserne untergebracht und zog 1965 in den später baulich noch erweiterten, ehemaligen Wehrmachtsbunker „Fuchsbau" in Fürstenwalde um.

konnten. Dazu zählten z. B. Flugspuren und Positionen von Luftraumverlet-zern oder Flüge der AWACS sowie der SR-71 Blackbird.[33] Für die FuTT waren die Dienstzeiten zur Luftraumüberwachung der einzelnen Verbände und deren Einheiten in Plangrafiken dargelegt, welche Befehlscharakter hatten. Ziel war es, den Luftraum über der DDR, besonders in Grenznähe, ab einer Höhe von 1.000m[34] bis zu einer Höhe von 20.000m zu überwachen. Zeiten, in denen die Einheiten nicht „im System" waren, dienten der Wartung und Ausbildung.[35]

Die Koordinierung des militärischen Flugbetriebes erfolgte im Haupt-quartier der GSSD in Wünsdorf. Mit Gründung der Vereinigten Hauptzentale 14 (VHZ 14) im Jahre 1971 in Wünsdorf wurde die NVA erstmals an dieser Dienststelle und damit an Fragen zum Flugbetrieb und der Abstimmung von Flugplänen beteiligt.[36] Das zusätzlich in den letzten Wochen der DDR (17.08.1990) am Zentralflughafen der DDR Berlin-Schönefeld aufgestellte Amt für Luftraumkoordination (ALK) war eine Stabsstelle der VHZ 14 und diente als Verbindungselement zur Zivilluftfahrt.[37]

Die Organisation der FuTT unterschied sich erheblich von jener des Ra-darführungsdienstes. Daher könnten die FuTT auch bezüglich der Einsatzphi-losophie besser mit dem TMLD der Luftwaffe verglichen werden, obgleich sie mit ihren leistungsfähigeren Radargeräten den gesamten Luftraum zu überwa-chen hatten, nicht nur einen schmalen Grenzstreifen. Während die FuTT ledig-lich für die Bereitstellung des Luftlagebildes verantwortlich waren und sich dazu auf die zahlreichen, sich wechselseitig im Dienst befindenden mobilen Radargeräte der FuTK abstützten, erfolgte die Jägerleitung selbst aus den Ge-fechtsständen der JFK. Der Radarführungsdienst der Bundeswehr hingegen bündelte alle diese Fähigkeiten und operierte dazu aus den ortsfesten CRC und RP, welche in der Regel auch nur mit den ortsfesten Radarsensoren vor Ort

---

[33]   Kopenhagen, Luftstreitkräfte der NVA (wie Anm. 28), S. 35-36.

[34]   Seit der Kubakrise teilweise abgesenkt auf 200 Meter.

[35]   Merkel/Wuensche, Geschichte der Funktechnischen Truppen (wie Anm. 25), S. 246-250.

[36]   Eine seriöse und umfangreiche Website zum Thema LSK/LV datiert die Entstehung der VHZ 14 dagegen ins Jahr 1974. Vgl. Die LSK/LV - Vereinigte Hauptzentrale 14 (VHZ-14), online verfügbar unter http://www.lsklv-ddr.de/vhz14.htm (02.10.2014).

[37]   Luftwaffenmuseum der Bundeswehr; Ruby, Jürgen (Hrsg.), Eine Frage der Souveränität - Flugsicherung in Deutschland, Berlin 2010 (Texte und Materialien, 8), S. 54. Das Amt für Luftraumkoordinierung. Online verfügbar unter http://kdo.fuko-kolkwitz.de/Fuhrungspunkte/ALK/alk.html (02.10.2014).

arbeiteten.[38] Auch im Grad der Integration in die Bündnisstrukturen und bei der Automatisierung gab es deutliche Unterschiede, z. B. begann ein eingeschränkter, wechselseitiger Betrieb der Radarstellungen von FuTT und Funktechnischen Einheiten der GSSD erst Mitte der siebziger Jahre und auch nur bei einzelnen Stellungen. Bis dahin überwachten die Truppen der NVA und GSSD/WGT parallel zueinander den Luftraum.[39]

---

[38] Erst mit Einführung des GEADGE-Systems (German Air Defence Ground Environment) seit 1982 konnte ein CRC auch mehrere ortsfremde Sensoren (max. neun) anbinden, nach einigen Systemverbesserungen erhielt schließlich auch das NADGE-System diesbezügliche Kapazitäten, wenn auch nur in limitiertem Umfang. Vgl. Müller/Matt, Technik des Einsatzführungsdienstes (wie Anm. 17), S. 76-78.

[39] Pflügner, Lüder, Der wechselseitige Einsatz der Funktechnischen Truppen der LSK/LV mit der GSSD zur Luftraumaufklärung im DHS. In: Stuppert/Fiedler (wie Anm. 26), S. 89-96, hier S. 90-91.

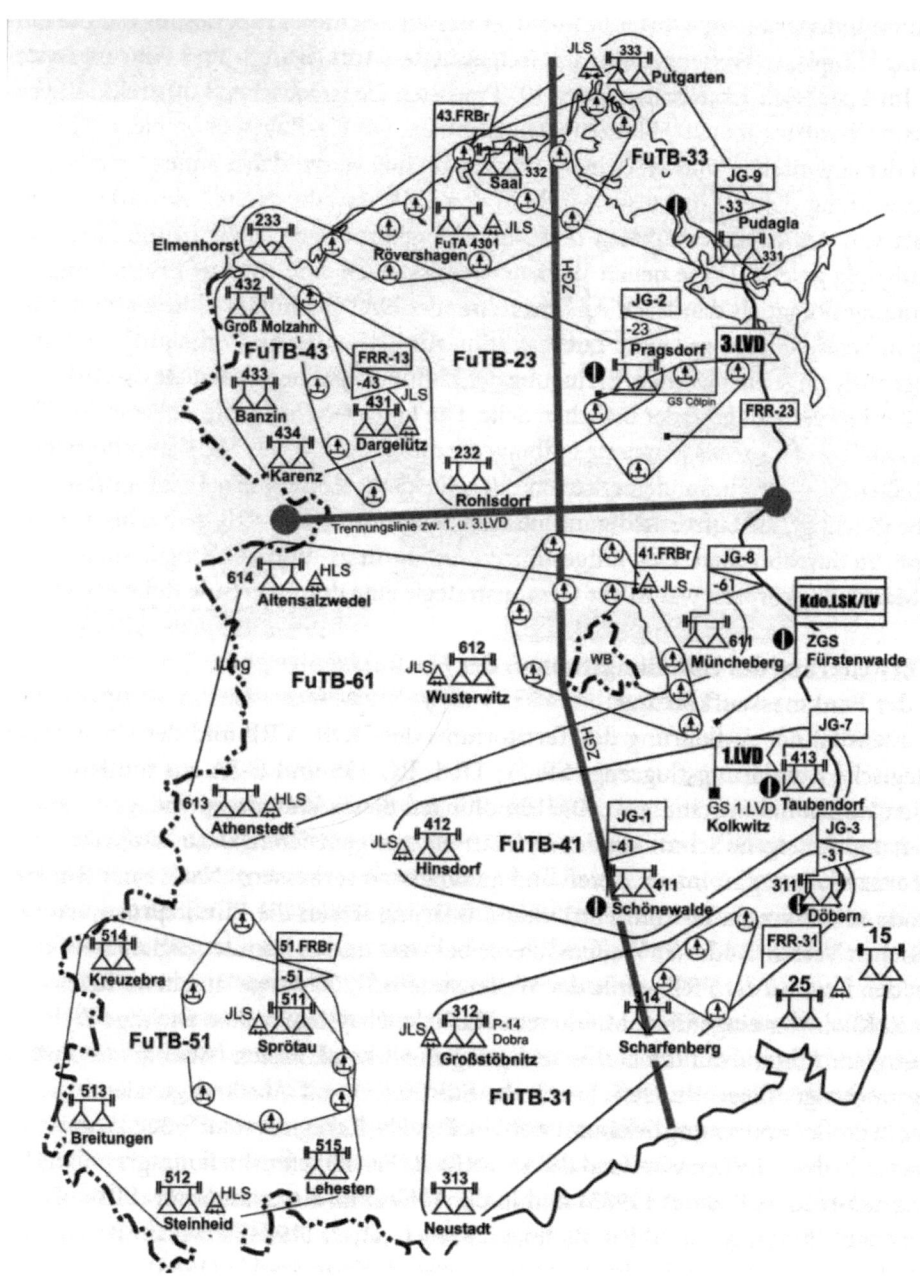

Standorte der Funktechnischen Truppen der LSK/LV

3. Die Luftraumüberwachung im Spiegel der Wiedervereinigung

Seit den durch Michail Gorbatschow Anfang 1986 eingeleiteten Reformen unter den Schlagworten „Glasnost" und „Perestroika" erwarteten selbst konservative Denker in den politischen und militärischen Führungskreisen der westlichen Staaten eine allmähliche Normalisierung der außenpolitischen Verhältnisse zu den Staaten des „Ostblocks". Angesichts der sich abzeichnenden sicherheitspolitischen Lageveränderung und den gleichzeitig erstmals seit Gründung der Bundeswehr stark sinkenden Verteidigungsausgaben begann auch in der Luftwaffe die Arbeit an einer Reform. Zur Debatte stand allerdings nicht nur eine schlichte lineare Reduktion der ca. 100.000 Luftwaffensoldaten und des Materials, sondern auch eine Transformation, an deren Ende die Luftwaffe zwar kleiner, aber auch rundweg modernisiert und gestrafft den erwarteten Herausforderungen der Zukunft begegnen können sollte. Die staatlichen Umwälzungen in der DDR und der überraschende Fall der Mauer am 9. November 1989 fielen dann in eine Zeit, als die Umsetzung dieser Luftwaffenstruktur 3 schon fortgeschritten war. Es folgte eine Phase der Ungewissheit und des gespannten Abwartens. Die Reformierung der Luftwaffe wurde dessen ungeachtet zunächst planmäßig fortgesetzt. Durch den vollkommenen Machtverlust der SED nach den ersten freien Volkskammerwahlen im Frühjahr 1990 und die im Mai begonnenen Zwei-plus-Vier-Verhandlungen stellte sich jedoch schnell die Gewissheit ein, dass eine Wiedervereinigung der beiden deutschen Staaten in nächster Zukunft vollzogen werden könnte. Dies bedeutete für die Luftwaffenführung, schnellstmöglich über die Gestalt einer Luftwaffe in einem wiedervereinigten Deutschland nachzudenken, wobei die Ungewissheit über die zukünftige Staatsform und die Organisation der Streitkräfte gewaltige Hürden darstellten. Zudem war das Wissen über Struktur, Ausrüstung und Leistungsfähigkeit der LSK/LV der NVA schwach ausgeprägt, lediglich nachrichtendienstliche Erkenntnisse lagen vor. Erschwerend kam hinzu, dass die meisten Bundeswehrsoldaten durch jahrzehntelange Prägung und Sozialisation in der NVA eine totalitäre, den demokratischen Idealen feindlich gesinnte Armee sahen, weswegen eine rasche Vereinigung der Streitkräfte aus West und Ost für viele zunächst schwer vorstellbar war.[40]

---

[40] Kleppien, Axel-Björn, Der Weg zur Einheit. In: Jarosch, Hans-Werner (Hrsg.), Immer im Einsatz. 50 Jahre Luftwaffe, Hamburg 2005, S. 106-126, hier S. 106-108.

Zur Jahresmitte 1990 konnten konkrete Planungen für die neuen gemeinsamen Streitkräfte noch immer nicht eingeleitet werden, da das Verteidigungsministerium der DDR sich nach außen weiterhin die Option zweier deutscher Armeen offenhielt. Dessen ungeachtet besuchte zu dieser Zeit der für Flugsicherung und Fliegerleitung zuständige NVA-General die Hardthöhe. Da er nicht an das Fortbestehen der LSK/LV glaubte, gab er offen wertvolle Tipps zur Organisation des Flugbetriebes mit den WGT und die Ausgestaltung des gemeinsam zu nutzenden Luftraumes. Er brachte allerdings auch seine Einschätzung vor, wonach die Luftwaffe in den neuen Bundesländern zunächst nicht auf Teile des Personals der LSK/LV verzichten könne, weswegen er solidarisch für deren Weiterbeschäftigung plädierte.[41] In der Tat waren Fragen zur zukünftigen Luftraumüberwachung und zur Abwicklung des zivilen und militärischen Flugverkehrs ein dringliches Thema in den Referaten und Planungsstäben des BMVg. Es galt, die Interessen der zivilen Luftfahrt, der NATO, der Bundeswehr und den Luftstreitkräften der Westgruppe der sowjetischen Streitkräfte (WGT) zu harmonisieren. Zudem mussten Verantwortlichkeiten abgesteckt und Verfahren geklärt werden. Die Konsultationen fanden unter Leitung des Bundesverkehrsministeriums auf Generalsebene zwischen dem BMVg und den WGT statt; beteiligt war zudem das für den militärischen Luftverkehr verantwortliche Referat FüL III 4, ebenso wie das für die Lufthoheit zuständige Referat FüL III 2. An den mehrmaligen Zusammenkünften in Strausberg, Fürstenwalde und Bonn nahmen außerdem auch Vertreter des Amtes für Flugsicherung der Bundeswehr teil.[42] Die WGT forderten bei den Verhandlungen anfänglich, bis zum Abzug der letzten Truppen auch weiterhin die Lufthoheit über dem Beitrittsgebiet zu behalten. Durch die Fortschritte bei den parallel in Moskau ablaufenden Verhandlungen zum Einigungsvertrag beugten sie sich aber schließlich der deutschen Forderung, ihren gesamten Luftverkehr ab dem Tag der Vereinigung nach deutschem Recht abzuwickeln und die Hoheit der BRD über das Beitrittsgebiet anzuerkennen.[43] Vergleichsweise unkompliziert hatten sich dagegen die bereits im Frühjahr abgehaltenen Gespräche des Bundesverkehrsministeriums und des BMVg mit Vertretern aus Polen und der CSSR zur Aushandlung von Identifizierungszonen entlang der Grenzen gestaltet. Alle Teilnehmer konnten sich zügig einigen. Sehr kooperativ

---

[41] Kleppien, Weg zur Einheit (wie Anm. 40), S. 110.

[42] Zit. nach Lux, Vereinigung und Radarführungsdienst (wie Anm. 1), S. 40-41.

[43] Die Gespräche zur Feinausplanung dieser Übereinkunft fanden in Fürstenwalde und Wünsdorf statt.

verhielten sich während des gesamten Abstimmungsprozesses auch die zuständigen Stellen der NATO, wohl wissend, dass die Kapazitäten im BMVg aufgrund der enormen Arbeitsbelastung jener Wochen für ausgedehnte Verhandlungen nicht ausreichten.[44]

Erst Ende Juli 1990, als der genaue Termin zur Wiedervereinigung vereinbart und die grundlegendsten Fragen zur künftigen Luftraumordnung über dem Beitrittsgebiet geklärt waren, konnte mit der Feinausplanung einer gesamtdeutschen Luftwaffe begonnen werden.[45] Zu diesem Zeitpunkt stand bereits fest, dass es gemäß der völkerrechtliche Vertragslage nach Abschluss aller Verhandlung nicht gestattet sein würde, die neuen Bundesländer direkt nach der Wiedervereinigung in die NATO zu integrieren. Dies durfte – dem Willen der sowjetischen Verhandlungsführer entsprechend – erst nach dem endgültigen Abzug der WGT geschehen, der am 31. August 1994 abgeschlossen sein sollte. Für die Bundeswehrplaner war dieser Punkt von großer Bedeutung, bedingte er doch auch, dass in der Übergangsphase keine NATO-finanzierten oder auch nur teilfinanzierten Mittel und Truppen in die neuen Bundesländer verlegt und genutzt werden durften.[46]

Die Teilstreitkräfte in den neuen Bundesländern sollten einem „Bundeswehrkommando Ost" unterstellt werden. Für den Bereich der Luftwaffe entschied der Inspekteur der Luftwaffe, alle nicht aufzulösenden Luftwaffenverbände im Beitrittsgebiet bis zum endgültigen Abzug der WGT einer neu zu schaffenden 5. Luftwaffendivision zu unterstellen. Als deren erster Kommandeur war Generalmajor Bernhard Mende vorgesehen. Die vollständige Aufstellung der 5. Luftwaffendivision konnte aus organisationstechnischen Gründen nicht bis zum Zeitpunkt der Wiedervereinigung erfolgen,[47] dennoch musste die Übernahme der Verbände der LSK/LV durch die Bundeswehr zum 3. Oktober 1990 sichergestellt werden. Daher wurden später durch den Führungsstab der Luftwaffe sog. Kommandeur- und Unterstützungsgruppen zusammenge-

---

44 Zit. nach Lux, Vereinigung und Radarführungsdienst (wie Anm. 1), S. 41.

45 Kleppien, Weg zur Einheit (wie Anm. 40), S. 110-111.

46 Meyer/Pfannschmidt, Modernisierung des Radarführungsdienstes (wie Anm. 26), S. 575.

47 Der Divisionsstab der 5. Luftwaffendivision rekrutierte sich vorwiegend aus Personal der 2. Luftwaffendivision und wurde in nur einer Woche aufgestellt. Die Aufstellung der 5. LwDiv wurde am 27. Februar 1991 abgeschlossen. Vgl. Kleppien, Weg zur Einheit (wie Anm. 40), S. 114.

stellt, welche die Führung aller Dienststellen im Beitrittsgebiet pünktlich übernehmen sollten.[48]

Da die Luftwaffe mit dem Zeitpunkt der Wiedervereinigung nicht nur erstmals in ihrer Geschichte die Luftraumhoheit im westdeutschen NATO-Bündnisgebiet, sondern darüber hinaus auch in rein nationaler Verantwortung in den neuen Bundesländern sicherzustellen hatte, schien der Rückgriff auf Personal und Material der FuTT zur Luftraumüberwachung und Jägerleitung unumgänglich.[49] Planungen, die mobilen Einheiten des TMLD in den neuen Bundesländern zu entfalten, mussten schnell wieder fallengelassen werden, da der TMLD zu diesem Zeitpunkt über zu wenig Personal für diese Aufgabe verfügte und sich die technische Ausstattung nicht zur großräumigen Luftraumüberwachung eignete.[50] Der TMLD wurde daher, den Beschlüssen der Luftwaffenstruktur 3 folgend, planmäßig aufgelöst.[51]

Nach Festschreibung der politischen Rahmenbedingungen galt es in einem nächsten Schritt die Gegebenheiten an den Standorten der LSK/LV zu prüfen. Hierzu stellte der Führungsstab der Luftwaffe eilig ca. 100 Erkundungsgruppen zusammen, bestehend aus weitgehend freiwilligen, erfahrenen Offizieren und Unteroffizieren. Die Teams wurden mit einem Fragenkatalog ausgestattet, mit welchem Informationen zur Nutzung der Anlagen, der Infrastruktur, der Verkehrsanbindung, dem Zustand der verwendeten Waffen und Systeme und nicht zuletzt zum Ausbildungsstand und der Moral der Truppe ermittelt werden sollten. Nach Zuweisung der Objekte betrug der Zeitansatz zur Erkundung lediglich zehn Tage.[52] Im Zuge dieser Maßnahmen ordnete Ende Juli1990 auch der Referatsleiter FüL III 2, Oberst Kimmel, eine zweitägige Dienstreise zur Erkundung der Leistungsfähigkeit der Funktechnischen Truppen (FuTT) an. Bis zu diesem Zeitpunkt hatte der zuständige Referent nur auf theoretischer Grundlage und basierend auf diversen Quellen ein Grob-

---

[48]   Kommando Luftwaffe, Chronik (wie Anm. 16), S. 160-164. Diese Gruppen trafen Mitte September 1990 zu einem Zeitpunkt in Strausberg ein, als bereits alle Generale und Admirale der NVA von ihrer Regierung in den Ruhestand versetzt worden waren, ebenso wie ein Großteil der Obersten, vgl. Kleppien, Weg zur Einheit (wie Anm. 40), S. 114.

[49]   Meyer/Pfannschmidt, Modernisierung des Radarführungsdienstes (wie Anm. 26) , S. 575.

[50]   Knoth, Michael, Die deutsche Einheit und das Militär. Online verfügbar unter http://www.fumema.de/fumema/funkmess/08b_wende-frame.htm, zuletzt geprüft am 07.10.2014.

[51]   Zit. nach Lux, Vereinigung und Radarführungsdienst (wie Anm. 1), S. 41-42.

[52]   Kleppien, Weg zur Einheit (wie Anm. 40), S. 110-111.

konzept zur Einbindung der Einheiten und Geräte der LSK/LV in den Radarführungsdienst erarbeitet. Daher war es wichtig, die Tragfähigkeit dieses Konzeptes vor Ort zu überprüfen, schließlich galt es nun, ab dem Tag der Wiedervereinigung die Integrität des deutschen Luftraumes zu sichern. Dies setzte jedoch eine lückenlose Überwachung und Identifizierung aller Luftfahrzeuge nach den bisher für die Bundeswehr verbindlichen Standards voraus.

Die Dienstreise umfasste Besuche bei einer FuTK in Wusterwitz, dem Funktechnischen Bataillon in Müncheberg und schließlich auch beim ZGS 14 in Fürstenwalde. Der Chef der FuTT, Oberst Alfred Lehmann, war während der gesamten Reise zugegen.[53]

Es erwies sich, dass die Gefechtsführungssysteme der LSK/KV nicht über die erhoffte Leistungsfähigkeit verfügten, denn sie waren schnell zu saturieren und zudem anfällig für Fehler der Bediener. Ebenso waren die Meldeverfahren von geringerem Automatisierungsgrad als erwartet, weswegen die Planungen geändert werden mussten.[54] Trotzdem konnte mit einiger Erleichterung festgestellt werden, dass das durch die FuTT praktizierte System zur Luftraumaufklärung und -überwachung zwar einiger Modifikationen bedurfte, grundsätzlich aber für eine begrenzte Zeitspanne im Dienst gehalten werden konnte.[55] Aufbauend auf diese Erkenntnisse konnten die Planungen fortgesetzt werden.

Der Radarführungsdienst im Bereich der neuen Bundesländer sollte übergangsweise vier Nationale CRC (NCRC) mit zwölf Radarstellungen umfassen, welche durch kurzfristige Einrüstung von westlicher Fernmeldetechnik noch ertüchtigt werden mussten. In der Zielstruktur, welche nach dem Abzug der WGT eingenommen werden sollte, waren noch zwei CRC und fünf ortsfeste Radargerätestellungen vorgesehen. Zusätzlich sollte dann auch das amerikanische Flugsicherungsradar AN/FPS-117 am Flughafen Berlin-Tempelhof und zwei Radargeräte der Berliner Flugsicherung im Thüringer Wald angebunden werden. Bei FüL III 2 wurde unter Beteiligung von Oberst Lehmann eine Übergangs-STAN (Stärke- und Ausrüstungsnachweisung) für die Struktur des Radarführungsdienstes „Ost" erarbeitet, welche auch unter haushälterischen Gesichtspunkten realisierbar war. Oberst Lehmann legte auch dem Befehlsha-

---

53   Zit. nach Lux, Vereinigung und Radarführungsdienst (wie Anm. 1), S. 41.

54   Zit. nach Lux, Vereinigung und Radarführungsdienst (wie Anm. 1), S. 41; Kleppien, Weg zur Einheit (wie Anm. 40), S. 114.

55   Kleppien, Weg zur Einheit (wie Anm. 40), S. 114.

ber des LSK/LV, Generalleutnant Berger, die zukünftige Struktur zur Sicherstellung der Lufthoheit vor und erreichte durch den Hinweis auf die eigene Mitarbeit und grundsätzliche Realisierbarkeit eine Billigung.[56] In Wünsdorf traf Lehmann schließlich auch mit dem Chef der Funktechnischen Truppen der WGT, Oberst Miroschnikov, zusammen, um die Modalitäten der Überführung der FuTT in den Radarführungsdienst zu besprechen.[57] Danach waren die organisatorischen Weichen für den Übergang auch seitens der FuTT der LSK/LV gestellt.

Unter den ca. 330 in der gesamten NVA vorhandenen Radargeräten wurden 60 Geräte zweier Bautypen für den zukünftigen Dauereinsatzbetrieb ausgewählt.[58] Dies waren 2D-Rundsuchgeräte vom Typ P-37, welche nur zusammen mit den ebenfalls ausgewählten Höhenmessradargeräten vom Typ PRW-13 ein dreidimensionales Luftlagebild erzeugen konnten.[59] Dieses Luftlagebild sollte wie bisher im von der Bundeswehr zu übernehmenden ZGS 14 zusammenlaufen. Aus Gründen der Flugsicherheit war die alleinige Überwachung der Luftlage aus Fürstenwalde jedoch nicht zu verantworten, da hier kein RAP des westdeutschen Luftraumes darstellbar war. Um diesem Problem zu begegnen, wurde bei FüL III 2 parallel zu einer nationalen Luftraumstruktur auch das Konzept eines nationalen Luftverteidigungs-Gefechtsstandes unter dem Namen Nationales Sector Operation Center (NSOC) entwickelt.[60] Dieses sollte über eine noch zu schaffende Linkverbindung die in Fürstenwalde auflaufenden Radardaten in ein westdeutsches CRC bringen. Zusätzlich wurden mit personeller Unterstützung aus dem SOC 4 nationale Einsatzregeln geschrieben und noch im September 1990 vom Verteidigungsminister genehmigt.[61] Um allen potenziellen Auseinandersetzungen mit der sowjetischen Besatzungsmacht vorzubeugen, wurde das Kommando der WGT auch zeitnah über die Absicht informiert, das zweigeteilte NSOC aus Gründen der Flugsi-

---

56 Zit. nach Lux, Vereinigung und Radarführungsdienst (wie Anm. 1), S. 42.

57 Lehmann, Alfred, Die Überführung von Teilen der FuTT der LSK/LV in den Bestand der Luftwaffe der BRD. In: Stuppert/Fiedler (wie Anm. 26), S. 189-192, hier S. 191.

58 Meyer/Pfannschmidt, Modernisierung des Radarführungsdienstes (wie Anm. 26), S. 575.

59 Unruh, Reinhard E./Krätzig, Manfred, Die NATO-Integration des Radarführungsdienstes in den neuen Bundesländern. In: Soldat und Technik, H. 5, 1995, S. 303-305, hier S. 303.

60 Neben der Bezeichnung NSOC war auch der Begriff Nationaler LV-Gefechtsstand 5 gebräuchlich, um die Zugehörigkeit zur 5. LwDiv zu verdeutlichen.

61 Zit. nach Lux, Vereinigung und Radarführungsdienst (wie Anm. 1), S. 42.

cherheit zunächst aus dem südwestfälischen Erndtebrück heraus zu führen, wo es mit dem dortigen NATO-CRC kolloziert werden sollte. Die Gesamtverantwortung für die taktische Führung des NSOC in Erndtebrück sollte der Planung entsprechend bei einem diensthabenden Nationalen Sector Controller liegen, die Durchführungsverantwortung jedoch in Fürstenwalde verbleiben.[62] Da der Befehlshaber der WGT, Generaloberst Snetkow, nach Vorstellung der Planungen keine Bedenken hinsichtlich der weiteren Realisierbarkeit seines Flugbetriebes hatte, erhob er keine Einwände.[63]

Erndtebrück eignete sich als vorläufiger Standort für das NSOC in besonderem Maße, da es als zentraler Ausbildungsstandort des Radarführungsdienstes im Bunker „Erich" alle drei Führungs- und Waffeneinsatzsysteme der Luftwaffe betrieb.[64] Dieser Umstand erlaubte es, dass das CRC Erndtebrück seine Aufgaben im Rahmen der NATO mit dem Hauptwaffensystem NADGE weiter vollumfänglich nachkommen konnte, während ein Teil der parallel dazu mit Luftlageinformationen gespeisten GEADGE-Konsolen vom NSOC genutzt werden konnten. Das exklusiv von der Firma Hughes für die Bundeswehr entwickelte und seit 1982 bei den Stellungen der 4. ATAF eingeführte GEADGE hatte den Vorzug, bereits konstruktionstechnisch für die Aufnahme von Daten verschiedener westlicher Radargerätetypen vorbereitet zu sein.[65] Daher wurde geplant, die GEADGE-Konsolen des Erndtebrücker NSOC mit dem von den US-Streitkräften in Berlin-Tempelhof zur Flugsicherung installierten AN/FPS-117-Radar zu verbinden. Der Nationale Sector Controller

---

[62] Die Nationalen Sector Controller waren Stabsoffiziere, die bereits eingehende Erfahrungen als Master Controller mit der Führung eines CRC erworben hatten. Gearbeitet wurde auch hier im Schichtdienst. Zur Führung des NSOC Erndtebrück wurden dem Nationalen Sector Controller lediglich jeweils ein Assistent sowie einige Techniker beigestellt. Vgl. Gespräch mit Oberstleutnant d. R. Fuchs am 21.08.2014 in Erndtebrück.

[63] Zit. nach Lux, Vereinigung und Radarführungsdienst (wie Anm. 1), S. 45.

[64] Erndtebrück war nicht nur CRC im Bereich des SOC 2, sondern seit 1971 auch zentraler Ausbildungsstandort für Personal des Radarführungsdienstes. Eine Besonderheit war, dass das CRC seit 1971 nicht mehr der II. Abteilung des FmRgt 33 betrieben wurde, sondern von der mit ihr verschmolzenen V. Lehrgruppe der Technischen Schule der Luftwaffe 2 (V./TSLw 2), die fortan Einsatz- und Ausbildungskomponente vereinte. Im Bunker „Erich" standen neben dem Hauptwaffensystem NADGE auch angeschlossene und operationell nutzbare GfN- und GEADGE-Konsolen zu Ausbildungszwecken bereit, vgl. auch Anm. 38.

[65] Müller, Matt, Technik des Einsatzführungsdienstes (wie Anm. 17), S. 76; Gespräch mit Oberstabsfeldwebel Peter Hanke am 21.08.2014 in Erndtebrück.

sollte so die Möglichkeit haben, die Luftlage im Kerngebiet der Neuen Bundesländer mittels der GEADGE Konsolen zu überwachen.

Die Realisierung einer Anbindung des NSOC Erndtebrück an das NSOC Fürstenwalde erforderte eine noch größere Improvisationsleistung der Techniker, war aber alternativlos, denn die Radardaten der vier als CRC zu übernehmenden FuTB wurden für eine Verdichtung des Luftlagebildes und die sichere Erfassung von Flugzielen an der nördlichen, östlichen und südlichen Peripherie der Neuen Bundesländer zwingend benötigt.[66] Da die Nutzung sowjetischer Systeme unweigerlich Lizenz- und Ersatzteilprobleme bedeutet hätte, sollte als Darstellungssystem im NSOC Erndtebrück eine NVA-Eigenentwicklung zum Einsatz kommen, MIDA-32M (Mikrorechnergesteuerte Darstellung). Hierbei handelte es sich um ein vergleichsweise einfaches und kompaktes System, welches im ZGS 14 genutzt wurde, um die von der 1. und 3. LVD übertragenen Luftlagedaten unabhängig zum sowjetischen Führungs- und Meldesystem ALMAS-2 aufzubereiten und anzuzeigen.[67] Das Gerät konnte allerdings maximal 42 Flugziele von besonderer Bedeutung für die Luftverteidigung und damit keine vollständige Luftlage darstellen, seine Daten aber über 50-Baud Fernschreibekanäle an weitere MIDA-32M-Geräte weitergeben. Um die Luftlage auf Anforderung hin mit Geheimdaten ergänzen zu können, sollte in Erndtebrück zusätzlich ein computerbasierte Empfangsanlage des Meldesystems AMS aufgebaut werden.[68]

Die benötigten Gerätekomponenten wurden erst am 26./27. September durch Erndtebrücker Techniker in Fürstenwalde und Strausberg-Eggersdorf abgeholt und in den letzten Septembertagen mit Unterstützung von einem NVA-Team in Erndtebrück installiert.[69] Die MIDA-32M-Anlage wurde dazu

---

[66]   Gespräch mit Fuchs (wie Anm. 62); Aufgrund der technischen Unzulänglichkeiten musste als Kompromiss in den neuen Bundesländern trotzdem eine höhere Mindesterfassungshöhe für Flugziele als im Westen akzeptiert werden. Vgl. Kleppien, Weg zur Einheit (wie Anm. 40), S. 118.

[67]   Die Luftlagedaten der 1. LVD und 3. LVD wurden mit zwei verschiedenen Anlagen zum ZGS 14 übertragen. Die 1. LVD aus Kolkwitz verwendete das neuere ADONIS-System, während die 3. LVD aus Cölpin noch die alte Koppelapparatur SOWA-42 einsetzte.

[68]   Schreiben von Hauptmann Hagedorn, Oberleutnant Gerlach und Hauptfeldwebel Olschak V./TSLw 2 an Major Winkler, Technische Leitung V. TSLw 2 vom 10.09.1990. Militärhistorische Sammlung Erndtebrück, Ordner DVA/MIDA-32M.

[69]   Fernschreiben von Luftflottenkommando A4B-/A3 VE an V./TSLw 2 vom 25.09.1990. Militärhistorische Sammlung Erndtebrück, Ordner DVA/MIDA-32M; Das NVA-Team setzte sich aus drei Oberstleutnanten, einem Major und einem Stabsfeldwebel zusammen.

direkt auf die GEADGE-Konsolen gestellt, damit der Nationale Sector Controller die Luftlage über den Neuen Bundesländern trotz mehrerer Sichtgeräte gut überblicken können würde.[70] Zwischenzeitlich war auch die notwendige Fernmelde-Verbindung zwischen Fürstenwalde und Erndtebrück geschaltet worden, sodass am 2. Oktober eine Testdatenübertragung planmäßig und erfolgreich durchgeführt werden konnte.

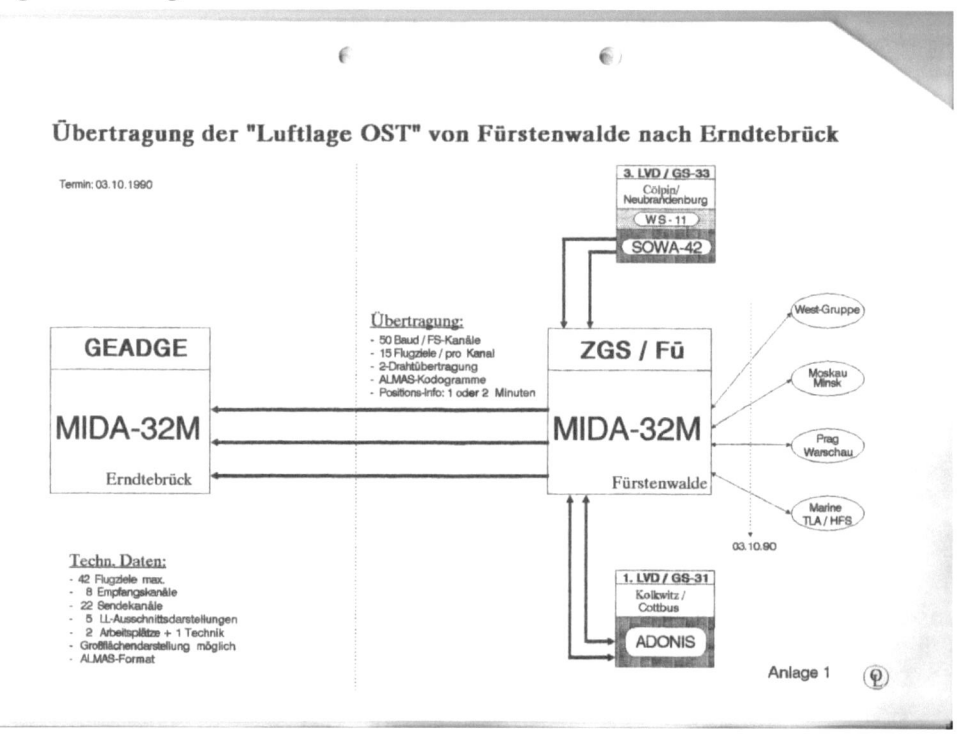

Schaltschema Übertragung Luftlage vom NSOC Fürstenwalde ins NSOC Erndtebrück

---

[70] Es gab Planungen, das von MIDA-32M genutzte sowjetische Datenformat in LINK 1-Daten zu konvertieren, um so Luftziele direkt auf dem Bildschirm der GEADGE-Konsole darstellen zu können. Dies wurde allerdings wegen technischer Schwierigkeiten verworfen. Dazu: Gespräch mit Oberstabsfeldwebel a. D. Olschak am 23.10.2014 in Erndtebrück.

Testdatenübertragung in Erndtebrück am 2. Oktober 1990. Sichtbar ist auch die Geräte-konfiguration der NSOC, unten die GEADGE-Konsole, oben die MIDA-32M-Anlage

Vom NSOC wurde später auch eine Telefonverbindung zur Luftraum-koordinierungsstelle (LUKO) nach Wünsdorf eingerichtet, die nach erfolgtem Vertragsschluss mit den Sowjets bezüglich der Modalitäten des Aufenthalts der Truppen die Arbeit der bisherigen VHZ 14 weiterführen sollte. Obwohl nun unter „westdeutscher" Leitung, blieben die handelnden Akteure hier zunächst weitgehend die Selben, ergänzt von Fluglotsen der Luftwaffe und Personal der zivilen Flugsicherung. Allerdings oblag es nun den Deutschen, Flüge der WGT zu genehmigen oder entsprechend der eigenen Bedürfnisse zu beschränken. Zudem steuerte die LUKO die Flugpläne der sowjetischen Militärmaschinen ein, um dem NSOC Erndtebrück einen Abgleich mit den Luftlagedaten zu ermöglichen.[71]

---

[71]   Gespräch mit Fuchs (wie Anm. 62).

Gemäß Planungen FüL III 2 sollte in allen zu übernehmenden Radarstellungen, Gefechtsständen und Verbänden der FuTT ab dem 2. Oktober Personal des Radarführungsdienstes zugegen sein, um die Umstellung auf die neuen Strukturen zu begleiten und bei Fragen Hilfestellung zu geben. Hierzu waren im Vorfeld bereits knapp neunzig Feldwebel (ab Dienstgrad HptFw für die Radarstellungen), Offiziere (Dienstgrad Hptm, für die FuTK) und Stabsoffiziere (für die FuTB) ausgewählt und rechtzeitig in Marsch gesetzt worden.[72] Dazu kamen Radarführungsoffiziere, welche sich an den festgelegten Orten bereithielten, um die notwendigen taktischen Aufgaben zur Wahrung der Lufthoheit zu übernehmen.[73] Auch die Anreise der Bundeswehrkommandeure in den Verbänden erfolgte am 2. Oktober, dem letzten Tag der NVA. Die Wachmannschaften der Kasernen trugen bereits abends Bundeswehruniformen.[74]

Auch in den beiden NSOC in Erndtebrück und Fürstenwalde stieg am Abend des 2. Oktober die Spannung. Um 24 Uhr beendete der ZGS 14 seine Arbeit im Rahmen der Luftverteidigung des Warschauer Paktes.[75] Die Verbindungen zum Gefechtsstand der WGS in Wünsdorf und zum zentralen Gefechtsstand in Minsk wurden unterbrochen. Am 3. Oktober um 00:01 Uhr meldete Fürstenwalde die Luftlage erstmals an das NSOC Erndtebrück, dessen GEADGE-Konsolen zwischenzeitlich ebenfalls strikt von allen anderen Konsolen im NATO-CRC Erndtebrück getrennt worden waren, sodass keine Datenverbindung mehr bestand.[76] Alles verlief planmäßig und ohne Zwischenfälle, die alten und neuen Soldaten des Radarführungsdienstes hatten damit ihren Auftrag fürs Erste erfüllt und vollzogen ihren Dienst auch am 3. Oktober, der sonst allgemeiner Feiertag war. Dem Inspekteur der Luftwaffe konnte noch am selben Tag gemeldet werden, dass in allen durch die Luftwaffe übernommenen Einheiten die Umstellung funktioniert hatte. Die formellen Übergaben der NVA-Verbände an die Bundeswehr fanden im Rahmen feierlicher Appelle am 4. Oktober, dem ersten regulären Diensttag statt.[77]

---

72 Zit. nach Lux, Vereinigung und Radarführungsdienst (wie Anm. 1), S. 42.

73 Lehmann, Überführung von Teilen der FuTT (wie Anm. 57), S. 192.

74 Zitat nach Lux, Vereinigung und Radarführungsdienst (wie Anm. 1), S. 46.

75 Oberst a. D. Engelberts gibt abweichend dazu an, dass die FuTB ihren Aufgaben im Diensthabenden System zuletzt am 30.09.1990 erfüllten. Zit. nach Lux, Vereinigung und Radarführungsdienst (wie Anm. 1), S. 46.

76 Gespräch mit Hanke (wie Anm. 65).

77 Lux, Vereinigung und Radarführungsdienst (wie Anm. 1), S. 41-46.

Zur Sicherung des Luftraumes über den Neuen Ländern gehörten allerdings nicht nur die im NSOC und den ostdeutschen NCRC abgebildeten Fähigkeiten zur Luftraumüberwachung und Jägerleitung, sondern eben auch die Kampfflugzeuge in Gestalt einer bewaffneten Alarmrotte. Hatten im Bereich der 2. ATAF bisher die Briten, im Bereich der 4. ATAF die US-Amerikaner diese NATO-Aufgaben übernommen, sah sich die Luftwaffe nun mit der Aufgabe konfrontiert, nach der Wiedervereinigung für die Alten Länder und damit den NATO-integrierten Teil Deutschlands eine NATO-QRA (Quick Reaction Alert) zu stellen. Diese NATO-QRA durfte gemäß Zwei-plus-Vier-Vertrag allerdings nicht in den Luftraum der Neuen Bundesländer einfliegen, weswegen die Luftwaffe zusätzlich zu den zwei QRA-Rotten der Jagdgeschwader 71 und 74 (Phantom II) zwei weitere Rotten abstellte, welche als NQRA (Nationale QRA) ausschließlich nationale luftpolizeiliche Aufgaben über dem Gebiet der ehemaligen DDR durchzuführen hatten. Die Piloten und Maschinen (ebenfalls Phantom II) der NQRA wurden von den Jagdbombergeschwadern 35 in Pferdsfeld[78] und 36 in Rheine-Hopsten[79] gestellt und als Ausdruck der rein nationalen Zuständigkeit zunächst in unmittelbarer Nähe zur innerdeutschen Grenze auf dem Flugplatz Faßberg bei Celle stationiert.[80] Die beiden Jagdbombergeschwader waren für den NQRA-Dienst ausgewählt worden, da sie nur NATO-assigniert waren und diese Assignierung für die Kräfte der NQRA leicht aufgehoben werden konnte.[81] Das Recht, einen Alarmstart der Alarmrotte zu befehlen, lag für die NATO-QRA in Westdeutschland wie bisher beim zuständigen SOC, während für die Neuen Bundesländer und die NQRA ein diensthabender Luftwaffengeneral verantwortlich war. Dieser Bereitschaftsdienst wechselte in einem festgelegten Turnus, die beteiligten Gene-

---

[78] Das Jagdbombergeschwader 35 in Sobernheim/Pferdsfeld wurde 1993 nach der Zusammenlegung mit dem Erprobungsgeschwader MiG-29 in Preschen zum Jagdgeschwader 73 umgewandelt und in Laage bei Rostock stationiert.

[79] Das Jagdbombergeschwader 36 wurde 1991 in Jagdgeschwader 72 umbenannt.

[80] Faßberg diente ab dem 13.10.1990 als Standort der NQRA, wurde allerdings bereits Ende 1990 wieder aufgegeben, da sich aufgrund infrastruktureller Widrigkeiten beim Start der Alarmrotten (lange Rollwege der Maschinen bis zum Start) keine wesentlichen Zeitvorteile im Vergleich zum Start in Pferdsfeld bzw. Rheine/Hopsten ergaben und die symbolische Wirkung nach erfolgter Wiedervereinigung in den Hintergrund trat. Die NQRA operierte anschließend wieder von ihren Heimatstützpunkten. Vgl. Krause, Ulf von, Die Bundeswehr als Instrument deutscher Außenpolitik, Wiesbaden 2013, S. 148.

[81] Krause, Bundeswehr als Instrument (wie Anm. 80), S. 148.

rale wurden vor dem Dienst eingewiesen und mussten währenddessen ständig erreichbar sein.[82]

Obwohl die etwa 1000 Flugzeuge der WGT während der Zeit unmittelbar nach der Wiedervereinigung noch am Boden blieben, mussten die Bundeswehr und die zivile Flugsicherung eine Dienststelle zur Koordination des Flugbetriebes mit den Fliegerkräften der WGT einrichten, da diese den Ausbildungsbetrieb rasch wieder aufnehmen wollten. Da der Luftraum über der DDR in ein streng reguliertes System von Luftstraßen unterteilt gewesen war, auf welchen die Luftstreitkräfte der WGT zudem einige Vorrechte genossen, musste der Koordination besondere Aufmerksamkeit geschenkt werden, da nun die nationalen Gesetze der Bundesrepublik Deutschland galten. Bis zum Inkrafttreten des „Aufenthaltsvertrages" und den darin vertraglich festgehaltenen Zuständigkeiten der schon erwähnten LUKO,[83] erfolgten alle Absprachen auf Improvisationsbasis. Für die diplomatisch bedeutsame Anfangsphase der gemeinsamen Luftraumnutzung beschloss die Luftwaffenführung zusätzlich noch einige Maßnahmen zur Verhütung von Konflikten. So wurden die Übungsschutzflüge der NQRA zunächst nur auf vier vorbereiteten Flugstrecken durchgeführt,[84] außerdem flogen die Jets während der Übungen in nur einem Höhenband und blieben in Formation.[85]

Auch im Bereich der Flugsicherung vollzogen sich einschneidende Änderungen, denn mit der Wiedervereinigung übernahm die Bundesrepublik auch die bis dahin von den Alliierten wahrgenommenen Flugsicherungsaufgaben über Berlin. Strukturell bedeutete dies, dass das bisherige Berlin Air Route Traffic Control Center (BARTCC, Auflösung zum Jahreswechsel 1990/91) in der deutschen zivil-militärischen Flugsicherungsstelle (FS) aufging, welche wiederum selbst nach und nach Teile ihrer Kompetenzen an die 1991 neugegründete Deutsche Flugsicherung GmbH abtrat und über Berlin hinaus im Zusammenspiel mit der LUKO für die sichere Nutzung des Luftraumes über den neuen deutschen Bundesländern verantwortlich zeichnete. Neben Teilen der

---

[82]   Gespräch mit Oberst a. D. Pfannschmidt am 23.10.2014 in Erndtebrück.

[83]   Siehe Vertrag zwischen der Bundesrepublik Deutschland und der Union der Sozialistischen Sowjetrepubliken über die Bedingungen des befristeten Aufenthalts und die Modalitäten des planmäßigen Abzugs der sowjetischen Truppen aus dem Gebiet der Bundesrepublik Deutschland, Art. 7, Bundesgesetzblatt 1990 Teil II.

[84]   Lehmann, Überführung von Teilen der FuTT (wie Anm. 57), S. 192.

[85]   Gespräch mit Fuchs (wie Anm. 62).

alten Belegschaft des ehemaligen BARTCC und zusätzlichen deutschen Lotsen wurden auch sowjetische Flugsicherungsoffiziere von der LUKO zur FS ent sandt.[86]

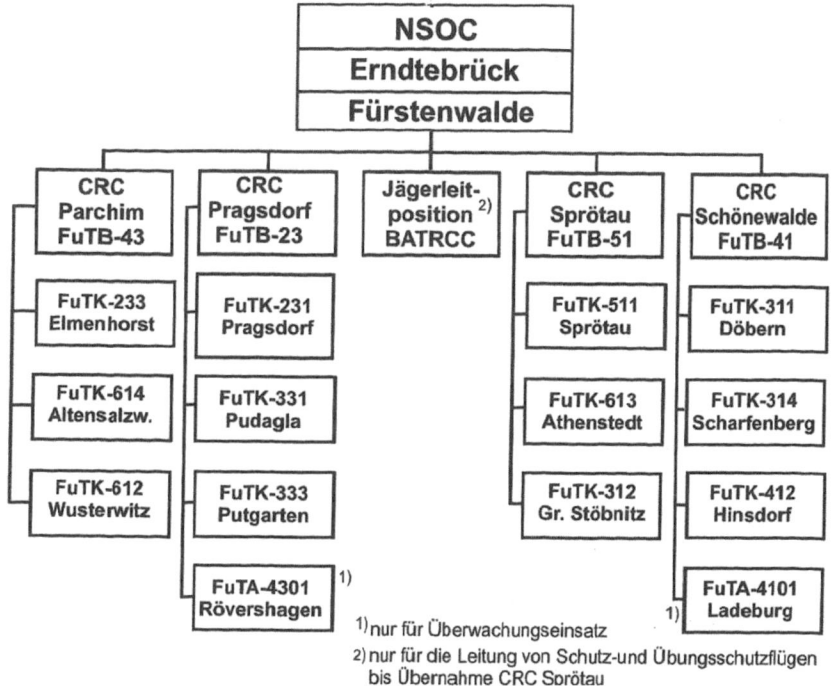

Organigramm Radarführungsdienst in den neuen Bundesländern

4. Der Radarführungsdienst im wiedervereinigten Deutschland

Im Zuge der Wiedervereinigung und der damit verbundenen Übernahme der vollen Souveränität über den gesamten deutschen Luftraum verfügte der Radarführungsdienst durch die Übernahme der ehemals NVA-betriebenen Luft-verteidigungsgefechtsstände Parchim, Sprötau, Pragsdorf und Schönewalde zeitweilig über 14 CRC bzw. NCRC, zuzüglich dem NSOC in Erndtebrück und Fürstenwalde.[87] Mittelfristiges Ziel des bereits Mitte September 1990 vom

---

86   Luftwaffenmuseum der Bundeswehr, Ruby (wie Anm. 37), S. 56-62.
87   Kommando Luftwaffe, Chronik (wie Anm. 16), S. 147.

Verteidigungsminister gebilligten Übergangskonzepts war allerdings der Betrieb von nur zwei ostdeutschen CRC mit insgesamt fünf neuen Großraum-Radargeräten unter Weiterbetrieb des AN/FPS-117 in Berlin Tempelhof und Miteinbeziehung einiger Radargeräte der zivilen Flugsicherung im Thüringer Wald.[88] Da die Verbände des Radarführungsdienstes Ost bis 1994 durch eine Reduktion des Personalbestandes um 40 Prozent ihren Teil zum Erreichen der im Zwei-plus-Vier-Vertrag festgelegten Truppenstärke (max. 370.000 Soldaten) beitragen mussten, wurde die Beschaffung der wartungsärmeren neuen Radargeräte auch rasch beschlossen. Die sich noch in Betrieb befindlichen sowjetischen Radartypen und ihre Datenverarbeitungsanlagen waren technisch veraltet, die Ersatzteilversorgung kompliziert und der Betrieb damit kosten- und personalintensiv, zumal auch die Ausbildung von Wartungspersonal fortgesetzt werden musste.

Ein weiteres Problem war, dass mit den Geräten mittelfristig die Flugsicherheit nicht gewährleistet werden konnte.[89] Angesichts des schnell ansteigenden zivilen Flugverkehrs in den neuen Bundesländern mussten einige technische Modifikationen an den P-37 vorgenommen werden,[90] um die Zeit bis zur Inbetriebnahme der neuen Stellungen überbrücken zu können. Da die Typenvielfalt nicht noch weiter erhöht werden sollte, entschied sich die Luftwaffe für die Beschaffung der modernsten Variante des sich bereits in Nutzung befindlichen AN/FPS-117-Gerätes, welche von der Luftwaffe als RRP-117 (Remote Radar Post) bezeichnet wurde. Bereits vor dem Mauerfall lief ein Beschaffungsprogramm für mehrere RRP-117, um damit veraltete Modelle im Süden Deutschlands zu ersetzen. Um die genaue Zahl der neu zu beschaffende Geräte zu ermitteln, wurde eigens von der Firma IABG ein computergestütztes Simulationsprogramm namens „Surveillance Capability Assessment Tool"

---

[88] Lux, Vereinigung und Radarführungsdienst (wie Anm. 1), S. 42.

[89] Meyer/Pfannschmidt, Modernisierung des Radarführungsdienstes (wie Anm. 26), S. 575.

[90] Die Rundblickstation P-37 wurde über mehrere Jahrzehnte in der NVA genutzt und stand in verschiedenen Versionen zur Verfügung. Bei der Begutachtung der Radargeräte auf Eignung zur Weiterverwendung und Einschätzung der Modernisierungskosten wurde der hierbei federführenden DASA allerdings ein sich gerade nicht im Dienst befindliches Gerät des ältesten Bauloses zur Prüfung zugesandt. In Unkenntnis der wesentlich moderneren Geräte wurden so schließlich die ältesten Geräten übernommen, die neuesten verschrottet. Die Umrüstung umfasste u. a. den sicherheitsrelevanten Einbau von Sekundärradaren des Typs Siemens 1990 (abgeschlossen 1991) und war notwendig, damit die P-37 auch die Daten von Transpondern westlicher Bauart abfragen und erfassen konnte; vgl. Wolff, Christian, P-37 „Bar Lock". Online verfügbar unter http://www.radartutorial.eu/19.kartei/karte911.de.html (29.09.2014).

(SCAT) entwickelt und in die Entscheidungsfindung miteinbezogen. Schließlich wurden fünf RRP-117 für die neuen Bundesländer bestellt, eines zusätzlich von der Wasserkuppe verlegt und das in Berlins-Tempelhof installierte AN/FPS-117 der US Air Force am 30.06.1993 von der Luftwaffe formal übernommen.[91] In derselben Zeitspanne erfolgte auch die Erweiterung des automatischen Führungsfernmeldenetzes der Luftwaffe zu den Verbänden des Radarführungsdienstes im Osten. Bei den internen Sprachvermittlungsanlagen wurde zudem in allen CRC ein Wechsel von analoge auf digitale Technik durchgeführt, was die Flexibilität und damit auch die Flugsicherheit steigerte.[92]

Übernommene Radargeräte der NVA. Links Höhenfinder PRW-13,
rechts Rundblickstation P-37, noch ohne aufmontiertes Sekundärradar Siemens 1990

Für die in der Luftwaffenstruktur 4 vorgesehenen beiden CRC Pragsdorf und Schönewalde war die Einrüstung von zeitgemäßen FüWES eingeplant, welche mit den Systemen der westdeutschen CRC sowie jenen der übergeordneten NATO-Dienststellen kompatibel sein sollten, um die angestrebte Integ-

---

91   Meyer/Pfannschmidt, Modernisierung des Radarführungsdienstes (wie Anm. 26), S. 576.
92   Unruh/Krätzig, NATO-Integration (wie Anm. 59), S. 304.

ration in die NATO schnellstmöglich nach dem Abzug der Russen zu erreichen. Die Wahl fiel zunächst auf GEADGE, allerdings zeigten schon die ersten Pläne zur Nachbeschaffung zweier vollständiger Systeme finanzielle Engpässe auf. Da die Personalreduktionen auch westdeutsche Radarführungssoldaten betrafen würden, rechneten die Rüstungsplaner mit dem Freiwerden einer vollständigen GEADGE-Anlage aus dem 1992 aufzulösenden CRC Börfink. Diese sollte im CRC Pragsdorf aufgestellt werden, welches u. a. für diesen Zweck ein neues, oberirdisches Einsatzgebäude im nahen Cölpin erhielt (Fertigstellung und Umzug 1998). Schwieriger erwies sich die Situation in Schönewalde, denn der vorhandene Gefechtsführungsbunker der NVA sollte weitergenutzt werden, musste dafür allerdings zunächst aufwendig modernisiert und umgerüstet werden. Da keine vollständige GEADGE-Anlage mehr zur Verfügung stand, sollte eine technisch anspruchsvolle Übergangslösung gefunden werden, welche noch aus West-CRC abgezogenen GEADGE-Bestandteilen, Komponenten des von den CRC in Norddeutschland genutzten NADGE-Systems sowie einigen Neu- und Zukäufen bestehen sollte. Außerdem wurde die Industrie beauftragt, einen kompatiblen Multi-Sensor-Tracker zu entwickeln (Firma Dornier), ebenso wie das System „Recognized Air Picture Production", mit welchem erstmals ein automatisiertes Identifizierungsverfahren ermöglicht werden sollte (Firma Siemens). Die zugehörige Software sollte auf handelsüblicher Hardware laufen und auch den Forderungen des geplanten NATO-weit einzuführenden modernen FüWES ACCS (Air Command and Control System) gerecht werden.[93] Es zeichnete sich jedoch bald ab, dass diese Beschaffungspläne wie auch die Infrastrukturprogramme für Pragsdorf/Cölpin und Schönewalde nicht rechtzeitig zum Jahreswechsel 1994/95 umgesetzt werden konnten. Bezüglich der FüWES und der Modernisierung der Radargeräte mussten daher andere Lösungen gefunden werden, um die NATO-Integration pünktlich zu erreichen.

Eine besondere Herausforderung bestand darin, die Radardaten der sowjetischen P-37 und PRW-13 einerseits, die der US-amerikanischen RRP-17 andererseits in einem System darzustellen, welches selbst wiederum in der Lage sein musste, alle Daten an die übergeordneten NATO-SOC durchzuschleifen. Das von der NVA selbst entwickelte und Ende der 1980er Jahre weitgehend implementierte Luftlagedarstellungssystem ARKONA (Automatisierte Radar

---

[93] Meyer/Pfannschmidt, Modernisierung des Radarführungsdienstes (wie Anm. 26), S. 576-577.

Kontroll- und Navigationsanlage) eignete sich in der vorgefundenen Version hierzu nicht, da es keine Funktionalität in den wichtigen Bereichen Waffeneinsatz (heißt Jäger- und FlaRak-Leitung) sowie Gefechtsführung hatte.[94] Der mit ARKONA verfolgte Ansatz wurde jedoch positiv bewertet, zumal die modulare Systemstruktur eine Modifikation und Fortschreibung ermöglichte. Daher wurde es als ordentliches Rüstungsprojekt von der Bundeswehr übernommen. Verantwortlich für alle notwendigen Modifikationen und die Fortschreibung hin zu einem vollwertigen FüWES war das Programmierzentrum der Luftwaffe in Erndtebrück. Mit Unterstützung von aus der NVA übernommenen Spezialisten konnte relativ schnell eine Systemintegration in handelsübliche Hardware erreicht werden, auf welcher wiederum eigens programmierte und modifizierte Software lauffähig war. In einem nächsten Schritt wurde die Fähigkeit hergestellt, Radardaten der RRP-117 über Schnittstellenrechner in Flugspuren umzuwandeln und nach NATO-Standard bzw. NATO-Format (Beinhaltet Identifizierungssymbol, und die spezielle Nummerierung „NATO Track Number") darzustellen, ebenso wie die weiterhin über die ARKONA 1-Schnittstellen einfließenden Daten der P-37/PRW-13. An den Darstellungsgeräten der Arbeitsplätze - nun moderne Farbmonitore mit hoher Auflösung - konnten auch alle relevanten elektronischen Hintergrundinformationen eingeblendet werden, also Flugzielinformationen, Karten, Grenzlinien, Entfernungsmarkierungen usw. Über weitere Schnittstellenrechner wurden alle Daten in das standardisierte NATO-Format Link 1 umgewandelt, ein wechselseitiger Austausch mit bis zu sechs Gegenstellen und damit auch die volle Kompatibilität zu den übergeordneten NATO-Gefechtsständen wurde möglich. Ihren Einsatzauftrag konnten die (N)CRC Pragsdorf und Schönewalde während aller damit verbundenen Umrüstungen und den fortlaufenden ARKONA-Updates nahezu ununterbrochen wahrnehmen.[95] Frühe Versionen von ARKONA ergänzten auch in den

---

[94] In den Funktechnischen Kompanien wurden alle ermittelten Flugbewegungen und die zugehörigen Messdaten manuell in das im Truppenselbstbau entwickelte und erst kurz vor der Wende eingeführte ARKONA 1-System eingegeben. Auf Bataillonsebene wurden schließlich alle Daten der Kompanien zusammengeführt und in ARKONA 2 eingepflegt, welches auf handelsüblichen Fernsehbildschirmen bis zu 255 Flugzeuge darstellen konnte. Die Kombination aus manueller Eingabe und den begrenzten Darstellungskapazitäten entsprach nicht mehr dem westlichen Standard und war trotz des umfangreichen Personaleinsatzes dem dichten Flugverkehr über Mitteleuropa nicht gewachsen. Vgl. Unruh/Krätzig, NATO-Integration (wie Anm. 59), S. 303-304.

[95] Unruh/Krätzig: NATO-Integration (wie Anm. 59), S. 304. Im Gegensatz zu dieser Aussage führt der Autor der Website http://www.5lwdiv.de/rafue4.ht, zuletzt geprüft am

nicht dauerhaft zu übernehmenden NCRC Parchim-Dargelütz und Sprötau das bereits vorhandene sowjetische Führungssystem WP bis zur Auflösung der beiden Verbände.[96] Die Jägerleitung musste in allen NCRC bis zur Realisierung der Waffeneinsatz-Funktionen für ARKONA noch unter Benutzung sowjetischer STRELA-Konsolen erfolgen.[97] Dazu wurde das hauptsächlich aus den NATO-CRC Brockzetel, Brekendorf und Erndtebrück abkommandierte Lizenzpersonal in die Benutzung der Technik eingewiesen, da die Steuerleute und Luftlageoffiziere der ehemaligen NVA zunächst in Erndtebrück umgeschult werden mussten, wozu auch die Vermittlung ausreichender Englisch-Kenntnisse in gesonderten Lehrgängen gehörte. Um die Weiterausbildung des technischen Personals zur Wartung der sowjetischen Radargeräte und Gefechtsstandelektronik zu gewährleisten, wurde die dem FuTB-41 Schönewalde zugehörigen Technische Ausbildungsinspektion im Jahre 1991 in Bad Düben als „Technische Ausbildungsinspektion Radarführungsdienst" neu aufgestellt. Hier sollte die lehrgangsgebundene Ausbildung für Technikpersonal der 5. Luftwaffendivision solange weitergeführt werden, bis eine Umstellung auf westliches Material und damit die Ausbildung an bereits etablierten Schulen der Bundeswehr möglich wurde.[98]

Mit Einnahme der Luftwaffenstruktur 4 erfolgte ab 1. April 1993 jedoch wieder die Zurückführung auf Regimentsebene (Radarführungsregiment 1 und 2). Dagegen wurden jene Verbände, die die NCRC und Radarstellungen in den neuen Bundesländern betrieben noch bis 1991 unter Beibehaltung ihrer alten NVA-Bezeichnungen als Funktechnische Bataillone und Funktechnische Kompanien geführt. Die Umbenennung des FuTB 41 Schönewalde/Holzdorf in Radarführungsabteilung (RadarFüAbt) 34 erfolgte zeitgleich mit der Aufstellung des Kommandos 5. Luftwaffendivision am 1. April 1991. Erst mit In-

---

14.09.2014 an, dass das CRC Schönewalde wegen infrastruktureller Maßnahmen zeitweise aus dem Luftverteidigungsverbund ausschied. Die Aufgaben hätte während der Ausfallszeiten das CRC Sprötau übernommen, welches überhaupt nur der Kompensation gedient habe.

[96] Hackert, Christian, Die Entwicklung des Radarführungsdienstes in den neuen Bundesländern. In: 50 Jahre Einsatzführungsdienst der Luftwaffe, München 2010, S. 48-57.

[97] Vgl. hierzu den historischen Abriss in der Online-Präsenz des 2005 aufgelösten CRC Cölpin mit dem NATO-Rufnamen „Mindreader". Die Geschichte des CRC Mindreader 1990-2005. Online verfügbar unter http://www.crc-mindreader.de/Geschichte.htm (12.09.2014).

[98] Hackert, Entwicklung des Radarführungsdienstes (wie Anm. 96), S. 53. Die Technische Ausbildungsinspektion Radarführungsdienst wurde mutmaßlich bereits am 31.12.1992 wieder aufgelöst.

krafttreten der Übergangs-STAN und vollendetem Abschluss der Aufstellung des Radarführungskommando 3 (Fürstenwalde) am 1. Oktober 1991 wurden auch die drei FuTB in Radarführungsabteilung 31-33, die FuTK (sofern nicht bereits aufgelöst) in Radarführungskompanien umbenannt.[99]

Am 5. Oktober 1992 wurde schließlich die Zweiteilung des NSOC aufgehoben, als Generalleutnant Bernhard Mende, inzwischen Stellvertretender Inspekteur der Luftwaffe, die Gesamtverantwortung nach Fürstenwalde an den Kommandeur der 5. Luftwaffendivision, Axel-Björn Kleppien übergab.[100]

Im Zuge der weiteren Umsetzung der Luftwaffenstruktur 4 wurde am 31. Dezember 1992 die Radarführungsabteilung 31 Parchim außer Dienst gestellt und aufgelöst. Mit Einnahme der Luftwaffenstruktur 4 erfolgte ab dem 1. April 1993 auch die Auflösung der Radarführungskommandos 1 und 2 und Rückführung auf Regimentsebene (Radarführungsregiment 1 und 2).[101] Am 31. März 1994 konnte auch die 5. Luftwaffendivision aufgelöst werden, da sie ihre Aufgaben in der Übergangsstruktur erfüllt hatte. Die unterstellten Verbände wurden von der in Strausberg neuaufgestellten 3. Luftwaffendivision übernommen. Die Auflösung der Radarführungsabteilung 32 und damit des CRC Sprötau erfolgte im Juni 1994, ebenso wurde das bisher vorgesetzte Radarführungskommando 3 aufgelöst. Am 4. Juli wurde die Radarführungsabteilung 34 Schönewalde dem Radarführungsregiment 2 unterstellt und in diesem Zuge zum 1. Oktober 1994 zur RadarFüAbt 25 umgegliedert. Die Unterstellung der

---

[99] Eine detaillierte Übersicht über die Organisation, Unterstellungsänderungen und Auflösungen des Radarführungsdienstes Ost bietet Hackert, Entwicklung des Radarführungsdienstes (wie Anm. 96), eine kompaktere Darstellung findet sich auf http://www.5lwdiv.de/rafue4.htm, zuletzt geprüft am 14.09.2014. Trotzdem sollen auch hier die wesentlichsten Umgliederungen und Unterstellungsänderungen der Jahre 1991-1992 aufgeführt werden. Das FuTB 43 Parchim -Dargelütz wurde am 01.10.1991 zur RadarFüAbt 31 und führte nun die RadarFüKp 311 Elmenhorst, 312 Altensalzwedel (Auflösung 31.12.1992) und 313 Wusterwitz. Das FuTB 51 Sprötau wurde am 01.10.1991 zur RadarFüAbt 32 und führte die RadFüKp 321 Sprötau, 322 Athenstedt (Auflösung 31.12.1992), 323 Gleina. Das FuTB 23 Pragsdorf/Cölpin wurde am 01.10.1991 zur RadarFüAbt 33 und führte die RadFüKp 331 Pragsdorf, 332 Putgarten, 333 Pudagla (Auflösung (Auflösung 31.12.1992), anschließend Unterstellungswechsel der RadarFüKp 311 zur RadFüAbt 33). Das FuTB 41 Schönewalde/Holzdorf wurde bereits am 01.04.1991 zur RadarFüAbt 34 und führte die RadFüKp 341 Bad Düben, 342 Döbern, 343 Scharfenberg (Auflösung 31.12.1992) sowie die Technische Ausbildungsinspektion Bad Düben. Vgl. Hackert, Entwicklung des Radarführungsdienstes (wie Anm. 96), S. 50-53.

[100] Lux, Vereinigung und Radarführungsdienst (wie Anm. 1), S. 45.

[101] Kommando Luftwaffe, Chronik (wie Anm 16), S. 147.

Radarführungsabteilung 33 unter das Radarführungsregiment 1 vollzog sich am 7. Juli, der Abschluss der Umgestaltung mit Umbenennung in RadFüAbt 16 ebenfalls zum 1. Oktober 1994.[102] Da die Radarführungsregimenter 1 und 2 nun jeweils Verbände in den alten wie auch den neuen Bundesländern führten, standen die ostdeutschen CRC nun auch truppendienstlich auf einer Stufe mit den westdeutschen Schwesterverbänden. Die Zielstruktur Ost war für den Radarführungsdienst eingenommen.[103]

Am 7. Dezember 1994 wurde das NSOC formell außer Dienst gestellt, obwohl die Arbeit noch knapp einen Monat fortgesetzt werden musste.[104] Es war zu diesem Zeitpunkt bereits das namentlich letzte Sector Operation Center auf deutschem Boden, denn zwischenzeitlich war es auch in der Führungsorganisation der Luftwaffe und bei der NATO zu bedeutenden Änderungen gekommen. Die 2. und 4. ATAF waren am 30. Juni 1993 aufgelöst worden, ebenso die nachgeordneten SOC und ATOC. Geschaffen wurde ein regionales Kommando der Luftstreitkräfte für Mitteleuropa AIRCENT (Allied Air Forces Central Europe) mit zwei unterstellten CAOC (Combined Air Operations Center), die nun für den taktischen Einsatz der Luftangriffs- wie auch Luftverteidigungsmittel verantwortlich zeichneten. Da die technischen Rahmenbedingungen erst noch geschaffen werden mussten, stellte man die Gefechtsstände zunächst als ICAOC (Interim CAOC) in Dienst. Diese Veränderungen wurden auch in die neue Führungsorganisation der Luftwaffenstruktur 4 einbezogen. Das Luftflottenkommando ging im Luftwaffenführungskommando auf, dem nationalen Partner von AIRCENT. Darunter wurden zwei Luftwaffenkommandos mit regionalen Verantwortungsbereichen und Kommando über jeweils zwei Luftwaffendivisionen formiert und mit einem ICAOC kolloziert. Zudem wurde das Kommando 3. Luftwaffendivision aufgelöst und die bisher ausschließlich für die Verbände der neuen Bundesländer zuständige 5. LwDiv zur 3. LwDiv umgegliedert. Die Kommandeure der beiden Luftwaffenkommandos Nord (Kalkar) und Süd (Meßstetten) waren in Personalunion auch Komman-

---

102 Hackert, Entwicklung des Radarführungsdienstes (wie Anm. 96), S. 51-53.

103 Zit. N. Lux, Vereinigung und Radarführungsdienst (wie Anm. 1), S. 45.

104 Hackert, Entwicklung des Radarführungsdienstes (wie Anm. 96), S. 55. Bei Unruh/Krätzig: NATO-Integration (wie Anm. 59), S. 303 ist als Zeitraum für die Außerdienststellung des NSOC das Frühjahr 1995 genannt.

deure der ICAOC. Damit wurden erstmals alliierte Luftstreitkräfte im Frieden durch deutsche Generale geführt.[105]

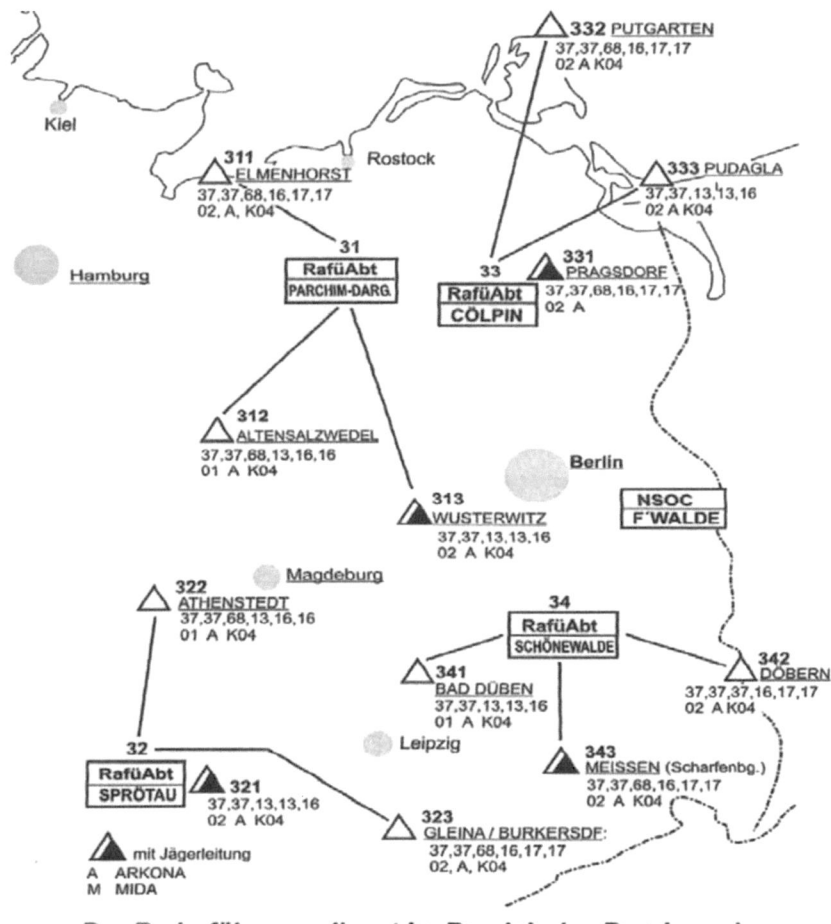

Karte Radarführungsdienst in den neuen Bundesländern nach Umbenennung der Verbände in Radarführungsabteilung 31-34

[105] Dora, Johann Georg, Im erweiterten Aufgabenspektrum 1991 bis 2005. In: Jarosch, Immer im Einsatz (wie Anm. 40), S. 126-169, hier S. 129-130.

Am 31. Dezember 1994 um Mitternacht verkündete der diensthabende Stabsoffizier des NSOC Fürstenwalde über eine taktische Einsatzleitung die Übergabe des NCRC Cölpin an das Luftwaffenkommando Nord und des NCRC Schönewalde an das Luftwaffenkommando Süd. Damit waren seit dem Neujahrstag 1995 alle Verbände des Radarführungsdienstes NATO-Command Forces und betrieben ausschließlich NATO-CRC. Die Übertragung der Kommandogewalt war die letzte offizielle Amtshandlung des NSOC Fürstenwalde.[106] Nach über vier Jahren wurde die Arbeit am 4. Januar 1995 eingestellt.

5.   Schlussbetrachtung

Der Radarführungsdienst und die durch ihn übernommenen Soldaten der FuTT haben während der Wiedervereinigung Beachtliches geleistet. Weitgehend unbemerkt von der Öffentlichkeit konnte der Luftraum über den alten, wie auch den neuen Bundesländern in der turbulenten Wendezeit rund um die Uhr überwacht und gesichert werden. Parallel dazu wurde eine nationale Führungsorganisation aufgebaut und die Einsatzverfahren den besonderen Umständen angepasst. Bewerkstelligt werden konnte diese einzigartige Zusammenführung von Soldaten zweier konträrer, sich jahrzehntelang feindselig gegenüberstehender Systeme nur durch hohe Professionalität und den vorbehaltlosen Einsatz aller Beteiligten, egal ob als Verhandlungsführer am runden Tisch, als Operator in einem NCRC oder als Techniker direkt am Radargerät. Der Ton untereinander war dabei zumeist offen, die Soldaten der Luftwaffe gerierten sich nicht als Sieger, jene der ehemaligen FuTT wussten, dass sie noch gebraucht wurden.[107] Nur so ist die im Großen und Ganzen reibungslose Übernahme des Kommandos sowie die erfolgreiche Sicherstellung der Luftraumüberwachung zu erklären.

Neben der gelungenen Kooperation von Soldaten der Bundeswehr und der ehemaligen NVA war auch die kurzfristig realisierte Zusammenführung von westlicher und östlicher Militärtechnik in den NSOC derart außergewöhnlich, dass die Gefechtsstände zu regelrechten Besuchermagneten wurden.[108]

---

[106]   Unruh/Krätzig, NATO-Integration (wie Anm. 59), S. 303.

[107]   Lux, Vereinigung und Radarführungsdienst (wie Anm. 1), S. 46.

[108]   Zwischen 1990 und 1994 besuchten nicht weniger als 2.000 Personen aus 37 verschiedenen Nationen alleine das NSOC in Fürstenwalde, allerdings auch aus Interesse am ehemalige Herzstück der LSK/LV. Vgl. Gefechtsstand Luftverteidigungssektor 5, online unter http://www.lsklv-ddr.de/gslvskt5.htm (10.10.2014).

Die Weiternutzung von Gerät aus NVA-Beständen setzte sich noch über die erfolgreiche NATO-Integration der ostdeutschen CRC im Jahre 1995 fort. So wurde erst 1998, nach Übernahme des RRP-117, die letzte P-37-Rundblickstation auf Rügen entbehrlich und in Folge abgeschaltet. Das ehemalige Luftlagesystem der NVA, ARKONA, wurde in den 1990er Jahren zu einem vollwertigen FüWES ausgeformt, beständig aktualisiert und neben den CRC Cölpin und Schönewalde auch in Meßstetten, Erndtebrück und Brockzetel eingeführt. Erst mit Schließung des CRC Brockzetel im Jahre 2010 endete auch die Nutzung von ARKONA.

Die eingangs aufgeworfene Frage kann damit abschließend positiv beantwortet werden, denn die Integration der FuTT in den Radarführungsdienst war ein erfolgreiches Projekt der deutschen Einheit, noch bevor die Einheit am 3. Oktober 1990 formal vollzogen war. Der Radarführungsdienst wurde zum ersten einsatzbereiten und auch eingesetzten Dienstteilbereich der Einheits-Luftwaffe, sogar der gesamten Bundeswehr. Den Luftwaffen-Slogan „Immer im Einsatz" dürfen die Soldaten des damaligen Radar- und heutigen Einsatzführungsdienstes nach gut fünfundfünfzigjährigem, ununterbrochenem Dienst zur Sicherung des Luftraumes in besonderem Maße auf sich beziehen.

Oliver Bange

Die MiG-29 in der Bundesluftwaffe und die Problematik einer „Sicherheitspartnerschaft" mit Russland 1989-1998[1]

Die Nutzung der MiG-29 Fulcrum durch die Luftwaffe der Bundeswehr ist nicht allein die Geschichte eines Flugzeuges. Sie steht vielmehr für das auch heute noch sensible Verhältnis von militärischer Sicherheit und Technologietransfer zwischen Ost und West.

Die Maschine war ein echtes Kind des Ost-West-Konflikts in Europa. Sowjetische Planungen begannen bereits 1972. Ziel war es, ein Jagdflugzeug zu entwerfen, das der nächsten, der sog. „3. Generation" westlicher Jäger und Jagdbomber und hier insbesondere der McDonnell-Douglas F-15 Eagle, der General Dynamics F-16 Falcon und dem Panavia 200 MRCA Tornado überlegen und sogar zur Bekämpfung von Marschflugkörpern geeignet sein sollte.[2] Das Konzept war mit kurzer Reichweite, Startfähigkeit auf Feldflugplätzen und vergleichsweise geringer Zuladekapazität ersichtlich auf die Nutzung in Mitteleuropa ausgelegt. Das Flugzeug sollte für den Luftkampf, die direkte Unterstützung der Bodentruppen und die Verteidigung von Flugplätzen und Infrastruktur ausgelegt sein. Nach dem Erstflug im Oktober 1977 – nur wenige Monate vor den durch SS-20 und NATO-Doppelbeschluss ausgelösten Jahren des „Raketenschachs" und der parallelen Verkühlung der Supermachtbeziehungen[3] – lief die Produktion 1982 an, die Indienststellung bei den sowjetischen Luftstreitkräften begann im Juni 1983.

Die vergleichsweise kleine Maschine erreichte durch einen breiten Flügelansatz und die schubstarken Klimow RD-33 Triebwerke einen sehr guten

---

[1] Der vorliegende Beitrag basiert auf einer umfangreicheren Studie, die in einer Monographie des Verfassers (Sicherheit und Staat – Die Bündnis- und Militärpolitik der DDR im internationalen Kontext 1969-1990, Berlin 2015 i.V.) erscheinen wird.

[2] Michael Normann, Die MiG-29 Story, in: Fliegerrevue 48, Heft 10/2000, S. 26-30. Andreas Klein, Luftwaffe Fulcrums. The MiG 29 – From the East German People's Army to the Luftwaffe, Erlangen 2002. Jürgen Vogt und Siegfried Wache, MIG-29, Rinteln 2001.

[3] Strobe Talbott, Raketenschach, München 1984. Jürgen Maruhn/Manfred Wilke (Hrsg.), Raketenpoker um Europa. Das sowjetische SS-20 Abentcuer und die Friedensbewegung, München 2001.

Auftrieb, kann kurzzeitig sogar senkrecht in der Luft „stehen" (bekannt als „Kobra"-Manöver) – und war insofern westlichen Typen der „3. Generation" überlegen. Weitere Innovationen betrafen eine Helmvisieranlage, mit der die Piloten per Kopfbewegung ein Ziel anvisieren konnten. Auch nach dreißig Jahren wird die MiG-29 in weiter entwickelten Versionen immer noch in Serie gefertigt und weltweit exportiert. Dabei wurden frühere Nachteile des Flugzeuges durch neue Ortungs- und Bediensysteme, Zusatztanks und äußere Anbaumöglichkeiten im Sinne einer Mehrrollennutzung als MiG-29M etc. erweitert.

Die Einführung der MiG-29 in die Bundesluftwaffe: eine neue deutsch-russische Geschichte

Infolge der Vereinigung beider deutscher Staaten im Oktober 1990 erhielt die Luftwaffe der Bundeswehr 24 Exemplare der MiG-29 der ehemaligen Nationalen Volksarmee der DDR, die die letzten dieser Flugzeuge erst im Sommer/Herbst 1990 erhalten hatte. Die Mär vom „Supervogel", verbreitet von westdeutschen Piloten, die die MiG-29 im Herbst 1990 probefliegen durften, löste sofort zugleich Verwunderung und Begehrlichkeiten aus. Wie die ostdeutschen Piloten waren auch die Experten aus dem Westen von dem Flugzeug „hellauf begeistert", fanden dessen Flugeigenschaften „erstaunlich" und urteilten, die alte Phantom F-4F hätte demgegenüber im Ernstfall „kläglich versagt".

Zunächst wurden diese Maschinen intensiv getestet, um sie anschließend auf NATO-Standards umzurüsten. Dabei entstanden zwei neue Varianten des Flugzeugs, die MiG-29G und MiG-29GT (für „Germany" und „German Trainer", also die doppelsitzige Variante). Um diese technischen Veränderungen vorzunehmen, gründeten der Hersteller Mikojan-Gurewitsch und sein deutscher Vertragspartner Daimler-Chrysler-Aerospace (DASA) die „MiG Aircraft Production Support Company" (MAPS) in Manching und Dresden. Die nunmehr folgenden Veränderungen des Flugzeuges beinhalteten neben Unterflügel-Tanks unter anderem GPS-Navigation und neue westliche Waffensysteme – teilweise mit finanzieller Beteiligung durch die USA. Erst so umgerüstet konnten die Maschinen in den USA ausgiebig als Feindflugzeuge gemeinsam mit der US Air Force getestet werden.

In Bonn avancierte der Staatssekretär im Bundesverteidigungsministerium, Holger Pfahls, zur Schlüsselfigur für den Erhalt und die Einführung der MiG-29 in den Dienst der Luftwaffe. Auch wenn die Flugzeuge erst umfassend und aufwändig modifiziert werden mussten, waren sie im Unterhalt und in den Flugstunden noch erheblich billiger als jedes andere damals existierende Flugzeugmuster der NATO! In der ihm zugewiesenen Rolle in der Territorialverteidigung Deutschlands könnte das Flugzeug, so mutmaßte man damals, aufgrund seiner hervorragenden Flugeigenschaften sogar die Lebensdauer des zuletzt in der Luftwaffe eingeführten MRCA Tornado sogar noch übertreffen. Die MiG-29 sollte daher schnell und kostensparend die Lücke zwischen den betagten F-4F Phantom und dem noch in der Entwicklung stehenden Eurofighter (EF 2000) überbrücken helfen. Tatsächlich jedoch verkaufte die Bundesregierung, kaum dass die Produktion des Eurofighters begonnen hatte, in den Jahren 2003/2004 ihre MiG-29 für 1 Euro pro Flugzeug an die polnische Luftwaffe. Ein Exemplar verblieb in Deutschland und steht heute im Militärhistorischen Museum der Bundeswehr – Flugplatz Gatow.

Ende 1990/Anfang 1991 kamen im Sog der unter enormen Druck stattfindenden Neuorientierung und Verhandlungen die teils konträren Prioritäten und Ziele der im sicherheits- und militärpolitischen Bonner Umfeld handelnden Personen in seltener Klarheit zum Vorschein.

Noch vor der Wiedervereinigung, im September 1990, hatte sich das Spitzenpersonal des Bundesverteidigungsministeriums Gedanken über das zukünftige Erbe der Nationalen Volksarmee gemacht. Zu den MiGs hieß es dazu in einem noch in gewohntem NATO-Jargon abgefassten Protokolls einer Besprechung bei Staatssekretär Pfahls am 27. September, dass die Maschinen (offensichtlich wegen ihrer sowjetischen Herkunft) für das „air policing" in Mittel-Osteuropa nicht geeignet seien, nur in Einzelfällen wäre technische Unterstützung aus der UdSSR zu erwarten und eine Übernahme von NATO-Aufgaben sei deswegen auch fraglich[4]. Noch deutlicher positionierte sich die Luftwaffenführung: sie befürchtete „bündnispolitische Konsequenzen", das Umleiten von Geldern für Projekte der (alten) Bundeswehr, hohe Unterhaltskosten, den Verlust von Synergieeffekten für westdeutsche Technologieentwicklung und keine „interoperability" in der NATO.[5] Immerhin griff eine von Pfahls angeregte Studie auch übergreifende Ost-West-Perspektiven auf: der

---

[4]   Bundesarchiv (BArch), BL1/46.504; BMVg, „Besprechung bei StS (Staatssekretär) Pfahls, betr. weitere Nutzung MiG-29 FULCRUM", 27.09.1990.

[5]   BArch, BL1/46.504: Führungsstab der Luftwaffe (Fü L) VII 2: „Argumente gegen Übernahme MiG 29".

Weiterbetrieb der MiG-29 wäre für die Sowjetunion „beruhigend"[6], da sie deren technische Parameter kenne. Die Studie argumentierte außerdem mit Arbeitsplätzen in der ehemaligen DDR und dem öffentlichen Erwartungsdruck in den deutschen Medien. Andererseits könnte die Abwicklung der NVA verlangsamt werden, ja sogar bestehende – und offenbar in Bonn verdächtige – Verbindungen zwischen NVA-Personal und der sowjetischen Armee perpetuiert werden.

Völlig „überraschend"[7] für die offenbar noch in etablierten Kalten-Kriegs-Kategorien denkende Luftwaffenführung verkündete Minister Stoltenberg schon am 27. September, dass die MiGs nicht verkauft und stattdessen flugfähig gehalten werden sollten.[8] Sie sollten detailliert untersucht und die Aufwendungen für ihren Weiterbetrieb abgeschätzt werden. Nur zwei Wochen später wies Pfahls an, „kurzfristig zusätzliche Erkenntnisse" zu gewinnen.[9]

Zur Durchführung des Erprobungsprogramms wurden am 23. Oktober vier MiGs des Jagdgeschwaders 3 von Preschen (fünf Kilometer von der polnischen Grenze entfernt) ins oberbayerische Manching zur Wehrtechnischen Dienststelle 61 überführt. Dort wurden die Flugzeuge unter Einsatzbedingungen – geflogen von ehemaligen NVA-Piloten – getestet. Das besondere Augenmerk der anwesenden US-amerikanischen Spezialisten, die auch die „mission cards" erstellten, lag auf Flugmanövern und Bewaffnung.[10] Möglicherweise war der aufziehende zweite Golfkrieg ein entscheidender Faktor für die Übernahme der MiG-29 in die Bundesluftwaffe. Das Interesse der US-

---

6   BArch, BL1/46.504: BMVg - Fü L III 2, „Vortragsnotiz für Herrn Insp[ektor der] L[uftwaffe], betr. Nutzung von fliegerischen [sic] NVA-Gerät vom 11.09.1990.

7   BArch, BL1/46504: Handschriftlicher Vermerk „Betr. MiG 29 Nutzung", o.O., o.D., o.A. (wahrscheinlich Oberst i.G. Brunke, Leiter Fü L III 2), in Anlage an die Aufzeichnung „Betr. Protokoll der Besprechung am 02.10.90 – mögliche Nutzung der MiG-29", Bonn, 2.10.1990, Fü L III 2 (OTL Kraft); beide mit Verweis auf die Aussagen des Ministers in der Kollegiumssitzung am 27.09.1990.

8   BArch, BL 1/46.504. Auf die daraufhin erfolgte Weisung von Pfahls vom 27.9.1990 bezieht sich der Entwurf für eine Vorlage beim Staatssekretär „betr. Vorschlag zu begrenzter Nutzung des WaSys MiG-29", Bonn, 26.10.1990, Fü L III2. Der Inspekteur Luftwaffe forderte eine gründliche Überarbeitung der Vorlage.

9   BArch, BL 1/47.662: Schreiben Fü L III 2 an Bundeswehrkommando Ost und die Kommandeure in Cottbus und Preschen vom 24.10.1990 zum Stand der Umsetzung der Weisung des Staatssekretärs vom 15.10.1990.

10 BArch, BL1/47 662: „Dienstreisebericht über Untersuchungsprogramm WaSys MiG 29 bei WTD 61 Manching vom 24. bis 31. Oktober 1990".

Amerikaner, Briten und Franzosen an Informationen über und Ausbildungser-
fahrung ihrer Piloten mit dem potentiell gefährlichsten irakischen Kampfjet
konterkarierte alle bisherigen bündnispolitischen Befürchtungen in Bonn. Dies
verlangte geradezu nach einem engeren rüstungswirtschaftlichen Verhältnis zur
sowjetischen und später russischen Führung. So wurde aus dem Kampfgerät
des Kalten Krieges zumindest temporär ein Katalysator für neue Sicherheits-
strukturen: Die beteiligten Staaten tauschten ihre Aufklärungsergebnisse, wehrtechnischen Erkenntnisse und Einsatzerfahrungen aus dem Golfkrieg aus.[11]

Die Entscheidung des Bundesministers von Anfang Dezember 1990,
„alle Voraussetzungen für einen personellen und materiellen Betrieb" der
MiGs zu schaffen, wurde nur wenige Tage später von Staatssekretär Pfahls mit
dem Zusatz „über den 31.05.91 hinaus" noch entscheidend präzisiert.[12] In der
Bundeswehrführung und den Stabsabteilungen des Ministeriums stieß dies
jedoch auf Unverständnis. In den folgenden Monaten produzierte das Ministerium einen Berg von Aufzeichnungen, die alle das eine Ziel verfolgten: Der
Leitungsebene sollte verdeutlich werden, dass eine „Rüstungskooperation mit
der Sowjetunion"[13] aus „militärpolitischer Sicht"[14] unmöglich sei. Dass dies in
der nun folgenden neuen Zeit durchaus möglich war, zeigt die weitere Analyse;
für die gestandenen Generalstabsoffiziere und Beamte des Ministeriums blieb
sie zu diesem Zeitpunkt jedoch schlicht unvorstellbar. Untereinander versi-
cherte man sich, alles zu tun, damit aus dem Erprobungsauftrag keine „politischen Zwänge aufgebaut werden"[15] – und verzögerte die Aufträge des Staatssekretärs bis an die Grenze der Dienstverweigerung. Trotz eines im Wesentlichen substanzlosen Zwischenberichts über die MiG-Tests am 11. Februar

---

[11] So beabsichtigte die Abteilung 3 des Luftflottenkommandos in Köln – nicht ohne Eigenlob
als „einzige eingeladene nationale Dienststelle" – auf einer TLP-Konferenz der NATO-Partner
über „Erkenntnisse Golf-Krieg" über die Ergebnisse der MiG-29-Erprobung vorzutragen.

[12] BArch, BL 1/46.504: Weisung des Ministers am 4.12.1990 an Staatssekretär Pfahls. Am
19.12.1990 fasste eine Kurzmitteilung von Fü L III2 ein Abstimmungs- und Informationsge-
spräch mit dem Adjutanten des Ministers zusammen. Demnach waren „alle" Maßnahmen zum
Betrieb der MiG-29 für einen längeren Zeitraum zu treffen, als „über Mai 91 hinaus" zu verstehen.

[13] BArch, BL 1/46.504: Stellungnahme von Fü S III 1 an Fü S VI 6 zum „Zwischenbericht
Erprobungsprogramm MIG-29", Bonn, 28.2.1991.

[14] Ebd., Schreiben Fü S III 1 an Staatssekretär Pfahls „betr. Voraussetzungen im personellen
und materiellen Bereich für Indiensthaltung MIG-29" vom 25.02.1991.

[15] So ebd. im zitierten Schreiben 28.02.1991.

1991[16] verlangten der Minister und sein Staatssekretär aufgrund der „angespannten" Haushaltslage eine „sorgfältige" Prüfung der Maschine.[17] Pfahls wies zusätzlich an, die Kooperation mit dem MiG-Konzern „umgehend" sicherzustellen[18] und das Fachpersonal des ehemaligen NVA-Geschwaders zu halten. Als hierzu Ende März immer noch keine Fortschritte zu sehen waren, rüffelte der Staatssekretär die beteiligte Bundeswehrspitze: Mit Bezug auf seine monatealten Anordnungen vom 26. November und 6. Dezember 1990 forderte er „Herrn Generalinspekteur der Bundeswehr, Herrn Hauptabteilungsleiter Rüstung und Herrn Inspekteur der Luftwaffe [auf], die bereits erteilten Weisungen […] umzusetzen."[19] Letztlich lag der Abschlussbericht dann endlich Mitte Juni 1991 beim Minister.[20] Die „Bewertung aus operationeller Sicht" fiel trotz der institutionellen Aversionen positiv aus. Die MiG-29 sei mit F-15 und F-16 vergleichbar, die Vorteile des Helmvisiers wurden gelobt und auf die Limitierung von Flugdauer und Reichweite hingewiesen.[21] Besonders aber wiesen die von FÜ L III geleiteten Gutachter auf die kurze Lebensdauer der Komponenten und die engen Instandhaltungsintervalle hin. Diese könnten aus haushaltspolitischer Perspektive eine potentiell gefährliche Blackbox darstellen. Auf diese „äußerst positive Bewertung" (!) nahm auch der Generalinspekteur der Bundeswehr, Admiral Dieter Wellershoff, persönlich gegenüber dem Minister und dem Staatssekretär Bezug.[22]

Was dann aber folgte, war in Form und Inhalt ein Traktat aus Kalten Kriegs-Tagen: Die Übernahme der MiG-29 würde die Diskussion über den Jäger 90 (wie der Eurofighter noch genannt wurde) neu entfachen und – so die

---

[16] Der Zwischenbericht wurde am 11.02.1991 Minister Stoltenberg vorgelegt.

[17] BArch, BL 1/46.504: Protokoll der Stabsabteilungsleiter-Besprechung vom 22.02.1991. Darin auch das Debriefing zur Sitzung des „erweiterten Kollegiums" am 21.02.1991, in dem „BM" (also Bundesminister Stoltenberg) offenbar persönlich diese Anweisung gab.

[18] Ebd., Schreiben von [Oberst i.G. Egon] Ramms, Büro Staatssekretär Pfahls, Bonn, 28.2.1991, an Hauptabteilungsleiter Rüstung und Inspekteur der Luftwaffe, nachrichtlich auch an den Leiter Planungsstab und den Generalinspekteur.

[19] Ebd., Schreiben von Staatssekretär Pfahls an den Generalinspekteur der Bundeswehr, den Hauptabteilungsleiter Rüstung und den Inspekteur der Luftwaffe, vom 19.03.1991.

[20] Laut des bereits zitierten Sachbestandberichts von Fü L III 2 vom August 1991 wurde der Abschlussbericht am 12.6.1991 dem Minister vorgelegt.

[21] BArch, BL 1/46.504: Aufzeichnung von Fü L III 2, „Vorläufige Bewertung MiG-29 aus operationeller Sicht" vom 15.05.1991.

[22] Ebd., Begleitschreiben zum Abschlussbericht von Generalinspekteur Wellershoff an Staatssekretär Pfahls vom 10.07.1991.

nicht genannte Implikation – die Zukunftsfähigkeit der Bundesluftwaffe in Frage stellen. Die Benutzung von Phantom F-4F und MiGs in ein und demselben Geschwader würde schwerwiegende technische und operative Fragen aufwerfen und so die Verteidigungsfähigkeit untergraben. Die Gesamtkosten könnten deutlich höher ausfallen und damit die Finanzierbarkeit in Frage stellen. Und, last but not least, die „Herstellerunterstützung" sei in jedem Fall für den Weiterbetrieb „zwingend" erforderlich, woraus eine Abhängigkeit von der Sowjetunion entstehe und darüber hinaus auch noch die Rüstungsindustrie Moskaus unterstütze. Für einen im Kalten Krieg sozialisierten militärischen Befehlshaber musste dies das Schreckensszenario schlechthin bedeuten. Mit diesem schriftlich fixierten Alibi im Aktenordner konnte dann auch der Generalinspekteur seine Loyalität der zivilen Führung des Ministeriums gegenüber bezeugen – und dem Minister, auch wenn „aus gesamtpolitischer Sicht meiner militärpolitischen Bewertung nicht gefolgt werden kann" – gangbare Optionen für die Weiterverwendung der MiGs aufzeigen.

Ohne weitere Ankündigungen ließ Minister Stoltenberg im medialen Sommerloch Ende Juli 1991 gegenüber der ARD die Bombe platzen: Das Waffensystem MiG-29 bleibe im Dienst und werde nach Umrüstung auf NATO-Standards in die Landesverteidigung integriert bis es ca. 2005 durch den Eurofighter („Jäger 90") ersetzt werden solle. In der öffentlichen Darstellung wurde die „Zusammenarbeit mit dem Hersteller nicht beton[t]"[23] und stattdessen auf die Dienstposten und Werksverträge für ostdeutsche Firmen verwiesen.[24] Natürlich war dies ein strategischer Schachzug Stoltenbergs gegenüber den Medien und den Zweiflern im eigenen Ministerium. Sein Vorgehen und Timing verweisen aber auch auf die zentrale Rolle der deutschen Öffentlichkeit in Ost-West-Fragen in diesen Monaten.

Jetzt ging alles ganz schnell: „Bedarfsbegründung", „Einführungsmanagement", „Einsatzkonzept" und „Nutzungsmanagement" wurden in wenigen Wochen entworfen.[25] Die Realität hinter dem schönen Schein (Erprobung

---

23 So BArch, BL 1/46.504, handschriftlicher Vermerk vom 25.07.1991 (o.D., aber mit Verweis auf das Interview Stoltenbergs am Vortag) mit dem Adjutanten des Ministers.

24 So der 3. Entwurf des Logistik-Konzepts für die MiG-29.

25 Als „bedarfsbegründendes Dokument" wurde dabei (laut Logistikkonzept MiG-29, Grundausgabe 10/91) eine Leitungsvorlage von Fü L III2 an den Minister vom 14.06.1991 in Verbindung mit dessen Entscheidung vom 27.07.1991 gesehen. Vgl. die Aufzeichnung von Fü L V 3 „Entscheidung zum Einführungs- und Nutzungsmanagement MiG-29 – Besprechung bei

und Einführung „verlaufen erwartungsgemäß" wurde dem Minister im August gemeldet[26]) sah jedoch alles andere als rosig aus. Die MiGs waren nur für die einfachste Aufgabe, die „geführte Abfangjagd", einzusetzen;[27] von 38 Piloten im Verband waren nur „3 West"-Piloten[28]; in Preschen war mittlerweile viel zu wenig qualifiziertes Wartungspersonal übrig geblieben[29]; zur Landesverteidigung mussten die Maschinen auf ein neues zentraler gelegenes Flugfeld verlegt werden; ostdeutsche Firmen besaßen kein einschlägiges Know-how über die MiG-29, weil diese Aufgabe bis dato russischen Technikern oblegen hatte.[30] Im November 1991 wurde „wegen fehlender Ersatzteile"[31] sogar nur noch ein „Klarstand" von 30 Prozent der Maschinen gemeldet. Gründe genug dafür, dass auch der neue Inspekteur der Luftwaffe, Generalleutnant Jörg Kuebart, mit einem lakonischen „Sie haben entschieden" jedwede Verantwortung an Staatssekretär und Minister weiterreichte.

Die MiG-Verträge als Beginn einer deutsch-russischen Rüstungskooperation

Von Frühjahr bis Spätherbst 1991 schien sich die von den Skeptikern viel beschworene Abhängigkeit von der Sowjetunion tatsächlich herauszubilden. Bereits Anfang Mai war die „Gewährleistungsbrigade", also die sowjetischen Techniker der Firma MiG, aus Preschen abgezogen.[32] Sie hinterließ zwar eine

---

Chef Stab Fü L am 19.8.1991"; sowie die Einladung vom 21.08.1991 zur ersten Besprechung der Arbeitsgruppe des Nutzungsbeauftragten am 27.08.1991 durch Fü L V 3.

[26]   So die bereits angeführte Sachstandübersicht von Fü L III 2 vom August 1991.

[27]   BArch, BL 1/46.504: Stellungnahme von Fü L VI 3 zur Studie des Bundesrechnungshofes „Vergleich der Wirksamkeit von MiG-29 und EFA-Flotte in definierten Teilszenarien" vom 10.12.1991.

[28]   Ebd., Angaben über Personal, Flugstunden und Klarstand in Anlage zu einer Aufzeichnung von Fü L III 3 vom 08.11.1991. Demnach waren 30 Prozent gar nicht mehr einsatzfähig.

[29]   Und auch diese ehemaligen NVA-Soldaten standen kurz vor ihrer endgültigen Entlassung. 28.11.1991, siehe ebd. handschriftliche Notiz von Fü L III 2 an den vorgesetzten Abteilungsleiter vom 28.11.1991.

[30]   Ebd., Schreiben von Fü L V 2 (Boljahn) an das Büro des Staatssekretärs über die „Wartung/Instandsetzung" der MiG-29 vom 22.10.1991.

[31]   Vgl. die bereits angeführte Anlage zu einer Aufzeichnung von Fü L III 3 vom 08.11.1991. Demnach waren 30 Prozent gar nicht mehr einsatzfähig.

[32]   Vgl. ebd., auf diese Problematik und den damit verbundenen Zeitdruck verwies auch Staatssekretär Pfahls in seinem Schreiben an den Hauptabteilungsleiter Rüstung am 30.4.1991.

umfangreiche Ersatzteil-"Apotheke", doch um den dringend notwendigen Kooperationsvertrag entbrannte in den Folgemonaten ein politisches Gezerre zwischen Bonn und Moskau. Während die Bundesregierung den öffentlichen Eindruck „eines umfassenden Kooperationsprogrammes mit der UdSSR in wehrtechnischer Hinsicht"[33] unbedingt vermeiden und daher ohne viel Aufsehens auf Beamtenebene unterzeichnen wollte – lag der Gegenseite aus innen- wie außenpolitischen Gründen am genauen Gegenteil.

In dieser macht- wie wirtschaftspolitischen entscheidenden Phase für die UdSSR wurden die riesigen Rüstungskombinate des Staates mit ihrer Aufgabe zur Konversion der Rüstungs- in eine zivile Produktion weitgehend sich selbst überlassen. Die an die Regierung, das Politbüro der KPdSU oder direkt an Gorbatschow adressierten Hilferufe wurden zumeist mit leeren Floskeln beantwortet, wenn überhaupt.

Noch im August 1991 schien es, dass die Ersatzteilausstattung der NVA 80 Prozent des Bedarfs decken würde. Doch gerade das fehlende Fünftel wurde für die Flugfähigkeit zwingend benötigt[34]. Und auch der Vertrag für sowjetische Expertenunterstützung stockte wegen deutscher Änderungswünsche und der aufgrund der galoppierenden Inflation in Russland schwer zu kalkulierenden Preise[35]. Als sich gegen Ende des Jahres 1991 die Situation aufgrund „abenteuerlich" überzogener russischer Forderungen[36] und in Folge der Auflösung der UdSSR völlig ungeklärter Besitz- und Zuständigkeitsverhältnisse

---

Auf den Umstand, dass die Gewährleistungsbrigade am 05.05.1991 abzog, obwohl die deutsche Absichtserklärung „für eine auf das Waffensystem MiG-29 begrenzte Kooperation" am 30.4.1991 an die sowjetische Botschaft in Bonn übergeben worden war, weist auch ein Vermerk („wichtige Punkte nach Rückkehr ChefStab Fü L") von Fü L III 2 vom 10.05.1991 hin; dort auch der Terminus „Apotheke".

[33] Ebd., Bericht der Rüstungsabteilung im BMVg (Rü IV 2) an Pfahls über die Gespräche der deutschen Botschaft in Moskau mit dem sowjetischen Außenhandelsministerium.

[34] Vgl. BArch, BL 1/48.023: Protokoll der ersten Arbeitsgruppen des NUBE am 27.8.1991 in Bonn, TOP 7(f).

[35] Vgl. ebd., darin wird unter TOP 7(j) auf die bisherigen Berechnungsgrundlagen der NVA hingewiesen, der ein „virtueller Wechselkurs" (Transferrubel für Warentauschgeschäfte) zugrunde lag.

[36] Ebd., Sprechzettel für den Inspekteur der Luftwaffe zum Besuch des Chefs der Luftstreitkräfte der UdSSR am 09.12.1991.

„rapide" verschlechterte[37], suchten die Deutschen nach Alternativen. Wohl nicht zufällig begannen im Oktober/November 1991 Verhandlungen mit Prag über die Möglichkeit, tschechische Firmen mit Wartungsarbeiten an der MiG zu betrauen. Die Tschechen wiederum waren im Zuge der Auflösung des Warschauer Pakts wenige Monate zuvor an einer möglichst raschen Anbindung an die NATO interessiert. Doch auch hier war der Kalte Krieg noch nicht beendet. Lapidar vermerkte das zuständige Referat in Bonn: „Das geht wohl nicht!" Warschauer Pakt hin oder her, die Tschechen wären eben (noch) keine „Bündnispartner"[38].

Der am 2. Dezember 1992 endlich in Moskau unterschriebene Unterstützungsvertrag wurde dann beidseitig aber so prompt erfüllt[39], dass schon im März des nächsten Jahres eine Erweiterung der Kooperation von russischer Seite angeregt wurde[40]. Tatsächlich hakte die praktische Umsetzung dieses Mal auch an alltäglichen Problemen. Die acht noch im Dezember 1992 nach Moskau gebrachten Triebwerke waren zwar bereits im Februar überholt, allein es fehlte der Bundeswehr über zwei Monate an Transall-Transportmaschinen, um diese wieder zurückzuholen. Inzwischen warteten weitere zehn Turbinen dringend auf eine Überholung[41]. Im Sommer 1993 kam es zu einer Erweiterung des Instandsetzungsvertrages mit der jetzt zuständigen Firma Oboronexport, um

---

[37] Dieses Zitat stammt ebenfalls aus dem angeführten Sprechzettel für den Inspekteur der Luftwaffe. Mit der Auflösung der UdSSR wurde Ende 1991 das Problem der Rechtsnachfolgeschaft akut.

[38] So ein handschriftlicher Vermerk mit Paraphe vom 05.11.1991 auf einer Ausfertigung des vom Materialamt der Luftwaffe in Köln erstellten Ergebnisvermerks zu den logistischen Expertengesprächen mit dem Generalstab der CSFR Luftstreitkräfte am 24./25.10.1991 in Prag.

[39] Die am 02.12.1992 in Moskau geschlossene Vereinbarung zwischen dem Bundesministerium der Verteidigung und dem Außenwirtschaftsministerium der Russischen Föderation wurde am 18.12.1992 von RÜ M IV 1 (Spychalski) an das Auswärtige Amt und das Bundeswirtschaftsministerium übersandt.

[40] Am 16.03.1992 übermittelte der Verteidigungsattaché an der deutschen Botschaft in Moskau, Brigadegeneral Wilfried-Otto Scheffer, ein Angebot des russischen Außenwirtschaftsministeriums an die Adresse des Bundesamtes für Wehrtechnik und Beschaffung (BWB) in Koblenz. Als Anlage zum russischen Memorandum wurde auch eine Kurzfassung der taktischen und technischen Kenndaten des neuen Flugzeugmusters MiG-31 beigefügt.

[41] BArch, BL 1/48.024: Ergebnisprotokoll der 7. Arbeitsgruppensitzung des NUBE MiG-29 vom 30.03.1993.

ca. vierzig kritische Austauschteile auch kurzfristig erhalten zu können. Dies schuf wiederum neue Transport- und Zollprobleme[42].

Ohne weitere – oder gar öffentliche – Umstände schienen sich beide Seiten nun in diesem symbiotischen Tauschverhältnis Geld-für-Technik einzurichten. Selbst für die infolge der Einhaltung der NATO-Standards notwendigen Veränderungen an den Flugzeugen verlangte der mit der technischen Überprüfung der Flugsicherheit beauftragte deutsche TÜV eine Zertifizierung durch die Herstellerfirma, also MiG-MAPS[43]. Diese schien derartig zuverlässig sowie „qualitativ gut und kostengünstig"[44] zu arbeiten, dass Finanzminister Theo Waigel bereits im Sommer 1993 eine Verrechnung der russischen Staatsschulden gegen technische Leistungen vorschlug.

Richtig spannend wurde es aber, als sein russischer Kollege Boris Fjedorow diesen Vorschlag zur Schuldentilgung noch um die Idee des Ankaufs weiterer MiGs durch die Deutschen ergänzte[45]. Selbst eine Verlängerung der Lebensdauer der Maschinen von 2.500 auf 6.000 Flugstunden war nun eine Option.

Im Sommer 1993 schienen so die anfänglich mit der MiG-29 verbundenen Probleme durchwegs gelöst und einer nachhaltigen Integration der mit der Maschine ausgestatteten Verbänden in die Luftverteidigungsstruktur von Bundesluftwaffe und NATO nichts mehr im Wege zu stehen. Die zeitnahe Versorgung mit Ersatzteilen war durch die in MAPS eingespielten Routinen gesichert, die Betriebskosten vergleichsweise günstig und die NATO-Interoperability durch vielfache, aber keineswegs billige Umrüstungen erreicht. Dem neuen Status entsprachen auch die Auflösung des „Erprobungsgeschwaders MiG-29" und die Zusammenlegung von Maschinen und Personal mit denen des Jagdbombergeschwaders 35. Aus ihnen entstand im Sommer 1993 in Laage bei Rostock das Jagdgeschwader 73, seit 1997 Jagdgeschwader 73

---

[42] Ebd., Ergebnisvermerk der Sonderarbeitsgruppensitzung Nr. 8A des NUBE MiG-29, vom 16.08.1992.

[43] Vgl. BArch, BL 1/53.445, „Vorläufiges Materialerhaltungskonzept für das Waffensystem MiG-29" vom 15.06.1994.

[44] Vgl. BArch, BL 1/57.513, die von NUBE (Fü L V 6, OTL Günther) am 17.01.1994 an den Inspekteur Luftwaffe zur Unterrichtung und Billigung übersandte Vortragsnotiz über die Lageentwicklung beim Waffensystem MiG-29.

[45] Finanzminister Waigel übersandte das russische Angebot vom 25.11.1993 an Bundeskanzler Kohl und regte ein Dreiergespräch mit Verteidigungsminister Volker Rühe in dieser Sache an.

„Steinhoff". Hier flogen die MiG-29 mit Phantom F-4F in einem Verband. Daher wurde dieses Geschwader in der Außen- und Binnenwahrnehmung der Bundeswehr schnell zum fliegenden Synonym für die „Armee der Einheit".

Doch kaum dass die MiG-29-Jäger in der Verteidigungsstruktur der Luftwaffe integriert waren[46], wurden auch schon die Weichen für das Ende ihrer Dienstzeit gestellt. Jörg Schönbohm, seit Februar 1992 Nachfolger von Pfahls als beamteter Staatssekretär für Rüstung im Verteidigungsministerium, zuckte vor der Fjedorow-Waigel-Initiative spürbar zurück. Der Ankauf russischer MiGs sei nur in Verbindung mit dem Ausstieg aus dem immer teurer werdenden Eurofighterprojekt zu erkaufen. Dessen Entwicklungskosten wären damit verloren und darüber hinaus „starke Irritationen" mit den Kooperationspartnern zu erwarten. Die, so die abgestimmte Stellungnahme aus dem Ministerium, würden vermutlich „eine langfristige rüstungspolitische Reorientierung Deutschlands nach Osten" befürchten. Das Gespenst von Rapallo ging umher – und hatte den Kalten Krieg wohl unbeschadet überstanden.

Nichts Geringeres als die Kooperationsbereitschaft, Verlässlichkeit und Glaubwürdigkeit der deutschen Außen- und Sicherheitspolitik stand scheinbar auf dem Spiel. Dies umso mehr, als Verteidigungsminister Volker Rühe wie auch die Abgeordneten im Haushaltsausschuss des Bundestages vor der sich ab 1992 abzeichnenden Kostenexplosion des Eurofighter-Projekts zurückschreckten.

Das erneute MiG-Angebot nährte damit bereits existierende Zweifel an der Zuverlässigkeit des deutschen Kooperationspartners. Die Erklärung von Verteidigungsminister Rühe im Frühjahr 1992, aufgrund der neuen sicherheitspolitischen Situation in Europa aus dem Eurofighter-Programm auszusteigen, tat ein Übriges: „Der Jäger 90 paßt nicht mehr in unsere Zeit. […] Der Jäger 90 ist tot."[47] Die Entrüstung bei den Bündnispartnern und die Kalkulation, dass ein Ausstieg (angeblich) teurer würde als die Weiterentwicklung, ließen die Fraktionen von CDU/CSU und FDP am 30. Juni 1992 kurzerhand Rühes Auslegung kassieren. Sie erklärten die Weiterentwicklung des Eurofighters aufgrund neuer sicherheitspolitischer Entwicklungen schlichtweg für unverzicht-

---

[46] Erst am 28.07.1994 erfolgte jedoch die Musterzulassung durch das Bundesamt für Wehrtechnik und Beschaffung. Die Einführungsgenehmigung für den Betrieb in der Bundeswehr erfolgte am 29.03.1996, die endgültige Verkehrszulassung im Mai 1997.

[47] Zitiert in: Der Spiegel Nr. 35/1994 vom 29.08.1994.

bar.[48] Als der Bundesrechnungshof im Frühjahr 1994 einen Anstieg der Kosten für das von sechs auf neun Milliarden D-Mark prognostizierte (am Ende wurden es mehr als 15 Milliarden Euro![49]), stand das Vier-Nationen-Programm Eurofighter erneut auf dem Prüfstand von Parlament und Öffentlichkeit.

In dieser Situation entwickelte sich Staatssekretär Schönbohm im In- und Ausland zu einem der profiliertesten Fürsprecher für das neue Flugzeugmuster. Während er einerseits versuchte, „den Chef zu zügeln" (so der Spiegel), bemühte er sich andererseits die Sorgen der Verbündeten zu zerstreuen. Diesem Vorhaben dienten etwa das Gespräch mit dem britischen Botschafter am 18 Januar 1994 und sein Besuch in Großbritannien einschließlich einer Visite bei British Aerospace, dem britischen Partner im Eurofighter-Konsortium[50].

Im Vergleich zu diesen grundsätzlichen sicherheitspolitischen Konflikten wirkten die Sorgen der Luftwaffenführung, mit einem (allerdings exzellenten) Jagdflugzeug der dritten und nicht der vierten Generation abgespeist sowie mit Problemen der Interoperability und des Cross-Servicing in der NATO konfrontiert zu werden, wie Petitessen. Diese Partikularinteressen der Teilstreitkraft Luftwaffe machten deren Spitzenpersonal und Führungsstab zumindest bei der Eurofighter/MiG-29-Problematik damit zu Verbündeten der Russland-Skeptiker und der Protagonisten der NATO-Osterweiterung im Bonner Politik-Betrieb. Aus dieser innen-, sicherheits-, militär-, wirtschafts- und bündnispolitischen Sensibilität mag sich auch das weitgehend abgeschottete „Eigenleben" der mit der MiG-29 beschäftigten Spezialisten (Nutzungs- und Waffensystembeauftragte) im Führungsstab und im Materialamt der Luftwaffe in diesen Jahren ableiten[51].

Ein Vor- und Probefliegen der letzten und modernsten russischen MiG-Version auf Flugplätzen in Deutschland verhinderte Schönbohm jeden-

---

[48] Für die Wahrnehmung dieser sicherheitspolitischen Kapriolen in Bonn siehe den „Third Report Progress on the Eurofighter 2000" des Verteidigungskomitees des britischen Parlaments, Hansard House of Commons, London 1994.

[49] „Eurofighter am Boden", in: Der Spiegel Nr. 44/2013, 28.10.2013, S. 18.

[50] Vgl. die in BArch, BW 1/337.059 vorhandenen umfänglichen Unterlagen für diese Gespräche, so die Anforderung vom Büro Staatssekretär vom 08.12.1993.

[51] Gespräch und Schriftwechsel des Autors mit OTL a.D. Hans-Hermann Söchtig, dem im Fü L V 6 für die Materialbewirtschaftung der Kampfflugzeuge zuständigen Referenten. Auch Söchtig als zuständiger Betriebswirt fühlte sich von den NUBEs (OTL Günther und OTL Fehrmann) nur in Ausnahmefällen konsultiert.

falls[52]. Auf einer Besprechung aller beteiligten Ministerien wurden nochmals alle Argumente gesichtet und gewichtet. Auf der Haben-Seite standen, wie das Bundesamt für Wehrtechnik und Beschaffung und der Nutzungsbeauftragte (NUBE) nochmals ausführten, dass die MiG „ein äußerst zuverlässiges Flugzeug" mit einer „weitaus geringeren Ausfallhäufigkeit als beim Tornado" war, zudem die Preise und Lieferzeiten der russischen Partner günstiger als die deutscher Zulieferer ausfielen, auch die Qualität „keinen Grund zur Beanstandung" gab und außerdem aus Sicht des Auswärtigen Amts bilaterale Wirtschaftskooperationen mit Russland auch ein wichtiges Ziel der deutschen Außenpolitik seien. Auf der Negativseite stand, dass „der Erwerb weiterer MiG-29 das EF 2000 [Eurofighter] Programm erneut destabilisieren" würde, die IWF-Bemühungen um einen Abbau des Rüstungsbereichs in Russland konterkarieren würde sowie die „vollständige Abhängigkeit" von russischen Lieferungen. Gerade der Nutzungsbeauftragte in der Abteilung Rüstung im BMVg wandte sich gegen die Schuldenverrechnung staatlicherseits, da dies die Zuverlässigkeit der logistischen Betreuung und der Ersatzteil-Versorgung untergraben könnte: „Die Zahlungen [sind] offensichtlich das entscheidende Motiv für prompte Lieferung und preisliches Entgegenkommen." Kurz darauf folgte auch der Bundessicherheitsrat diesen Argumenten und formulierte eine besonders höfliche Absage an die Adresse Moskaus[53].

In Bonn waren die Russland-Skeptiker nun offenbar der Ansicht, „die Grenzen des Machtbaren erreicht" zu haben.[54] Staatssekretär Schönbohm je-

---

52 BArch, BL 1/57.513: Schreiben von Staatssekretär Schönbohm an den Chef des Stabes FüS „betr. Internationale Luft- und Raumfahrtausstellung (ILA 1994) in Berlin, hier: Präsentation der russischen Kampfflugzeuge MIG 29-M und Su 35", Bonn, 15.04.1994. Gegen eine Vorführung der Systeme auf der ILA, die in den Referaten des Ministeriums mit Unwillen gesehen wurde, wurden letztlich keine Einwände erhoben.

53 BArch, BL 1/57.513: Protokoll von Rü M IV 1vom 18.4.1994 zur Ressortbesprechung zwischen Vertretern des Verteidigungs-, Finanz- und Wirtschaftsministeriums sowie des Bundesamtes für Beschaffung und Wehrtechnik und des Auswärtigen Amts am 15.4.1994 in Bonn. Siehe auch BArch. Bw 1/ 337.059 zum „Vorentwurf einer BSR-Vorlage" seitens des Bundesministeriums der Finanzen, der auf dieser Ressortbesprechung diskutiert wurde. Das Anschreiben an die anderen Ressortvertreter wie auch die „Vorlage des Bundesministeriums der Finanzen für den Bundessicherheitsrat zu TOP 3" sind beide auf den 11.04.1994 datiert. Obwohl der Bundessicherheitsrat diesen Beschluss bereits am 04.05.1994 fasste, wurde der Bundestag hiervon erst durch ein Schreiben des Bundesministeriums der Finanzen an den Vorsitzenden des Haushaltsausschusses, Rudi Walther MdB, am 21.06.1994 in Kenntnis gesetzt.

54 Jörg Schönbohm, Wilde Schwermut. Erinnerungen eines Unpolitischen, Berlin 2010, S. 264.

denfalls erläuterte die Entscheidung gegen die MiG-29 rückblickend im Kontext von Jelzins Warnungen vor einer „neuen Eiszeit" und der gerade in der russischen Öffentlichkeit sehr emotional diskutierten Verweigerung einer gemeinsamen Abschiedsparade der ehemaligen Siegermächte in Berlin. Jelzin und seinem Verteidigungsminister Pawel Gratschow wurde dies während ihres Bonn-Besuchs im Mai 1994 nochmals in aller Deutlichkeit erklärt.

Die sich verändernden sicherheitspolitischen Erwartungen in den Mitgliedsstaaten der NATO hatten – begründet oder nicht – den Freund- und Feindbildern aus den Jahren des Ost-West-Konflikts neues Leben eingehaucht. Der grassierende Russland-Skeptizismus bewirkte, dass Bündnistreue, Verteidigungsfähigkeit auf neuestem technologischen Niveau und militärpolitische Abgrenzung wieder hoch im Kurs standen. Eine engere „Sicherheitspartnerschaft" mit Russland oder gar eine im rüstungswirtschaftlichen Sinne „vernetzte Sicherheit" unter Einschluss russischer Konsortien wurden nun – anders als noch zu Beginn der Neunzigerjahre – als zunehmend risikobehaftet eingeschätzt. Der Eurofighter und seine Hersteller profitierten von dieser Entwicklung, während das Dienstzeitende der MiG-29 in der Bundesluftwaffe gewissermaßen ein „Kollateralschaden" dieser Verschiebung des sicherheitspolitischen Koordinatensystems war.

Die „Abschleusung" nach Polen als Ergebnis neuer sicherheitspolitischer Rahmenbedingungen

Nachdem der Bundestag im November 1997[55] die Einführung des Eurofighters beschlossen hatte und die NATO dem Drängen der mittelosteuropäischen Staaten auf Mitgliedschaft nachgab und die Osterweiterung für Anfang 1999 geplant wurde, geriet auch die Existenz der MiGs in der Bundesluftwaffe unter doppelten Druck. Mitte 1998 hatten sich damit die Koordinaten sowohl der deutschen Außen- und Sicherheitspolitik als auch der Militär- und Rüstungspolitik entscheidend verändert.

---

[55] BArch, BL 1/58.777: Auf die Eurofighter-Entscheidung des Bundestages am 26.11.1997 berief sich auch ein Schreiben von Fü L II 5, in dem am 30.6.1998 eine Mitzeichnung für eine Ministervorlage verweigert wurde, die eine erneute Prüfung und gegebenenfalls wohl auch eine parlamentarische Diskussion über die Verlängerung der Lebensdauer der MiG-29 in der Bundesluftwaffe vorsah.

Eine Vorlage für den Inspekteur der Luftwaffe steckte den neuen sicherheits- und militärpolitischen Rahmen präzise ab.[56] Deutschland müsse in seiner zentralen Lage in Europa daran gelegen sein, Einfluss auf die mittelost- und südosteuropäischen Staaten zu gewinnen. Diesem übergeordneten politischen Ziel könnte auch eine zukünftige Kooperation über die MiG-29 dienen. Dazu wollte man den neuen NATO-Mitgliedern hier „zuvorkommende Bedingungen" einräumen. Ein zweites Ziel war es, Markterfolge der USA in diesem geopolitischen Raum einzudämmen, zumal die Einführung des Eurofighters 2003 kurz bevorstand. Der „Sicherheits-partner Russland"[57] sollte außerdem wissen, dass Berlin weder eine wirtschaftliche Verdrängung noch mit der NATO-Osterweiterung eine Sicherheitspolitik gegen Russland beabsichtigte. Für die MiG-29 bedeutete dies, dass die deutsch-russische Firma MAPS weiter im MiG-Geschäft gehalten und damit auch Arbeitsplätze – in Manching, Ludwigsfeld und Dresden – erhalten bleiben sollten. Das war die innenpolitische Komponente der neuen Außen- und MiG-Politik.

Tatsächlich wurden die Wartungsverträge mit dem MiG-MAPO Konzern bereits drei Wochen vor der offiziellen Unterzeichnung des deutsch-polnischen Überlassungsvertrages am 24. Juni 2003 von Polen übernommen und wenige Tage später die letzten neun deutschen MiGs am 4. August 2004 in Bydgoszcz (Bromberg) übergeben. Am 13. Mai 2005 war mit der Übergabe der letzten Ersatzteile in Manching die „Abschleusung" vollzogen.

Fazit und Ausblick

Die Entscheidung zum Verkauf der Maschinen schien vielen der ursprünglich 1990/91 erstellten internen Expertisen über finanziellen und technischen Vorteile des Flugzeuges zu widersprechen. Tatsächlich hatten Pfahls und andere in den frühen 1990ern dafür plädiert, die Rhetorik von der „Sicherheitspartnerschaft" mit Russland in eine bedeutsame Rüstungskooperation zu überführen. Möglicherweise hätte dieses sogar zu einem Katalysator für eine umfassendere sicherheitspolitische Kooperation mit Russland werden können.

---

[56] BArch, BL 1/58.777: „Vortragsnotiz betr. MOE/SOE MiG-29 Nutzerstaatenkonferenz", Bonn, 15.6.1998, Fü L II 5.

[57] Vgl. die oben angeführte „Vortragsnotiz" für den Inspekteur der Luftwaffe vom 15.06.1998.

Gab es also tatsächlich eine „verpasste Chance"? Es gab durchaus nachvollziehbare Gründe gegen die Ein- oder Fortführung der MiG-29 in der Bundesluftwaffe: fortwährende politische Unsicherheit in Russland, finanz- und wehrwirtschaftliche Probleme, die Antizipation einer neuen, kleineren Bundeswehr mit neuen, zumeist außereuropäischen Luftkriegsszenarien sowie nicht zuletzt auch der neue Bezugsrahmen einer erweiterten und mit neuen globalen Aufgaben konfrontierten NATO.

Die vorliegende Rekonstruktion der Abläufe lässt vermuten, dass die Gründe für die Bonner Entscheidungen zunächst für und dann gegen die MiG-29 jenseits rein technischer, finanzieller und militärischer Logik lagen. Vielmehr waren zum einen Zustand und Ausrichtung des Bündnisses und zum anderen die alles überlagernde politische Bedeutung von Vertrauen und Misstrauen die eigentlichen Schlüsselfaktoren. Aus der Sicht der „alten" NATO war eine Kooperation mit dem MiG-Konsortium schlicht zu delikat. Aversionen der neuen Verbündeten in Zentral- und Mitteleuropa gegen russisches (sowjetisches) Militär – oft als Resultat von Besatzungserfahrungen – verstärkten dieses Denken.

Das Wohlwollen, Vertrauen und die Bewunderung der westlichen Öffentlichkeit für die sowjetische und russische Politik in den Jahren 1989 bis 1991/93 waren offenbar nicht stark genug, um eine nachhaltige Veränderung der im Kalten Krieg geborenen Verhaltens- und Perzeptionsmuster zu erreichen. Stereotype leben auch ohne ihren konkreten Entstehungskontext, oft mehr angepasst als tatsächlich verändert, weiter fort. Kritische Situationen bedingen oft den Rückgriff auf eingespielte, scheinbar probable Verhaltensmuster (Reflexe). Feindbilder der über vierzigjährigen Geschichte des Ost-West Konflikts beeinflussen auch heute noch die öffentlichen und politischen Vorstellungen. Dies behinderte den sich nur langsam entwickelnden Sicherheitsdiskurs mit Russland in den Neunzigerjahren und machte die MiG-29 lediglich zu einer Episode in der Geschichte der Luftwaffe.

Sönke Marahrens

Als Leiter einer Tactical Air Control Party und Forward Air Controller in Bosnien (August bis November 1998)

Anmerkung des Verfassers

Der nachfolgende Aufsatz beschreibt ganz persönliche Erinnerungen. Aufgrund von Rechnerwechseln und sich ändernden Medien fehlt mir leider das damals von mir geführte Einsatztagebuch, aber zu meinem persönlichen Erstaunen unterstützt die Tatsache, damals eines geschrieben zu haben, noch heute die Erinnerung.

Für den Einsatz als Leiter Tactical Air Control Party (TACP) und Forward Air Controller (FAC) notwendige Ausbildungen

Nach meinem Eintritt in die Luftwaffe zum 1. Oktober 1987 und nach Abschluss meines Studiums wurde ich in der Luftwaffe vom Jägerleitoffizier bis zum *Mastercontroller* im damaligen Radar- heute Einsatzführungsdienst ausgebildet. Parallel dazu erfolgte die Ausbildung zum Offizier Luftwaffensicherungstruppe, UN Beobachter und Forward Air Controller.

Die theoretische Grundausbildung zum Forward Air Controller erfolgte an der Offiziersschule der Luftwaffe, die praktischen Anteile auf dem Truppenübungsplatz Baumholder. Sie endeten mit der Qualifikation „Limited Combat Ready". Als der Einsatz in Bosnien konkret wurde, erfolgte die Ausbildung zum Status „Combat Ready" auf einem Truppenübungsplatz in Frankreich. Hinzu kam eine persönliche Einsatzvorausbildung als Einzelkontingentwechsler an der Infanterieschule des Heeres in Hammelburg. Die Einweisung in die Tätigkeit vor Ort erfolgte durch meinem sehr erfahrenen Vorgänger, der in Deutschland hauptamtlich als Air Liaison Officer und Forward Air Controller der Panzerlehrbrigade 9 in Munster eingesetzt war.

Ich war von August bis November 1998 als Leiter Tactical Air Control Party (TACP) und Forward Air Controller (FAC) bei der Deutsch-Französischen Brigade in Railovac. Während meiner Zeit im Einsatzgebiet konnte ich dann noch die die Qualifikation für den Einsatz als FAC mit einer amerikanischen AC-130, einem „*Gunship*" auf der Basis der Lockheed C-130 Hercules, erreichen. Desweiteren wurde vorort auch die „Night Fighting"-Qualifikation mit freundlicher Hilfe und Unterstützung der italienischen Kameraden und deren Equipment erworben. Den deutschen TACP fehlte damals ein Infrarot-Laser Pointer, der im U.S. Kongress auf einer „Blacklist" stand und von den US-Streitkräften nur per Einzelfallgenehmigung im Rahmen *Foreign Military Sales* ausgeliefert werden konnte. Dies war ein Vorgang, der zum Zeitpunkt meines Einsatzes bereits mehrere Jahre lief und zu meiner Zeit nicht abgeschlossen wurde.

Der Einsatz eines tragbaren Zielbeleuchtungslasers (immerhin 29 Kilogramm schwer) entwickelte sich auch über mehrere Kontingente und erreichte vor meinem Einsatz den vorläufigen bürokratischen Höhepunkt: da das Gerät die deutsche Laserschutzklasse IV besaß, wurde die Stellung auf dem Berg Igman bei Sarajevo durch ein Team des Bundesamtes für Wehrtechnik und Beschaffung erkundet und dabei genau festgelegt, wie ein „Laserschiessen" auszusehen hätte. Dazu war im Einsatzgebiet ein Leitender des Schießens einzuteilen und die Seitenrichtungen mussten mit Trassierbierband und Laserwarnzeichen ausgezeichnet werden! Da diese Hilfsmittel nicht marktverfügbar waren, erhielten wir schwarz-weiße Vorlagen per Fax mit der Maßgabe die Dreiecke gelb auszumalen.

Im Rahmen der Grundausbildung zum FAC 1995 wurden wir in *High Threat* Szenarien, also Szenarien, bei denen eine gegnerische Luftverteidigung vorhanden ist, ausgebildet. Hierbei erfolgt der Einsatz der Luftfahrzeuge im absoluten Tiefflug.

Für Bosnien wurden dann *Low Threat* Szenarien, also ohne Anwesenheit gegnerischer Luftverteidigungsverbände, vorgegeben und ausgebildet, bei denen die Luftfahrzeuge in großer Höhe über dem Einsatzgebiet kreisen und durch den FAC „ins Ziel gesprochen werden".

Heute übliche bildübertragende Verfahren (wie zum Beispiel das US-Rover System), bei denen der Pilot und der FAC zeitgleich am selben Bild arbeiten, waren damals technisch noch nicht realisiert.

Grundsätzlich wären wir damals auch in der Lage gewesen, für entsprechend ausgestattete Luftfahrzeuge Ziele mit einem Lasersystem zu markieren, das Verfahren kam jedoch während meiner Zeit aus den beschriebenen Gründen nicht zum Einsatz.

Die Einsatzbefehlsgebung und -anforderung erfolgte kryptiert über satellitengestützte Funkverbindungen und ermöglichte die Kommunikation mit dem Nato Air Operation Center (NAOC) in Sarajevo oder gegebenenfalls der

NATO E3 AWACS-Flugzeuge im Luftraum. Die tatsächliche Einsatzführung erfolgte mittels unkryptierten Flugfunk. Hier stellte sich dann während meines Einsatzes heraus, dass die dazu benutzten notwendigen Geräte in der Bundeswehr noch gar nicht abschließend eingeführt worden waren. Im Rahmen einer Einsatznachbereitung stellte ich eines Abends bei der Sichtung der Dokumente fest, dass es Probleme mit den Batterien geben konnten, die in bestimmten Situationen zur Selbstentzündung neigten. Zu dem Zeitpunkt befand ich mich in einem Raum, in dem 50 dieser Batterien lagen.

Desweiteren hatten die Geräte nur eine 50kHz Rasterung, es gab aber Luftfahrzeuge, die mit einer 25kHz Rasterung ausgestattet waren. Hier mussten bei Kontingentwechsel u.a. im NAOC immer wieder darauf hingewiesen werden, dass man uns nur Frequenzen zuwies, die entsprechend dieser technischen Beschränkungen für uns nutzbar waren. Ansonsten hätten wir den Funksprechverkehr mit den Flugzeugen nicht durchführen können.

Ursprünglich waren dem deutschen Einsatzkontingent zwei TACPs zugewiesen; nach einem schweren Verkehrsunfall am Berg Igman, bei dem mein Vorgänger tragischerweise aus einem Transportpanzer Fuchs herausgeschleudert wurde und dabei tödlich verunglückte, wurde der 2. Trupp personell nicht wieder befüllt.

Die materielle Ausstattung pro Trupp bestand aus einem Transportpanzer Fuchs mit FAC-Ausstattung, einem ungepanzerten Geländewagen Mercedes Wolf – im Heer LKw 0,5 to genannt – sowie einem Wolf mit sogenannter modularer Schutzausstattung (MSA). Personell gehörten zum Trupp ein Offizier der Luftwaffe (FAC), ein Offizier oder Feldwebel (FAC) und ein Unteroffizier als Bodenbordfunker sowie drei Soldaten als Kraftfahrer und Sicherungssoldaten, übrigens alles Angehörige der Fernspähtruppe.

Anfang bis Mitte der 1990er Jahre gab es heftige Diskussionen in der Luftwaffe und auch im Heer, wer denn nun als FAC ausgebildet werden könnte und sollte. Die Ursprungsauffassung war, dass es eigentlich nur (ehemalige) Angehörige von Luftfahrzeug-Besatzungen sein könnten. Das Argument hierzu war immer, nur diese könnten sich vorstellen, was ein Pilot tatsächlich sieht. Hierzu war dann im Schwerpunkt die Verbindungsorganisation der Luftwaffe zum Heer mit den Air Liasion Officers (ALO), die in Personalunion auch ausgebildete FAC waren, zuständig.

Ab einem bestimmten Punkt ergab es sich aber, dass rund 80 Prozent dieser Stabsoffiziere, die in der Regel alle über 40 Jahre alt waren und nicht mehr im aktiven Flugdienst standen, nicht mehr auslandsdienstverwendungs-fähig waren. D.h. diese Offiziere konnten zwar den Ausbildungsflugbetrieb für *Close Air Support* im Inland sicherstellen, waren aber nicht in die Einsatzgebiete verlegbar. Dies führte dazu, dass ab 1995 Angehörige anderer Teilbereiche der Luftwaffe, u.a. Offiziere der Flugsicherheit und des Radarführungsdienstes, zur Ausbildung zugelassen wurden. Später erweiterte man dies auch auf Unteroffiziere und Angehörige des Heeres.

Hinsichtlich dieser Entscheidung zeigten sich während meines Einsatzes aber auch Grenzen einer solchen Personalauswahl auf. Unser zugewiesenes Einsatz- und Übungsgebiet lag direkt neben der aktiven Flugplatzkontrollzone des internationalen Flughafens von Sarajevo. Dies führte für den von uns durchzuführenden Flugbetrieb zu lateralen und vertikalen Beschränkungen und machte es zwingend erforderlich, dass einem FAC die Grundzüge des Luftraummanagements bekannt waren. Dies wurde damals in der Ausbildung zum FAC (noch?) nicht geleistet.

Truppendienstlich unterstanden die Trupps dem deutschen gepanzerten Einsatzverband, zu meiner Zeit einem gemischten Aufklärungs- und Infanteriebataillon. Fachlich war ich darüber hinaus als Leiter TACP auch gleichzeitig der Air Liaison Officer der Deutsch-Französischen Brigade mit unmittelbarem Vorspracherecht beim Brigadekommandeur unterstellt.

Ablauf eines Einsatztages

Der Ablauf eines Einsatztages sah in der Regel wie folgt aus: Bis 06:15 Uhr Frühstück in der Truppenküche, anschließend bis 07:00 Uhr Überprüfung der Ausrüstung und Abmarsch zur befohlenen Stellung; ab 07:45 Uhr Herstellung der Einsatzbereitschaft und Aufnahme der Wettermeldung an der befohlenen Stellung. Die uns zugewiesene Dauerstellung lag auf einem Vorsprung des Berg Igman mit Blick auf den Flughafen von Sarajevo und die Stadt selbst. Zwischen 08:00 bis 16:00 Uhr, bei Bedarf auch länger, hatten wir die Einsatzbereitschaft sicherstellen und warteten auf Einsatzzuweisung von Luftfahrzeugen für simulierte Luftboden-Angriffe. Danach erfolgte die Rückverlegung nach Railovac ins Lager des deutschen Einsatzkontingents. Dies war aufgrund der Streckenführung 45 Kilometer vom Einsatzort entfernt.

Vor Dienstschluss war dann noch das Material zu prüfen. Insbesondere die Anschlussstecker der Sprechsätze für die Flugfunkgeräte und das taktische Satellitenradio machten uns aufgrund mechanischer Probleme dabei regelmäßig Ärger.

Nach dem täglichen Einsatz galt es am NATO internen Email-System, die über den Tag eingegangen Mails auf Änderungen der Air Space Control Order und der Air Task Order zu prüfen und die Tagessammelmeldung über den durchgeführten Einsatzflugverkehr abzusetzen.

Übungsflugbetrieb
Der Übungsflugbetrieb gestaltete sich dabei in der Regel immer gleich:

FAC-Trupps auf dem Berg Igman bei Sarajevo (Bild Marahrens)

Die Zuweisung einer Mission erfolgte über das NATO Air Operations Center per Funk, dabei wurden alle wesentlichen Missionsdaten wie Callsign etc. übermittelt. Dann wurde zeitgerecht Hörbereitschaft auf der zugewiesenen Frequenz hergestellt und auf die Mission gewartet. Zu meiner Zeit gab sich vor Ort fast die ganze fliegende NATO die Ehre: britische Harrier, US-amerikanische F-18, spanische F-18, türkische F-16 und viele andere. Dabei zeigte sich dann ein weiteres, ganz banales Interoperabilitätsproblem – die englische Sprache. Während in *High Threat* Szenarien, also Szenarien mit großer Bedrohung, die Befehlsgebung sehr kurz und knapp entlang eines vorgeschriebenen Vokabulars erfolgt, war das bei Low Threat Szenarien anzuwendende Verfahren ein deskriptives Verfahren, das die Augen des Piloten über verschiedene markante Geländesignaturen ins Ziel führen soll.

Hier zeigten sich deutliche Unterschiede zwischen sogenannten *native* und *non-native* Speakern: die im sogenannten Sprachleistungsprofil geforderte Sprachhöhe der Stufe 3 reichte nicht immer aus, um die Nuancen zwischen Tälern, Schluchten und Geländeeinschnitten herauszuarbeiten. Und auch die Aussprache, per Funk dann auch noch verzerrt und verschoben, führte zu dem ein oder anderen Sprachwirrwarr. Wir hatten zum Beispiel einmal ein mehrminütiges Problem, das „Confirm ather Saideee of Volley" eines französischen Piloten in ein „Confirm other side of Valley" zu übersetzen.

Das mag nach wenig aussehen, bei einer Stehzeit von nur 30 Minuten im Einsatzgebiet konnte dies im Einsatzfall der Ausfall von ein bis zwei Angriffen bedeuten. Demgegenüber stand ein britischer Harrier Pilot – also für uns ein „*real native speaker*" –, der in den 30 Minuten auf unsere Zielansprache neun Ziele simuliert bekämpfte. Da wir bis dato bei den Vorgängermissionen in der Regel nicht mehr als sechs Ziele zuweisen konnten bzw. mussten, kam dann für uns Stress auf. Wir mussten on the fly weitere anspruchsvolle und sinnvolle Ziele im Zielgebiet identifizieren und ansprechen.

Missionsverlauf

Der Ablauf einer Mission nach Zuweisung einer Formation von zwei Luftfahrzeugen, einer Two Ship Formation, gestaltete sich dabei in der Regel wie folgt:

Nach der Authentisierung und Übermittlung der sogenannten initialen Zielbeschreibungen erfolgte das Reinsprechen des Kampfflugzeuges über Geländeformation von Groß nach Klein bis auf das Ziel. Das Ziel war dann durch den Piloten zu beschreiben und erneut durch den FAC zu bestätigen. Erst danach gab dieser eine (simulierte) Waffenfreigabe. Als nächstes erfolgte der Anflug des Luftfahrzeugs aufs Ziel und abschließend ein (simulierter) *Battle*

Damage Assessment Report (quasi eine Wirkungsbeschreibung) durch den Piloten. Dies wiederholte sich ggf. mehrfach mit wechselnden Zielen.

Nach Abschluss der Mission gab der FAC eine Debriefing Message an den vorgesetzten Gefechtsstand. Hierbei waren Anzahl der erfolgreich bekämpften Ziele und weitere Daten zu übermitteln. Es gab aber auch Platz für Lob oder Feedback an den Piloten.

Zum damaligen Zeitpunkt war Bosnien entsprechend der angewiesenen Divisions- und Brigadegrenzen aufgeteilt und alle hatten ihre FAC und TACPs. Unser Grundauftrag lautete die *Familiarization* (Gewöhnung) von Luftfahrzeugbesatzungen im Einsatzgebiet sicherzustellen. Das bedeutete, die Luftfahrzeugbesatzungen den Einsatzraum und die besonderen Gegebenheiten, wie zum Teil tief durchschnittene Täler, Hochplateaus und andere Geländeformen kennen lernen sollten, um im Bedarfsfall bei einer sich entwickelnden Verschärfung der Lage sofort und unverzüglich einsatzbereit zu sein.

Dies führte zu einem Wettbewerb am Boden bei den *Forward Air Controller Teams,* weil mit der weiteren Abschwächung des Konfliktes nicht immer „genügend" Missionen für alle vorhandenen FACs eincheckten. Die Lage der benachbarten Trupps ergab sich für uns aus dem morgendlichen Funkverkehr. Trotz der Schönheit der Landschaft war ein Tag in Einsatzbereitschaft ohne das Führen von Flugzeugen ein eher langweiliger Tag, weil man nur am Funkgerät wachte und den eigenen Bereich zu sichern hatte. Unsere Kraftfahrer mussten uns morgens auf den Berg bringen und abends wieder zurückfahren. Auch Tage im Einsatz werden dann zur Routine, auch wenn natürlich keine Routine aufkommen darf.

Die Wettermeldung für unsere Stellung auf dem Vorgipfel des Berges Igman erfolgte in der Regel auf der zur Stadt Sarajevo abgewandten Seite, da man von dort den Hauptgipfel sehen konnte, und damit bei geschlossener Wolkendecke eine Referenzhöhe hatte. Bei aufliegender Wolkendecke konnte der Trupp für die Zielerkundung im Einsatzgebiet abgemeldet werden. Hiervon machten wir regelmäßig Gebrauch, da wir zwar für alle Ziele in dem uns zugewiesenen Zielkatalog Luftbilder und Kartenmaterial hatten, sich aber langsam der beginnende Wiederaufbau bemerkbar machte. Kriegszerstörungen wurden beseitigt, Gebäude begannen sich zu verändern und damit änderten sich mögliche Stellungen und Anfahrtswege.

Auf dem Balkan war in meinem Einsatzzeitraum (August bis November) das Wetter sehr wechselhaft. An einem Tag hatten wir während einer Mission von 30 Minuten einen Wetterwechsel von strahlend blauem Himmel zu dichter Bewölkung. Der Pilot konnte in der Folge aus seiner Flughöhe irgendwann den Boden nicht mehr erkennen und brach den Einsatz ab.

Normaler Dienstbetrieb neben dem Einsatzbetrieb

Zu meinen Aufträgen gehörten auch Fahrten von Sarajevo nach Mostar zum Divisionsstab der Division *Salamandre*, dem die Deutsch-Französische Brigade in Sarajevo unterstand. In der Regel mussten die FAC alle vier Wochen an der *Targeting*-Konferenz teilnehmen, die damals aber immer etwas von einer Phantomveranstaltung hatte: Obwohl wir den kompletten Dienst- und Einsatzverkehr – sowohl schriftlich als auch mündlich – in englischer Sprache abwickelten, bestand die französische Divisionsführung darauf, dass die Besprechungen im Stab in der offiziellen 2. NATO-Sprache Französisch abgewickelt wurden. Dies führte dann dazu, dass die jeweiligen Verbindungsoffiziere in Mostar ihren FACs alles übersetzen mussten.

Aber diese Fahrten gaben uns auch die Möglichkeit unsere italienischen und spanischen Kameraden aus Mostar kennenzulernen. Diesen Kontakt pflegten wir weiter und wir konnten über das *NATO Air Operations Center* erreichen, dass wir die Trupps auch mal zwei Tage an einem Standort kollozieren konnten, so dass man sich auch über Ausrüstung und Auftragserfüllung austauschen konnte.

Dies wurde insbesondere von den jüngeren Soldaten, die als Kraftfahrer und Sicherungssoldaten eingeteilt waren, begrüßt, bedeutete es doch für sie echte Abwechslung. Natürlich suchten auch wir bei solchen Besuchen immer wieder gerne die *Base Exchanges* der anderen Nationen auf, da das dort mögliche Einkaufen aufgrund des völlig unterschiedlichen Angebotes eine gelungene Alternative zum dienstlichen Alltag auf dem Berg bot.

Einsatztechnisch waren die Berührungspunkte mit dem deutschen Bataillon aufgrund des alles andere überlagernden Auftrages der *Familiarization* für die Luftfahrtbesatzungen eher minimal, dennoch wurden sie von uns gepflegt.

Wir erhielten in der OPZ stets aktuelle Daten zur Minenlage, im Gegenzug dazu trug der ALO in der Morgenlage zum Flugbetrieb und dem Wetter vor. Hier hatte es sich eingebürgert, dass ich über die Heeresfliegerabteilung vor Ort das Wetter aus Sontra und Eisenach abfragte, den Heimatstandorten der Bataillone, die den gemischten Einsatzverband bildeten. In der „Vor-Internetzeit" konnte man mit einer solchen Information bei den beteiligten

Soldaten bis zum Stabsoffizier noch ein Lächeln ins Gesicht zaubern. Desweiteren führte ich für die Angehörigen des gepanzerten Einsatzverbandes 2 abendliche Briefings durch, bei denen ich *Composite Air Operations (Einsätze von Luftstreitkräften im Verbund)* und die Anforderungswege für Luftnahunterstützung erläuterte.

Motivation der Truppe

Auch damals wurde bereits die Diskussion über die sogenannten „Drinnis", also Soldaten, die nur im Feldlager ihren Dienst versahen, und den „Draußis", Soldaten die außerhalb des Feldlagers eingesetzt waren, geführt. Für unseren Trupp stellte sich die Frage nicht, da wir ständig außerhalb des Feldlagers eingesetzt waren. Normalerweise reden eher die „Draußis" über die „Drinnis", wir hatten das gegenteilige Problem: Aufgrund unserer permanenten Abwesenheit mit Ende des Frühstücks hatten meine Soldaten keine Chance mittags an der Truppenverpflegung teilzunehmen. Schon unter meinem Vorgänger hatte es sich etabliert, dass der Trupp daher dann von der Truppenküche Frischverpflegung erhielt, was de facto dazu führte, dass man den ganzen Sommer über auf dem Igman grillte und BBQ hatte. Dies störte aber irgendwann irgendjemanden im Feldlager, und wir bekamen nur noch einfache Proviantpakete und Dosenverpflegung.

Damit sank aber die Motivation im Trupp massiv. Das lies sich dann zwar das ein oder andere Mal per Intervention durch meinen Dienstgrad heilen. Irgendwann kamen wir damit aber nicht mehr durch, weil man anfing, sich auf Vorschriften zu berufen. Dass wir weisungsgemäß nur bei materiellem Standdown im Feldlager verbleiben durften, spielte dabei keine Rolle.

Wir halfen uns in der Folge dadurch, dass wir, in Absprache mit den jeweiligen Vorgesetzten, dann den einen oder anderen Soldaten (u.a. Köche der Truppenküche) mit auf den Berg Igman nahmen. Die waren anfangs hoch begeistert von der Aussicht vom Berg auf den Flughafen und die Stadt sowie dem Umgang mit den Kampfflugzeugen, merkten dann aber auch schnell, wie langweilig ein Bereitschaftstag in einer Stellung werden kann. Und das schlechtes Essen das ganze noch langweiliger machte.

Auf dem Rückweg fuhren wir mit den „Gästen" immer auf einer besondere Route zurück ins Feldlager, die die Ereignisse am Igman zu Zeiten des Bürgerkriegs und der Belagerung der Stadt Sarajevo plastisch nachzeichnete. Beginnend ab einem ehemaligen bosnischen Versorgungscamp mit einer kleinen Moschee und einem Friedhof lief eine Versorgungsroute quer über den Berg bis zum Flughafen Sarajevo, über die die Bosnier während der Belagerung die Versorgung der Stadt sicherstellten. Hierzu waren mitten im Wald Materialumschlagpunkte eingerichtet, an denen Material von großen auf kleine LKWs umgeschlagen wurden, die dann auf steilen Waldstraßen unter Beschuss hinunter nach Sarajevo fuhren. Auf dem Schlussstück der Straße lagen noch mehrere LKW-Wracks in Gräben und in einer Schlucht. Nach einer solchen Fahrt hatten wir in der Regel keine Probleme mehr, in der Küche, der Instandsetzung oder der Fernmeldeinstandsetzung ein offenes Ohr für unsere Probleme zu finden.

Die Betreuungskommunikation bestand aus mehreren Telefonen, die an den Außenwänden von verschiedenen Containern befestigt waren, für die man Telefonkarten für 50 DM kaufen musste bzw. konnte. Jeden 2. Abend „tigerte" man dann von einem Container zum nächsten in der Hoffnung, dass entweder die Schlange dort kürzer sei oder aber, dass das Telefon überhaupt funktionierte. Meine besondere Anerkennung gilt dabei noch heute den Kameraden von der Feldlagerbetriebskompanie, die unentwegt an solchen Problemen zu arbeiten hatten.

Ich lernte aber auch für mich in dieser Zeit viel über Führung. Als Luftwaffenoffizier unterstanden mir alle Angehörigen des TACP fachlich, truppendienstlich waren sie Angehörige der Stabskompanie. Sie waren aber alle auch Fernspäher mit einem ganz eigenen Ehrenkodex. Hier musste ich für mich Mittel und Wege finden, das Vertrauen der Soldaten zu erwerben. Parallel erlebte ich aber auch die Einsamkeit des Führers an mir selbst. Um meinen Truppsoldaten nicht auch „nach Dienst" immer direkt auf der Pelle zu sitzen, musste ich für mich Alternativen finden, meine Freizeitgestaltung zu organisieren. Hier bleibt mir immer das teilweise mehrfach wöchentliche Doppelkopfspiel mit dem Kommandeur, dem S3 und dem Chef der 1. Kompanie in Erinnerung, die genau das gleiche Problem hatten, die notwendige Balance von Abstand und Nähe zu halten. In Bosnien galt damals die „Zwei-Bier-Dosen-Regel", nach der diejenigen Soldaten, die keinen Bereitschaftsdienst hatten, maximal zwei Bierdosen pro Abend trinken durften. Darum haben uns die amerikanischen Soldaten immer beneidet, da diese striktes Alkoholverbot hatten.

Nun war aber das Kontrollieren der Regel für Vorgesetzte aufgrund der damaligen Vorschriftenlage ein echtes Problem. Die Soldaten konnten nämlich nicht nur einfach „zwei Bierdosen" kaufen. Aufgrund deutscher Zoll-

vorschriften mussten die Dosen in geschlossenen Gebinden zu 24 Dosen abgegeben werden, ansonsten wäre es Bruchware mit einem anderen Steuersatz
geworden. Dies war aber nur ein Beispiel für das damals noch viel zu laute
„Wiehern des deutschen Amtsschimmels".

Die Truppenbetreuung per Radio Andernach und der Feldlagerzeitung
„Keiler" war beeindruckend, die Soldaten haben sich da wirklich jede Mühe
gegeben. Dazu sind mir heute noch zwei Anekdoten im Kopf geblieben, die
auch ein bisschen damalige Einsatzwirklichkeit zeigen:

Jeder freute sich auf den neuen „Keiler", in der Hoffnung dass ein
Gruß für ihn darin stand oder dass man das eigene Bild oder den eigenen Auftrag abgebildet fand.

Es gab auch immer eine Befragung zu irgendeinem Thema und ich er-
innere mich daran, dass irgendwann auch mal das Thema „Liebe und Einsatz"
dort auftauchte. Zu dem Zeitpunkt gab es Frauen in den Streitkräften nur in
der Sanität und bei der Truppenverwaltung, die dort alle einen vorbildlichen
Dienst versahen. In besagter Umfrage erklärte ein Heeresbergführer, dass für
ihn „Gelegenheit im Einsatz" Liebe machte, während ein weiblicher Feldwe-
beldienstgrad erklärte, dass für sie das absolut nicht zur Debatte stünde, da sie
einen festen Freund habe. Zwei Tage später saß ich in der evangelischen
Betreuungseinrichtung, als plötzlich die Tür aufging zunächst aber niemand
herein kam. Mit einem zweiten Blick stellte ich fest, dass dort ein Offizier der
Heeresflieger stand, der seiner weiblichen Begleitung charmant die Tür aufhielt. Mit einem zauberhaften Lächeln schwebte Frau Feldwebel an ihm vorbei
durch die Tür und zu viert setzte man sich dann an einen Tisch. Der ganze
Raum schmunzelte vor sich hin.

Aber auch ein „negativer" Betreuungsvorfall ist mir in Erinnerung
geblieben, da es durch einen DJ in Uniform fast zu einer Saalschlägerei kam:
Bei einer Party sah sich der DJ gegen Ende der Veranstaltung durch die ihm
entgegenschallende gute Stimmung genötigt, durch eine entsprechende Aus-
wahl von House- und Partymusik die Partystimmung so aufzuputschen, dass
das befohlene Ende der Veranstaltung um 23:00 Uhr durch anwesenden Soldaten mit erheblichen Murren quittiert wurde und es fast zu einer Schlägerei mit
den Vorgesetzten kam. Erst das Eintreffen der Feldjäger brachte wieder Ruhe
und Mäßigung in einen absolut überflüssigen Vorgang, den der DJ mit einer
anderen Musikauswahl locker hätte vermeiden können. – Ob dem Publikum
andere Musik besser gefallen hätte, bleibt die Frage.

Events, die mir besonders in Erinnerung geblieben sind

Umgang mit dem Tod

Während meiner Zeit vor Ort nahm sich ein Angehöriger der CIMIC-Komponenten aus mir unbekannten Gründen mit seiner Dienstwaffe das Leben. Innerhalb von Stunden hatte man im Feldlager das Gefühl, als habe sich eine Decke über das Feldlager gelegt. Alles war viel ruhiger als sonst, die Soldaten unterhielten sich nur leise. Zur Überführung der Leiche des Soldaten vom Feldlazarett zum Hubschrauberlandeplatz für den Beginn der Überführung nach Deutschland trat das Einsatzkontingent, soweit verfügbar, in Spalier an der Straße vollständig an. Jeder erwies dem Kameraden mit seinem militärischen Gruß die letzte Ehre. Als der Sarg die CH-53 erreichte und wenig später die Maschine abhob, dauerte es eine ganze Weile, bis sich die Formation auflöste. Jeder war in Gedanken versunken.

Im September erhielt ich einen Anruf aus Deutschland, dass mein Vorgänger die Ehefrau eines bei einem Verkehrsunfall ums Leben gekommenen FAC-Offiziers ins Einsatzgebiet begleiten würde. Ich kannte den Offizier, da wir im Rahmen der einsatzvorbereitenden Ausbildung zusammen in Frankreich gewesen waren. Ich erhielt von der Brigade den Auftrag, diesen Besuch vorzubereiten und durchzuführen.

Soweit mir bekannt, starb der Offizier, FAC 2, bei der Rückfahrt vom Berg Igman, als der Fahrer seines Transportpanzers Fuchs in einer Rechtskurve kurzfristig die Kontrolle über das Fahrzeug verlor und mit den drei Reifen gegen den linken Randstein fuhr. Dies löste wohl einen derartigen Impuls auf das Fahrzeug aus, dass der Radpanzer mit querstehenden Reifen nach rechts Richtung Seitenbegrenzung der Straße driftete, wo es über Absätze mehrerer Hundert Meter nach unten ging.

Dem Fahrer gelang es zwar diesen Absturz zu verhindern, aber aufgrund eines kleine Absatzes zwischen Straße und Randstein überschlug sich der Panzer und mein Vorgänger wurde durch die Wucht aus dem Fahrzeug katapultiert und starb noch an der Unfallstelle, während weitere Besatzungsmitglieder schwerverletzt geborgen werden konnten.

Das damalige Einsatzkontingent stiftete Geld, mit dem an der Unfallstelle am Igman ein Gedenkstein für den Offizier errichtet wurde.

Für die Familie des Offiziers war die Geschichte in mehrfacher Hinsicht tragisch: der Offizier befand sich zum Zeitpunkt des Unfalls auf der Fahrt zum Flugplatz Sarajevo, von wo aus er nach Deutschland zurückfliegen sollte.

Seine Witwe konnte erst am Flughafen in Deutschland vom zuständigen deutschen Vorgesetzten und dem zuständigem Militärpfarrer über den Tod ihres Ehemanns informiert werden. Und wenige Tage später traf dann auch noch ein letztes Paket mit Parfum und Brief aus dem Einsatzgebiet ein, das er einige Tage vor seinem Tod in Railovac bei der Feldpost aufgegeben hatte.

Dem Wunsch der Ehefrau folgend, brachten wir sie unter Einhaltung der Sicherheit an alle die Orte, die ihr ihr Mann in seinem Briefen und Telefongesprächen beschrieben hatte. Man konnte fast körperlich spüren, dass sie auf der Suche nach ihm war. Die Beerdigung zu Hause ersetzte für die Trauernden nicht die Tatsache, dass er an einer anderen Stelle gestorben war. Mit einer kleinen Trauerfeier mit Unterstützung durch einen Militärseelsorger am Gedenkstein beendeten wir den Besuch. Alle, die daran beteiligt waren, waren sich im Nachgang sicher, dass sie an etwas Größerem teilgenommen hatten.

Glück gehabt

Wenige Tage vor dem Eintreffen der Ehefrau im Einsatzgebiet befanden wir uns in unserer Einsatzstellung, als plötzlich zwei bosnische Vermesser auf unserem Bergvorsprung von unten kommend auftauchten. Auf Befragen erklärten sie uns, dass man weiter unterhalb an einer Straße arbeiten würde. Nach Kartenstudium wurde klar, was hier beabsichtigt war. Die Bosnier wollten im Hinblick auf die Erfahrungen mit der Versorgung der Stadt über den Igman für einen nächsten Konflikt vorbauen. Da die reguläre Straße ein kurzes Stück durch die Serbische Republik führt, und somit immer sperrbar war, baute man oberhalb am Igman noch eine Querstraße. Zwei Tage später nutzte ich die Gelegenheit mit einem Fahrer zusammen den Straßenbau zu erkunden. Wir wollten wissen, wie sicher unsere Stellung in Zukunft dann noch wäre. Wir folgten der neuen Straße bis zum Ende der Befahrbarkeit. Ich verließ das Fahrzeug, um den zukünftigen weiteren Verlauf zu Fuß zu erkunden.

Hierzu musste man verstehen, wie dort gebaut worden wurde. Eine Planierraupe schob in Fahrzeugbreite den Verlauf der Straße frei, dabei musste sie mehrfach Felsnasen aus porösem Gestein ausweichen. Diese Felsnasen wurden dann mit schwerem Gerät entfernt oder weggesprengt. Dann wurde u.a. ein Bagger mit langer Schaufel verwendet, der die Felsnasen quasi freikratzte. Bei meiner Erkundung zu Fuß kam ich nur ca. 30 Meter weiter, dann war klar, viel weiter war die Straße noch nicht gebaut.

FAC-Trupps im Einsatz (Bild Marahrens)

Um nun aus dieser Einbahnstraße im Wald wieder herauszukommen, galt es ca. 200 Meter rückwärts u.a. durch eine langgestreckte S-Kurve zurück zu fahren. Ich stand hinter unserem Wolf, um meinen Kraftfahrer einzuweisen, als das Unglück begann. Der Fahrer ließ versehentlich das Differential zugeschaltet, so dass sich der Lenkradius erhöhte.

Ich sah von außen, wie der Wolf wegrutschte, konnte aber nicht eingreifen, da mich der Kraftfahrer aufgrund der MSA-Schutzausstattung nicht hören konnte. Er kam von der Straße ab und landete an einem Baum, der verhinderte, dass er 30 Meter tief abstürzte. Er konnte das Fahrzeug verlassen, und nun standen wir verloren im Wald vor unserem Wolf. Alle Versuche unsererseits, den Wolf zu bergen, waren vergeblich.

Alle meine Truppsoldaten waren Angehörige der Fernspähtruppe, und zu deren Stolz gehörte es, sich von niemandem helfen zu lassen. Also informierten wir Teile unseres Trupps in der Kaserne, die uns darauf hinwiesen, dass der Transportpanzer (TPz) Fuchs nicht weit von uns entfernt (ca. 3 Kilometer) an der Straße stand, wo weitere Angehörige des Trupps den Gedenkstein für den ums Leben gekommenen Offizier für den Besuch der Ehefrau vorbereiteten. Ich befahl den Kraftfahrer am Fahrzeug zu bleiben, und holte den Transportpanzer. Ca. 45 Minuten später waren wir mit dem TPz vorort und versuchten den Wolf mit einer Kette zu bergen. Aufgrund der Lage der Unglücksstelle direkt hinter einer S-Kurve gelang es uns aber nicht, im richtigen Winkel an das Fahrzeug heranzukommen.

Gleichzeitig begann uns das Wetter einen Strich durch die Rechnung zu machen, es regnete ca. 30 Minuten in Strömen und dann hörte es auf einen Schlag wieder auf. Das Resultat war ein Waldweg, der immer weiter aufweichte, so dass sich der Fuchs bei unseren Bergeversuchen ca. 30 Zentimeter tief in die noch unbefestigte Straße eingrub. Unser Versuch, die Schneeketten aufzuziehen, um mehr Traktion zu erhalten, wurden durch einen falscheingelegten Rückwärtsgang des Fahrers konterkariert. Denn anstatt die Kette mit der Drehbewegung des Rades aufzuziehen, bildete sie, schneller als wir schauen konnten, einen Haufen Metall unter dem Rad.

Nach drei Stunden Arbeit befahl ich aufzuhören und informierte die Bergebereitschaft. Ca. eineinhalb Stunden später erschien der Kommandeur des Einsatzverbandes mit einem breit grinsenden Technischen Stabsoffizier, um sich unser Problem anzusehen. Da der Bergekran aufgrund der beschriebenen Straßenbauweise bereits eine Kurve vor unserer Problemstelle stehen bleiben musste, fingen wir an, zunächst den Wolf mit einer 2-Tonnen-Handwinde wieder auf die Straße zu befördern – ein Vorgang, der nach gut 10 Minuten abgeschlossen war. Dann kam das größere Probleme, der TPz musste ca. 150 Meter zurücksetzen, brach aber aufgrund der durch den Regen völlig aufgeweichten Straße immer wieder Richtung Tal aus, so dass zu befürchten war, dass er den Hang hinab stürzen könnte.

Mit Beratung durch das Bergeteam fixierten wir schließlich das Heck hinten links mit Hilfe der 2-Tonnen-Winde jeweils an einem Baum oberhalb der Straße und setzten so wirklich Zentimeterweise zurück. Dies ging ca. 50 Meter lang gut, bis wir beim erneuten Festzurren der Winde plötzlich feststellen mussten, dass nicht der Panzer, sondern der Baum ins Rutschen kam. Wir hatten im Dunkeln übersehen, dass die bosnischen Baumfäller den Baum mit der Kettensäge so abgeschnitten hatten, dass er zwar von der Wurzel getrennt war, andererseits aber noch aufrecht im Wald stand. Zu unserem Glück passierte außer einem weggerutschten Baum nichts anderes. Auf Weisung des

Technischen Stabsoffiziers wurde dann aber die Bergung aus Sicherheitsgründen eingestellt und auf den nächsten Morgen vertagt. Unter Zurücklassung einer Fahrzeugwache verließen wir den Igman, um am nächsten Morgen zurück zu kehren und die beiden Fahrzeuge endgültig zu bergen.

Nachklapp: Zwei Tage später kam ich morgens auf dem Weg in unserer TACP-Büro, das im ersten Stock eines alten Kasernengeländes lag, an unseren vor der Tür stehenden Fahrzeugen vorbei. Dabei stellte ich am rechten hinteren Holm des nun wieder gewaschenen MSA-Wolf eine Delle fest. Mit einem Blick auf dem Fuchs war mir klar, was passiert sein musste, denn die vordere Begrenzung, quasi die Nase des Fuchs, verlief identisch auf gleicher Höhe.

Mit einem unschuldigen Lächeln fragte ich meine Fernspäher, ob irgendjemand wüsste, warum der MSA-Wolf eine Delle am Holm habe. Dies wurde mir einstimmig verneint. Auf mein Nachfrage, warum die Delle ausgerechnet die gleiche Höhe wie die Vorderkante vom Fuchs habe, brach dann doch betretenes Schweigen aus.

Den Fernspähern war es zutiefst peinlich gewesen, dass ihr Luftwaffen-Hauptmann die Bergebereitschaft der Logistiker alarmiert hatte. Und während ich vorne an der Straße auf das Eintreffen des Bergezuges gewartet hatte, hatten die Kameraden noch einmal probiert, ob man den Wolf nicht mit einem schiebenden Transportpanzer selbst aus der Misere befreien könne.

Schwarze Hornissen und rote Ferraris über Sarajevo

Im September besuchte die damalige US-Außenministerin Madleine Albright Sarajevo. Die Absicherung des Besuchs wurde dazu grundsätzlich vollständig von den Amerikanern betrieben. Es musste aber auch SFOR mit in diesen Schutz einbezogen werden. Damals waren die Italiener für die Stadt Sarajevo verantwortlich. Da diese keinen eigenen TACP /FAC hatten, wurde festgelegt, dass die deutsch-französische Brigade ihren Trupp für einen Tag den Italienern unterstellte, um notfalls den Kontakt mit den amerikanischen Hubschrauberbesatzungen halten zu können.

Wir verlegten also rechtzeitig nach Sarajevo hinein, wo die Italiener ihr Hauptquartier in einem ehemaligen Krankenhaus hatten. Wir stellten unser Fahrzeug auf einen Parkplatz mit optimaler Sicht über die Stadt ab und gingen ins HQ, um uns zu melden. Wir waren der festen Überzeugung, dass das Highlight des Tages die Durchführung der Absicherung des Besuches sein würde.

Weitgefehlt, wir wurden erstmal zum Mittagessen geschickt, bei dem unter anderem auch Rotwein angeboten wurde. Andere Länder, andere Sitten!

Als wir um 14:45 Uhr befehlsgemäß wieder im Gefechtsstand ankamen, bot sich uns, zugegebenermaßen mit staunenden Augen folgender Anblick: in allen Zellen liefen Fernsehgeräte, aber nicht mit dem Bildern vom Besuch der Außenministerin, sondern sie zeigten Michael Schumacher in seinem Ferrari beim Großen Preis von Italien in Monza. Für die Italiener war es das Pedant zu einem Heimspiel unserer Fußball-Nationalmannschaft. Wir meldeten uns auf den Parkplatz ab und begannen die Gegend zu scannen. Dabei stellten wir fest, dass wir auf das Eisstadium von Sarajevo schauen konnten, in dem 1984 Katharina Witt olympisches Gold im Eiskunstlauf für die DDR gewonnen hatte. Von dem Glanz war aber nichts übrig geblieben, im Gegenteil, das Eisstadion war der Kern eines riesigen Friedhofs geworden, auf dem die Kreuze teilweise so eng standen, dass mein Fotoapparat sie einzeln nicht auflösen konnte. Während der Belagerung der Stadt durch die Serben diente das Eisstadium als Aufbewahrungshalle für die Toten, von wo sie aus dann nachts im Schutz der Dunkelheit beigesetzt wurden.

Der Schutzauftrag verlief ohne irgendwelche Zwischenfälle, der massiver Hubschraubereinsatz mit Blackhawks und Apaches wirkte aber furchteinflößend: die Hubschrauber kreisten und standen wie die Hornissen über der Stadt und immer wieder verließ ein Hubschrauber die Formation, um irgendeinen Geländepunkt unter nähere Beobachtung zu nehmen.

Show of Force

Teil unseres Auftrages war auch die Unterstützung des *Show of Force* der NATO. Die über den verschiedenen Landesteilen fliegenden Luftfahrzeuge zeigten neben den Patrouillen am Boden den verschiedenen Bevölkerungsgruppen sehr lautstark, dass die NATO ihren Schutzauftrag ernst nahm. Aufgrund der Einschränkungen durch den Flugplatz Sarajevo waren unsere Kampfflugzeuge in der Regel nur für den kundigen Nutzer erkennbar, von Zeit zu Zeit konnten wir die Flugzeug-Besatzungen jedoch überzeugen, beim Verlassen ihres höherliegenden Orbits zur simulierten Zielbekämpfung und beim simulierten Waffeneinsatz ihre für den Schutz gegen Luftabwehrraketen vorgesehenen Leuchtkugeln auszulösen, was stets ein imposantes Bild in den Himmel zeichnete. Die Jagd auf Kriegsverbrecher war zu meinem Zeitpunkt noch nicht vorbei, an den einen oder anderen kam man jedoch nicht heran. Im Moment des Zugriffs schützte die umliegende Bevölkerung auf Pfiff ihren „Kriegshelden". Das ging soweit, dass Mütter ihre Babies vor die Ketten oder Reifen der Gefechtsfahrzeuge legten. Es war verständlich, dass die NATO solche Aktionen abbrechen musste. Das bedeutete aber nicht, dass man aus Sicht der NATO den psychologischen Druck reduzierte. Und so fanden wir uns eines Nachts mit US-amerikanischen und anderen FACS für eine Nachtausbildung oberhalb von Pale in der Serbischen Republik direkt gegenüber dem Anwesen von Milosevic wieder – eine eher gespenstische Aktion, da wirklich alles im Dunkeln unter Zuhilfenahme von Nachsichtgeräten ablief.

Fazit

Obwohl ich als Offizier des Radarführungsdienstes Einsatzdienst und Schichtdienst gewohnt war, war mein erster echter Einsatz in einem Einsatzkontingent für mich dennoch sehr prägend. Es war das erste Mal, dass der von mir geschworene Eid tatsächlich Tiefe und Struktur bekam. Mich hat die Kameradschaft im Einsatz immer beeindruckt, aber es menschelte auch das ein oder andere Mal ganz schön heftig.

Die Bilder der unsinnigen Zerstörungen und einer Bevölkerung, die versuchte, im Chaos ein normales Leben aufrecht zu erhalten, haben mich lange begleitet. Wir wurden in einem Kinderheim von Kindern bei der Unterstützung einer Hilfsaktion mit Lächeln und Lachen bedacht, während uns andere Kinder auf der Rückfahrt von einer Erkundung oberhalb von Sarajevo mit Steinen bewarfen, da ihr Stadtviertel nicht von der internationalen Gemeinschaft wieder aufgebaut wurde. Bei Erkundungsfahrten im Gelände jenseits des Igmans erlebten wir wunderschöne Landschaften – einmal sogar eine freilaufende Pferdeherde – Plätze die zum Trecking zu Fuß geradezu einluden. Und dann kamen wir in die nächste Ortschaft und mussten feststellen, dass diese völlig zerstört von ihren Einwohnern verlassen worden war.

Thomas Huhndorf

Operation „Allied Force"

1. Der Weg in die Ungewissheit

Basher 52

Nachmittags am 2. Juni 1995: „Basher Five Two, MUD 6, bearing 090". Um 15:03 Uhr Ortszeit meldet der Pilot der taktischen Nummer zwei die bedrohliche Anzeige des Radar-Warnempfängers an seinen Rottenführer. Die beiden F-16 Falcon der US Air Force waren gut zwei Stunden vorher vom Flugplatz im oberitalienischen Aviano aufgestiegen, um die durch NATO-Verbände überwachte Flugverbotszone zu patrouillieren. Die Kampfhandlungen im zerrütteten Bosnien-Herzegowina hatten zuletzt deutlich an Schärfe zugenommen, Hunderte von UN-Blauhelmen waren in serbischer Gefangenschaft, eine politische Lösung nicht absehbar. Die internationalen Bemühungen hatten sich in den letzten Jahren auf humanitäre Hilfeleistung für die muslimische Bevölkerung und das Beobachten und Eindämmen der serbischen Übergriffe konzentriert. Der Konflikt war kurz davor, eine dramatische Wendung zu erfahren.

Zur gleichen Zeit befand sich ein Teil des Jagdbombergeschwaders 32 auf dem kanadischen Flugplatz Cold Lake, beinahe achttausend Kilometer von den Geschehnissen über Banja Luka entfernt. Es war das erste Großvorhaben des Verbandes mit einem neu eingeführten Waffensystem. Erst im Januar 1992 war die letzte Maschine des Typs *Tornado ECR*[1] vom Hersteller an die Luftwaffe übergeben worden. Noch 1993 wurde die hochspezialisierte Ausstattung der Flugzeuge durch das Herzstück, das Emitter Location System (ELS), vervollständigt. Beinahe verzugslos konnte fortan die elektronische Bedrohungslage auf dem Gefechtsfeld erfasst werden. In der Tradition der amerikanischen F-4G Phantom „Wild Weasel" war demnach die Lokalisierung, Unterdrückung und Bekämpfung bodengebundener Flugabwehr der Hauptauftrag dieses neuen Waffensystems.

---

[1] TORNADO Electronic Combat and Reconnaissance: weiterentwickelte Version des zweisitzigen und zweistrahligen Jagdbombers Panavia 200 Tornado; vormals Multi Role Combat Aircraft (MRCA).

Im Rahmen der Übung „Maple Flag" konnten nunmehr in Kanada erstmals die bisherigen taktischen Überlegungen unter möglichst realitätsnahen Bedingungen in der Praxis untermauert werden. Für viele der Geschwader-Besatzungen war der Zeitpunkt der Einsatzreife gekommen – weiter kommt man nur noch durch ständiges Üben.

Erst am 30. Mai 1995 hatte der Deutsche Bundestag den Beschluss der Bundesregierung zur Unterstützung eines schnellen Eingreifverbandes der NATO gebilligt. Umgehend stand das neue Waffensystem, der ECR-Tornado, aufgrund seiner spezialisierten Fähigkeiten hoch in der Gunst der militärischen Kontingent-Planer.

Die beiden Piloten im Luftraum über Bosnien sind überrascht. Woher diese plötzliche Bedrohung? Würde der Selbstschutz funktionieren? Der erste Flugkörper vom Typ SA-6 Gainful verfehlt die beiden Flugzeuge und schießt – ohne zu detonieren – ins Leere. Kaum Zeit zum Entspannen für die Piloten der F-16-Rotte. Der Verschuss eines einzelnen Flugkörpers entspricht nicht der Schuss-Doktrin einer radargestützten Flugabwehr. Der zweite würde nicht lange auf sich warten lassen. Sekunden später bricht ein weiterer Flugkörper durch die hohe Bewölkung… „Basher Five Two has been hit" gibt der Rotten-flieger an AWACS[2] durch: „Ich bin getroffen".

PLACENZA? Wo ist das denn…?

Im Laufe des Tages erfuhr man auch in Cold Lake von dem Ereignis. Nervosität machte sich breit. Für viele Lechfelder stand schnell fest: Die Schonfrist war abgelaufen, der Welpen-Schutz vorbei. Es würde nicht lange dauern, bis der NATO-Einsatzauftrag bei der Luftwaffenführung eingehen würde.

Trotz der Konzentration und Anspannung durch die laufende Hochwertübung schlichen sich fortan unvermeidlich Gedanken hinsichtlich eines möglichen Einsatzes unserer Tornados in den Alltag. Plötzlich lauschte man den Nachrichten mit völlig neuem Bewusstsein. „Basher Five Two" war vermisst, die politische und militärische Situation aus der großen Entfernung nur schwer zu verfolgen. Würden wir wirklich verlegen? Vielleicht sogar direkt ohne Aufenthalt zu Hause? Wohin eigentlich? Und vor Ort – was dann? Kurzzeitig kursierten Gerüchte hinsichtlich einer Not-Rückverlegung des Kom-

---

[2] Airborne Warning and Control System. Fliegender Gefechtsstand mit Radom auf dem Dach auf der Basis einer Boeing 707.

mandos nach Deutschland. So ernst war es also? Etwas Erleichterung trat ein, als am 9. Juni durchsickerte, dass der Pilot der abgeschossenen F-16 gerettet werden konnte.

Die übliche Kommandostimmung und die Vorfreude auf zu Hause wollte sich diesmal nur zögerlich einstellen. Wochen mit vielen offenen Fragen und Ungewissheiten standen bevor. Wäre man dabei? Mit wem würde man fliegen? Und was war mit der Familie? Wären sie abgesichert, wenn etwas passieren würde? Die Rückverlegung nach Deutschland stand dieses Mal unter einem merkwürdigen Vorzeichen, die Stimmung war nervös und geprägt von Ungewissheit.

Kein leichtes Unterfangen für die Staffelführung und das Personal. Kader und Besatzungen wurden gebildet und wieder geändert. Täglich neue Nachrichten, täglich wieder das Abschätzen von Wahrscheinlichkeiten. Und nebenbei die Ausrüstung packen. Was sagt man den Angehörigen, wenn man selbst nicht viel weiß? Nochmal die Versicherungen und Vollmachten kontrollieren. Testament? Ja klar, sonst wäre am Ende alles nur *noch* schwieriger…

Und was war eigentlich mit der Technik? Unseren Flugzeugen? Waren die überhaupt geeignet für einen derartigen Einsatz? Der Tornado war als extrem tief fliegender und weit eindringender Jagdbomber entwickelt worden. Das konnte er! In fünfzig Metern Flughöhe mit knapp Schallgeschwindigkeit schnell zum Ziel, präziser Waffeneinsatz und dann noch tiefer und schneller wieder aus dem gegnerischen Luftraum. An ein Einsatzprofil über 20.000 Fuß war für den Jagd-

bomber nie wirklich gedacht worden. Doch spätestens seit dem zweiten Golfkrieg 1991 und den frischen Erfahrungen der Übung Maple Flag war klar, dass Luftkriege zukünftig in dieser Höhe stattfinden würden. – Mit grünem Tarnanstrich im blauen Himmel über dem Einsatzge-

Die grau „gefärbten" TORNADO ECR des Einsatzgeschwader 1 auf der Abstellfläche des späteren Stützpunktes PIACENZA

biet. Klasse! Warum nicht gleich orange? Die Anträge auf Änderung der Tarn-bemalung waren auf dem Dienstweg noch nicht beim zuständigen Material-Sachbearbeiter angekommen, da hatte der Verband auf Entscheidung der Ge-schwader-führung bereits sechs Einsatzmaschinen grau gefärbt. Manchmal ist vorauseilender Gehorsam einfach der praktikablere Weg. Nichts als uneinge-schränkte Zustimmung der materialverantwortlichen Stellen wäre doch wohl auch eine Überraschung gewesen…

Und unsere Bewaffnung, die HARM[3]? Laut Hersteller-Handbuch und German Air Force Technical Order (GAF T.O.) war die maximale Flughöhe für einen Verschuss auf unter 15.000 Fuß begrenzt. Das wissentliche Abwei-chen von diesen Vorgaben konnte als Nichteinhalten verbindlicher Vorschrif-ten ausgelegt werden. Würde vielleicht sogar so ein startender Raketenmotor in der wesentlich dünneren Atmosphäre beide Triebwerke ausblasen? Dann wür-de man im gegnerischen Luftraum schnell ungewollt zum Lastensegler. Es war klar, dass hier so leicht kein Ingenieur die Unbedenklichkeit bescheinigen wür-de. Eine Erweiterung der Schussbereiche durch Anpassung der Vorschriften war auf die Schnelle also nicht zu erwarten. Das hätte wohl umfangreiche Nachberechnungen oder sogar Testschüsse notwendig gemacht. Wie passte das denn nun zusammen? Einsatzflugbetrieb, der mit der Vorschriftenlage kollidierte? Im deutschen Rechtsverständnis ein schier unlösbares Problem.

Dann das lange erwartete Staffelbriefing hinsichtlich einer möglichen Verlegung in Lechfeld. Der Aufruf der schnellen Eingreiftruppe durch die NATO sei erfolgt. Ein Kontingent von insgesamt acht ECR-Tornados sowie sechs Aufklärungstornados des Aufklärungsgeschwaders 51 „Immelmann" aus Jagel sollte auf den norditalienischen Flugplatz San Damiano bei Piacenza ver-legt werden. Gemurmel in der Staffel. „Piacenza … noch nie gehört… war da schon mal jemand?" Immerhin hatte anlässlich eines Truppenbesuchs und aufgrund mehrfacher Bitte der damalige Außenminister Klaus Kinkel mit sei-nem österreichischen Amtskollegen noch schnell telefonisch die kurze Route Lechfeld – Piacenza über Österreich vereinbaren können. So würde die Flug-zeit von bisher 110 Minuten – mit einem großen Bogen im Westen um die neutrale Schweiz – nur 35 Minuten betragen. „Am 17. Juli geht das Bodenper-sonal, die Flugzeuge am 18." Nun war es also soweit. Dafür hatte man also fünf Jahre trainiert.

---

[3]   HARM: High Speed Antiradiation Missile AGM 88B, Luft-Luft bzw. Luft-Boden-Rakete zur Bekämpfung von Radarstellungen.

Aus gespielter Gelassenheit wurde nun gelegentlicher Galgenhumor. „18. Juli geht nicht, der Schärfwall in Piacenza ist noch nicht fertig". Aha… OK… dann also den Klappspaten auch mit einpacken? Das Leben hatte sich komplett geändert. An individuelle Planbarkeit war kaum noch zu denken. Also 19. Juli? Oder wie zuletzt gehört 21.? So war es dann auch. Am 21.07.1995. Lechfeld DCT Piacenza, sechs ECR-Tornados mit heißer Bewaffnung. Ein Flug, ohne zu wissen, wann man zurückkehren würde. Ein Flug ins Ungewisse.

—— Beispiel Flugprofil Bosnien

—— Beispiel Flugprofil Kosovo

Es war nicht leicht, sich selbst eine Antwort auf die Fragestellung zu geben: „Was sollen wir als Bundeswehr eigentlich auf dem Balkan?" Keine der drei Konfliktparteien, sowohl die vor allem gefährdeten muslimischen Bosniaken, die bosnischen Serben, als auch die dort lebenden Kroaten hatte sich aggressiv gegenüber bundesdeutschen Interessen verhalten: Es gab keine überfallenen Touristen, keine entführten Urlauber oder Botschaftsangehörigen und keinen Waffen- oder Drogenschmuggel nach oder von Deutschland. Einfach die pure Tatsache, dass sich diese drei Parteien gegenseitig bekämpften und ein friedvolles Miteinander in immer größere Entfernung gerückt war. Dies ließ erwarten: Polizeifunktion. Patrouillieren. Präsenz zeigen und überwachen. Das war wohl die passendste Erklärung gegenüber dem eigenen Gewissen.

Nach der Ankunft in Piacenza galt es sich zu akklimatisieren und an das „Leben in der Lage" anzupassen. In der Unterkunft der Besatzungen, einem Hotel am Stadtrand von Piacenza, waren zwei Etagen ausschließlich von Journalisten belegt. Vorsicht also beim Informationsaustausch. Man wusste nie genau, ob nicht jemand im Rücken stand, der mit Interesse seine Ohren spitzte. Warnhinweise bezüglich abgehörter Telefongespräche ergingen täglich. Die

„Zaungäste" und Übertragungswagen von Rundfunk und Fernsehen an der Airbase SAN DAMIANO, Italien

Zäune am Flugplatz von San Damiano waren zwar mit Sichtschutz verhängt, doch mit Leitern und auf den Dächern von Kastenwägen war es kein Problem, mal einen guten Schnappschuss zu ergattern und den Flugbetrieb zu beobachten.

Uns war klar, dass hier nicht ausschließlich Journalisten vertreten waren. Starts und Landungen wurden sicherlich per Mobil-Telefon an serbische Stellen gemeldet. Den Rest an militärischer Verschwiegenheit hinsichtlich Flugbewegungen nahm uns die zivile Flugsicherung, die geflissentlich sämtliche Flugpläne einen Tag vor Durchführung in das internationale Flugplansystem einspeiste – welches selbstverständlich auch in Serbien zugänglich war… Geflogen wurde unter UN-Mandat als „Experts on Mission", mit himmelblauem Barrett in der Beintasche und einem aktuellen UN-Ausweis als Identifikationspapier. Die persönliche Ausrüstung im Flug wurde durch 2000 D-Mark, „Wanderkarte", einem Blood-Chit[4] sowie persönlichem Notradio, einer Pistole P8 und drei Magazinen mit Munition ergänzt. Der Anzug war weitestgehend freigestellt, viele der Besatzungen entschieden sich für die dunkelgrünen amerikanischen Fliegerkombis und Jacken. Nach mehreren Tagen Übungsflugbetrieb fand am 7. August der erste Einsatzflug des neu aufgestellten Einsatzgeschwaders 1[5] statt.

Eine Frage allerdings stand im Raum und blieb sowohl von militärischer wie auch von politischer Seite lange unbeantwortet. Warum hatte man denn eigentlich die ECR-Tornados von Lechfeld nach Piacenza verlegt? Wäre der Einsatz dieser Komponente nicht auch vom Heimatverband aus möglich gewesen? Und das mit viel geringerem Aufwand? Durch die eingeräumten Überflugrechte über Österreich wären die oftmals fünf bis manchmal sogar über sieben Stunden langen Einsatzflüge halt allenfalls zehn Minuten länger geworden. Die Flugzeuge hätten in gewohnter Umgebung gewartet und versorgt werden können, man hätte viel weniger finanziellen Aufwand für Hotels, Autos und Transport betreiben müssen und über zweihundert Soldaten hätte

---

4   Der Blood Chit (engl. Blood für Blut/Leben und Chit für Notiz) ist ein Ausrüstungsstück der militärischen Luftfahrt und wird für gewöhnlich von Piloten mitgeführt, deren Auftrag sie über feindliches oder neutrales Territorium führt. Auf dem Blood Chit wird in den gängigen Sprachen des Einsatzgebietes um Hilfe im Falle eines Abschusses des Piloten gebeten.

5   Einsatzgeschwader 1 der Luftwaffe; an die Unterstützung der schnellen Eingreiftruppe der NATO schloss sich in den Jahren 1995-1999 die Teilnahme an den Kampagnen UNPROFOR (United Nations Protection Force), IFOR (Implementation Force) und SFOR (Stabilization Force) an, ohne jeweils direkt in Kampfhandlungen eingebunden zu sein.

man wochenlange Abwesenheiten von ihren Familien erspart. Einige Jahre später sollte sich diese Frage allerdings von selbst beantworten. Es sollte klar werden, dass der Einsatz der ECRs von Piacenza aus – auch für die Soldatenfamilien – eine viel bessere Option darstellte. Eine glücklichere Entscheidung für die Stationierung des gesamten Einsatzgeschwaders 1 hätte man kaum treffen können.

2.   Das Leben mit den Einsätzen

Und wieder ein politischer Vorlauf

Über drei Jahre waren zwischenzeitlich vergangen. Piacenza war mittlerweile zu einem vertrauten Standort geworden. Der Flugbetrieb war inzwischen planbarer, Abläufe hatten sich eingespielt, Verfahren etabliert. Durch das Abschwellen der Konflikte in Bosnien entstand phasenweise so etwas wie Kommando-Atmosphäre. Inzwischen war es sogar möglich, an freien Tagen per Mietwagen einen Abstecher nach Hause zu machen. Truppenbesuche der militärischen Führung sowie von Politikern aller Couleur boten immer wieder Gelegenheit, das Stimmungsbild und die Lage am Einsatzort zu vermitteln. Während des Besuches des damaligen Verteidigungsministers Volker Rühe dann eine beinahe schon aberwitzige Situation: Im Moment der Vorbereitungen auf den nächsten Einsatzflug kam der Ministertross in die Flugvorbereitungsräume der Staffel. Die Besatzungen waren wie jedes Mal gerade damit beschäftigt, sich in die Fliegerkombis umzuziehen und sämtliche privaten Dinge in einen Schrank zu deponieren. Die „Unterhose schwerentflammbar Winter" war noch nicht ganz angelegt, da stand er dann plötzlich im Raum. Ein ehrfürchtiges „Guten Tag, Herr Minister", mehr war einfach beim Händeschütteln in kurzen Unterhosen nicht hervor zu bringen. Der Minister nahm es gelassen und lächelte. Dinge, die man im Leben nicht vergisst.

Die Ruhe jedoch war trügerisch. Was sich in den kommenden Monaten entwickeln sollte, hatte keiner gehofft, keiner erwartet. Und es ging schnell, sehr schnell.

Die Maschinen des Jagdbombergeschwaders 32 waren 1997 nach Entspannung der militärischen Lage und dem Abschwellen der radargestützten

232

Bedrohung nun doch nach Deutschland zurückbeordert worden[6] und flogen nur noch temporär sogenannte „LAO"-Missionen[7] im Einsatzgebiet. Die Stimmung in der Truppe war entspannt und freundschaftlich, durch die mittlerweile drei Jahre Einsatzflugbetrieb war man näher zusammengerückt. Ein richtiges Team war entstanden, gekennzeichnet von professioneller Gewissenhaftigkeit und bedingungsloser Kameradschaft. Darüber hinaus war das JaboG 32 und seine erste Staffel mit großem Engagement mit der Ausrichtung des NATO-Tiger Meet (15.06.-24.06.1998) beschäftigt. Vierzehn Gastverbände aus neun verschiedenen Nationen, die täglich gemeinsamen Flugbetrieb im Rahmen der NATO-Übung *Central Enterprise* durchführen sollten. Jeder war gespannt auf dieses Vorhaben des Verbandes. Dass die für das JaboG 32 durch die NATO vorgegebene 96-Stunden-Bereitschaft tatsächlich einmal greifen würde, wollte niemand so recht glauben. Doch dann plötzlich an einem Donnerstag ein Anruf aus den höheren Kommandobehörden…

Statement
by NATO Secretary General, Dr. Javier Solana, on Exercise "Determined Falcon"

Following the decision by NATO Ministers of Defence on 11 June 1998, NATO will hold Exercise "DETERMINED FALCON" on 15 June 1998. This is an air exercise in Albania and the Former Yugoslav Republic of Macedonia which is taking place with the agreement of these two governments.

The objective of this exercise is to demonstrate NATO's capability to project power rapidly into the region.

A variety of NATO aircraft will be participating in this exercise including fighters, reconnaissance, airborne early warning, tankers and helicopters. The aircraft are provided by a number of NATO nations. The aircraft will originate at bases in NATO countries, fly to the exercise area for specific events and then return to their originating bases.

The Fifth Allied Tactical Air Force (FIVEATAF) Combined Air Operations Centre at Vicenza, Italy, will be responsible for the conduct of the exercise.

---

[6]   Die „RECCE"-Komponente des EG 1 (bestehend aus Kräften des AG 51 „I") verblieb in Teilen in PIACENZA, um die Einhaltung des Dayton-Abkommens vom Dezember 1995 zu verifizieren.

[7]   Local Area Orientation - Flüge zur Eingewöhnung und Auffrischung der Gegebenheiten vor Ort.

NATO continues to support a political solution which brings an end to the violence in Kosovo, provides an enhanced status for Kosovo, preserves the territorial integrity of the Federal Republic of Yugoslavia, and safeguards the human and civil rights of all inhabitants of Kosovo, whatever their ethnic origin. On this basis, we intend to contribute to the response of the international community.

NATO also remains determined to contribute to efforts promoting stability and security in neighbouring countries, with particular emphasis on Albania and the Former Yugoslav Republic of Macedonia.

Further details on the exercise can be obtained from AFSOUTH Public Information Office, tel: +39 XX XXX XXXX/XXXX.

Was war der Grund für diese doch resolute Drohgebärde der NATO? Es war doch gerade so etwas wie Stabilität entstanden in Bosnien, warum denn nun plötzlich Kosovo, Montenegro, Mazedonien und Albanien? Diese sogenannte „Show the Flag"-Veranstaltung war absonderlich. Sie ließ viele Fragen offen. Übung oder Einsatz? Scharf bewaffnet oder Friedensflugbedingungen? Diese merkwürdige „Air Exercise" sollte am Montag, den 15. Juni, stattfinden… Jetzt war es Donnerstagabend, der 11. Juni, und außer einem Einsatzauftrag war nichts bekannt…

Aufgefallen war in den letzten Monaten das hohe Maß an gegenseitiger Aggression zwischen Serben und Kosovo-Albanern. Die Medien hatten alle Hände voll zu tun, lückenlos über die Vorkommnisse zu berichten. Der subversive Aktionismus der albanischen Befreiungsarmee (UCK) und deren ständige Gräueltaten gegenüber den serbischen Bevölkerungsanteilen im Kosovo durften ja nicht unbeantwortet bleiben. Politisch war dies sogar nachvollziehbar, war doch Slobodan Milosevic aufgrund des Dayton-Abkommens von Paris im Dezember 1995[8] gestärkt aus der Bosnien-Krise hervorgegangen und galt nun als Repräsentant der serbischen Bevölkerung. Seiner Ansicht nach durfte es nicht sein, dass die UCK das serbische Volk vertrieb, weder aus den ehemals jugoslawischen Nachbarstaaten noch aus dem kleinen Kosovo, das letztlich immer noch zu Serbien gehörte. Die Reaktion der serbischen Regierung im Sommer 1998 war klar: die UCK musste zerschlagen werden, der Status quo im Kosovo gehalten werden. Täglich wurden auf der Suche nach

---

[8]   Das Dayton-Abkommen markierte das Ende der Auseinandersetzungen in Bosnien. Paraphiert unter der Führung von US-Präsident Bill Clinton am 21.11.1995 auf der Wright-Patterson Air Force Base, Dayton, Ohio. Unterzeichnet am 14. Dezember 1995 in Paris.

UCK-Sympathisanten nunmehr Ortschaften durchkämmt, Gefangene verschleppt und die albanisch-stämmige Bevölkerung vertrieben. Die Flüchtlingsströme waren unübersehbar, die Lager in den Nachbarstaaten schnell überfüllt. Über eine Million Menschen mussten in diesen Wochen die Entscheidung treffen, die Heimat und ihre Häuser zu verlassen, ohne Aussicht auf Ziel oder Zukunft. Milosevic sah sich im Recht.

Luftbetankung über der Adria

Die Staatengemeinschaft hatte sich seit dem Abkommen von Dayton auf eine Doppelstrategie eingelassen. Milosevic als gleichberechtigten Verhandlungspartner mit souveränen Rechten auszustatten war gleichbedeutend mit der Preisgabe wichtiger Kontrollfunktionen hinsichtlich der besorgniserregenden Entwicklung im kosovo-albanischen Raum. Was hatte man dort noch für Einflussmöglichkeiten? Sicher war das Luftkriegspotential der NATO weiterhin vor Ort, aber das ständige Androhen von Luftschlägen behielt als politisches Mittel nicht lange die notwendige Glaubwürdigkeit und war darüber hinaus kaum eskalationsfähig. Geeignete Bodentruppen waren nie avisiert und nach mehrjährigem Engagement und Verpflichtungen in der Bosnien-Problematik war wohl in den beteiligten Staaten auch keine Bereitschaft mehr zu derartigen militärischen Kraftakten vorhanden. Man hatte sich in eine Zwangslage manövriert. Entweder man duldete die nationalistische Politik Milosevics oder man musste zum einzigen nachhaltigen Mittel greifen, das man sich noch vorbehalten hatte: massive Luftschläge gegen das serbische Mutterland und die serbischen Streitkräfte im Kosovo.

Der 15. Juni – und damit die NATO-Operation „Determined Falcon" – kam, der 15. Juni ging – ein deutliches Zeichen der NATO, beherzt und schnell eine ausreichende Größenordnung an geeigneten Flugzeugen im Einsatzraum zu haben. Geflogen wurde tatsächlich mit voller Bewaffnung, einmal durch Albanien, an der kosovarischen Grenze entlang und an der Perlenschnur über das vollbesetzte Fußball-Stadion von Tirana. Danach gab es erst einmal gespanntes Abwarten auf allen Ebenen. Die deutschen ECR-Tornados wurden wieder zurück nach Lechfeld beordert, die Aufklärungskomponente des EG 1 verblieb in Piacenza, um auch weiterhin die Aufgaben über Bosnien wahrzunehmen. Ein paar Tage später war alles wieder wie vorher und der Spuk war vorbei.

Slobodan Milosevic nutzte die Gunst der Stunde. Er wusste um die Problematik der NATO-Staatengemeinschaft, die er mittlerweile als zahnlos erachtete. Für einen oder mehrere robuste Luftschläge auf das serbische Mutterland würde aus seiner Sicht eine notwendige UN-Resolution zwingend erforderlich sein. Diese UN-Resolution wiederum würde nie zustande kommen, da das befreundete Russland einen derartigen Beschluss mit seinem Veto blockieren würde. Und ohne UN-Resolution wäre ein Luftangriff ein Verstoß gegen das Völkerrecht und außerdem sei das Kosovo-Thema ja auch ein innerstaatliches...

Die Säuberungsaktionen im Kosovo gingen mittlerweile weiter. Es wurde Herbst. In den Bergen von Nordalbanien und Mazedonien wird es im Winter sehr kalt. Die Flüchtlingsströme hörten aber nicht auf, eine Entspannung der Situation war nicht abzusehen. Neben den häufigen Gräueltaten der beteiligten Konfliktparteien drohte durch den nahenden Winter nun auch eine humanitäre Katastrophe. Sämtliche politische Bemühungen liefen auf Hochtouren, doch ein Einlenken war auf serbischer Seite nicht erkennbar. Ein Interimsabkommen, unterzeichnet im französischen Rambouillet, sowie die am 25. Oktober 1998 vereinbarten Regeln für die serbischen Streit- und Sicherheitskräfte blieben auf serbischer Seite weitgehend unbeachtet. Es wurde Weihnachten, die Situation drohte nachhaltig die Stabilität der Region zu gefährden, da die Anrainer-Staaten die Flüchtlingsströme nicht mehr aufnehmen konnten.

Flüchtlingslager auf dem Balkan im Winter 1998-1999. Über eine Million Menschen waren auf der Flucht vor dem serbischen Regime

Doch auch die Verhandlungsführer der UCK schienen nicht wirklich an einem geeigneten Stillhalteabkommen interessiert zu sein. Trotz der kalten Wintertemperaturen wollten die Flüchtlingsströme nicht abreißen, insgesamt mehr als eine Million Menschen waren in Flüchtlingscamps der umliegenden Nachbarstaaten gestrandet. Und dennoch hörten auch die gegenseitigen Gräueltaten der serbischen Regierungstruppen sowie der UCK nicht auf. In der derzeitigen Konstellation war der politische Handlungsspielraum der Staatengemeinschaft beinahe vollends erschöpft, während der potentielle Einsatz von massiven Luftangriffen gegen Serbien gleichzeitig an Glaubwürdigkeit zu verlieren drohte. Für die UCK hingegen bot sich die Möglichkeit, die Staatengemeinschaft in den Konflikt mit einzubeziehen und – trotz internationaler Bedenken – Luftschläge gegen Serbien in Kauf zu nehmen, um somit eine humanitäre Katastrophe abzuwenden. Die Zeit arbeitete gewissermaßen gleichzeitig für beide Kontrahenten, jedoch gegen die internationalen Staatengemeinschaften. Darüber hinaus war die Entscheidungsfähigkeit der UN von russischem Goodwill abhängig. Im Ergebnis sah sich die NATO im Frühjahr 1999 zum

Handeln gezwungen. Es folgte trotz fehlender UN-Resolution der Entschluss zu der Luftoperation, die heute unter der Bezeichnung *Allied Force* bekannt ist.

3.   Operation Allied Force

„…Fortsetzung der Politik mit anderen Mitteln…"

Es war heiß, sehr heiß in Las Vegas. Wie bereits 1995 nahm das Jagdbombergeschwader 32 auch im Frühjahr 1999 an einer Großübung teil. Der Übungsname dieses Mal: Green Flag. Eine Übung mit speziellem Schwerpunkt; hier wurden in erster Linie Taktiken und Verfahren des Elektronischen Kampfes geübt. So war es auch nicht verwunderlich, dass viele der erfahreneren Besatzungsmitglieder und potentiellen Einsatzbesatzungen sich hier vor Ort um die Weiterentwicklung der immer noch jungen Einsatzrolle des ECR-Tornado sowie um die eigenen fliegerischen Fertigkeiten kümmern sollten. Acht ECR-Tornados waren hier, beinahe zwanzig Besatzungen, beinahe ein Drittel des Geschwaders. Die Speerspitze, die im Falle eines Falles als erstes für den Einsatz vorgesehen war.

Und bereits zu Beginn des Jahres war das Kontingent in Piacenza wieder aktiviert worden, mit sechs weiteren Flugzeugen und nochmals etwa zehn Besatzungen. Eigentlich die, die noch aufwachsen sollten in den Einsatzstatus „Combat ready" und die noch Zeit bekommen sollten, bis es wirklich losging. Das Jagdbombergeschwader 32 war weltweit verteilt, am Heimatplatz war lediglich noch sporadischer Flugbetrieb vorgesehen.

Wieder richtete sich die Aufmerksamkeit der Geschwaderangehörigen auf die politische Entwicklung in Serbien und im angrenzenden Kosovo. Plötzlich war es offensichtlich nur noch eine Frage von Wochen oder Tagen, wann der Zeitpunkt zu einer militärischen Maßnahme gekommen war. Dennoch – anders als 1995 – sah man die Entwicklung als Geschwaderange-höriger etwas gelassener. Das Merkwürdige an der Situation war, dass von einem Einsatz von Bodentruppen der Staatengemeinschaft weit und breit nichts zu hören oder sehen war. Wie sollte es denn möglich sein, den Kosovo aus der Luft zu befreien oder gar zu befrieden? Wie sollte man Straßen, Ortschaften und militärische Anlagen aus der Luft gewinnen und über Wochen und Monate kontrollieren können? Nach wie vor erschien ein längerer Luftkrieg irgendwie unwahrscheinlich, sogar unwirklich. Die Bodentruppen fehlten in diesem Szenario. Wenn, dann sah alles nach einer begrenzten Operation aus. Kurz und prägnant, um den Willen zu demonstrieren. Vielleicht zwei, drei oder gar vier Tage lang. Ein Denkzettel halt, um das Regime von Slobodan Milosevic und vielleicht auch die UCK zu einem Waffenstillstand und zu neuer Verhandlungsbereitschaft zu bewegen. Und wahrscheinlich wären deutsche Kräfte in einer kurzen, bewaffneten Operation eher nicht beteiligt, so etwas behielten sich die Amerikaner – wie etwa im Rahmen der Operation *El Dorado Canyon* in Libyen 1986 – doch eigentlich immer selbst vor. Zur Zusammenziehung von Bodenkräften in ausreichendem Umfang war es eh längst zu spät. Die Zeit lief weg.

Umso verblüffender dann die Nachrichten im Morgengrauen des 24. März 1999. Mal wieder beinahe 10.000 Kilometer vom Ort des Geschehens entfernt, hatte die NATO um 19:41 Uhr serbischer Ortszeit mit schweren Luftangriffen begonnen. Aus einer monatelangen Hängepartie war über Nacht ein ernster Einsatz geworden. Nun denn… Wie war das nun zu verstehen? War das ein einmaliger Luftschlag? Sollten weitere folgen? Waren unsere Flieger beteiligt? Bestimmt nur als Begleitschutz über der Adria… oder halt auf dem Weg bis an die serbische Grenze. Oder waren sie am Ende sogar tatsächlich beim Waffeneinsatz beteiligt? Nur Selbstverteidigung, vielleicht gegen serbische MIG-29[9], oder sogar mehr?

Dieser Mittwoch im März 1999 war besonders. Die Atmosphäre war angespannt, ein Knistern lag in der Luft. Die, die konnten, versuchten auf den allgegenwärtigen Übertragungen von CNN ab und an den Hauch eines neuen Sachstandes zu ergattern. Bisher war nur klar, dass die NATO eine Operation begonnen hatte. Von Marschflugkörpern gegen militärische Einrichtungen war die Rede, von Angriffen auf serbische Flugplätze. Keine Verluste auf Seiten der beteiligten NATO-Partnern, drei aufgebrachte MIG-29 der Serben, also schienen auch unsere Jungs ok. Waren sie überhaupt dabei? Nach wie vor keine direkten Nachrichten aus Piacenza. Die Übung Green Flag sollte noch zwei Tage dauern, dann am Sonntag schnell nach Hause. Den meisten war klar, dass es ein sehr kurzer Heimatbesuch werden konnte. Wie kurz – das konnte einem niemand beantworten…

---

[9]   Die serbischen MIG-29 stellten die höchste luftgestützte Bedrohung der serbischen Luftverteidigung dar. Serbien hatte zu Beginn des Konfliktes 16 Maschinen mit unterschiedlichstem technischem Klarstand. 10 der Maschinen wurden zu Beginn des Konfliktes durch die serbische Luftwaffenführung als flugklar eingeschätzt und auf verschiedene Flugplätze in Serbien und Montenegro verteilt.

Inzwischen waren auch Neuigkeiten bezüglich deutscher Beteiligung eingetroffen. Vier Einsatzflüge der ECR-Tornado am ersten Tag, alle wohlauf und sicher nach Piacenza zurückgekehrt. Mehrere HARMs waren verschossen worden. Da war er also, der erste robuste Waffengang deutscher Luftstreitkräfte nach dem Zweiten Weltkrieg. Morgen wieder.

Samstagvormittag, den 27. März, dann ein Nachrichtenbeitrag auf CNN: Unbestätigten Meldungen zur Folge war ein amerikanisches Kampfflugzeug vom Typ F-117 in Serbien abgestürzt. Dazu später verwackelte Bilder einer Amateuraufnahme, die Wrackteile einer schwarzen Maschine mit amerikanischen Hoheitsabzeichen erkennen ließen. Ein Abschuss? Eines Stealth-Fliegers, ausgerechnet dem Prestige-Objekt der amerikanischen Luftfahrtindustrie der letzten Jahre, eigentlich durch Radarbedrohung angeblich unverwundbar? Auch unter den Amerikanern vor Ort breitete sich mittlerweile Nervosität aus. Eine Mischung aus Bestürzung, Ungläubigkeit und gekränktem Stolz. Die F-117 war beinahe ein Mythos, es war schwer zu glauben, dass ein doch eher als unterlegen eingeschätzter Gegner so einfach eines der modernsten fliegenden Waffensysteme der Neuzeit vom Himmel geholt hatte. War dies nun eine Finte? Propaganda vielleicht? Ein Nachbau aus Holz, der von den Serben zu Propagandazwecken zerstört wurde, um ihn mediengerecht im weltweiten Fernsehen als Erfolg zu präsentieren?

Nach ein paar Stunden dann wenigstens die Meldung, dass der Pilot gerettet und in Sicherheit gebracht werden konnte. Also keine Attrappe. Dennoch, die aktuellen Ereignisse veränderten die allgemeine Wahrnehmung dieser Operation. Zur Betroffenheit, dass es überhaupt zu massiven Luftangriffen gekommen war, mischte sich nun die nüchterne Erkenntnis, dass es wohl mit einer begrenzten Operation nicht getan war. Dies sah eher wie eine Phase des Kräftemessens aus. Offensichtlich war das serbische Regime nicht bereit, sich dem militärisch artikulierten Willen der Staatengemeinschaft wehrlos zu beugen. Hier war mit erheblicher Gegenwehr zu rechnen und die Frage blieb im Raum, ob die serbische Luftabwehr bereits alle Register ihrer Fähigkeiten gezogen hatte. An ein schnelles Ende der Kampfhandlungen war jedenfalls erst mal nicht mehr zu denken.

Reise ins Ungewisse

Für die persönliche Lageeinschätzung waren die sporadischen Informationen und Gerüchte nicht sonderlich hilfreich. Jede Neuigkeit wurde gedanklich auf

Wahrscheinlichkeit und Tragweite geprüft und zigfach diskutiert. Der Vorfall mit der F-117 war ein deutliches Indiz dafür, dass diese Operation in Ausmaß, Gefährdung und Dauer erst mal nicht einzuschätzen war – oder alles Bisherige in den Schatten stellte. Jeden Tag, jede Stunde konnte irgendetwas passieren, im schlimmsten Fall der Verlust von Besatzungen und Flugzeugen. Weiter war man seit Ende des Zweiten Weltkriegs nicht mehr vom Friedensflugbetrieb entfernt; der Auftrag des Einsatzgeschwader 1 der Luftwaffe hieß nicht mehr Ausbildung, sondern Einsatz.

Zumindest waren zwei weitere serbische MIG-29 durch alliierten Jagdschutz abgeschossen worden, mittlerweile also fünf insgesamt. Da durch die NATO nunmehr Einsätze über ganz Serbien geflogen wurden, schien demnach die gegnerische Luftverteidigung mehr und mehr kontrollierbar geworden zu sein. Luftüberlegenheit also. Doch was war mit dem Restrisiko?

Das Restrisiko sollte den Angehörigen des EG 1 recht bald deutlich vor Augen geführt werden. Am Abend des 26. März 1999 hatte die Besatzung einer Zweierformation ECR Tornado den Auftrag, eine verbundene Luftkriegsoperation in Südserbien zu unterstützen. Die Rotte machte sich wie mittlerweile üblich von Piacenza aus auf den langen Weg über die Adria zum Betankungsluftraum. Ohne besondere Schwierigkeiten gelang auch an diesem Abend das inzwischen jahrelang geübte Tanken in der Luft. Mit jeweils etwa drei Tonnen Kraftstoff – genügend um ein Einfamilienhaus ein Jahr lang zu beheizen – wurden die Tornados wieder vollgetankt. Dann begann die unangenehme Reise ins Ungewisse.

Von der Vorstellung eines ruhigen Nachtfluges musste man sich unter den gegebenen Umständen naturgemäß lösen. Etwa fünfzig Luftfahrzeuge der NATO teilten sich einen Luftraum der Größe Hessens, eine Durchmischung von taktischen Kampfflugzeugen, Störern, Aufklärern, Tankern und fliegenden Leitstellen. Alle einigermaßen koordiniert und anhand der Vorflugplanung auch irgendwie separiert. Und alle unsichtbar. In der Nacht sind alle Katzen grau. Bewusst wurden sämtliche nicht notwendigen aktive Strahler ausgeschaltet, das Bordradar, der Radar-Höhenmesser, das Dopplerradar, die Modi der Freund-Feind-Kennung für den Friedensflugbetrieb und – vor allem – die Außenbeleuchtung. Die Nacht war dennoch irgendwie hell, ein strahlender Mond erleuchtete die schneebedeckten Höhenzüge Südserbiens und Montenegros, als sich die Rotte Tornados auf den Weg ins Einsatzgebiet machte.

Betankungsvorgang an einem Großtanker

Die SA-6[10] bei Podgorica[11] war aktiv. Naja, ein paar Meilen Abstand, das ELS lieferte ganz brauchbare Messwerte. Gut genug, um abschätzen zu können, wie nah man der Bedrohung war. Daran vorbei musste man zur Auftragserfüllung sowieso und eine Bekämpfung dieser Stellung durch HARM war gemäß Planung nicht vorgesehen. Also wegbleiben und weiter. Ab und zu die Systeme prüfen, ob noch alles arbeitete wie es sollte: ELS, Radar-Warnempfänger, Täuschantwortsender. Die Einrichtungen und Systeme für den elektronischen Kampf. In diesem Fall gibt es nichts, was mehr beruhigt, als richtig gesetzte Schalter.

Das Flugfunk-Radio war kaum zu ertragen. Es war immens wichtig, die Informations-Funksprüche der beteiligten Flugzeuge und insbesondere von den fliegenden Gefechtsständen, den AWACS' möglichst lückenlos zu verfolgen, um das eigene mentale Lagebild zu aktualisieren. Um unanfälliger gegen

---

[10] Radargestütztes Flugabwehr-System mittlerer Reichweite (siehe auch Straight Flush Radar, Gainful-Missile).

[11] Ehemals auch „Titograd".

Funk-Störungen zu sein, sprangen die Radios im eigenen Funkkreis nach vorgegebenem Muster auf vielen verschiedenen Frequenzen. Allerdings produzierten sie dadurch selbst sehr viele Störgeräusche, häufiges statisches Knacken, kurzes Rauschen, teilweise auch unangenehmes Pfeifen. Es kam einem so vor, als würde sich die beinahe statisch aufgeladene Spannung der Situation in den Empfängern der Bordradios entladen. Eine Marter für die Ohren, aber das Radio war unverzichtbar, wollte man nicht völlig von der Außenwelt abgeschnitten sein.

Die Rotte hatte den Kosovo durchquert und war südlich von Nis im zugewiesenen Einsatzraum angekommen. Hier sollte etwa zehn Minuten die Position gehalten werden und die zugewiesene verbundene Luftkriegsoperation unterstützt werden. Luftangriffe auf die Flugplätze Obvra und Nis, Maßnahmen zur Bekämpfung des gegnerischen Luftkriegspotentials am Boden. Andere militärische Flugplätze und Anlagen waren schon angegriffen worden oder folgten in den nächsten Tagen. Bis zu eintausend Flugbewegungen hatte die NATO zur Durchführung der Angriffe beauftragt. Die Frage der fehlenden Legitimation durch die Vereinten Nationen war längst durch das aktuelle Zeitgeschehen überholt worden. Die Intensität der Luftschläge hatte einen ersten Höhepunkt erreicht.

Dreißig Sekunden

Der Einsatz der Tornado-Rotte befand sich in der entscheidenden Phase. War es schon nervenaufreibend genug, sich im zweifelhaften Schutz der Dunkelheit mit einem winzigen Kampfflugzeug in etwa 25.000 Fuß Flughöhe im gegnerischen Luftraum zu bewegen, so war es noch nervenzehrender, die eigene Position durch den Verschuss einer HARM-Rakete preisgeben zu müssen. Ein zündender Raketenmotor ist kilometerweit zu sehen. Sofort war einem die volle Aufmerksamkeit aller Flugabwehrstellungen im Umkreis sicher. Und natürlich wurde reagiert. Mit Feuer der Flugabwehrkanonen, bei Nacht überdeutlich zu sehen durch lava-rote Leuchtspur-Munition. Zum Glück kamen sie nicht so hoch… zwischen 15.000 und 20.000 Fuß erreichten sie und die Projektile fallen wieder zu Boden… bis auf die größeren Kaliber, die konnten auch in größeren Höhen Schaden anrichten, waren aber seltener. Um nicht wie eine Tontaube einen vorhersehbaren Flugweg an den Himmel zu ziehen, flog man natürlich eine defensive Kurve, um wieder im Schutz der Dunkelheit unterzutauchen. Allerdings sollte man nie die Aerodynamik außer Acht lassen. Kurvenflug in dieser Höhe und bei entsprechendem Gewicht kostet kinetische Energie und man wird langsamer. So langsam, dass man sogar Probleme hat, die Höhe zu halten… Blödes Gefühl. Also… Nachbrenner nutzen, um mehr Schwung zu holen. Wenn man einen Blick über die Schulter wirft, sieht man das Heck des Fliegers in satten Blau- und Gelbtönen erstrahlen. Toller Anblick eigentlich, aber nicht über der gegnerischen Flugabwehr: wieder Flak-Feuer. Klar. Man kommt sich vor wie auf dem Präsentierteller.

Die Rotte hatte den ersten Teil des Auftrages erfüllt. Die HARM war zeitgerecht auf den Weg gebracht worden, die Flieger über den Flugplätzen durch einen präventiven HARM-Schuss bestmöglich unterstützt. Luft zum Durchschnaufen, sich kurz zu sortieren und über die restliche Zeit nachzudenken, die man noch im Einsatzraum zu verbringen hatte.

Dann ein unüberhörbarer Ausruf in einem der Flugzeuge: „O fucking hell!"

Völlig in seine Aufgaben vertieft kam vom Waffensystemoffizier lediglich ein erschrockenes: „Was ist denn los?" Antwort: „SA-6 unter uns!" Während der Flugzeugführer bereits begonnen hatte, eine defensive Kurve anzusetzen, versuchte der Waffensystemoffizier, die Situation zu analysieren. Wäre man zu diesem Zeitpunkt mit an Bord gewesen, hätte man auf dem taktischen Display des ELS sehen können, was geschehen war. Der Tornado befand sich plötzlich mitten im Bedrohungsbereich einer SA-6-Flugabwehrraketenstellung und sämtliche Hinweise deuteten darauf hin, dass die Stellung schussbereit war. Auf dem Präsentierteller also, deutlich innerhalb des Bekämpfungsbereiches. Der Tonfall der Stimmen der beiden Besatzungsmitglieder ließ erahnen, wie hoch der Adrenalingehalt im Körper wohl mittlerweile sein musste. „Ach du Scheiße! Raus hier! Wir müssen raus hier!"

Auf diese Schussentfernung braucht die radargelenkte Rakete der SA-6 weniger als dreißig Sekunden, um am Ziel zu detonieren. Dreißig Sekunden – nicht viel Zeit, um seine Gedanken zu sortieren und Entscheidungen zu treffen. Das erste, was man in dieser Lage wohl denkt, ist die eigene Haut zu retten und heil aus der Situation heraus zu kommen. In Luft auflösen geht nicht. Also handeln – aber was und was als erstes? Ausweichen? Klar! Über zehn Meilen – gute zwanzig Kilometer weit – kann die SA-6 immer noch treffen. Dennoch – zehn Meilen zwischen sich und die Radarstellung zu bringen dauert – selbst mit einem agilen Kampfflugzeug – immer noch länger als eine Minute. Sechzig Sekunden können so verdammt lang erscheinen. Und um mit einem Tornado in dieser Flughöhe eine Kehrtwende zu fliegen, dauert nochmal zwanzig Sekunden, wenn man dabei nicht zu viel Bewegungsenergie verlieren möchte.

Der Waffensystemoffizier löste Chaff[12] aus, um dem Radar am Boden möglichst viele Falschziele anzubieten. Jeder reagiert ein wenig anders in derartigen Situationen. Da gibt es die, die einen kühlen Kopf bewahren und sich Sekunde für Sekunde der Situation anpassen. Dann den anderen Typ, der wie in Trance Handlungsabläufe abruft und automatisch durchführt. Vieles ist möglich – etwas zu tun jedenfalls richtiger als paralysiert abzuwarten. Wer agiert, hat mehr Chancen auf Erfolg als derjenige, der abwartet. Die Aufmerksamkeit gefesselt von der Bedrohung durch das Luftabwehrsystem, schob der Pilot die Leistungshebel auf Vollgas und gab das Kommando, die Außentanks sowie die noch verbliebene HARM abzusprengen, um das Flugzeug so leicht und wendig wie möglich zu machen. Mit lauten Schlägen lösten sich die Außenlasten und verschwanden in der dunklen Nacht über Südserbien. Gleichzeitig ging der Flugzeugführer in einen Sinkflug über. So war es am leichtesten, Geschwindigkeit zu halten oder gar aufzubauen und gleichzeitig im leichten Kurvenflug der SA-6 den Beschuss zu erschweren. Über 600 Knoten waren mittlerweile angezeigt, der Überschall-Knall wohl in weitem Umkreis zu hören. Immer noch befand sich der Rottenflieger im mutmaßlichen Schussfeld der Flugabwehr.

Viel zu langsam entfernte sich das Flugzeug von der angenommenen Position der Flugabwehrstellung. Mit weit über 600 Knoten und leichten Schlangenlinien waren es inzwischen mehr als 20 Kilometer Abstand geworden; das Schlimmste war erst mal überstanden. Langsam beruhigte sich auch der Puls der beiden Piloten wieder, der Schreck saß allerdings tief in den Knochen. Nach kurzer Überlegung war klar, dass ein Verbleiben im zugewiesenen Luftraum keinen Sinn mehr ergab, es ging nun darum, die Maschine heil zurück nach Piacenza zu bringen. Durch das Abwehrmanöver und der unerwartet häufigen Nutzung des Nachbrenners wurde langsam auch der Treibstoff knapp. Die Ereignisse hinterließen auch körperlich ihre Spuren. Die außergewöhnliche Anspannung entlud sich in körperlichem Unwohlsein. Plötzlich war alles störend, was nicht angenehm war; der knappe Treibstoff, die Temperatur im Flugzeug, die mentale Belastung des Erlebten. Es ist erstaunlich, wie sehr

---

[12] Chaff besteht aus silberoxyd-bedampften Kunststoff-Stäbchen. In der Atmosphäre verteilt bildet sich so eine künstliche Radar-Rückstrahlfläche, die vom Radar als Ziel angenommen werden soll. In frühen Zeiten wurden auch Stanniol-Streifen genutzt.

solche Dinge unter mutmaßlicher Lebensgefahr erst mal völlig nebensächlich werden. Erst in der Entspannung erwachen diese Sinne wieder, der Körper beginnt zu rebellieren, nachdem er so misshandelt und vernachlässigt wurde.

Auch war noch nicht alles überstanden. Noch war man im feindlichen Luftraum unterwegs. Immerhin liefen die Flugzeugsysteme ohne Probleme. Die Triebwerke, alle Systeme und Anlagen waren fehlerfrei. Nur der Treibstoff war knapp geworden. „Wie weit noch zum Tanker?" – „10 Minuten noch. Halt den Fuel-Flow[13]! Wir schaffen's!"

Wieder mal ein Hinweis von AWACS: „Magic[14] had a takeoff in Podgorica five minutes ago". Podgorica? Da war auf dem Hinweg die andere SA-6 aktiv. Und gemäß den Informationen der Nachrichtenleute waren dort mindestens noch zwei MIG-29 stationiert. Der Rückweg verlief genauso nahe an Podgorica vorbei wie der Hinweg. Und nun ein nicht identifiziertes Flugzeug hier in der Gegend? Langsam wurde diese Nacht zum Alptraum. Umdrehen oder ausweichen war keine Option, man musste weiter auf diesem südwestlichen Kurs, um an den notwendigen Treibstoff der fliegenden Tankstelle zu gelangen. Keine Alternative möglich. Alles zusammenkneifen und durch. Waren es bisher Minuten, die zur Ewigkeit wurden, so waren es nun die Sekunden, die sich immer länger dehnten.

„Slotback[15] vorne rechts" ertönte es. Intuitiv gingen die Leistungshebel wieder auf Vollgas und die Nase des Flugzeuges senkte sich. „Wo hast du denn ein Slotback gesehen?" fragte der Waffensystemoffizier nervös. „Auf'm ELS" antwortete der Pilot. Nach dem Erlebnis mit der SA-6 stand seine Entscheidung längst fest. So tief und so schnell wie möglich durch und weg. Wenigstens war die Nacht so hell, dass man den schneebedeckten Boden gut erkennen konnte und sich die umliegenden Berge gegen den klaren Himmel abzeichneten. Die Geschwindigkeit war längst wieder jenseits der 600 Knoten, diesmal war der Flieger auch viel leichter als noch vor zwanzig Minuten. Der Flugzeugführer ließ die Maschine mit vollem Nachbrenner bis auf 1000 Fuß sinken – 730 Knoten waren es nunmehr. Bange Sekunden, die sich mühselig zu Minuten zusammensetzten; Meile um Meile flog man dem neutralen Luftraum entgegen. Endlich hatte man die albanische Grenze erreicht. Zeitgefühl gab es da kaum noch, Sekunden werden zur Ewigkeit. Von der mutmaßlichen MIG-29

---

13   Treibstoff-Durchfluss (Verbrauch in Kilogramm pro Minute).
14   Funkrufname für AWACS.
15   NATO-Codenamen für das MIG-29 Bordradar.

war Gott sei Dank nichts mehr gemeldet worden. Zum zweiten Mal glimpflich davongekommen diese Nacht, aber immer noch nicht Zeit zum Entspannen. Wie sah es nun mit dem Treibstoff aus? 1750 Kilogramm waren noch vorhanden, ab 600 Kilo oder weniger würde es Probleme mit der Ölkühlung der Getriebe geben. Knappe 1200 Kilo also noch, etwa zwanzig Minuten Zeit, um entweder an einem Tanker aufzufüllen oder ein geeignetes Stück Landebahn zu erreichen. „Bitte hol doch mal das Approach-Plate[16] von Skopje…. Ach lass es einfach…". Die Nerven lagen immer noch blank.

Einsatzflug über Bosnien

Der Rottenflieger schaffte es an den Großtanker. Die Treibstoff-Übernahme klappte rechtzeitig genug, um nicht einen der vorgesehenen Ausweichflugplätze in Süditalien anfliegen zu müssen. Weiter also, über Cervia zurück nach Piacenza. Da die Reichweite durch die mittlerweile abgeworfenen Außentanks wesentlich geringer war als in der ursprünglichen Konfiguration, nochmal tanken über der Nordadria. Irgendwann dann, mitten in der Nacht, Anflug auf San Damiano; Landevorbereitungen, Klappen und Fahrwerk, nochmal konzentrieren, um die Maschine sauber auf den Boden zu bekommen. Endanflug, Aufsetzen, Schubumkehr. Irgendwann ausrollen und dann der Moment, wenn die Triebwerke abgestellt werden. Der Moment, wenn nach so einem Flug Tonnen von Steinen abfallen, in dem man es als unsagbar angenehm empfindet, das Kabinendach zu öffnen und den frischen Nachtwind im Gesicht zu spüren. Willkommen zurück – alles noch mal gutgegangen: „Herr Oberst, ich melde die Besatzung vom Einsatzflug zurück".

Es war nicht der einzige Flug dieser Art. Mit fünfhundert Boden-Luft Raketen des Typs SA-6 versuchte das serbische Militär den überlegenen Luftstreitkräften der internationalen Verbündeten weiteren Schaden zuzufügen – ohne Erfolg. Dennoch konnte man sich nie sicher sein, ob nicht doch einmal alles zusammentreffen würde und man letztendlich den Flug nicht im Flug-

---

16 Anflugverfahren, dokumentiert und veröffentlicht in den fliegerischen Handbüchern.

zeug, sondern am Rettungs-Fallschirm beenden musste. Eine infrarotgelenkte SA-7 hatte kürzlich über West-Serbien eine amerikanische F-16 zum Absturz gebracht. Die Abstrahlzeiten der radargestützten Luftverteidigung reichten allerdings für erfolgreiche Boden-Luft-Raketeneinsätze einfach nicht aus, die Flugkörper gingen meist ungelenkt weit an den Zielen vorbei. Flugabwehrkanonen waren in den oberen Lufträumen ebenfalls ohne Erfolgsaussicht, lediglich die großkalibrige S-60 schoss deutlich über 20.000 Fuß; bei Tag konnte man manchmal dutzende Detonationen der selbstzerlegenden Munition als kleine Rauchschwaden über sich am Himmel erkennen.

Die normative Kraft des Faktischen

Die Tage vergingen. Sobald man drei oder vier Einsatzflüge hinter sich gebracht hatte, stellte sich mentale Gewöhnung ein. Fünf bis sechs Tage fliegen, ein Tag frei. Die Tage selbst vergingen wie im Fluge. Drei bis vier Stunden vor der geplanten Startzeit ging es raus zum Flugplatz. Wetterbericht, Änderungen der Lage, nochmal eine Überarbeitung der Flugplanung. Dann die Vorflugbesprechung, inzwischen Routine. Man war nicht mehr so adrenalingeschwängert beim Umziehen in die Fliegerkombi, beim Ablegen der persönlichen Habseligkeiten, beim Empfang der Zusatzausstattung, der P8 inklusive Munition und schließlich beim Verlassen des Staffelgebäudes. Der Flugbetrieb war inzwischen eher monoton. Ein Gefühl der Unverletzbarkeit schlich sich ins Unterbewusstsein. Manchmal musste man sich zwingen, nicht bei vollem Bewusstsein zu träumen oder zu dämmern. Das durfte nicht sein! Jede Sekunde konnte etwas passieren; ein überraschender Raketen- oder Flak-Treffer; Systemausfall; Triebwerkschaden. Wenn es dem Esel zu wohl wird, geht er auf's Eis. Und spätestens dann gilt „Murphys Law": Was schief gehen kann, geht irgendwann schief.

Der Erfahrungsschatz und natürlich auch die Zahl der Anekdoten wuchsen. Da war wieder eine: Das zuständige Amt forderte, die unter Bedrohung oder wegen Fehlzündung abgeworfenen Außenlasten über das gängige Verfahren „Verlust von Außenlasten" abzuwickeln. Sehr witzig. Galt das dann auch für die verschossene Bewaffnung? „Verlust" war das dann also. Oder die Sache mit dem Auslandsverwendungsgeld, unspektakulär flapsig auch „Muffengage" genannt. Denn für jeden Tag mit Einsatzflug im gegnerischen Luftraum gab es – aufgrund der potentiell höheren Gefährdung – eine zusätzliche Einsatzpauschale. Hmmm…. Manche Flüge dauerten bis nach Mitternacht.

Mal sehen, was der Amtsschimmel dazu sagen würde, denn das ließ sich trefflich interpretieren. Und tatsächlich – formell wurden aus einem Flug über Mitternacht zwei Anrechnungsfälle... Gelobt sei die Bürokratie! Manchmal wenigstens. Es ist immer wieder bemerkenswert, welch humorige und doch unterschwellig gallige Art sich Kampfbesatzungen zu eigen machen, wenn sie unter sich sind.

Mittlerweile war es Anfang Mai geworden. Das Einsatzspektrum hatte sich verändert. Die Internationale Staatengemeinschaft unter NATO-Führung hatte ernüchtert feststellen müssen, dass ein auf militärische Ziele beschränkter Zielkatalog irgendwann einmal abgearbeitet ist und auch ein zweiter und dritter Angriff auf bereits verlassene Kasernen den Druck auf das Milosevic-Regime nicht weiter erhöhen würde. Bodentruppen waren auch weiterhin nicht als Option geplant worden, da man weder mit der Hartnäckigkeit und Beharrlichkeit der serbischen Führung noch mit einer so langen Einsatzdauer gerechnet hatte. Der Zielkatalog wurde notgedrungen erweitert, die Angriffe richteten sich nunmehr auch auf Bestandteile der zivilen Infrastruktur, um die Moral der Bevölkerung gegen das eigene Führungsregime zu wenden. Kraftwerke, Brücken und Rundfunkstationen waren es nun, die Zahl der Einsätze aller beteiligten Staaten wuchs nochmals auf über eintausend Flüge pro Tag. Der Aufwand war riesig geworden und es war klar, dass es nicht mehr lange so weiter gehen konnte. Im Kosovo war man aus Ermangelung an militärischen Zielen mittlerweile dazu übergegangen, mit luftgestützten FACs[17] einzelne Panzer der Serben zu finden und anzugreifen. Diese wiederum nutzten durch Deckung neben Kirchen und Schulen, in Dörfern und Gehöften geschickt die Problematik der NATO, Kollateralschäden unter allen Umständen vermeiden zu wollen.

Der Charakter der Einsatzflüge für die deutschen Tornados hatte sich geändert. Die Flüge wurden länger und ruhiger, es kam nicht mehr so oft zum Raketenabschuss. Dem Gegner den Willen demonstrieren, ihm klarmachen, dass man Waffen einsetzen würde, wenn er seine Radargeräte nützt – das sollte nun genügen. Inzwischen war auch jedem klar geworden, dass es eine sehr gute Entscheidung gewesen war, die Einsatzflüge nicht vom Heimatverband aus durchzuführen. Morgens mit der Familie zu frühstücken – dann zehn bis zwölf Stunden in einen ausgewachsenen Luftkrieg abzutauchen – um dann abends

---

[17] FAC = Forward Air Controller, auch Fliegerleitoffizier. Am Boden oder in der Luft eingesetzter „Zielzuweiser" für Jagdbomber.

wieder so zu tun, als sei alles in Ordnung. Und das Tag für Tag - undenkbar. Lieber vier oder fünf Wochen vor Ort, dann zwei oder drei Wochen Pause und dann wieder los. So konnte man sich deutlich besser auf den Einsatz konzentrieren. Und es war das Beste für eines der wichtigsten und essentiellsten Elemente einer Kampfgemeinschaft: die bedingungslose Kameradschaft.

Tatsächlich vergingen noch einmal beinahe dreißig lange Einsatztage, bis es Anfang Juni 1999 endlich wieder zu politischen Verhandlungen der beteiligten Kontrahenten kommen sollte. Wieder bekam man die neuesten Entwicklungen oft nur aus den Medien mit, aber es schien sich etwas zu bewegen. Angebliche Konsultationen unter der Leitung des finnischen Premierministers Martti Ahtisaari und Gerüchte über ein Einlenken des russischen Unterhändlers Wiktor Tschernomyrdin ließen am 3. Juni 1999 endlich die Hoffnung auf ein Ende der Kampfhandlungen keimen. Nach Abschluss der militärisch-technischen Vereinbarung zwischen der NATO und der serbischen Vertretung in den Verhandlungen von Kumanovo folgte dann ab dem 10. Juni 1999 der Rückzug der jugoslawischen Truppen aus dem Kosovo. Der Flugbetrieb ging weiter, allerdings wurde nicht mehr geschossen. Allgemein machte sich Erleichterung breit, doch die langen Wochen der nervlichen Anspannung hinterließen durchaus ihre Spuren. War es das jetzt? Wie wackelig war diese Vereinbarung? War es ein Täuschungsmanöver der Serben, um weiteren Angriffen zu entgehen und sich zu reorganisieren?

Erst als die ersten Besatzungen nach Deutschland zurückbeordert wurden, ließ auch das Misstrauen langsam nach. Also gut. Wenn´s hier nichts mehr zu tun gab, dann wieder nach Hause. Erstaunlich, welche Gedanken einem so im Nachhinein durch den Kopf gehen. Eigentlich nicht schlecht, so ein Einsatzflugbetrieb … elf Flüge in zwölf Tagen, beinahe siebzig Flugstunden. Ein halbes Jahresflugstunden-Soll in nicht mal zwei Wochen! Es war schwer, sich wieder an die Normalität zu gewöhnen. Zu Hause würde es einiges zu tun geben: Rasenmähen war sicher nicht das einzige, was nachzuholen war. „Wie erging es eigentlich inzwischen den Kindern in der Schule? Oh, die Heizung macht Ärger? Naja, wird ja eh grad Sommer". Der Galgenhumor war nach wie vor nicht gewichen. Und eine gehörige Portion Aggressivität auch nicht. Regeln des Alltages einzuhalten war schwer geworden. Das Gefühl der Unverletzbarkeit war ab und an noch vorhanden. Zurück in den Alltag, der eine schneller, der andere langsamer … War man risikobereiter geworden? Wer sich gegnerischer Bedrohung oder gar Bekämpfung aussetzt, muss risikobereit sein. Und es dauert, bis man aus dem mentalen „Warmode" wieder in den Alltag zurück gefunden hat. In dieser Phase reichte manchmal ein Funke, um ein emotionales Feuer zu entfachen.

Der hohe Preis des Friedens

Es erscheint zynisch, angesichts der vielen militärischen und zivilen Opfer dieses Waffengangs, über den Erfolg oder Misserfolg der Operation *Allied Force* zu spekulieren. Dennoch spricht die wissenschaftliche Literatur in der Nachbetrachtung und dem Versuch eines Resümees nicht nur über Opferzahlen. Etwa 500[18] sollen es unter der serbischen Zivilbevölkerung gewesen sein, viele durch „Kollateralschäden"[19]. Die Kosten des militärischen Einsatzes der Staatengemeinschaft wurden vonseiten der NATO mit etwa sieben Milliarden Euro veranschlagt, die Kosten für Beseitigung der Schäden sowie dem Wiederaufbau der wirtschaftlichen und zivilen Infrastruktur sogar mit mehr als zwanzig Milliarden Euro – insgesamt also Kosten, die knapp dem Finanzbedarf der Bundeswehr für ein Jahr entsprachen.

Wie soll man das Ergebnis dieses Konfliktes also nun aus persönlicher Sicht bewerten? Aus dem ursprünglichen Ansinnen, durch eine möglichst kurze Operation mit möglichst schmerzhaften Luftschlägen ein politisches Einlenken des serbischen Regimes herbeizuführen, war ein mehr als elfwöchiger, ausgewachsener Luftkrieg geworden. „Man kann einen Krieg beginnen, aber niemals beenden, wann man will."[20] Hatte nun erstmals in der Geschichte der modernen Kriegführung die alliierten Luftwaffen allein einen Konflikt entschieden und den Sieg errungen? Auf Bodentruppen hatte man ja von vorn herein verzichtet. Also schon – irgendwie. Man sollte jedoch nicht außer Acht lassen, dass die nachhaltigen Militärschläge aus der Luft nicht nur die innerstaatliche Opposition Serbiens erwachen ließ, sondern vor allem den kosovo-albanischen Kräften die Möglichkeit gab, die serbische Kontrolle des Kosovo zu erodieren. So blieb dem serbischen Machthaber Slobodan Milosevic wohl keine andere Möglichkeit, als sich den Forderungen der Verhandlungen von Kumanovo zu unterwerfen.

---

[18] Darüber hinaus werden die militärischen Opfer auf ca. 3000 geschätzt.

[19] „Unwort des Jahres" der Gesellschaft für deutsche Sprache 1999.

[20] Niccolò Machiavelli, Politiker, Philosoph, Geschichtsschreiber und Dichter, *03.05.1469 in San Casciano/Val di Pesa, † 21.06.1527 in Florenz.

Für die Besatzungen der deutschen Tornados und den Angehörigen des EG 1 war es relativ einfach, über Erfolg oder Misserfolg zu diskutieren. Etwa 450 Einsatzflüge waren durchgeführt worden und augenscheinlich war niemand der Geschwader-Angehörigen zu Schaden gekommen. Alle Flüge waren sicher nach Piacenza oder an einen geeigneten Ausweichflugplatz zurückgekehrt, keine eigenen Verluste zu beklagen. Knapp 240 HARMs waren verschossen worden; im zugewiesenen Verantwortungsbereich des EG 1 (Süd-Serbien - Kosovo - Montenegro) war keines der alliierten Flugzeuge durch radargestützte Flugabwehr der Serben zu Schaden gekommen. Das imaginäre Schachspiel „wenn ein Radar genutzt wird, dann hat das Konsequenzen" hatte funktioniert. SEAD at its best.

Mitte Juni 1999 war letztendlich der Spuk vorbei. Die Lechfelder Besatzungen des EG 1 konnten weitestgehend wieder zu ihren Familien zurückkehren, es folgte eine Zeit der Besinnung und der Erholung. Waren wirklich alle unversehrt? Gab es wirklich keine Narben? Waren auch seelisch alle wohlauf? Ich selbst hatte nach der Rückkehr noch ein paar Wochen die Befürchtung, der Einsatz könnte seine Spuren hinterlassen haben, mich reizbarer und risikofreudiger gemacht haben. Hatte er wohl kurzfristig auch, für einige Zeit war ich mental ein anderer Mensch. In dieser Phase der Aufarbeitung war es wichtig, wenn man ein positives Resümee dieses Einsatzes ziehen konnte. Das Positivste für mich war: Es gab keine Flüchtlingsströme mehr.

Quellenangaben:
- Bilder: Ralf Englbrecht (Bild 4: © Votava, Wien; Bild 6: Google Earth)
- Gustav E. Gustenau: Politisch-strategische Überlegungen zur Operation „ALLIED FORCE" (Mag. Oberst Gustav E. GUSTENAU; Institut für internationale Friedenssicherung der Landesverteidigungsakademie, Wien
- Offene Internetquellen und Online-Recherche
- Eigene Erlebnisse von Kameraden

Mein Dank gilt Angel für die Bilder und der Besatzung der CANNON 31 – dafür, dass sie vielen jüngeren Besatzungen und Kameraden den Blick für das Wesentliche geschärft haben.

Peter Schelzig

Der künftige Beitrag von Luftkriegsmitteln zu streitkräftegemeinsamen multinationalen Operationen

Vor der Befassung mit Historischem in den folgenden Vorträgen darf ich Ihnen als Stellvertreter des Generalinspekteurs meine Sicht auf den „künftigen Beitrag von Luftkriegsmitteln zu streitkräftegemeinsamen multinationalen Operationen" darlegen. Während also meine Nachredner quellengesättigt den Archiven entsteigen können, ist mein Anhalts- oder Haltepunkt die „Kristallkugel der Konzepte." Aber ich will mich dieser Herausforderung im Rahmen unserer Militärhistorischen Tagung gerne stellen: denn Befassung mit Geschichte darf für uns kein Selbstzweck sein. Und da bei Anmeldung zur militärhistorischen Tagung ja augenscheinlich auch mindestens das kleine Latinum beizulegen war, brauche ich nur „Cicero" erwähnen – und Sie wissen: „Die Geschichte, Lehrerin des Lebens." Das bedeutet natürlich nicht, Lehren der Militärgeschichte nun Eins zu Eins auf Gegenwart oder gar Zukunft zu übertragen. Sie als Schablonen anwenden zu wollen, da wären wir wohl kaum gut beraten. Sich mit Militärgeschichte zu befassen, heißt auch, bewusst den Blick über den Tellerrand der Gegenwart zu heben und Anregungen dafür zu gewinnen, dass man auf die Zukunft aus verschiedenen Winkeln, aus verschiedenen Perspektiven blicken kann. Bei dem mir gestellten Thema will ich folgende Fragen ins Visier nehmen:

1. Über welche Fähigkeiten müssen Luftstreitkräfte künftig verfügen?

2. Wie werden Luftkriegsmittel – und zwar Luftkriegsmittel aller Teilstreitkräfte – künftig zusammenwirken?

3. Was sind die Voraussetzungen für dieses Zusammenwirken? Welche Risiken und Chancen ergeben sich daraus, welche Zusammenhänge und Abhängigkeiten? Die Stichworte sind hier Vernetzte Operationsführung und Cyber-Raum.

Dies sind Fragen, zu denen so ein exzentrischer Denker wie Douhet sicherlich auch seine Meinung gehabt hätte. Über welche Fähigkeiten müssen Luftstreitkräfte also künftig verfügen? Ich denke, gerade bei der Antwort auf diese Frage hilft die Annäherung aus der militärgeschichtlichen Perspektive.

Denn was hat denn Luftstreitkräfte seit jeher ausgezeichnet? Das waren und sind:

- Fähigkeit zur raschen Projektion,

- Reichweite,

- Geschwindigkeit,

- das Vermögen, jederzeit den Schwerpunkt verlagern zu können

- und Präzision bei Aufklärung und Wirkung.

Das zeichnet Luftkriegsmittel aus – auch künftig! Und auch *künftig* wird die Überlegenheit im Luftraum *die* wesentliche Voraussetzung für militärische Land- und Seeoperationen sein, gerade bei Anfangsoperationen. Der „End- zweck" – diesen Begriff hätte wohl Douhet gewählt – bleibt also gleich.

Aber natürlich haben zwei Entwicklungen, die wir alle beobachten, ei- nen entscheidenden Einfluss auf das *„Wie"* – wie diese besonderen Eigenschaf- ten von Luftstreitkräften und Luftkriegsmitteln zum Einsatz kommen. Da ist, *erstens*, die Rasanz der technologischen Entwicklungen. Hier nenne ich nur die Stichworte Miniaturisierung, Laser und Robotik. *Zweitens* führen natürlich auch Veränderungen des Kriegsbildes dazu, das „Wie" zu überdenken. So werden Überwachung und Aufklärung sowie unterstützende Luftoperationen stärker in den Vordergrund treten gegenüber hochintensiven Luftkriegsoperationen und dem Kampf gegen das gegnerische Luftkriegspotential. Das darf jedoch nicht gleich zu einer Perspektivverengung führen. Denn die Aufgaben und der Auf- trag der Bundeswehr erfordern natürlich auch künftig Luftstreitkräfte, die zu hochintensiven Luftkriegsoperationen befähigt sind.

„Wie" wollen wir also künftig mit Luftkriegsmitteln

- zu einem umfassenden Lagebild beitragen [Aufklärung];

- gegen Ziele in der Luft, am Boden und zur See wirken [Wirkung] sowie

- Transport, Rettung und Evakuierung durchführen bzw. unterstützen [Unterstützung]?

Bei unserem Beitrag zur Luftlage werden wir künftig über aktive und passive Sensoren verfügen müssen, die tatsächlich alle relevanten militärischen Objekte im Luftraum erfassen können – allein das ist schon technisch deutlich herausfordernder als zu Zeiten der früheren MIG-Serie: Stealth-Technologie, Miniaturisierung und unbemannte Luftfahrzeuge sind hier die Schlagworte. Die immer geringer werdenden Radarrückstrahlflächen sowie die Abdeckung des gesamten Luftraums bis hin zur Bodennähe werden weitere Herausforderungen sein. Hier wird es also auf den richtigen Sensor*mix* ankommen, zu dem natürlich ebenso Seestreitkräfte – ich denke hier an die modernen Radarsysteme unserer Fregatten – und absehbar in immer stärkerem Maße auch weltraumgestützte Mittel beitragen. Weltraumgestützte Mittel gewinnen besonders *dann* an Bedeutung, wenn die Abstützung auf konventionelle Sensoren beziehungsweise Beobachtungs- und Kommunikationsmittel nicht mehr möglich ist, etwa nach Naturkatastrophen, wie bei den Tsunamis in Japan beziehungsweise in Indonesien. Und auch *dann*, wenn wir auf konventionelle Sensoren nicht vertrauen wollen – ihrer Störanfälligkeit wegen – oder bewusst auf weltraumgestützte Mittel setzen *wollen*, da es sich hier um sogenannte nicht-penetrierende Mittel handelt. Das heißt: Bei Satellitenaufklärung läuft man nicht Gefahr, die territoriale Souveränität eines anderen Landes zu verletzen. Mit einem solchen Sensormix sollten dann auch Vorkommnisse, wie wir sie derzeit im Bereich der zivilen Luftfahrt beobachten – der Flug MH 370 hat traurige Berühmtheit erlangt – besser handhabbar werden. In diesem Zusammenhang ist auch die jüngste Entscheidung der australischen Regierung von Interesse, weitere unbemannte Flugzeuge vom Typ MQ-4C TRITON zu beschaffen: Die TRITON soll als maritimes Nachrichtengewinnungs-, Aufklärungs- und Überwachungssystem eingesetzt werden, kann bis zu einer Entfernung von bis 15.200 km verlegt werden, hat einen Einsatzradius von ca. 4.000 km und verfügt über eine Einsatzdauer von ca. 24 Stunden. Sie sehen also: das „*Wie*" ändert sich bereits heute! „Lagebild" heißt natürlich auch Bodenlage.

Hier zeigt sich nahezu mustergültig, was ich eingangs erwähnte: die „klassischen" Bereiche und der jeweilige „Endzweck". Sie bleiben. Aber das „Wie" wird sich durch technologische Veränderungen und durch den Wandel des Kriegsbildes signifikant verändern. Blicken wir zunächst auf die abbildende Aufklärung – *IMINT*. Hier steht die Suche nach dem Verfügungsraum der feindlichen Reservedivision in abgelegenen und ausgedehnten Waldgebieten natürlich längst nicht mehr im Mittelpunkt: IMINT muss heute in der Lage sein, Aufklärungsergebnisse aus dem und für den – wortwörtlich verstanden! – Einsatzraum der Landstreitkräfte zu liefern. Diese Aufklärungsergebnisse – in der Regel Bilder – müssen möglichst schnell, am besten in Echtzeit, zur Verfügung stehen und etwa den Bereich von mehreren Häuserblöcken abdecken, ja sie müssen sogar in Gebäude hinein und innerhalb von Gebäuden aufklären können. Sie merken auch, hier sind wir sofort bei der Frage von unbemannten Systemen und damit – noch nicht einmal eine Flugschleife weiter – bei der Frage nach der Bewaffnung solcher Systeme. Ich will an dieser Stelle nicht der Versuchung unterliegen, näher auf diese Debatte einzugehen. Daher nur eine Anmerkung: Die Bewaffnung eines unbemannten Systems ermöglicht es, neben der Aufklärung unter genau definierten Bedingungen zusätzlich *verzugslos und präzise* wirken zu können. Und wir müssen hier deutlich machen: auch bei bewaffneten UAS ist und bleibt der „man-in-the-loop" entscheidend. Alle missionskritischen Entscheidungen werden durch Menschen getroffen und verantwortet. Eine Beschaffung bewaffneter Plattformen, die völlig autonom operieren könnten, verfolgen wir nicht. Damit will ich diese Zwischenbemerkung abschließen – mehr würde unserem eigentlichen Thema nicht gerecht werden.

Was ich über das „Wie" zur abbildenden Aufklärung sagte, gilt natürlich auch für die Signalaufklärung, die Signal Intelligence, kurz: *SIGINT*. Hier wird künftig neben einer lokalen Aufklärungsfähigkeit auch die Fähigkeit zur großflächigen abbildenden Aufklärung und Überwachung im Einsatzgebiet – sowohl an Land als auch zunehmend auf See – erforderlich sein. Und auch hier werden weltraumgestützte Mittel wichtiger. Bereits in den derzeitigen Einsätzen sehen wir: gerade in asymmetrischen Konflikten, beim Kampf gegen irreguläre Kräfte, gewinnt die Fähigkeit zur *Aufklärung gegnerischer Kommunikation* enorm an Bedeutung. Beispielhaft sei hier die aktuelle Ortung von Mobiltelefonen oder die Erfassung konkreter Gesprächsinhalte genannt. Häufig können wir nur auf diesem Wege

- gegnerische Organisationsstrukturen nachvollziehen,

- ein umfassendes Lagebild im Einsatzraum gewinnen und

- auch die Voraussetzungen schaffen, taktisch, d.h. unmittelbar, initiativ und für den Gegner überraschend auf konkrete Aufklärungsergebnisse zu reagieren.

Der große Erfassungsbereich luft- und in Teilen auch weltraumgestützter Plattformen bietet hier gerade mit Blick auf das urbane Umfeld einen großen Vorteil. Freilich dürfen wir auch bei SIGINT keine Perspektivverengung zulassen: Wir werden hier weiter auch die klassische Aufklärung der elektronischen Signaturen gegnerischer Waffensysteme brauchen, um unsere eigenen Systeme zu schützen. Aufklärung ist Voraussetzung für *Wirkung*. Und auch hier gilt: das „Wie" des Beitrages von Luftkriegsmitteln wird künftig anders sein. Und auch hier dürfen wir unsere Perspektive nicht zu sehr verengen. Denn auch in Zukunft müssen Luftkriegsmittel befähigt sein, Ziele eines symmetrisch agierenden Gegners am Boden erfolgreich zu bekämpfen. Gleichzeitig müssen wir gegen asymmetrisch operierende Gegner in bebautem und bewohntem Gebiet wirken können – nach Möglichkeit ohne Kollateralschäden, die beim Kampf um Informationsüberlegenheit zu schweren „Selbstverwundungen" werden können. Hierzu bedarf es hochpräziser und skalierbarer Waffen. Was bedeutet das?

„Hochpräzise" erklärt sich von selbst: Das Ziel muss möglichst genau getroffen werden, um keine unbeabsichtigten Schäden zu verursachen. „Skalierbar" bedeutet, dass je nach Ziel und Einsatzzweck die richtige Größenordnung an Munition zur Verfügung stehen muss, so dass zum Einen das Ziel erreicht wird, zum Anderen aber auch möglichst keine Kollateralschäden aufgrund einer zu starken Wirkung erzeugt werden – vereinfacht gesagt: so stark wie nötig und so schwach wie möglich. Zudem müssen wir auch darüber nachdenken, wie Wirkmittel zum Einsatz kommen können, die mitunter gar nicht letal sind, sondern den Gegner nur handlungsunfähig machen. Denn gerade bei dem erwähnten Kampf um Informationsüberlegenheit gilt: jeder Waffeneinsatz hat Auswirkungen nicht nur auf den Gegner, sondern auch auf das sogenannte Informationsumfeld und damit häufig ungefiltert oder sogar durch Medien noch verstärkt auf das strategische Ziel eines Einsatzes. Bei der Fähigkeit zum *Wirken gegen gegnerische Ziele in der Luft und Luftverteidigung* müssen unsere Luftkriegsmittel – Luftabwehrsysteme, Kampfflugzeuge, Fregatten – künftig nicht nur potentiellen symmetrischen Gegnern begegnen können. Wir müssen vor allem im Bereich ballistischer Flugkörper von einer Steigerung potentieller gegnerischer Fähigkeiten ausgehen – in Qualität wie auch in Quantität.

Wenn wir hier über die erforderlichen Fähigkeiten zur Abwehr sprechen, zeigt sich auch sehr deutlich, dass wir zu Recht den „breiten" Begriff der „Luftkriegs*mittel*" wählen müssen: denn wir sprechen hier über das Zusammenwirken boden-, see-, luft- und raumgestützter Systeme oder Komponenten. Und die ersten Überlegungen zum Aufbau der NATO Missile Defence zeigen, dass dies alles andere als Zukunftsmusik ist, wenn etwa die USA für ihre Beiträge zu Missile Defence Kriegsschiffe im Mittelmeer stationieren. Auch das Wirken gegen gegnerische Ziele in der Luft und die Luftverteidigung zeigen die Erfordernis, mehr als nur eine Perspektive einnehmen zu können.

Zwar mag die Bedrohung unserer Einsatzkontingente in Subsahara-Afrika durch ballistische Flugkörper derzeit noch als „gering" bewertet werden. Doch weder muss man unsere Erfahrungen in Afghanistan überstrapazieren noch prophetische Gaben besitzen, um festzustellen, dass gerade in solchen Stabilisierungsoperationen die Bedrohung durch Raketen, Artillerie und Mörser, durch Klein- und Kleinst-UAS signifikant ansteigen wird. Der Einsatz derartiger Waffen ist einfach, er bedarf keiner großen Kenntnisse. Sie können leicht erworben werden, Kleinst-UAS sogar auf dem „Versandweg". Sie sind günstig und nahezu unbegrenzt verfügbar. Über Fähigkeiten, die unsere Soldaten und Einrichtungen gegen diese Bedrohungen schützen können, sollten wir am besten schon morgen verfügen. Und daher muss sich hier unser Blick in besonderer Weise auf das richten, was auf dem Markt verfügbar ist.

Wechseln wir die Dimension: absehbar an Relevanz gewinnen wird zudem die Aufgabe, unsere Seehandelswege zu schützen – dies ist essentiell für eine Exportnation. Und auch hier werden die Bedrohungen vorrangig asymmetrischer Natur sein, was folgerichtig – wie beim Kampf gegen Ziele am Boden im urbanen Umfeld – hohe Anforderungen an Präzision und Skalierbarkeit unserer Wirkmittel stellt.

Nach Aufklärung und Wirkung ist schließlich noch auf die künftige Rolle von Luftkriegsmitteln bei den unterstützenden Fähigkeiten eingehen. Die Bedeutung des Lufttransports für die strategische Verlegefähigkeit über weite Entfernungen hat nicht nur militär-strategische sondern auch politisch-strategische Relevanz. Wichtig ist hier auch der Blick auf die taktisch-operative Ebene: Wenn wir davon ausgehen, dass beim taktisch-operativen Lufttransport, das heißt für geringe bis mittlere Entfernungen, künftig ein Schwerpunkt bei der Luftbeweglichkeit von Landstreitkräften ebenfalls in bebauten und bewohnten Gebieten sein wird, *wie* wollen wir künftig diese Fähigkeit bereitstellen? Wenn wir weiter davon ausgehen, dass es sich hier vermutlich um zeitlich und räumlich eng begrenzte Einsätze kleinerer Truppenteile handeln wird, sollten wir hier auch über senkrecht start- und landefähige Plattformen nachdenken, die in diesen Räumen einen besonders hohen Einsatzwert erzielen könnten. Aber auch in anderen Bereichen des Lufttransportes ist Phantasie erlaubt, zum Beispiel bei der Nutzung von UAS für den Lufttransport von Material. In den USA erprobt Amazon die Paketzustellung mittels einer Postdrohne und in Israel wird derzeit an der Einsatzfähigkeit des sogenannten AirMules gearbeitet (also eines „Luftmulis" das – vergleichbar seinen Kameraden bei der Gebirgsjägertruppe – als unbemanntes Luftfahrzeug unter anderem auch zum Verwundetentransport eingesetzt werden soll).

In die erweitere Nachbarschaft einer solchen noch zukünftigen Fähigkeit will ich abschließend auch die Bedeutung künftiger Luftkriegsmittel für den Bereich nennen, den wir als „Personal Recovery" (die Fähigkeit, abgeschossene Piloten oder versprengte Soldaten „herauszuholen") bezeichnen. Sie ist von hoher Bedeutung für die Moral der Truppe wie für die „strategische Durchhaltefähigkeit" der heimatlichen Bevölkerung. Klar ist: Auch künftig werden wir nur mit Luftkriegsmitteln zu Personal Recovery und Combat Search and Rescue (CSAR) in der Lage sein.

Hier gilt heute und in Zukunft: Ohne einen klaren Führungsprozess, der auf Basis von Aufklärungsinformationen einem Wirkmittel Ziele zuweist und nach Durchführung der Operation eine Wirkungsanalyse durchführt, können Luftkriegsmittel – heutige wie künftige – nicht effizient zum Gesamterfolg beitragen. Das ist *nicht* neu. Was sich *ändern* wird, oder gerade ändert: Weltraumgestützte Fähigkeiten werden für diesen Prozess, diesen Verbund, zunehmend unverzichtbar, wenn es beispielsweise um präzise Positionsbestimmung und Kommunikation in abgelegenen Gebieten geht. Ohne Satellitenkommunikationskapazitäten wäre die Übertragung von Aufklärungsergebnissen von UAV im Grunde nicht denkbar. Und auch der Einsatz von hochpräzisen Wirkmitteln ist in vielen Fällen nur mit einem satellitengestützten Positionsbestimmungssystem möglich.

Beim Blick auf den Verbund von Führung, Aufklärung, Wirkung und Unterstützung wird noch eines deutlich: ob das Luftkriegsmittel, das zur Aufklärung, das zur Wirkung oder das zur Unterstützung eingesetzt wird, feldgrau, blau oder marineblau ist, das ist vollkommen irrelevant. Es muss für die *in diesem konkreten Moment* bestehende Forderung nach Aufklärung, nach Wirkung oder eben nach Unterstützung das am besten geeignete oder das am schnellsten verfügbare sein. Insofern ist auch die doktrinär geführte Diskussion über das „Wann" und das „Wie" eines Wechsels von „supporting" zu „supported"-Rolle perspektivisch eher theoretischer Natur. Denn es ist ja offensichtlich, dass beispielsweise in der Anfangsphase einer Operation Luftkriegsmittel den möglicherweise *entscheidenden* Beitrag leisten, während im weiteren Verlauf der Operation der *unterstützenden* Rolle von Luftkriegsmitteln, etwa

- beim Lufttransport-,

- bei den MedEvac-Fähigkeiten oder

- bei der streitkräftegemeinsamen taktischen Feuerunterstützung für Landstreitkräfte

eine größere Bedeutung zukommt.

Wesentlich wichtiger als Art und Zeitpunkt des „Hutwechsels" wird künftig die Frage der durchgängigen informationstechnischen Vernetzung aller Fähigkeiten sein. *Das* ist die Kernfrage für den koordinierten, schnellen und effektiven Einsatz *unserer gemeinsamen* Fähigkeiten und Mittel. Grundlage hierfür ist die „vernetzte Operationsführung", ein Begriff, den wir nach meiner Auffassung in den letzten Jahren ein wenig aus den Augen verloren haben. Um Luftkriegsmittel – egal in welcher Rolle, egal mit welcher Fähigkeit – künftig erfolgreich einsetzen zu können, brauchen wir einen Informations- und Kommunikationsverbund, der alle Führungsebenen umfasst und national wie multinational interoperabel und sicher ist. Er muss Soldaten und Gerät, Truppenteile im Einsatz mit Einrichtungen im Heimatland sowie Sensoren mit Effektoren verbinden.

Wir wollen dadurch in der Lage sein, Operationsführung und Entscheidungsfindung zu beschleunigen und so einen Vorteil beim Einsatz unserer Wirkmitteln erreichen. Dazu müssen wir die richtige Information zur richtigen Zeit an den richtigen Empfänger bringen können. Wir wollen also Führungsüberlegenheit als Voraussetzung für Wirkungsüberlegenheit erreichen. In der Allianz werden wir mit dem geplanten NATO Future Mission Network künftig über einen gemeinsamen, gesicherten Informations- und Kommunikationsverbund verfügen, zu dem wir dann für die jeweiligen Einsätze spezifische Elemente hinzufügen können. Dies ist ein wichtiger Schritt, denn so müssen wir nicht bei jedem Einsatz kosten- und zeitintensiv neue Systeme und neue Ausbildungselemente einführen.

Doch Vernetzte Operationsführung ist freilich weit mehr als technische Innovation. Sie fordert von Führern ebenso wie von Geführten die Bereitschaft zu vernetztem Denken und auch Handeln. Sie fordert das Wissen um die Möglichkeiten, aber auch die Grenzen der Vernetzung. Sie fordert die Bereitschaft anzuerkennen, dass wir auch der Informationsüberflutung von Entscheidungsträgern entgegenwirken müssen, etwa durch ein funktionierendes Informationsmanagement. Und sie fordert das Wissen um das Risiko, dass wir dabei immer wieder Gefahr laufen werden, durch den technischen Fortschritt

„überholt zu werden." Längst sind Streitkräfte nicht mehr *die* technologischen Fortschrittstreiber.

Vernetzte Operationsführung ist aber nicht von dem zu trennen, was wir heute den „Cyber-Raum" nennen, der alle erreichbaren Informationsinfrastrukturen ohne territoriale und strukturelle Grenzen umfasst. Im Tagesdienstbetrieb wie auch bei der Planung, Durchführung und Überwachung von Einsätzen und Operationen ist moderne vernetzte Computertechnik nicht mehr wegzudenken. Das betrifft den alltäglichen dienstlichen Betrieb, der auf das Funktionieren von SASPF angewiesen ist, wie den Einsatz unserer modernen Waffensysteme aller Teilstreitkräfte, von der Panzerhaubitze 2000 bis hin zu Eurofighter oder A400 M. Ohne Einsatzunterstützungs- und Einsatzplanungssysteme und ohne die On-Board-Systeme sind sie nicht mehr sinnvoll nutzbar. Sie sind Teil des sogenannten Cyber-Raums, sie sind von ihm abhängig. Auch hier muss man kein Prophet sein, um vorherzusagen, dass die technische Entwicklung die Abhängigkeit unserer Streitkräfte von der ungehinderten Nutzung dieses Cyber-Raums noch weiter verstärken wird.

Dabei sind die Risiken in diesem Raum von besonderer Qualität, denn: Die technologische Eintrittsschwelle ist vergleichsweise niedrig – jede IT-Fachkraft kann bewusst und fast jedermann kann unbewusst, etwa durch einen schlecht gesicherten PC, Schäden im Cyber-Raum anrichten. Die Anzahl der Akteure ist de facto unüberschaubar: Wer handelt wann und wie in diesem Raum? Welche Absichten und Ziele haben die handelnden Personen oder Organisationen? Selten ist das erkennbar und noch schwerer zuordenbar. Die Risiken in diesem Raum, an dem wir nun einmal Teilhaber sind – ob wir wollen oder nicht – sind daher besonders hoch.

Jedem ist die Vielfalt von beobachteten – ich betone: beobachteten – Angriffen auf die IT-Infrastruktur von Behörden, zivilen Unternehmen, Organisationen etc. bekannt. Umso höhere Bedeutung müssen wir daher dem Schutz unserer eigenen Netze und der mit ihnen verbundenen technischen Ausrüstung schenken. Denn es wird künftig so gut wie keine Fähigkeiten mehr geben, die nicht in der ein oder anderen Art und Weise auf Computer- und Netzwerktechnik angewiesen sind: angefangen von den erwähnten logistischen Routineaufgaben über die Darstellung eines Luftlagebildes bis hin zur Übertragung von Zieldaten mittels Link-Technologie. Das „Cyber-Risiko" betrifft dabei nicht nur sogenannte geschlossene Systeme. Das hat das Beispiel Stuxnet im Iran gezeigt. Andererseits: Da ein militärischer Gegner unter Umständen im selben Maße wie wir auf die Nutzung des Cyber-Raums angewiesen ist wie wir, ergeben sich für uns neue, bislang ungeahnte Möglichkeiten für die eigene Operationsführung – beispielsweise für Aufklärung und Wirkung. So lassen sich durch sogenannte Computernetzwerkoperationen technische und operationelle Informationen als wichtige Beiträge zum Lagebild gewinnen. Computernetzwerkoperationen bieten auch Möglichkeiten nicht-letaler Wirkung, die sich grundsätzlich von anderen militärischen Wirkmittel unterschieden. Zudem ist etwa vorstellbar, durch solche Operationen Wirkungen zu erzielen, die wieder rückgängig gemacht werden können – hier wäre beispielsweise die Abschaltung von technischen Anlagen und die Wiederinbetriebnahme nach Erfüllung von Bedingungen durch den Gegner denkbar. Gleichwohl wären solche Operationen natürlich nicht risikofrei. Die Komplexität des Cyber-Raums und die „Tiefe der Vernetzung" bergen die Gefahr, die Auswirkungen eines Einsatzes solcher Computernetzwerkoperationen im Vorfeld nicht in allen seinen Auswirkungen erfassen zu können. Wie alle militärischen Entscheidungen müssen daher auch hier Entscheidungen so vorbereitet sein, dass das eigene Risiko verlässlich beurteilt werden kann. Und dabei bleiben sie dennoch – wie alle militärischen Operationen – auch ein Stückweit Handeln ins Ungewisse.

Autorenverzeichnis

PrivDoz. Dr. phil. habil Oliver Bange, geboren 1964, Wissenschaftlicher Oberrat, ist wissenschaftlicher Mitarbeiter im Forschungsbereich Militärgeschichte seit 1945 im Zentrum für Militärgeschichte und Sozialwissenschaften der Bundeswehr in Potsdam.

Dr. phil. Eberhard Birk, geboren 1967, Oberregierungsrat, ist Dozent Historische und Politische Bildung an der Offizierschule der Luftwaffe in Fürstenfeldbruck.

Christian Hauck M.A., geboren 1987, Oberleutnant, ist Jägerleitoffizier und Jugendoffizier im Einsatzführungsbereich 2 in Erndtebrück.

Thomas Huhndorf, Oberstleutnant, geboren 1964, ist Hörsaalleiter Elektronischer Kampf an der Führungsunterstützungsschule der Bundeswehr in Lechfeld.

Dipl. Infom. Sönke Marahrens, geboren 1968, Oberstleutnant i.G. ist Unterabteilungsleiter Modellbildung und Simulation, Experimententwicklung und -technik im Planungsamt der Bundeswehr, Ottobrunn

Dr. phil. Heiner Möllers, geboren 1965, Oberstleutnant, ist wissenschaftlicher Mitarbeiter und Projektbereichsleiter Medien im Zentrum für Militärgeschichte und Sozialwissenschaften der Bundeswehr in Potsdam.

Michael Poppe M.A., geboren 1956, Oberstleutnant a.D., promoviert z.Zt. über das Thema „Zivile und militärische Infrastrukturintegration in Europa: Öl- und Treibstoff-Pipelines 1950-1970" an der Universität Siegen.

Dr. phil. Harald Potempa, geboren 1963, Oberstleutnant ist wissenschaftlicher Mitarbeiter im Projektbereich Medien und Pressestabsoffizier im Zentrum für Militärgeschichte und Sozialwissenschaften der Bundeswehr in Potsdam.

Sebastian Rosenboom M.A., geboren 1985, Oberleutnant, ist Luftwaffensicherungstruppenführer im Objektschutzregiment der Luftwaffe in Kerpen.

Peter Schelzig, Generalleutnant, geboren 1955, ist Stellvertreter des Generalinspekteurs der Bundeswehr im Bundesministerium der Verteidigung in Berlin.

Daniel Schilling, BA, geboren 1987 ist Student im Masterstudiengang Military Studies an der Universität in Postdam.

Christian Taube M.A., geboren 1984, Hauptmann, ist Organisationsoffizier an der Führungsakademie der Bundeswehr in Hamburg.

Carola Hartmann Miles-Verlag

Politik, Gesellschaft, Militär

Uwe Hartmann, *Innere Führung. Erfolge und Defizite der Führungsphilosophie für die Bundeswehr,* Berlin 2007.

Hans Joachim Reeb, *Sicherheitskultur als kommunikative und pädagogische Herausforderung – Der Umgang in Politik, Medien und Gesellschaft, Berlin 2011.*

Hans-Christian Beck, Christian Singer (Hrsg.), *Entscheiden – Führen – Verantworten. Soldatsein im 21. Jahrhundert,* Berlin 2011.

Eberhard Birk, Winfried Heinemann, Sven Lange (Hrsg.), *Tradition für die Bundeswehr. Neue Aspekte einer alten Debatte,* Berlin 2012.

Angelika Dörfler-Dierken, *Führung in der Bundeswehr,* Berlin 2013.

Cornelia Fedtke, Kai-Uwe Hellmann, Jan Hörmann, *Migration und Militär. Zur Integration deutscher Soldaten mit Migrationshintergrund in der Bundeswehr,* Berlin 2013.

Wolf Graf von Baudissin, *Grundwert Frieden in Politik – Strategie – Führung von Streitkräften,* hrsg. von Claus von Rosen, Berlin 2014.

Wolf Graf von Baudissin, *Der Widerstand. „… um nie wieder in die auswegslose Lage zu geraten…",* hrsg. von Claus von Rosen, Berlin 2014.

Marcel Bohnert, Lukas J. Reitstetter (Hrsg.), *Armee im Aufbruch. Zur Gedankenwelt junger Offiziere in den Kampftruppen der Bundeswehr,* Berlin 2014.

Arjan Kozica, Kai Prüter, Hannes Wendroth (Hrsg.), *Unternehmen Bundeswehr? Theorie und Praxis (militärischer) Führung,* Berlin 2014.

Angelika Dörfler-Dierken, Robert Kramer, *Innere Führung in Zahlen. Streitkräftebefragung 2013,* Berlin 2014.

Reihe: Jahrbuch Innere Führung

Uwe Hartmann, Claus von Rosen, Christian Walther (Hrsg.), *Jahrbuch Innere Führung 2009. Die Rückkehr des Soldatischen,* Eschede 2009.

Helmut R. Hammerich, Uwe Hartmann, Claus von Rosen (Hrsg.), *Jahrbuch Innere Führung 2010. Die Grenzen des Militärischen,* Berlin 2010.

Uwe Hartmann, Claus von Rosen, Christian Walther (Hrsg.), *Jahrbuch Innere Führung 2011. Ethik als geistige Rüstung für Soldaten*, Berlin 2011.

Uwe Hartmann, Claus von Rosen, Christian Walther (Hrsg.), *Jahrbuch Innere Führung 2012. Der Soldatenberuf zwischen gesellschaftlicher Integration und suis generis-Ansprüchen*, Berlin 2012.

Uwe Hartmann, Claus von Rosen (Hrsg.), *Jahrbuch Innere Führung 2013. Wissenschaften und ihre Relevanz für die Bundeswehr als Armee im Einsatz*, Berlin 2013.

Uwe Hartmann, Claus von Rosen (Hrsg.), *Jahrbuch Innere Führung 2014. Drohnen, Roboter und Cyborgs – Der Soldat im Angesicht neuer Militärtechnologien*, Berlin 2014.

Einsatzerfahrungen

Kay Kuhlen, *Um des lieben Friedens willen. Als Peacekeeper im Kosovo*, Eschede 2009.

Sascha Brinkmann, Joachim Hoppe (Hrsg.), *Generation Einsatz, Fallschirmjäger berichten ihre Erfahrungen aus Afghanistan*, Berlin 2010.

Artur Schwitalla, *Afghanistan, jetzt weiß ich erst… Gedanken aus meiner Zeit als Kommandeur des Provincial Reconstruction Team FEYZABAD*, Berlin 2010.

Uwe Hartmann, *War without Fighting? The Reintegration of Former Combatants in Afghanistan seen through the Lens of Strategic Thought*, Berlin 2014.

Erinnerungen

Blue Braun, *Erinnerungen an die Marine 1956–1996*, Berlin 2012.

Harald Volkmar Schlieder, *Kommando zurück!*, Berlin 2012.

Reinhart Lunderstädt, *Aus dem Leben eines Hochschullehrers. Persönlicher Bericht*, Berlin 2012.

Wulf Beeck, *Mit Überschall durch den Kalten Krieg. Mein Leben für die Marine*, Berlin 2013.

Jan Becker, *Aufgewühltes Wasser*, 3 Bde., Berlin 2014.

Heinz Dietrich Minkewitz, *An einem Sonnabend im Oktober*, Berlin 2014.

Klaus Grot, *So war's, damals. Dienstchronik eines Pionieroffiziers im Kalten Krieg 1954–1991,* Berlin 2014.

Standpunkte und Orientierungen

Daniel Giese, *Militärische Führung im Internetzeitalter – Die Bedeutung von Strategischer Kommunikation und Social Media für Entscheidungsprozesse, Organisationsstrukturen und Führerausbildung in der Bundeswehr,* Berlin 2014.

Dirk Freudenberg, *Auftragstaktik und Innere Führung. Feststellungen und Anmerkungen zur Frage nach Bedeutung und Verhältnis des inneren Gefüges und der Auftragstaktik unter den Bedingungen des Einsatzes der Deutschen Bundeswehr,* Berlin 2014.

Uwe Hartmann (Hrsg.), *Lernen von Afghanistan. Innovative Mittel und Wege für Auslandseinsätze,* Berlin 2015.

Monterey Studies

Uwe Hartmann, *Carl von Clausewitz and the Making of Modern Strategy,* Potsdam 2002.

Zeljko Cepanec, *Croatia and NATO. The Stony Road to Membership,* Potsdam 2002.

Ekkehard Stemmer, *Demography and European Armed Forces,* Berlin 2006.

Sven Lange, *Revolt against the West. A Comparison of the Current War on Terror with the Boxer Rebellion in 1900–01,* Berlin 2007.

Klaus M. Brust, *Culture and the Transformation of the Bundeswehr,* Berlin 2007.

Donald Abenheim, *Soldier and Politics Transformed,* Berlin 2007.

Michael Stolzke, *The Conflict Aftermath. A Chance for Democracy: Norm Diffusion in Post-Conflict Peace Building,* Berlin 2007.

Frank Reimers, *Security Culture in Times of War. How did the Balkan War affect the Security Cultures in Germany and the United States?,* Berlin 2007.

Michael G. Lux, *Innere Führung – A Superior Concept of Leadership?,* Berlin 2009.

Marc A. Walther, *HAMAS between Violence and Pragmatism,* Berlin 2010.

Frank Hagemann, *Strategy Making in the European Union,* Berlin 2010.

Ralf Hammerstein, *Deliberalization in Jordan: the Roles of Islamists and U.S.-EU Assistance in stalled Democratization,* Berlin 2011.

Ingo Wittmann, *Auftragstaktik,* Berlin 2012.

www.miles-verlag.jimdo.com